슐리얼리즘과 영靈의 신학

슐리얼리즘과 영靈의 신학

슐리얼리즘과 영靈의 신학

2011년 5월 9일 초판 1쇄 인쇄
2011년 5월 16일 초판 1쇄 발행

지은이 이신 | 엮은이 이은선 · 이경
펴낸이 김영호 펴낸곳 도서출판 동연
편   집 조영균 | 디자인 이선희 | 관   리 이영주
등   록 제1-1383호(1992. 6. 12)
주   소 서울시 마포구 망원2동 472-11 2층
전   화 (02)335-2630
전   송 (02)335-2640
이메일 ymedia@paran.com
홈페이지 www.y-media.co.kr

Copyright ⓒ 李信, 2011

이 책은 저작권법에 따라 보호받는 저작물이므로 무단 전재와 복제를 금합니다.
잘못된 책은 바꾸어드립니다.
책값은 뒤표지에 있습니다.

ISBN 978-89-6447-142-5 93200

슐리얼리즘과 영靈의 신학

李信 지음

이은선 · 이경 엮음

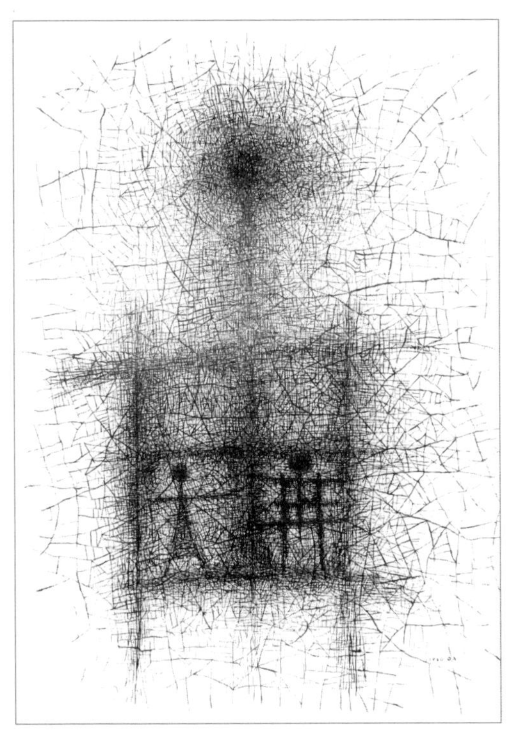

동연

책을 새로 펴내며

거의 20여 년 만에 새로 책을 펴내게 되었습니다. 1981년 12월 17일 소천하신 후 10년이 지난 10주기 행사 때 저희 아버지의 책을 『李信의 슐리어리즘과 靈의 신학』이라는 제목으로 출간해 냈었는데, 그후 시간이 흘러 당시 책을 출판했던 '종로서적'도 없어졌고 이미 오랜 전에 그때의 책도 구할 수 없게 되어서 이번 30주기를 맞이하면서 다시 출간하게 된 것입니다. 당시의 책 출판이 컴퓨터 작업으로 남아 있던 것도 아니어서 그때의 책을 보고 일일이 다시 컴퓨터 입력 작업을 하고, 또 그것이 옳게 입력되었는지를 찬찬히 살펴봐야 했으므로 출간 과정은 간단치 않았습니다. 특히 동연출판사의 수고와 마음 씀으로 이루어졌으니 여간 감사한 일이 아닙니다.

이번의 책은 당시의 것과는 달리 아버지 본인 이름의 저서로 나오게 되었고, 그리하여 먼저 한국의 기독교 토착화 신학자와 목사, 화가로서 살다 가신 그 분의 삶과 사상을 소개해야겠기에 당시 썼던 저의 부족한 편역자 후기를 소개의 글로 앞에 싣게 되었습니다. 그러나 그때나 지금이나 저의 이해는 일천하고 얄팍하여서 좋은 소개가 될 수 있을지는 모르겠습니다. 그런 가운데 저는 작년 11월 경남의 인제대학교에서 열렸던 한 인문학 세미나에 참석했다가 놀라운 경험을 했습니다. 발제자와 토론자들이 자기소개를 한 뒤 참석자들의 소개가 잇따르고 있는 가운데서 한 여성

참석자가 저를 호명하며 아버지와의 관계를 물었고, 자신이 어떻게 아버지의 『슐리어리즘과 靈의 신학』에서 도움을 받았는지를 밝히는 것이었습니다. 그녀는 김춘수 무의미시의 의식세계를 연구하는 국문학자로서 시를 통한 인간 의식의 치유를 수행하고 있다고 하는데, 자신의 문학 연구에 있어서 아버지의 글들이 마치 "고대인들의 머리 위를 비추던 별빛"과 같았다고 고백하는 것이었습니다. 저는 그렇게 전혀 예상하지 못했던 곳에서, 전혀 생각지 못한 문학과 시라는 영역에서 아버지의 글들이 작용하는 것을 보면서 많이 놀랐고, 그것은 그의 사고와 글들이 우리 자신에게도 한편으로는 "보아도 보지 못하고 들어도 듣지 못하는" 경우라는 것과 그러나 그것을 알아보고 듣는 사람들에게는 하나의 계시 사건이 되어서 역사를 일으킨다는 것을 체험하는 일이었습니다.

한국 '그리스도의 교회'로의 환원 이후 자신의 이름을 '信'으로 바꾼 아버지는 인간의 하나님 모상 중 가장 핵심적인 사항을 "상상력imagination"으로 보았습니다. 인간은 하나님처럼 '상상력'으로 모든 것을 창조할 수 있고, '믿음'으로 역사화할 수 있으며, '말(씀)'로 현실화해 낼 수 있는 존재이기 때문에 하나님과 같이 창조하는 존재로 본 것입니다. 그래서 '상상력'과 '믿음'과 '말'을 그렇게 중요하게 여겼고, 그것들을 모두 하나로 본 것인데, 그처럼 인간이 '상상력'과 '믿음'과 '말'을 가지고 하나님처럼 창조하고, 현실화하고, 역사화할 수 있기에 자신의 이름이 '信'이 되길 원했지만 반대로 그 상상력의 '부패'를 가장 가공할 일로 꼽았습니다. 자신의 세대가 믿음이 없고 신뢰하지 못하는 것을 그렇게 가슴아파했고, 말이 진실되지 못하고 거짓말이 난무하고, 말대로 살지 않는 공수표의 언어를 '이단'의 언어로 밝히면서 안타까워했습니다. 그는 끊임없이 우리 시대의 "의식의 둔화"를 염려한 것입니다.

원래 아버지의 학위 논문이 미국 밴더빌트 신학부에서 마무리된 것이 1971년이니 40년 전의 일입니다. 그해 귀국 후 10년 동안 활동하시면서 쓰신 글들이니 30년 전의 글들입니다. 그런 그의 말(씀)이 일찍이 지시한 대로 오늘 우리 시대, 사이버월드와 아바타와 페이스북과 트위터의 시대에 가장 우려할 만한 일이 상상력의 부패라는 것이 잘 드러나고 있습니다. 그러나 동시에 우리는 한 선한 상상력이 얼마나 좋고 정의롭고 아름다운 세계를 창조할 수 있는지도 깊이 경험하고 있습니다. 지난 크리스마스 절기를 기해서 전파된 故 이태석 신부의 〈울지마 톤즈〉 이야기는 한 사람의 상상과 믿음과 실행이 어떤 역사를 일으키는지를 잘 보여 주었습니다. 저희 아버지는 그래서 상상력의 창조를 그토록 강조하셨고, 靈의 창조력을 신뢰하셨습니다. 그는 그 상상력이 "인격"으로 체화되는 것을 강조하였고, 그런 의미에서 "역사"와 "그루터기"와 "실존성"을 동시에 매우 중시하셨습니다. 그는 성경 신구약 중간기의 묵시문학가들이 그들

현실의 고통과 절망과 억압을 뚫고서 "환상"과 상상을 통해 꿈꾸었고 그 미래에서의 현실로 믿었던 결정체가 예수 그리스도로 계시되었고, 기독교 등장의 원형이 되었다는 것을 밝히고자 했습니다. 그러면서 오늘 우리 시대 기독교가 다시 그 투쟁과 항거와 새로운 삶과 시대에 대한 열정의 원동력을 회복해야 한다고 역설합니다. 그러한 새 시대를 꿈꾸는 신앙인과 종교가의 삶을 창조적 소수자로서의 예술가의 그것과 유비하지만 궁극적인 치유는 예술가의 지시가 아닌 종교가의 삶을 통한 역사화라고 보았습니다.

귀국 후 여전히 명륜동의 산동네에 살면서 서울 그리스도의 교회를 맡고 계실 때 아버지는 주일날 교회를 갈 때는 항상 그곳 산동네의 아주 볼품없어 보이고 가난한 똥지게를 지는 아저씨 한 분을 같이 데리고 다니셨습니다. 그때 중학생이었던 저의 눈에도 그것은 좀 창피한 일로 보였고 급기야 당시 교회의 장로들이 지적하는 일까지 있었지만 지금 제가 한 사람의 사회인이 되어서 보니 그런 일이 얼마나 어려운 것이었는지를 깨닫게 됩니다. 예수께서 너희가 보통 남을 대접할 때는 세상에서 훌륭한 자나 이름 있는 자를 대접하나 "가난한 자들과 병든 자들과 저는 자들과 소경들", "갚을 것이 없는 자"를 대접하라고 하신 말씀을 생각해 보면 당시 아버지의 삶은 그가 그렇게 강조했던 靈의 인격적, 실존적 실현의 삶을 살고자 노력하셨던 것이라고 여겨집니다.

　그가 돌아가시기 전에 마지막으로 그리셨던 한 그림이 있었습니다. 그것은 무수한 선의 연결을 통해서 서서히 그 안에서 한 인간의 모습과 그의 마음이 드러나게 되는 그림인데, 아버지는 우리가 학교에서 돌아오면 마음대로 와서 붓을 들고 선 하나씩을 그리라고 청하셨습니다. 그러면 우리는 모두 그리고 싶은 곳에서, 이미 그려진 선에 연결해서 또 하나의 선을 연결해 나갔는데, 저는 그렇게 선들이 서로 연결되어서 그물망을 이루면서 한 인간의 모습, 그 속에서의 마음의 모습이 서서히 나타나는 것을 보았습니다. 회화에 문외한이었던 사람이나 어린아이나 누구든지 자신의 선을 마음 닿는 대로 그려서 합해서 그림이 완성되어 가는 일, 우리가 망설이면 괜찮다고 아무 곳이나 마음에 드는 곳에서 선을 이으면 된다고 격려하시던 그의 의식에서 저는 오늘 우리 시대가 이야기하고 꿈꾸는 '다중'의 공동체 의식을 보게 됩니다. 그렇게 아버지는 일찍 다른 사람들이 생각하지 못하고 있을 때 그렇게 참으로 민중적(다중적)이면서도 그러나 동시에 가장 창조적으로 세계에 대한 의식을 가지셨던 것 같습니다.

　살아 계셨을 때도 그랬고 돌아가서도 한국 신학계와 사상계에 거의 알려지지 않았던 아버지의 삶과 사상이 그동안 남편 이정배 교수의 책『한국 개신교 전위(前衛) 토착신학 연구』(대한기독교서회, 2003)에서 "토착화를 넘어서는 창조론-한국적 상상력의 신학"의 한 유형으로서 소개가 되었고, 그동안 〈한겨레신문〉의 조현 기자가 〈한겨레신문〉에 연재했던 "숨겨진 영성가를 찾아서"라는 글에서 아버지의 드러나지 않았던 삶을 소개했으며, 그런 글들의 모음으로 펴낸 『울림』이란 책에 포함되기도 했습니다. 2010년 12월호 〈기독교사상〉에도 좀 더 길게 소개가 되어서 많은 사람들로부터 인사를 받았습니다. 이렇게 오늘 21세기에 와서 돌아가신 지 거의 30년이 되어서 아버지의 삶과 신학에 대한 관심과 조명이 새롭게 이루어지는 일이 감개무량하기도 하지만 한편으로는 마음이 한없이 무겁고 부끄럽습니다. 아버지와 가장 가까이에 있던 우리도 그를 잘 이해하지 못했고—지금도 많은 부분 마찬가지이겠지만—아버지의 삶의 요구가 더욱 공적으로 드러나면서 우리가 그렇게 살지 못하는 모습 때문에 부끄럽기 그지 없습니다. 그래서 오히려 숨고도 싶습니다. 더군다나 그런 아버지를 따라서 같은 신학자와 목회자의 길을 가고 있는 저희들로서는 더욱 그렇습니다.

오늘 한국 교회의 현실과 국가로서의 조국이 당면하고 있는 상황이 매우 어렵습니다. 한편에서는 靈과 이매지네이션의 부패가 엄청나서 현실과 역사가 와해되고 있고, 다른 한편에서는 사고와 상상력에 있어서 어떠한 계속적인 창조와 담론도 허용하지 않으면서 신앙적, 정치적, 사회적 '근본주의'의 보수성은 독을 더해 가고 있습니다. 이러한 인간적 삶의 노예성과 뿌리뽑힘이 심화될수록 가장 가까운 형제들끼리의 싸움과 갈등은 깊어 가지만 대신에 외국의 힘센 것과 자기 밖의 이념에 대한 의존과 종속성은 깊어집니다. 종교적, 정치적, 경제적 노예상과 분열상이 오늘 우리 한국인의 모습에서 더욱 부각되는 것 같습니다. 이러한 상황에서 신앙적 주체성을 강조하셨고, 신뢰의 그루터기를 회복하여 서로 화해하기를 원하셨으며, 모든 사람 속에 있는 선한 상상력과 창조력을 일깨우기를 원하셨던 아버지의 글들이 다시 읽혀지게 된 것이 매우 기쁘고, 이 일을 위해서 수고를 아끼지 않으셨던 동연출판사에 특히 감사드립니다. 올해 30주기를 맞이하면서 아버지의 다른 글들과 시들을 묶어서 또 다른 책으로 펴내는 일을 계획하고 있습니다.

불효자들이어서 아직까지도 아버지의 남겨진 것들을 잘 정리하지 못하고 있는 가운데 어느덧 30년이 훌쩍 지났습니다. 오늘 이 책을 내기 위해서 다시 아버지의 글들을 읽으면서 더 세세히 다듬고 보완하지 못하는 것이 못내 죄스러웠습니다. 또한 오랜 동안 병상에 누워 계신 엄마를 생각하면 마음이 무척 아픕니다. 하지만 특히 오늘날 꼭 요청되는 글이라고 생각되어서 하루 속히 출판되기를 바라는 마음이었습니다. 또한 우리 세대보다도 오늘의 젊은 세대들, 우리보다도 더 직접적으로 상상력의 부패라는 큰 위험에 노출되어 있지만 그 반대로 더 큰 가능성과 무한한 기회 앞에서 자신들의 삶을 꿈꾸고 있는 젊은이들에게 좋은 가르침이 될 것이라고 생각합니다. 이런 마음과 기대 속에서 아버지가 특히 좋아하셨고 그래서 번역도 하셨던 베르자이에프의 『노예냐 자유냐』에 나오는 다음 글을 인용하면서 저의 글을 마무리하고자 합니다.

"인간의 노예상은 인간의 타락과 죄를 말해 주는 것으로서 이 타락은 특이한 의식 구조를 갖고 있어 단순히 회개하고 속죄하는 그것만으로 극복될 수 있는 것이 아니라 인간의 모든 창조적인 활동에 의해서 극복될 수 있는 것이다."

2011년 4월에 이은선 모심

　이 책은 우리의 아버지요 스승이셨고, 목사로서 신학자로서 그리고 알려지지 않았던 한 초현실주의 화가로서 그렇게 길지 않은 생을 사셨던 고 이신李信 박사의 유고집이다. 1981년 12월 17일 오산리 순복음기도원의 한 좁고 쓸쓸한 방에서 운명하신 후 벌써 10여 년의 시간이 흘러 여전히 그분을 아프게 기리는 마음에서 이 책을 준비하였다.

1. 고독과 저항의 신학자 이신李信

　그는 1927년 12월 25일 전라남도 돌산에서 아버지 이봉선 씨와 어머니 유금옥 씨의 장남으로 태어나셨다. 철저한 유교 선비였던 그의 할아버지께서 이미 기독교에 입교하셨다고 하니 2대째 내려오는 기독교 집안에서 자라나신 것이다. 그의 어머님, 우리 할머님의 지극한 정성으로 소학교를 졸업한 후 부산으로 나와서 지금의 부산상고의 전신인 '부산초량상업학교'를 다닐 수 있었다. 살아생전 그분의 말씀에 따르면 이때부터 그는 그림을 그리기 시작하였고 당시 일본 사람들이 세운 부산시립도서관이 소장한 미술에 대한 책을 거의 다 읽으셨다고 한다. 해방을 맞던 해에 우리 어머님(정애)과 만나서 혼인을 맺으셨다.

　우리 할아버지와 외할아버지의 거센 반대에도 불구하고 그는 해방 이듬해에 커다란 결정을 하였는데, 즉 신학을 공부하기로 결심하신 것이다.

예술에 대한 탐구에서 얻어진 '근원적인 것' 에 대한 갈구는 그를 안정된 은행원의 자리에 묶어 둘 수 없었고, 그리하여 그는 가지고 있는 미술 도구를 모두 팔아서 서울로 향하였다고 한다. 1946년 봄 냉천동의 감리교신학대학에 입학해서 1950년 6·25가 발발하기 직전에 어렵게 졸업할 수 있었다.

졸업 후 그는 먼저 한국감리교회의 전도사로서 충청도 전의全義로 첫 부임을 떠났다. 그러나 곧 이은 6·25의 발발로 고향으로 돌아왔고, 이 시기에 그의 생애에서 가장 커다란 전환이라고 할 한 사건을 겪게 된다. 즉 당시 충청남북도와 전라도를 중심으로 하여 뜨거운 성령의 바람으로 전개되던 '한국 그리스도의 교회 환원운동Restoration Movement' 을 접하게 된 것이다. 모든 교파의 분열을 거두고 신약시대의 교회로 돌아가자는 교회의 순결과 일치 운동에 깊이 공감하여 1951년 봄에 '한국 그리스도의 교회' 목사로서 안수를 받게 된 것이다.

1980년경 『기독교대백과사전』 편집자 측의 청탁을 받고 쓴 "한국 그리스도의 교회 환원운동의 전개"라는 글을 보면, 그는 '한국 그리스도의 교회' 의 출발을 한국에서의 가톨릭교회의 출발과 비슷한 것으로 여긴다. 즉 한국 그리스도의 교회는 한국 가톨릭 교회가 세계 교회사에서 유례가 없이 선각자적인 한국 학자들(이벽 등)의 진리 탐구열에 의해서 자생적으로 발생한 것과 마찬가지로, 결코 외국 선교사들이 주도한 것이 아닌 한국의 선각자적인 기독교인들이 주도하여 시작한 것이라고 본 것이다. 이 환원운동을 처음 일으킨 사람들로서, 1930년대 미국 시카고의 게레트 Garrett Biblical Institute에서 공부하고 감리교 목사가 되어 고국에서 목회하던 중 다시 미국 순회 여행을 통해서 '미국 그리스도의 교회 환원운동'을 접하게 되어 큰 깨달음을 얻고 한국에서의 환원운동을 시작한 동석기董錫祺 목사(1881-1972), 일본 관서신학교에서 공부하고 감리교 목사가 되어 경남 밀양 등지에서 목회하다가 미국 밴더빌트Vanderbilt에 유학하던 중 '그리스도의 교회'를 접하게 된 강명석姜明錫 목사(1897-1944), 그리고 동학당과 구세군에 입교하고, 거기서 백인 사관의 인종차별에 항거하여 탈퇴한 후 순수한 '기독교회基督敎會'의 운동을 하다가 자신의 취지와 비슷한 '그리스도의 교회'를 만나게 된 성낙소成樂紹 목사 등 3인을 들고 있다. 그의 '그리스도의 교회'로의 환원도 바로 이런 의미에서, 즉 모든 인간적인 종파와 교권적 권위를 버리고 본래적이고 순수한 것으로 돌아가자는 그의 순수함과 근원적인 것으로의 열망이 표현된 것이라 이해할 수 있다. 그러나 이 열망과 환원은 그 이후로 그의 삶이 고난과 역경의 삶이 되게 한 주 원인이 되었다. 이 환원과 더불어 그는 자신의 이름을 종래의 '이만수李萬修'에서 '이신李信'으로 바꿨다.

　　이상과 같은 역사를 거친 '한국 그리스도의 교회 환원운동'을 50년대 초 광주 지방에서 김은석金銀石 목사 등의 뜨거운 '성경 연구회' 운동을 통해 만나게 된 아버지는 그 후 부여로 부임하신다(1955년경). 그러나 거기서 그는 미국 그리스도 교회 선교사들의 성령 이해와 심각한 갈등을 겪게 되었다. 즉 미국의 환원운동 지도자들이 기독교 신앙의 순수성과 단일성을 회복하고 초대교회로의 환원을 위해 노력하긴 했지만, 그들이 서구 계몽주의의 영향으로 너무 합리주의적으로 되어서 신앙의 영감적 측면이나 성령의 현재적인 역사 등을 부인하는 것에 대해, 스스로 성령의 체험을 통해 환원하게 된 그로서는 동조할 수가 없었던 것이다. 미국에서 돌아온 후 1974년 '한국 그리스도의 교회 연합회' 회장으로 계실 때 그가 선포한 '한국 그리스도의 교회 신인'에 보면 이 부여 시질부터 시작된 그의 "한국적" 교회, 선교사들이 이야기하는 외국 교회의 전통과 성서해석을 맹종하는 것이 아니라 "우리가 읽고 깨달은 대로 성서가 정말 우리들에게 가르치는 신앙과 교회의 원형태를 추구하는" '한국 그리스도의 교회' 설립 노력을 뚜렷이 읽을 수 있다. 그것은 서구의 개인주의와 합리주의에 물든 미국 그리스도 교회의 개교회주의와 메마른 형식주의에 반대하고 '유기체적 교회론'과 '성령 중심의 신학'을 추구한 그 나름의 기독교의 '한국 토착화' 운동이었던 것이다.

이러한 사건 이후 잠깐 동안의 '서울성서신학교'에서의 활동, 그의 제2의 고향이 된 충북 괴산군 소수면에서의 목회 생활, 부산에서의 방송 선교 활동, 그리고 서울 돈암동에서의 목회와 대전 '한국성서신학교' 와의 관계 등이 그가 1967년 미국으로 뒤늦은 유학을 떠나기 전까지의 활동이었다.

미국에서는 네브라스카Nebraska 크리스천대학에서 신학사를 다시 취득하셨고, 드레이크Drake 대학원을 거쳐 한국 감리교회와 그리스도의 교회 초기 지도자들이 수학했던 내쉬빌의 밴더빌트Vanderbilt 대학원에서 1971년 8월 박사 학위를 받았다. 이때 쓴 논문이 「전위 묵시문학 현상─묵시문학 해석을 위한 현상학적 고찰The Phenomenon of Avant-garde Apocalyptic: Phenomenological Research for the Interpretation of Apocalyptic」로서 바로 자신의 모습과도 닮은 신구약 중간기의 창조적 소수인 '묵시문학자' 들에 대한 연구였던 것이다.

지금 생각해 보면 이 미국에서의 5년여 간이 그에게서 제일 안정된 시간이 아니었나 여겨진다. 물론 부인과 네 명의 어린 자식을 고국에 놓아두고 그들의 생활비까지 책임져야 했던 고된 시간이기는 했지만 그는 이 기간 동안에 그림도 많이 창작할 수 있었고, 여러 번의 개인 전람회를 통해서 학비와 생활비도 조달하면서 창조적인 생활을 할 수 있었다. 그러나 애석하게도 이때 그린 그림들이 그가 귀국한 후에 분실되어 오늘 전혀 전해지지 않고 있다. 다만 귀국하고 어려운 상황에서 그린 그림들과 도미 이전의 작품들이 남아 있다.

1971년 여름 한국 교회와 가족에 대한 강한 염려와 그리움으로 학위를 끝마치자마자 곧바로 고국으로 향하였지만, 그를 기다리고 있는 것은 그 후 10년 뒤 운명하기까지 철저히 겪었던 주변의 몰이해와 배척, 그리고 거기에 따르는 가난과 고독이었다. 처음 한국에 오셔서는 미국 유학 시절 인연을 맺었던 한국 동료들의 주선으로 연세대학교와 이화여자대학교와 대학원에서 강의도 하셨고, 중앙신학교, 그리스도 신학대학에도 나가셨다. 감리교신학대학에서 인연을 맺었던 해천 윤성범 님이 이끌던 '한국 종교사학회'의 연구위원으로 관계를 맺기도 했고, 또한 그분의 배려로 몇몇 대학에 전임교수의 가능성이 타진되기도 했지만 그때마다 그의 '그리스도의 교회' 소속이 문제가 되었다. 그러나 '한국 그리스도의 교회' 안에서의 사정도 별로 다르지 않아 위에서 밝힌 한국적 그리스도의 교회를 지향한 '한국 그리스도의 교회 연합회'는 곧 무산되었고, 귀국한 후 첫 부임한 삼선동의 '서울 그리스도의 교회' 임원들에게 배신을 당했으며, 그리고 1965년부터 관계를 맺어 왔던 효창동의 '대한기독교신학교'에서는 시간 강사 정도의 대우만 받으며 돌아가시기 전까지 재직하셨다. 그리고 돌아가신 후 장례식 절차에서조차 당시 그 학교에서는 정식 교수가 아니었다는 이유로 학교장으로 모시는 것도 거절하였다.

이러한 어려움 가운데서도 그는 최선을 다했다. 1975년 여름 설상가상으로 이제까지 우리와 그의 유일한 보금자리였던 명륜동 산동네의 무허가 집이 시市에 의해서 철거되자 그와 어머니는 결국 다시 그들 젊은 시절의 개척지였던 충청도 산골의 소수교회로 내려가실 수밖에 없었다. 그런데도 그는 절망하지 않았고, 집이 철거된 후 비를 피하려고 얼기설기 판자를 엮어 묶었던 그 자리에서도 조그만 상을 펴놓고 책을 읽으셨다. 소수로 내려간 뒤 그는 부산과 서울로 먼 길을 다니며 강의를 하였고, 그 극심한 수고의 덕택으로 당시 언니와 나는 이화여자대학교를 다닐 수 있었다. 그는 때를 얻든지 못 얻든지 가르치고 설교를 하셨다. 명륜동 산꼭대기의 가난한 사람들과 아이들을 모아 놓고도, 뒤쳐진 시골 교회의 교역자들과 변방 교단의 신학생들을 불러 모아서도, 또 돌아가시기 전 해에는 안양의 가난한 부녀자들과 노인들을 모아 놓고도 지성을 다해 설교하고 가르치셨다.

시골로 내려가셨다가 3년여 만에 가까스로 서울 원효로의 고모네 집을 거처로 삼아 이사하신 후 돌아가시기까지 3년 반은 그에게 무척 소중한 시간이었다. 1979년에 그가 참으로 존경하던 러시아 사상가 니콜라이 베르자예프N. Berdyeav의 『노예냐 자유냐』를 '인간사'에서 번역 출간하였고, 1980년에는 그가 60년대 초 부산에서 방송 선교하셨던 원고들을 『산다는 것, 믿는다는 것』으로 묶어냈으며, 또한 당시 옛 동료였던 하나님의 성회의 한 목사님을 통해 순복음 신학교와도 인연을 맺어 거기서도 가르치셨으며 그 교회 청년 선교지 「카리스마」에 "카리스마적 신학"이란 제목으로 그분의 일생 동안의 삶과 사고로 영글은 참으로 독창적인 성령의 신학을 그나마 표현할 수 있었다. 1981년 여름방학 동안 신학생 20여 명을 데리고 충청남도 논산군의 산골 독뱅이 마을로 여름캠프를 떠나셨는데, 거기서 자신의 모든 혼을 살라 넣는 것 같은 희랍어 강의와 설교, 그리고 그가 당시 마무리 지으려고 하였던 베르자예프의 또 다른 저서 『인간의 운명』의 번역 등으로 열악한 식사와 주거 환경에도 불구하고 강행군을 하여 거기서 병이 발발하였다.

그 후 운명하시기까지 4개월 동안 YMCA에서의 여러 번의 공개 강의, 극동방송에서의 설교, 그리고 그분의 마지막 글들인 "삶과 죽음", "이단이란 무엇인가" 등을 남기셨다. 베르자예프의 『인간의 운명』은 그 후 감리교신학대학의 변선환 학장님이 완역하여 기독교서회에서 출간되었고, 그는 1981년 12월 17일 너무도 기이하게도 오산리 순복음 기도원에서 하나님의 부름을 받으셨다. 그의 장례날에는 무척 많은 눈이 내렸고 지금은 일산 기독교 공원묘지에 누워 계신다.

2. 이신李信의 '초현실주의와 영靈'의 신학

이 책은 모두 3부로 구성되어 있으며 두 편의 부록이 첨가되었다. 제1

부는 그의 학위 논문, 「전위 묵시문학 현상―묵시문학 해석을 위한 현상학적 고찰」을 지금은 아버지를 이어 신학을 공부하고 있는 동생 경經이 완역한 것이다. 제목이 잘 말하여 주듯이 이 논문은 우리에게는 별로 알려져 있지 않은 일종의 비전문학적인 신구약 중간기의 '묵시 또는 계시문학The Apocalyptic'의 의식 세계를 현상학적으로 탐구한 것이다. 저자는 서론에서 "묵시문학은 모든 기독교 신학의 모체였다"라고 한 독일 포스트 불트마니언 신약학자 케제만E. Käsemann의 말을 인용하면서 후세에는 거의 전해지지 않았거나 단지 '외경'으로 분류되어 비의적인 문서로서 전달된 '묵시문학' 속에 기독교 등장의 열쇠가 담겨져 있으며, 따라서 기독교의 본질적 역동성이 여기에서 근원되었다는 것을 밝혀 주고 있다. 즉 유대 묵시문학이란 바빌론 유수 이후 세계사적인 대변동의 시기였던 BC 2세기경부터 형성된 것인데, 당시 정치적, 문화·종교적으로 더 이상의 희망을 포기한 소수의 히브리인들이 '에세네 공동체'나 '열심당' 등의 모습으로 섹트화되고 '하시드 운동'이나 '마카비 전쟁' 등에서 자신들의 강한 현실 부정을 나타내면서 그들의 절망적인 역사관을 표현한 것이고, 또한 그 역사를 뛰어넘어 도래할 '전혀 새로운 것' '초역사적인 것' '메시아적인 것'에 대한 초의식적 환상을 그려낸 것이다. 이러한 창조적 소수들의 전위 의식과 저항의식 속에 후일 예수의 '인자人子' 의식, '메시아 왕국' 의식 등에서 표현된 기독교 신앙의 원형과 '원초적인 상premodial type'이 담겨 있다는 것이다.

이러한 묵시[계시]문학에 대한 연구가 거의 이루어져 있지 않은 한국 신학계 풍토를 생각할 때 이 논문의 의의는 여러 가지로 생각할 수 있다. 오늘날 특히 종교다원주의의 상황에서 기독교 토착화 논쟁이 다시 불붙고 있는 때에 기독교의 모체라고 할 수 있는 유대 묵시문학이 당시 유대의 유일신론, 바빌로니아의 우주론, 인도의 이원론과 헬레니즘, 그리고 특히 영지주의와의 상호 관련성 속에서 배태되었다는 사실에 대한 가르침은 오늘날 여전히 많은 기독교인들이 가지고 있는 배타적인 기독교 이해에 대해 좋은 반증이 된다고 하겠다. 또한 예수의 의식도 그 독특성과 이질성에도 불구하고 이러한 묵시문학적 환경에서 영글은 것이라는 사실은 좀 더 열려진 기독교 이해를 위해 주목해야 한다. 그러나 이러한 의미와 더불어 또 다른 중요한 의의는 저자가 이 논문의 목적으로 밝혔듯이 오늘날 세속화와 신의 죽음의 시대에 모두 퇴색해 버린 것 같은 "기독교의 역동성"을 그 모체의 탐색을 통해 재발견하고자 하는 것이다. 그것은 바로 시대의 권위와 가치를 의문시하고 '메시아'와 '메시아 왕국'이라는 인간과 사회의 원형에 대한 초월적 환상으로 표현된 묵시문학의 저항정신에서 기독교 예수의 원초적 메시지를 보고, 그 지적을 통해 오늘날의 상황에서 기독교의 동질성 회복을 추구하는 것이다.

'초현실주의의 신학Theology of Surrealism'이라는 제목하에 엮은 제2부는 이러한 저자의 기독교 신앙 이해가 구체적으로 적용되고 또한 확장되어서 새로운 모습으로 드러나기 시작한 기록의 모음이다. 위에서 소개한 학위 논문의 후반부가 어떻게 현대의 신학과 문화 현상과 관계되는지에 대한 그 직접적인 연관성의 부재에도 불구하고 다시 묵시문학의 원형적 모습을 읽을 수 있을까를 탐구한 것인데, 「고독과 저항의 신학」이라는 제목으로 실린 키에르케고르와 본회퍼 연구는 바로 그들을 현대의 묵시문학자로 보려는 시도였다. 「전위 예술과 신학」은 원래 〈기독교사상〉지에 1972년 10월부터 5회에 걸쳐 「그림이 있는 에세이」라는 제목으로 실린 것인데, 현대 전위회화(한국의 이중섭, 서양의 미래파, 초현실주의 등)와 기독교의 전위 의식을 접목시킨 매우 독특한 작업이다. 1장의 「환상의 신학」은 1973년 9월의 〈기독교사상〉 특집 '묵시와 상징'을 위해서 정리한 그의 학위 논문을 발췌한 것이다.

그러나 이 2부에서 우리가 가장 주목해야 할 글은 그가 「슐리얼리즘 신학」이라는 제목으로 써내려 간 마지막 두 편이다. 첫 번째 것은 저자가 미국에서 귀국하고 2년쯤 지난 1974년에 1월 14일의 날짜 표시와 함께 기록된 것이다. 그의 독특한 필체로 두툼한 백지의 노트에 쓰기 시작한 것을 보면 저자는 이 글을 계속 전개할 의도였음이 분명하나 애석하게도 시작에 불과한 "의식의 둔화"에 관한 몇 장의 글만을 남겼다. 이 당시 그의 상황은 '서울 그리스도의 교회'와의 갈등으로 심한 고통의 시간이었으므로 그 전개가 어려웠을 것으로 짐작된다. 그러나 저자는 그 몇 년 후 또 한 번 다른 노트에 같은 제목의 글을 시도했다. 정확한 연도를 알 수 없지만 나의 생각으로는 1970년대 말인 것 같은데, 이번에는 좀 더 구체적인 모습으로 분량도 많았고 내용도 훨씬 더 전개되었다.

그렇다면 그렇게 그가 전개하고자 한 "초현실주의 신학Theology of Surrealism"이란 어떤 것일까? 그의 두 번째 글 초두에 그는 그것을 한 마디로 "영의 신학"이라고 규정한다. 그것은 "새 술에 취한 사람들의 말"이고, "영靈의 목소리"라는 것이다. 초현실주의 신학이 이렇게 종전의 신학에서처럼 논리나 의식에 사로잡혀 있는 언어를 말하려는 것이 아니라, 그것을 초월하는 영의 목소리를 붙잡으려는 것이기 때문에 전통의 합리적 신학방법으로는 안 되고 먼저 회화나 문학에서 그 초현실과 초의식을 표현하려는 한 '초현실주의'의 방법론을 취한다는 것이다. 그러나 더 엄밀히 말하면 여기서 신학의 방법론으로 사용하는 '초현실주의'를 결코 한 '―주의(主義, 이즘)'나 '방법론methode'으로 이해해서는 안 된다. 오히려 그런 것들을 끊어 버리려는 것인데, 그리하여 그것을 오히려 일찍이 동양의 현자들이 깨달은 "無爲不言無爲無聲의 敎" "不言之敎"의 가르침으로 이해할 수 있을 것이다. 마지막에는, 그것은 동양과 서양, 무無와 유有의 구별도 초월하자는 것이고, 그보다는 오히려 더욱더 초월적이며 또는 보다 더 본질적인 세계, 즉 무의식의 세계라고 할까, 이매지네이션의 영역이라고 할까, 또는 '계시'의 영역인 영靈의 경지를 추구하는 것이라고 말할 수 있을 듯하다.

이상과 같이 그가 젊었을 때부터 관심을 두었던 현대 회화나 브르통Andre Breton 등의 시각을 매개로 하여 구축하려고 한 영靈과 초현실의 '슐리얼리즘 신학'을 우리는 오늘날 어떻게 평가할 수 있을까? 그가 세상을 뜬 후 10여 년(2011년 현재는 20여 년)이 지난 오늘날 서구 현대의 논리주의와 합리주의를 세차게 비판하는 '현대이후주의Postmodernism'의 논의가 불붙었고, 전통적 로고스 중심적인 신학에서의 신神과 자아, 역사와 논리(책)를 모두 부숴버리자는 '포스트모던적 반신학反神學, A Postmodern A/itheology'이 등장한 이때에 그의 영의 신학 추구는 참으로 전위적이고 창조적인 것이었다고 할 수 있다. 그러나 애석하게도 그의 슐리얼리즘 신학은 좀 더 자세하고 구체적인 모습으로 전개되고 표현될 기회를 얻지 못했다. 그나마 다행인 것은 그의 마지막 때의 글들이 이 책의 제3부에서 '성령의 신학'으로 묶여 남겨졌다는 것이다.

이 3부의 두 번째 글 "카리스마적 신학"은 1980년 6월부터 그분이 돌아가신 1981년 12월까지 당시 '순복음신학교'를 통해 관계를 맺게 된 순복음교회 청년 선교지 〈카리스마〉지에 연재한 글들이다. 이제까지 신학계에서 유례가 없었던 독창적이고 전위적인 글이 당시 세인의 관심을 거의 받지 못하던 한 이름 없는 잡지에 실릴 수밖에 없었다는 아이러니는, 어쩌면 오늘날에는 그 글의 의미를 더해 주는 것이 되는지도 모르겠다.

이 책을 준비하는 동안에 본인은 이제까지는 전혀 깨닫지 못했던 새로운 사실을 하나 발견했는데, 그것은 이 글들이야말로 이신 박사가 시도했던 '초현실주의 신학'의 통일된 결정체의 모습을 보여 주고 있다는 것이다. 전통적인 의미의 조직신학이 아닌 '영의 신학'으로서의 '카리스마적 신학'은 그러나 그 안에 4단계의 구별을 보이는데, 즉 전통 신학에서의 인식론에 해당되는 "카리스마적 해석학"의 3편, 그 다음 신론에 해당되는 "하나님은 영이시다"의 3편, 이어서 기독론으로 이해할 수 있는 "신뢰의 그루터기", 그리고 마지막으로 종말론과 교회론을 읽을 수 있는 "삶과 죽음"의 두 편이다. 이 글들은 또한 당시 의도적으로 띄어쓰기 문법을 거부한 형태로 쓰여졌는데, 이러한 파격에 대한 단순한 몰이해가 여러 가지 어려움을 불러일으키기도 했다. 그러나 그는 자신의 의도를 굽히지 않았고, 그래서 몇 달 동안 연재가 중단되기도 했지만, 돌아가신 12월에 마지막으로 「삶과 죽음」이라는 제목의 글이 실리게 되었다. 3부의 세 번째 글 「하나님의 영과 적그리스도의 영」은 이 비슷한 시기에 쓴 것으로 그분의 평생 작업인 '영의 신학'을 향한 추구가 잘 드러나는 글이라서 그 다음에 실었다.

3부의 제목에서도 밝혔듯이 그가 진정으로 평생을 거쳐 추구한 작업은 한 새로운 '영의 신학', '카리스마적 신학'을 구축하는 것이었다. 그것은 바로 하나님을 새롭게 영으로 이해하는 것이고, 그리하여 그는 이 새 술의 의미를 담기 위해서 새 부대인 '카리스마적 해석학', 즉 그가 "원래 오랜 옛날 동양에서 싹 뜨고 후일에 서양 예술인들에 의해서 재인식되었다."고 파악한 '초현실주의'의 방법론을 필요로 했던 것이다. 그러나 우리가 여기서 확실히 알아야 할 것은, 이러한 그의 신학이 추구한 '초현실'과 '영'의 세계가 결코 단순히 이 세상 너머의 저 세상이 아니고, 역사를 부정하고 모든 현실의 갈등과 분리를 없는 것으로 해 버리는 유아적이고 퇴폐적인 의식 세계가 아니라는 것이다. 오히려 그것은 유대 묵시문학 등에서 원형적으로 나타난 것처럼 초월의 선재적先在的 성취를 확연히 본 것이기 때문에 더 이상 초월과 현실, 초월과 역사의 구분을 문제 삼지 않는 것이고, 따라서 그 신학이란 바로 그 초월의 현재적 실현, 곧 "말씀이 육신이 되었다."라는 언어 사건의 더욱더 지극한 실천으로 나타나는 것이다. 그는 다음과 같이 말한다. "여기서 초월이 있기는 있으나 그 전前 모양으로 먼데 있는 초월이 아니라 가장 가까운 데 있는 초월이고 우리가 보고 들을 수 없는 세계에의 초월이 아니라 우리가 보고 듣고 만지면서도 우리가 의식 못하고 가장 가까이 있으면서도 먼 그런 것이다. 다시 말하면 그렇게 멀리 떨어져 있는 세계가 아니라 내 눈 앞에 보고 있는 사물 가운데서 그 절대의 세계를 의식하는 것이고 또 다른 말로는 '너희 안에 천국이 있느니라.' 하는 그런 경지인 것이다." 이러한 깨달음과 실천의 주主

이신 예수는 그러므로 우리에게 신뢰의 그루터기가 되신다는 것이다.

　이신 박사의 '초현실주의적 영의 신학'은 오늘날 전위 작가들의 '이벤트event'로서의 예술 활동이나 '포스트모더니즘'의 평범성, 일상성, 실천성으로의 방향 전환과도 맥을 같이 한다. 그러므로 성령 중심적인 방향성에도 불구하고 당시 한국 순복음교회 등에서 일어났던 성령 운동의 오해와 위험성을 뚜렷이 지적하였고, 그 방향을 올바로 제시하려는 신학적 노력을 아끼지 않았다. 3부의 첫 번째 글로 실린 「현대신학과 성령론」은 1979년 5월 '순복음신학교 제27회 개교기념 초청강연회'에서 행한 연설의 기록인데, 여기서 그는 현대 신학의 역사적 탐구를 통해 이제 신학이 과거 서구의 이론적이고 분석적이고 차갑고 정적인 '로고스 중심주의'에서 벗어나 '성령 중심의 신학Spirit-oriented Theology'으로 전환해야 한다고 역설한다. 그러나 그는 또한 오늘의 성령 운동이 마치 성령을 한 방법론으로 이용하려 하고, 자기의 세속적 욕심을 채우기 위한 소유물 내지는 얄팍한 감정의 자극쯤으로 생각하는 위험에 직면해 있다고 날카롭게 지적하였다. 3부의 마지막 글 「이단이란 무엇인가」는 그가 세상을 떠나기 두 주 전 고통의 상황에서 쓰여진 것인데, 여기서야말로 바로 그의 이와 같은 '정론orthodoxy'의 이론으로서가 아닌 '정행orthopraxis'의 가르침으로서 '영의 신학'의 지향성이 뚜렷이 드러난다. 이단의 문제는 바로 '실천의 문제'이며 오늘의 이단이란 예수의 화해 정신과 화해의 사건을 떠나서 분열과 분당을 조성하는 것이라고 경고한다. 그때 그분은 병이 다 나으면 판자촌으로 다시 들어가야 한다고 되뇌며 말씀하셨다.

오늘날 우리가 전 지구촌의 화합을 얘기하고 기독교회에서의 에큐메니즘을 이야기하는데, 모든 기존의 갈등과 분리, 교리적인 싸움과 구분 등을 지양하고 우리를 진정으로 하나로 묶어 줄 수 있는 교회를 소망한다면, 우리는 그 교회를 무엇이라고 지칭할 수 있을까? 그것이야말로 참으로 단순하게 '그리스도의 교회The Church of Christ'가 되지 않겠는가? 단순히 기존의 교단들 중 한 교단을 말하는 것이 아니라 한국 교회가 진정으로 지향해야 할 원형적 모습으로서의 한국 기독교회, 그 '한국 그리스도의 교회'에 대한 그분의 비전이 바로 부록으로 엮은 두 편의 글 「한국 그리스도의 교회 환원운동의 전개」와 「한국 그리스도의 교회 선언문」에 표현되어 있다. 그가 젊은 시절 마음속에 품었던 순수함과 본질적인 것에 대한 염원, 그 염원을 따라서 그는 '한국적 교회', 그리고 '그리스도의 교회'를 추구했고, 또한 초현실주의의 '영의 신학'을 시도하면서 한국 초유의 포스트모던니스트로서의 모습을 보여 주었다. 또한 조직신학자임에도 불구하고 끊임없는 성서 원전에 대한 관심으로 '한국원전연구소' 설립을 시도하기도 했다. 이러한 그의 삶과 사상은 한마디로 '고독과 저항', 그것이었다.

3. 감사의 글

그의 살아생전 삶이 우리에게 때때로 그러했듯이 너무나 뜻밖에도 갑작스럽게 우리 곁을 떠나신 그의 죽음은 남겨진 우리에게는 커다란 신앙의 걸림돌Skandalon이 되었다. 지난 10여 년 동안 우리는 거기에 무수히 걸려 넘어졌다. 그러나 오늘 그분을 다시 기리며 이 책을 준비하게 된 것은 그가 삶과 죽음으로 가르쳐 준 신앙의 영이 참으로 신실하시고 성실하시다는 것을 보여 주는 것이리라. 이 책을 내면서 많은 분들에게 감사를 드려야 한다. 먼저는 그와 참으로 어려웠던 동반의 삶을 지극한 인내로 참았고, 그가 가신 후 그의 글과 그림들이 속히 정리되고 발표되기를 어느 누구보다도 고대하고 기도하셨던 우리 어머니, 또한 같은 아픔을 겪으며 지금까지 우리와 함께 살아온 고모, 고모부(이명자, 김길홍 부부), 또한 집안의 장녀로서 아버지가 돌아가신 후 집안의 많은 어려운 일들을 떠맡아 온 언니 내외(이은화, 박인기 부부), 이들의 수고에 깊이 감사드린다.

이 책을 출판하게 된 데 가장 실제적인 노력을 들인 사람들은 나의 남편 감리교신학대학의 이정배 교수와 막내동생 이경이었다. 그분을 짧게 만났지만 결혼 직후 돌아가신 그분을 같이 기리며 모든 짐을 나누어지고 그분의 글이 빨리 출간되기를 독촉하며 주선해 준 남편의 사랑에 감사한다. 아버지를 가장 가까이서 쫓아다녔고 그래서 그의 죽음이 더 큰 충격으로 다가왔지만 "창조적으로 살라"는 그분의 끊임없는 권고에 따라 어렵게 뒤늦은 유학을 결정한 막내동생은 바쁜 일정에도 불구하고 번역을 하였고, 강연을 옮겨 적었으며, 손실된 원고들을 찾아다녔고, 교정하는 등 온갖 궂은일을 맡아 했다. 동생의 수고가 없었다면 이 책의 출간은 불가능했을 것이다. 큰 동생 윤은 지난 3월부터 시작한 병원 일로 같이 할 수는 없었지만 그동안 모든 어려움을 잘 참아 공부를 마쳤고 새 가정을 꾸며서 앞으로의 남은 일—아버지의 유고전, 시집 출간 등—을 위한 든든한 기반으로 자라 주었다. 또 그분의 정신적인 감화 속에서 같이 자라난 동생 태순이도 어렵지만 꿋꿋하게 자신의 학문의 길을 가고 있다. 이 책의 출간으로 그동안 만나 볼 수 없었던 그분 생전의 친구와 동료들, 교우들 그리고 제자들(대한기독교신학교, 그리스도신학대학, 순복음신학교 등)을 다시 볼 수 있게 되기를 바라며, 그분들에게 이 책이 위로와 기쁨과 권고가 되기를 소망한다. 또한 마지막으로 이 책의 출간이 요즘 토착화 문제로 다시 많은 어려움 가운데 놓이신 우리들의 스승 감리교신학대학의 변선환 학장님께 도움이 될 수 있기를 바란다. 윤성범이라는 한 스승과의 연관 속에서 두 분은 서로 모습은 다르지만 한국 기독교회의 토착화를 위해서 싸워 온 '고독과 저항의 신학자'들이다. 오늘날의 이단이란 분쟁과 분당을 조성하는 것이고, 기독교의 역동성이란 바로 그 주변과의 끊임없는 대화에서 비롯된 것이라는 이 책의 가르침은 오늘 우리의 문제를 푸는

데도 좋은 가르침이 된다. 아버지는 나에게 신학과 철학에 눈을 뜨게 하셨고 한국 사람이라는 것, 그리고 칼 융K. Jung 등을 통한 내면의 근원에 대한 관심과 떼이아르 드 샤르댕 등을 통한 우주적 화합에의 비전을 가르쳐 주셨던 분이다. 그러나 그분의 삶과 사상은 때때로 나에게 고통과 좌절의 원인이 되기도 했다. 하지만 이러한 모든 것에도 불구하고 그분은 오늘도 내가 울고 웃으며 찾아가고 있는 삶의 꺼지지 않는 등불이 되신다.

그러나 여러 가지 의미에서 용서받기 어려운 불효의 자식으로서 본인은 이 책의 저자가 이제까지 한국 신학계에 거의 알려지지 않은 신학자였고 또한 그의 유고집인데도 불구하고 이 책의 출판을 기꺼이 맡아 준 종로서적 출판부의 수고에 깊이 감사드리며 커다란 부끄러움 가운데서 이 글을 마친다.

1992년 4월 군자동에서
이은선

차례

제Ⅲ부 성령의 신학

부록

제 I 부

전위 묵시문학의 신학

이 논문은 현상학적 접근 방법에 의한 종교 연구이다. 이 연구가 시도하는 바는, 묵시문학적 의식apocalyptic consciousness과 그 지향점intentionality을 고찰함으로써 묵시문학적 현상apocalyptic phenomenon의 자율적 본질이 무엇인가를 밝히고, 묵시문학적 현상을 기독교 선언과, 특히 메시아와 그의 왕국이라는 원형적 상像과 연관시키려는 것이다. 이러한 고찰을 다음의 다섯 개 장으로 나뉘어 논의한다.

제1장에서는, 그 특성과 기원 그리고 심리학적 용어에 대한 다양한 이론들을 검토한다. 여기서 묵시문학에 대한 사적, 발생적 연구에서의 특징적인 전제들은 현상학적 '판단 중지判斷中止, epoché'에 있게 된다.

제2장에서는, 묵시문학자들을 신구약 중간기의 문학적 유산 및 종교적 신념들과 관련한 창조적 소수파로 논의한다. 이러한 고찰에는 수평적 역사관 대신에 수직적 역사관을 제시한다.

제3장에서는, 묵시문학자들의 자기 기술적自己記述的 문장들을 통해 묵

시문학적 의식을 밝혀보려고 시도한다. 이것을 역사의식과 초월의식의 출현으로 고찰한다.

　제4장에서는, 묵시문학을 현재의 우리 경험과 더 친근하게 묘사할 목적으로 현대의 전위파前衛派, avant-garde 운동을 묵시문학과의 연장선상에서 이해한다. 이러한 운동들 사이에는 역사적으로 직접적인 연관성도 없지만, 전위파 운동은 정신분열증과 투쟁의 열정에 사로잡혀 있는 지적인 엘리트, 번민가, 환상가, 미래파의 묵시문학적 사유 양식과 동일한 뿌리를 지니고 있다.

　제5장에서는, 환상에 관한 고찰을 통해서 초월적인 것the transcendental과 역사적인 것the historical으로 분열된 의식의 매개적 요소를 찾을 것이다. 환상 의식vision consciousness의 지향점이 바로 역사에 대한 철저한 부정과 전환의 변증법적 운동임을 볼 수 있다. 이 환상은 두 가지 원형적 상들archetypal images, 즉 '메시아Messiah'와 '메시아 왕국Messianic Kingdom'을 표상하는바, '메시아'라는 원형적 상이 힘과 정의와 사랑이 충만한 새로운 인간을, 그리고 '메시아 왕국'은 평화와 기쁨과 자유를 누리는 우주적 공동체로 설명될 수 있다.

서문

모든 저항문학 혹은 지하문서는 그 속에 읽는 이의 내적 경험을 추동하는 파토스pathos와 역동성dynamism을 지니고 있다.

'저항문학'으로서의 묵시문학은 신구약 중간기의 삶의 자리Sitz im Leben에서 이러한 역동성을 깆고 있다. 민약 후세대의 평범한 역사적 관점에서 이 작품들을 읽는다면, 독자들은 이 작품들의 강인한 요소를 의식하지 못하게 될 것이다.

이 논문에서 묵시문학의 파토스와 역동성은 묵시문학적 의식과 그 지향점에 대한 탐구를 통해 인식되고 있다. 묵시문학은 원시 기독교 신학의 배경으로서, 우리가, 묵시문학자가 지녔던 진정한 파토스의 본질을 파악할 수만 있다면, 이는 현대 사회에서 기독교 선언이 수행할 역동적인 역할의 탈환 가능성을 열어 줄 것이다. 이 논문은 제한적이나마 이러한 책임을 맡으면서 기독교 선언을 위한 묵시문학자의 파토스를 회복시키는 일을 목적으로 삼는다.

필자는 이 논문을 쓰면서, 시간과 정력을 아낌없이 허락해 준 여러 사람의 협조가 없이는 어떠한 학문적 성과도 이루어질 수 없음을 깨달았다. 이런 점에서 필자는 많은 분들께 은혜를 입고 있는 것이다. 특히 신약성서 연구의 조언자인 마이어Paul W. Meyer 박사, 묵시문학 세미나의 지도 교수인 실버만Lou H. Silberman 박사와 켁Leander E. Keck 박사 그리고 논문 심사 위원 가운데 한 분인 오글레트리Thomas W. Ogletree 박사에게 깊게 감사의 말씀을 전하고자 한다.

서론

　"묵시문학은 모든 기독교 신학의 모체였다."[1] 그리고 "기독교의 발단은 유대 묵시문학과 긴밀하게 얽혀 있다."[2] 와 같은 진술들은, 묵시문학 연구가 신약과 기독교 신학의 이해에 대단히 중요한 의미를 지니고 있다는 사실을 가리킨다. 물론 과거에는 개신교회가 묵시문학적 문서들에 대해서, 이 문서들은 기독교 신앙에서 이차적인 것이요 의문시하는 태도를 보였음에도 불구하고, 위와 같은 진술들은 사실이다. 개신교회가 히브리 구약경전에 집착한 이래, 묵시문학적 문서들은 거짓되고 위조된 것이며 이단적이라는 이유로 공식적 유포가 종종 금지되기도 했다.

　한편, 가톨릭교회는 이 문서들에 대해서 상당히 호의적인 태도를 보였기 때문에 이 문서들 중의 일부를 그들의 경전에 포함시켰다. 그러나 영국 국교회는 신앙에 관한 교리적 적용에서 외경과 위서를 제외했다. 후기 유대교에서는 이 문서들이 히브리 경전 이외의 것이라는 이유로 위험시된 적도 있었다.[3]

과거에는 일부 학자들이 묵시문학의 문제에 관심을 드러내기도 했지만, 이들의 주요 관심사는 이 문서들의 비전적秘傳的 성격이었고, 그래서 이들은 문장에 대한 비유적 적용에 몰두하거나 그 우주론을 일종의 고대 과학으로 연구하였다. 묵시문학적 문서들의 문학적 형식 및 우주론이 묵시문학적 문서들의 본질적 특성이라고 주장하는 것은 타당치 않다. 하지만 이러한 것들은 그들의 주요 관념들을 전달하는 데 사용된 표현이며 도구이자 일종의 문학적 기법이다. 독자는 역사에 대한 그들의 묘사에서 수많은 상징적 기술과 뛰어난 수비학數秘學, numerology과 같은, 교훈적이고 아주 문학적인 수단들을 발견할 수 있다.

문학적 양식과 우주론을 추적하는 일은 묵시문학과 관련한 최근의 성서 연구 발전에서는 일차적인 관심사가 아니다. 최근의 묵시문학 연구의 관심사는 오히려 그들의 역사적 전망에서 나타나는 묵시문학의 신학적 동기와 역동성을 구명하는 데 있다. 이런 점에서 에벨링Gerhard Ebeling은 " '묵시默示, apocalypse' 라고 알려진 문학적 형식이라는 의미에서의 묵시문학과 특수한 신학적 동기라는 의미에서의 묵시문학"은 구별할 필요가 있다고 하였다.[4]

그러나 이러한 것들은 묵시와는 본질적으로 다른 종류의 것이다. 여기서 우리가 말하는 것은 묵시문학적 관념 체계가 아니라 묵시문학적 배경을 지닌 개인적 진술들이고, 묵시문학적 신비를 드러냄이 아니라 현재를 위해서 묵시문학적으로 근거 지워진 구체적 가르침이며, 꿈과 환상의 기호 언어가 아니라 보편적으로 이해할 수 있는 언어이고, 익명으로 뒷받침된 예언자적 권위가 아니라 개인의 책임 속에서 실천되는 권위인 것이다.[5]

성서 연구에서 묵시문학이 중요한 이유는 당대의 문화적 배경과 세계관에 의해 윤색된 그 형식적 특성들 때문이 아니다. 그것은 성서 연구의 새로운 차원들을 열어 줄 수 있는 중대한 요소와 동기를 지니고 있다. 주지하듯 묵시문학은 아주 절망적인 역사관을 지니고 있다. 그 저자들은 역사는 죄에 물들어 있고 타락했으며 따라서 세계는 파멸될 운명에 놓여 있다고 생각한 것이다.[6] 그럼에도 불구하고 종말론은 지나간 이전의 것과는 전적으로 다른 새로운 시대가 오리라는 희망을 전개한다. 역사에 대해서 이렇게 극도로 비관적인 생각을 하면서도, 묵시문학자들은 역사를 역사적 영역 밖에 둠으로써 다시 희망을 품는다. 이처럼 이들은 역사의식에서 역동적인 긴장을 이루어 놓았다. 그래서 역사는 새로운 시대aeon로 회귀할 수 있다는 것이다.[7]

프로스트Stanly Brice Frost에 따르면, "묵시문학은 본질적으로 권위에 대한 일종의 저항문학"이며,[8] 현시대에 대한 어떤 종류의 찬미도 근본적으로 부정하는 표현이다. 묵시문학의 저자는 전통 종교와 국가 모두에 대해서 자신의 경고를 통해 도전한다. 권위에 대한 이런 도전의 성격 때문에 이러한 문서들은 권력을 쥔 사람들의 눈에는 위험하고도 공격적인 것으로 여겨졌다. 그래서 이들은 히브리어와 아랍어로 쓰인 그 원본들을 없애 버린 것이다. 이러한 이유로, "현존하는 책들이 보존될 수 있었던 것은 그것들이 이미 다른 언어로 번역된 덕택이며, 랍비 유대교Rabbinic Judaism에서 지속되어 온 묵시문학적 관념들은 구전口傳의 결과일 것이다."[9]

그 사유 방식의 고유한 급진적인 성격 때문에 묵시문학에는 분명히 역동성이 있었다. 역동성을 나타낸 역사상의 구체적 사례들은, 일부 학자들이 묵시문학적 공동체라고 기술하는 에세네Essene 공동체와 열심당Zealots 운동 등에서 찾아볼 수 있다.[10] 이들의 종교적 열정은 아주 대단한 것이어서, 이들이 헬라화한 사람들과 로마의 지배에 저항하지 않음은 있을 수 없는 일이었다. 이들은, 하나님의 뜻에 거역했다고 생각하는 권력에 대해서 기꺼이 저항한 투쟁적인 묵시문학자들이었다.

까뮈Albert Camus의 "…오늘날의 역사는 그 모든 격동 및 투쟁과 더불어 우리로 하여금 반항은 인간의 본질적 차원이라고 말하지 않을 수 없게 한다."는 표현은 고대의 외침이 다시 메아리치는 것만 같다. 역사는 반항 활동이 없이는 전진하지 않는다. 특히 지식인의 반란은 역사의 지평 속에 항상 심각한 자취를 남겼다. 묵시문학자들은 그들의 세계에서 분명 지적인 엘리트였다. 그 활동의 강제적인 힘이 과연 무엇이었는가를 탐구하는 일은 그 역사의식과 연합되어 있는 기독교 신앙을 폭넓은 관점에서 이해하는 데 도움을 줄 것이다. 묵시문학자들은 그 역사적 지평에 있어 "광야에서 외치는 자의 소리"였다. 이러한 외침은 우리에게 기독교 선언이 현시대에서 어떤 것이어야 하는가에 대한 새로운 통찰력을 열어 줄 수 있을 것이다.

최근의 성서 연구의 발전을 보면 학자들 사이에 중대한 변화가 있었음을 알게 된다. 쿰란Qumran 경전의 발견 이후로 묵시문학의 문제에 대한 관심은 점차적으로 높아졌다. 베츠Hans Dieter Betz는 "역사적 예수와 원시 기독교를 이해함에 있어서 중요한 것은 철저히 묵시문학적인 쿰란 경전의 발견 및 이에 따른 필연적인 변화들이 우리를 묵시문학의 현상과 직면하지 않을 수 없게 만든다는 사실이다."라고 하였다.[11] 이러한 사실은 비단 성서 주석에서뿐만 아니라 조직신학에서도—특히, 혁명과 희망에 관심을 두고 있는 판넨베르그Pannenberg와 몰트만Moltmann 등의 젊은 신학자들 사이에—새로운 방향을 제시해 주었다. 이러한 묵시문학적 접근을 통해 성서 연구에 새로운 빛이 던져지고, 신학의 전반적인 작업에 새로운 방향이 지시되고 있다.

묵시문학 연구에 대한 최근의 학문적 관심에도 불구하고 그 자료를 완전히 파악하는 데는 많은 어려움들이 있는 것 같은데, 그것은 주로 주변 문화와의 혈족 관계에서 기인한다. 묵시문학은 "전적으로 다른"[12] 사유 방식에 그 뿌리를 두고 있기 때문에, 역사적 배경의 진정한 관점을 파악하기란 거의 불가능한 것처럼 보인다. 묵시문학의 성격을 파악하기 위해서는, 해석자가 종교사 이해를 위한 색다른 해석학적 방법을 도입하는 것이 희망적일 것이다. 따라서 인간 본성의 고유한 구조의 관점에서 역사를 바라보는 것이, 역사를 단지 역사적 사건들의 인과 관계로 다루는 것보다 더 타당하다고 하겠다. 이것은 현상학적인 역사 해석이다. 이 새로운 해석을 통해서 묵시문학적 의식의 지향점과 묵시문학적 현상에서 나타나는 '원초적인 상primordial image'이 구명될 수 있다. 이러한 작업이 묵시문학을 현대 사회의 역사적 책임과 연결시키면서 기독교 선언을 새롭게 이해하는 데 이바지했으면 하는 것이 필자의 바람이다.

제1장
묵시문학의 모호성

‘묵시문학apocalyptic’ 혹은 ‘묵시론apocalypticism’이라는 용어는 막연하고도 광범위한 의미로 정의되곤 하였다. 사실, 어떤 책들이 일반적인 묵시문학적 문서의 범위에 포함되어야 하는가에 대해서는 어떠한 명확한 합의점도 없다. 이들 문서의 제설혼합주의적諸說混合主義的 성격으로 인해 그 목록에서 어떤 것이 포함되고 어떤 것이 제외되는지를 알아내기란 어려운 일이다. 이러한 상황은 문학 비평의 많은 문제들을 야기해 왔다. 러셀D. S. Russell은 문제 해결의 어려움을 다음과 같이 기술했다.

이 묵시문학적 문서들은 문학 비평에서 어떤 손쉬운 해결책도 기대할 수 없는 많은 문제들을 야기한다. 이 중 어느 것도 성격상 종합적이지 않으며, 수십 년 또는 그 이상의 기간에 걸친 자료를 포함하고 있지도 않다. 초대 기독교회가 이 문서들을 이용한 까닭에 문학적 분석은 더욱 어렵다.

… 이러한 책들에 대해서 어떤 합의된 목록이란 없지만, 일반적으로 묵시문학으로서 혹은 묵시문학적 요소를 지니고 있는 것으로서 인정되는 책들은 그 대략의 생성 연대와 함께 다음과 같은 것들이다.[1]

묵시문학의 목록을 제시하려면, 일반적으로 묵시문학적이라고 인정되는 저자들의 윤곽을 떠올리게 된다. 그 생성 연대를 정확히 추적하기란 거의 불가능하기 때문에 추정 연대조차도 대략적인 것이다. 학자들 사이에 어떤 합의된 묵시문학적 문서들의 목록은 존재하지 않지만, 묵시문학적 요소들을 포함하고 있다고 여겨지는 것들은 다음과 같다.

① 다니엘서(B. C. 165년)

② 에녹서 1-36, 37-71, 72-82, 83-90, 91-108(B. C. 164년경 이후)

③ 희년서(The Book of Jubilees) (B. C. 150년경)

④ 무녀의 신탁서(The Sibylline Oracles) 제3권(B. C. 150년 이후)

⑤ 12족장의 언약서(B. C. 2세기 말)

⑥ 솔로몬의 시편(B. C. 48년경)

⑦ 모세의 승천서(A. D. 6-30년)

⑧ 이사야의 순교사(The Martyrdom of Isaiah)

⑨ 아담과 이브의 생애 혹은 모세의 묵시록(A. D. 70년 직전)

⑩ 아브라함의 묵시록(A. D. 1세기)

⑪ 아브라함의 언약서(A. D. 1세기)

⑫ 제2 에녹서 혹은 에녹의 비밀서(A. D. 1세기)

⑬ 무녀의 신탁서 제4권(A. D. 80년경)

⑭ 제2 에스드라서(=제4에스라서) 3-14(A. D. 90년경)

⑮ 제2 바룩서 혹은 바룩의 묵시록(A. D. 90년 이후)

⑯ 제3 바룩서(A. D. 2세기)
⑰ 무녀의 신탁서 제5권(A. D. 2세기)[2]

이 목록에 더해 이른바 사해 두루마리Dead Sea Scrolls가 있는데 묵시문학 운동에 빛을 던져 준 자료이다. 이 쿰란Qumran 문서 속에 묵시문학과 관련된 상당히 많은 수의 자료들이 발견되었는데, 이 중에는 다니엘서 및 희년서와 관련된 필사본도 있었다. 이 문서들이 묵시문학적 문서들과 유사한 특성들을 지니고 있다는 사실은 학자들 사이에서 일반적으로 인정되고 있다.[3] 우리가 영지주의를 쿰란 문서 및 묵시문학적 문서와의 관계 속에서 살펴보면 틀림없이 어떤 유사성을 발견하게 된다. 영지주의에는 묵시문학적인 쿰란 문서에서와 같은 일반적인 **환경**milieu이 있었고 이러한 쿰란 문서에서 영지주의가 발생했다는 사실은 부인할 수 없다.[4] 한스 요나스Hans Jonas는 유대의 유일신론, 바빌로니아의 우주론, 인도의 이원론, 헬레니즘 등이 영지주의적 사유 방식과 상호 연관되어 있던 당시의 제설혼합주의의 배경에 대해서 폭넓게 기술하고 있다.[5] 이렇게 주변의 종교 문화적 유산과 관련해서 이루어지는 묵시론의 비교 연구는 학자들 사이에 끝없는 논쟁을 불러일으켰다. 여기서 한스 요나스의 다음과 같은 질문들은 아주 전형적이다. "제설혼합주의적 상황에서 조직적인 힘은 과연 무엇인가? … 그렇다면 그 지도 원리와 방향은 도대체 무엇이었는가?"[6]

1. 특성

묵시문학 문서들의 복합성과 문화적 유산의 다양성을 고려해 볼 때, 이러한 질문들에 답한다는 것은 거의 불가능한 작업이다. 또한 신구약 중간기의 사유에는 사회 정치적인 복잡성이 있었으며, 이런 측면들이 묵시문학적 요소들을 이끌어 내는 데에 고려되어야 한다. 최근의 연구는 묵시문학의 특징적 성격을 분석하는 데 대단한 관심을 기울이고 있다. 폰 라드 Gerhard von Rad는 그의 『구약 신학 *Old Testament Theology*』 개정판에서 '다니엘서와 묵시문학' 부분을 포함시킬 필요성을 느꼈다. 그는 묵시문학의 세 가지 특성을 다음처럼 파악한다.

묵시문학적 신학의 특성은 종말론직 이원론으로서 두 시대, 즉 현재와 다가올 시대를 명확히 구별하는 것이다. 또 다른 특성은 완전한 초월주의로서, 다가올 시대의 구원의 은총이 천상의 세계에는 이미 선재하며 지상으로 도래하리라는 것이다.(다니엘 7장 13절, 에녹 39장 3절 이; 69장 2절, 에스라 13장 36절 등). …

이것은 묵시문학적 문서의 또 다른 특성, 즉 비전주의와 영지주의로 유도된다. 마지막의 일들은 알려질 수 있으며, 사실 정확히 계산될 수 있다. 그러나 이것은 비전을 전수받은 사람에게만 가능한데, 왜냐하면 이들은 대부분 암호로 되어 있는 예언에 대해 그 해독 기술을 이해하고 있기 때문이다. 그렇다면 비전주의와 영지주의에 해당하는 것은 바로 이 문학의 모든 면에서 발견되는 '신비' 와 '비밀' 이라는 개념이다.[7]

프로스트는 『구약 묵시문학 *Old Testament Apocalyptic*』이라는 저서에서 묵시문학은 예언서와는 "아주 다른 양식의 저작" 이라고 말했다. 그럼에도 불구하고 이 저자들의 기원과 발전은 자연히 예언적이고 전례적인 문서와 연계된다. 그는 묵시문학의 다섯 가지 측면에 대해 다음과 같이 논의한 바 있다.

① **역사적 환경**: 바빌론의 유수는 히브리 역사의 분수령을 이룬 체험이었는데, 유대인은 이 체험으로부터 출현했고 자존심에 심각한 타격을 받았으며 본질에 어긋난 자신들의 찌꺼기 같은 삶을 태워 버리는 냄새와 더불어 정화되었다. … 묵시문학이 꽃을 피운 것은 바로 이 삶의 자리Sitz im Leben에서이다. 예컨대 환국還國 시기나 마카비Maccabee 시대 초기에서와 같이 어떠한 희망의 고양도 즉시 환멸로 귀결되었다. 이것은 모든 묵시의 특징으로서, 일종의 박해 콤플렉스에서 나온 현시대에 대한 극도의 믿음 결핍과 소망 결핍을 적시한다.

② **역사에 대한 호소**: 그들은 당신의 백성을 향한 하나님의 능력과 자비를 강조하기 위해서 위대한 구출의 행위를 상기하거나, 세상의 죄악과 의인의 불행을 보여 줄 목적으로 재난을 강조했다. 이들의 작업이 신적인 정의 실현theodicy의 문제였다면, 이들의 답변은 계시의 확실한 매개체 안에서 훌륭하게 이루어져야 했으며, 히브리 민족에게 그것은 하나님이 창조와 섭리 안에서 하셨던 일에 관한 이야기인 **역사**였다. … 그래서 이들은 자신들의 시대까지 이어온 역사의 전체 또는 어떤 중요한 일부분을 다시 계산하기도 하고, 이어서 그것을 **종말**로 추측하기도 했다.

③ **민족주의**: 우리는 묵시문학적 문서들 속에서 이러한 긴장을 발견하는데, 대부분의 문서들은 대단히 민족주의적이며 모든 이방인들을 한꺼번에 저주하지만, 때로 어떤 저자는 다가올 시대의 잔치 석상에 초대받을 만

한 사람들을 위해 보증의 노력을 기울이기도 한다.

④ **익명과 가명**: 자기 세대에게 심각하게 할 말이 있었던 사람들은 고대의 유명한 인물의 이름을 택해서 그 이름으로 그리고 그 인물의 시대를 배경삼아 글을 썼다. 예컨대 에녹이나 모세, 이사야나 다니엘 등이 그것이다. 게다가 그것은 다음과 같은 이점을 가지고 있다. 즉 그들이 택했던 인물이 누구이건 간에 그 인물에 출처를 두게 되면, 그 인물은 자신의 시대로부터 실제 저자의 시대까지 세상의 모든 역사를 바라보고 이어서 그 미래를 전망하는 꿈을 꾸게 되며, 그 저자는 자신의 메시지를 전달할 기회를 얻을 뿐만 아니라 이미 그 메시지의 신뢰성을 확보했을 것이다.

⑤ **신화적 요소**: 히브리인은 셈족으로시 셈족의 전통과 전설을 공유하고 있었다. 그 신화도 대부분의 고대 법률과 마찬가지로 대다수가 수메르Sumer에 기원을 두고 있다. 이후에 이루어진 셈족 이주민의 물결은—아브라함의 이동도 그중 하나였다—비옥한 초승달Fertile Crescent 지역의 북부를 통과하면서 법률과 신화를 모두 갖게 되었다. 이 신화들 중의 하나가 바로 창조 신화이며 다른 하나가 심판 설화, 즉 홍수 이야기다. … 묵시문학자들은 이러한 신화적인 자료들을 아주 잘 이용했는데, 이 중에는 우리가 여전히 해석할 수 있는 것도 있지만, 그 배경에 대해서 필요한 지식을 가지고 있지 않기에 우리가 전혀 분별할 수 없는 비유와 인용문이 많을 수밖에 없다.

⑥ **심볼리즘Symbolism**: 우리는 심볼리즘이 묵시문학에서 왜 그렇게 굉장한 역할을 수행했는가를 구명하려고 할 때, 묵시문학에 표현된 신화적 매개체를 망각해서는 안 된다. 이것이 주요한 이유임에 틀림없다. 그러나

또한 염두에 두어야 할 것은 그 주제가 심볼리즘을 필요로 한다는 것이다. 세상의 종말을 묘사하려는 사람은 묘사할 수 없는 것을 묘사하려고 시도하는 것이다. 왜냐하면 그는 하나의 유일한 사건을 다루고 있으며, 그때에 한해서 그 일반적인 구절은 엄밀하게 정확할 것이기 때문이다."[8]

러셀은 묵시문학을 본질적으로 이전의 종교적 유산에서 발생한 유대교 예언의 발전이자 과도기적 문학 형식으로 파악했다.[9] 그래서 그는 묵시문학의 특성을 비전, 문학적 퇴고推敲, 언어의 상징성, 저자의 익명성 등의 네 가지 범주로 기술할 수 있었다.

① 묵시문학의 일반적인 징표들: 여기서 우리는 묵시문학자들의 가르침과는 구별되는 이들의 문학을 특징지을 수 있다고 할 어떤 양상들을 검토할 것이다. 이 양상들은 성격이 비전적이고, 형식이 문학적이며, 언어가 상징적임과 아울러 저자가 익명적이라는 사실 등이다. 이 모든 요인들은 묵시문학자들이 그들의 메시지를 전달하면서 채택한 방식을 조명해 줌과 동시에, 이 저자들과 구약의 예언자들 사이를 보다 더 확연하게 구별해 준다.

② 비전적인 성격: 묵시문학적 저서들은 과거에 어떤 특정한 뛰어난 개인들에게 알려진 신적 비밀을 계시하거나 표출한 것이라고 주장하는데, 그들은 후에 이러한 계시를 비밀의 책, 즉 '감춰진' 책 속에 기록하여 의인들을 가르치고 용기를 주며 하나님의 백성으로 삼고자 하였다. 이러한 비밀들은 천국이나 지옥에 몰두하는 꿈이나 환상을 보는 사람에게 알려지는 것이 보통이다. … 때로는 천사와 같은 해석자를 등장시켜서 천국 여행의 환상을 보는 사람을 인도하고 그에게 천국과 지옥에서 일어난 일들의 의미를 설명해 주기도 한다.

③ 묵시문학적인 형식: 신적인 진리의 문학적인 표현에 대한 이러한 강조는 모든 묵시문학파의 특징이다. … 묵시문학적 문서들은 단지 족장들로 하여금 그들의 후손을 권고하는 데 그치지 않고, 성서 이야기를 하가다 Haggadah 형식의 주석으로 변형시켜 장식하기까지 하였다. 그들은 성서 이야기를 각색하고 족장들을 미화시켜서 지도자다운 품성을 더욱더 고양시켰다.

④ 언어의 상징성: 묵시문학자들은 엄청난 외래어를 사용하고 환상적이고 기괴한 형상을 그리면서 그들의 상상력을 충분히 발휘했다. 이러한 사실은 심볼리즘이 묵시문학의 언어라고 할 수 있을 정도였다. 이 심볼리즘의 일정 부분은 묵시문학자들의 꿈과 환상 등의 경험을 통해 얻은 그들 자신의 풍부한 상상력에 기원을 두고 있었음은 의심의 여지가 없다.

⑤ 저자의 익명성: 일반적으로 말해서, 유대 묵시문학은 익명적이라고 하는 사실이다. 많은 문서들이 먼 과거 속에 예언들을 투여하고 고대의 숭앙받은 인물들의 이름으로 쓰였는데, 이들은 신적인 계시를 기록된 책으로 받았으며 이를 그 계승자에게 계속해서 물려주었다고 주장한다. 이러한 인물들은 아담에서 에스라에 이르는 문서들 속에서 나타나는데, 당시에는 이들의 시대에 영감이 끝났다고 공식적으로 믿어졌었다.[10]

2. 기원

이런 근원적인 질문에 답하기 위해서 학자들은 주변의 종교 문화적 영향들을 추적하고 이 사유 방식의 기원을 확인하려고 노력해 왔다. 헬라화한 동양Hellenistic-oriental 세계에서 신구약 중간기의 지배적인 사유 방식에는 신화적 세계관, 이원론, 점성술적 운명론, 초월적인 유일신론이 있었다. 한스 요나스에 따르면, 동방의 사고 속에 그리스적 개념화가 있었다고 한다. 그리스 사상은 '해방'의 힘으로서만이 아니라 '억압'의 강제적 힘으로 오리엔트의 정신을 계몽시킨 것이다. 그것이 억압이었던 것은 그리스 사상이 본래의 내용을 그리스적 매체로 표현하도록 만들었기 때문이며, 그것이 해방이었던 것은 그리스적 개념화를 통해서 오리엔트의 사상은 스스로의 유산에 새로운 의미를 부여할 수 있는 가능성을 열었던 까닭이다.[11]

이런 방식으로, '헬라화된 동양의' 세계는 그 시대에서 공통의 사상적 풍토를 융합하였다. 따라서 외부적인 복잡성을 비교해 볼 때 그 사상적 구조물에 미친 '영향'을 탐구하는 일은 생각보다 그리 어렵지 않다. 반면에, 당시에 지배적인 사유 방식 속에 있는 진정한 독특성을 구별해 내는 일은 극히 어려운 일이다.

오스터리W. O. E. Osterley는 묵시문학의 기원을 헬레니즘 문화와의 연관 속에서 추적한다. 그는 구약의 지혜문학 그리고 일반적으로 묵시문학적 종파라고 여겨지는 에세네Essene파의 운동에 끼친 헬레니즘의 강한 영향을 특별히 강조한다. 또한 그는 이러한 종교적 현상에 끼친 동방 종교의 특정한 영향들을 다음과 같이 지적한다.

현재 우리의 목적을 위해서, 헬레니즘이 종교 사상에 영향을 미친 방식은 물론 너무나 중요하게 고려되어야 할 주제이다. 헬레니즘 운동들은 '외경apocryphal' 문학이 쓰인 전 기간全期間과 동시에 발생했다.[12]

게다가 대단히 제설혼합주의적인 태도가 이산離散된 유대인을 특징지

웠으며, 그들의 신 개념까지도 그리스 철학자들의 가르침에 의해 영향을 받았다. 경전의 비유화는 헬레니즘의 영향의 또 다른 증거였다.[13]

또한 마카비 이전 시대에는 헬레니즘 운동의 영향으로 보편주의자의 정신이 유대인들 가운데 아주 크게 유포되어서, 이들은 그리스인과 연합하는 것을 전혀 반대하지 않았고 그리스인에게서 배운다는 것을 기뻐했으며, 그리스 사상의 특징인 자유롭고 폭넓은 분위기를 환영했다. 그 결과 외부에서 유입된 생각과 신념으로 풍요해진 유대 묵시문학은 사람들 사이에 번성했으며, 당시까지 해결할 수 없는 것으로 여겨졌던 문제들을 해결해 줌으로써 많은 사람들에게 빛과 평안을 가져다주었다.[14]

라울리와 같은 일부 학자들은 페르시아의 사상이 묵시문학의 사상적 발전에 기여했다고 생각하는데, 특히 그 종말론적인 문장들은 조로아스터교 종말론의 영향하에 있었고 그 사상은 페르시아의 천사 숭배의 영향을 받았다는 것이다. 그의 견해에 따르면, 다니엘서의 일부 등장인물들은 조로이스터 사상의 아메사 스펜타스Amesha Spentas와 동일하다고 한다. 그는 페르시아 종교에서의 아후라 마즈다Ahura Mazda와 앙그라 마이뉴Angra Mainyu 사이의 첨예한 대립은 적그리스도의 형상과 연관성을 가질 수도 있다고까지 생각한다.

특히 페르시아 사상의 영향이 인정되지 않으면 안 된다. 왜냐하면 우리는 예언서에서 나타나는 종말론적인 문장들과 나란히 조로아스터의 종말론 관념들을 나열해야 하며, 이 관념들이 페르시아 제국에서 널리 알려져 있었음은 분명하기 때문이다. 마찬가지로 페르시아의 천사 숭배는 유대 사상에 기여함으로써 이 분야의 관념들을 발전시켰다. 그렇지만 그 교리

의 발전에 대해서는 그리고 천사들의 이름과 그 기능의 정의에 대해서는
페르시아의 영향을 눈여겨보아야만 한다.[15]

하드필드P. H. Hadfield는 「유대교와 기독교 묵시문학에 미친 이란의 영
향」이라는 논문에서 묵시문학의 기원을 이란 종교에서 찾고 있다. 그는
유대 사상에서는 이 교리에 필적하는 묵시문학의 특성들을 발견할 수 없
었으며 오히려 유대 사상이 이란의 영향 아래 놓여 있었다고 생각한다.[16]

묵시문학의 가르침은 여러 가지 특출한 신학적 관념으로 특징지워진
다. … 여기에는 뚜렷한 이원론, 다시 말해서 신과 악마 사이의 끊임없는
갈등이 존재한다. 하나님은 인생사로부터 멀리 떨어져 있는 것으로 여겨
지고, 따라서 신과 인간 사이의 중재자인 초인에 대한 신앙이 존재한다.
무엇보다도 여기에는 종말론이 존재하는데, 그 저자들은 부활을 생생하게
묘사함과 아울러 심판의 관념을 강조한다. …
　이러한 관념들이 이란인의 가르침을 구성하고 있다는 사실을 인식하는
것은 흥미 있는 일이다. 우리가 히브리 사상에서 이러한 교리들에 상응하
는 어떤 것도 찾지 못한 까닭에, 유대인이 이란인에게서 그것들을 빌려 왔
다고 추론하는 것이다.[17]

묵시문학적인 역사관, 주로 역사의 도식화의 관점에서 머독William R.
Murdock도 또한 묵시문학적 역사 관념의 기원을 이란-바빌로니아의 혼합
주의와 그 점성술적 결정론에서 추적한다.

따라서 묵시문학적 도식은 무한히 긴 현시대aeon의 예정된 한계 내에서
시간의 분리, 즉 카이론 탁세이스Kairon Taxeis를 대표한다. 비유대적인 출

저에서 파생된 4중(四重) 도식(다니엘서 2장, 7장과 제2바룩서 37-48장)과 예레미야서 24장 11절 이하에서 파생된 칠중七重의 도식(제1에녹서 89장 59절, T. L. 16)은 별개로 하면, 묵시문학적 도식들은 4중적이거나 12중적이다. 이 사실은 묵시문학적 도식들 자체가 이란-바빌로니아의 제설혼합주의에서 파생했으며, 이 도식들에 의해 전제된 결정론은 점성학적 결정론이었다는 것을 증명한다.[18]

3. 묵시문학적 정신Psyche

묵시문학 연구에서 제기되는 문제의 해결에 접근하는 또 다른 방향은 묵시문학적 의식의 성격을 탐구하는 심리학적 접근 방법이다. 러셀은 유대교의 예언적 전통 및 헬레니즘의 사고방식과의 연관하에 묵시문학의 심리학적 용어들을 고찰했다. 그는 묵시문학의 심리학적 용어에 대한 연구는 극히 어려운 일이라고 생각한다. 히브리어로 된 구약과 그리스어로 된 신약을 비교할 때, 이 두 책은 대부분의 경우 우리에게 원본이 아닌 번역의 형태로 전해져 왔기 때문에 묵시문학적 용어는 더더욱 복잡할 수밖에 없다. 그는 인간의 인격에서 나타나는 심리학적 관련성을 탐구했으며, **네페쉬**nep̄eš, **프시케**psyche, **아니무스**animus, **루아흐**ruah, 프뉴마pneuma, 스피리투스spiritus 등의 심리학적 용어를 검토했다.

러셀이 행한, 묵시문학에 대한 심리학의 방법론적 적용은 로빈슨H. Wheeler Robinson의 히브리 종교에 대한 심리학적 접근에서,[19] 특히 그의 '영감의 심리학Psychology of Inspiration' 에서 나온 것이다. 러셀은 다음과 같이 주장한다.

묵시문학 저자들의 용어를 검토해 볼 때, 그것들은 아주 분명하게 그들 자신의 심리학을 반영하며, 비록 그것이 부분적으로 외래의 관념들에 영향을 받았다 할지라도 그것들은 특성상 히브리적이고 예언자적 의식의 연속을 나타내며, 이 중 일부는 예언자적 의식의 심대한 발전을 존중한다.[20]

그는 특수한 심리학적 용어에 대해서 다음과 같이 논의를 전개한다.

지성을 표현하는 'heart'(그리스어 *kardia*)에 덧붙여서, 우리는 'mind'(그리스어 *nous*)라는 단어가 많이 나타난다는 사실을 발견한다(성서에서만 32번 나타난다). 그러나 위에서 언급한 *syneidesis*라는 단어의 경우에서처럼, *nous*는 모든 경우에 구약의 'heart'라는 단어의 사용을 전문화한 것으로 여겨지며 여기서는 그리스의 심리학에서와 같은 의미를 띠지는 않는다.

이러한 *nous*의 등장이—많은 경우에 그것은 원래 히브리어 *leb*의 실제적인 번역임에 틀림이 없는데—*kardia*의 등장에 덧붙여진 것이라면, 의식의 지성적 측면을 기술하는 'heart'의 총 등장 횟수는 굉장히 증가할 것이다.[21]

러셀에 따르면, 인간을 정신-육체적 존재로 파악하고 육체를 물리적 구성 요소와 심리적인 속성의 연합 작용으로 이해하는 히브리 사상이 묵시문학적 문서들의 공통점이라고 한다. 이런 이유로 물질과 정신의 관계에 대한 두 집단 사이의 차이점은 무시해도 된다. 그는 '혼soul'이라는 단어의 사용을 네 가지 다른 범주로 구분한다.

총 232회 등장하는데, 11회는 생명의 원리에 대한 것이고, 119회는 몇 가지 형식의 인간의 의식을 가리키며, 46회는 무생물과 구별되는 생명체를 가리키면서 인격적인 의미로 사용한 경우이고, 52회는 구현되지 않은 상태의 사자死者에 대한 것이며, 나머지 2회의 경우는 오로지 선재하는 생명체에 대한 것이다.[22]

그는 '영spirit'이라는 단어는 비유대적 방식으로 사용된다고 말한다. 예를 들어 묵시문학적 문서에서 그것은 죽음 이후에 나타날 인간의 삶의 상황,[23] 인간의 육체를 구성하는 요소들에 대한 교설,[24] 그리고 인간의 본성에 대한 이원론적인 관점[25]을 기술하고 있다. 이 모든 가르침들은 유대인의 사고방식에서 이국적인 것이라고 한다. 러셀은 다음과 같이 고찰한다.

상당히 많은 수의 문장에서 '영spirit'은 구약에 대해 아주 이질적인 방식으로 사용되고 있다. '혼soul'과 같이 그것은 죽음 이후에 나타날 인간의 삶의 형식을 기술하며, 삶을 넘어선 인격의 지속성을—그 정도에 따라서 어떤 형식으로—가리킨다.[26]

제2에스드라서의 저자는 인간의 유기체가 필론Philo이 언급했던 네 가지 원소인 흙, 물, 공기, 불로 이루어져 있다는 학설을 익히 알고 있다.[27]

일반적으로 말해서 히브리의 심리학은 그리스의 심리학과 구별되는데, 이것은 전자에서는 인간의 인격이 통일체로 간주되지만 후자에서는 그것이 육체와 영혼이라는 이원론의 관점에서 파악되기 때문이다. 예컨대 오르페우스 교단Orphic sects에 따르면, 영혼이 육체에 머무는 것은 죄에 대한 일종의 징벌이며 육체는 영혼의 감옥인 것이다. 피타고라스주의Pythagoreanism의 가르침에서도 영혼은 육체와 아무런 유기적 관계도 맺고 있지 않으며, 그것이 본래적으로 나온 순수한 정신적 존재의 영역으로 되돌아가길 갈망한다는 것이다. 이러한 이원론은 영혼의 불멸성과 선재를 주장하는 플라톤의 저작들 속에서도 확연히 드러나고 있다.[28]

4. 판단 중지Epoché

지금까지 우리는 묵시문학적 문서들의 특성들을 분석하고 그 사유 방식을 상응하는 종교적 신념 및 다양한 문화적 유산과 연관시키려는 학자들의 노력을 살펴보았다. 방법론적으로 이러한 **절차적 방법**modi operandi은 그 배경과 타당한 역사적 요인들을 찾아내기 위해서 특정한 문화적 현상들을 추적하는 것이다. 이러한 학문적 시도가 그 자료를 이해하는 데 기여해 왔으며 이런 문제들을 관통할 수 있는 어떤 가능성을 열어 주었다는 사실은 아무도 부정할 수는 없다. 그러나 폰 라드는 묵시문학적 문서의 특성들을 열거한 후, "그것은 전적으로 만족할 만한 것은 아니다. 왜냐하면 우리는 이로부터 그 현상에 대해서 기술해 낸 것이 아니라 단지 옮겨 쓰는 일을 해냈을 뿐이기 때문이다."라고 주장한다.[29] 이렇게 특수한 종교적 현상을 밝혀내기 위해서 단지 그 특성들의 목록을 제시하는 일은 방법론적으로 너무 소박한 것이다.

그 특성의 열거와 함께 묵시론의 현상을 더 잘 이해하기 위한 방법에 대해서 베츠Hans Dieter Betz는 "이 '특성들'의 목록이 묵시론의 두드러진 점들을 실로 파악하고 있는가"[30] 그리고 "우리가 특성적 요소들의 열거라는 수단을 통해서 어떤 종교사적 현상을 과연 더 잘 이해할 수 있게 되는가"[31]라고 질문한다. 열거된 특성들 가운데 어떤 것은 헬레니즘 세계의 상당히 공통적인 세계관을 대표하기 때문에, 그러한 지적들 가운데 일부는 묵시론의 구조에서 전형적인 것이 아닐 수도 있다.

러셀은 묵시문학자들이 외래의 비밀문서에 영향을 받았다고 추정하는데, 예를 들어 무녀의 신탁서Sibylline Oracles는 "이교도의 세계에서 극히 대중적이었고, '비밀' 책들을 이용해서 메시지를 전달하려 했다."[32]고 한다. 이것이 사실이라면, 묵시문학적 문서들에서 나타나는 이러한 문학적 수단과 마무름은 묵시문학적 문서의 특성에 분명 불명예를 가져다주며, 결과적으로 특성들의 열거 탓으로 묵시문학의 진정한 성격을 파악하는 것이 어렵게 된다.

우리가 묵시문학의 독특성과 묵시문학적 동기의 근원적 지향점을 심도 있게 고찰해 보면, 주변 문화와의 가능한 모든 유사성을 추적하고 그 연관성을 혼합주의적이라고 제시하는 방법으로는 묵시문학의 '자율적 본질autonomous essence'을 파악하는 데 실패하기가 쉽다. 한스 요나스Hans Jonas는 영지주의 연구에서 다음과 같이 진술한다.

현대 학자들은 그리스, 바빌로니아, 이집트, 이란 등의 기원과 이 기원들 사이에 가능한 모든 결합 및 유대-기독교적 요소들과의 결합을 탐구하는 데 발전을 거듭해 왔다. 그 대표적인 자료 가운데 영지주의는 실제로 제설혼합주의의 산물이기 때문에, 이 이론들은 각각 그 출처에 의해 뒷받침되며, 그중 어느 것도 자체로는 충분하지 않으며 모든 이론들의 결합도 아니다. 이러한 사실은 영지주의를 단지 이러한 요소들의 모자이크로 만들어 버리며 그래서 영지주의의 자율적 본질을 놓쳐 버리게 한다.[33]

묵시문학을 히브리 종교 및 헬레니즘과 연관시키기 위해서 심리학을 사용하는 러셀의 방법은 묵시론을 다른 문화적 유산들과의 결합으로 간주하는 또 다른 접근이다. 그러나 이것은 주제를 단지 하나의 종교적인

의식의 문제로 다루는 한, 본 논의에서 인정되기는 힘들다. 폰 라드는 예언자적 자의식에 대한 심리학적 접근에 문제를 제기한다. 그는 생각하기를, 심리학적 접근으로는 예언자적 의식의 성격을 파악하기란 불가능하다고 한다. 왜냐하면 "결단의 책임과 능력을 가진 개인이 그 무대의 중앙을 차지할 예언에 도달했다."[34]는 것이다. 개인적인 결단과 책임이 없이는 종교적 의식과 신앙은 생각할 수 없다. 따라서 그 '영'을 단지 심리적 현상이나 자연적 현상의 영역에서 정의내리기는 어렵다.[35]

한스 요나스는 심리학적 접근의 문제에서 폰 라드와 같은 주장을 견지한다. 그는 영지주의의 이원론적 세계관은 감각 가능한 세계[36]와 "정의 가능한 어떠한 인간 본성"[37]에 대해서도 본질적으로 부정하고 무효로 만드는 것이라고 생각한다. 따라서 영지주의자는 인간의 정신에 대해 '경시하는 관점'[38]을 견지하고 있다.

우리에게 중요한 것은 인간의 모든 정의 가능한 '본성'에 대한 부정인데, 이것은 인간의 주권적 존재를 어떤 예정된 본질에 종속시켜서 인간을 자연의 총체 안에 있는 본질들의 객관적 질서의 일부분으로 만든다.

초본질적이고, 어떻게 보면 '자기방어적인' 존재라는 이 착상에서 나는 영pneuma의 초심리적 부정성이라는 영지주의의 개념에 비교될 수 있는 어떤 것을 보게 된다.[39]

만약 예언자적 의식이 심리학적 개념만으로는 접근할 수 없는 영역이고, 묵시문학적 의식이 보통의 심리학적 개념으로부터 그렇게 독립적이라면, 묵시문학적 문서들의 심리학적 용어들을 고찰함으로써 묵시문학적 자아의 정체를 밝히는 일은 또 다른 해결책이다.[40] 이런 면에서 류우G. Van der Leeuw는 본 논의의 결론을 위해서 훌륭한 통찰력을 제시한다.

따라서 종교 심리학은 종교의 심리적 양상들을 이해하려고 한다. 그러므로 심리적인 것이 전적으로 종교적인 것 안에서 표현되고 관련되는 한, 현상학과 심리학은 공통의 작업을 수행한다. 그러나 종교에서는 단순히 심리적인 것보다 더 많은 일이 일어나는데, 그것은 인간은 여기에 전인적으로 참여하며 이 안에서 활동적으로 움직이고 영향을 받는다는 점이다.[41]

제2장

역사상의 묵시문학

신구약 중간기에 고대 근동 지역과 그리스-오리엔트 세계에 대한 연구는 묵시론과 주변의 문화적 유산들과의 혈족 관계를 밝히는 데 적절한 수단을 제공한다. 학자들은 묵시문학적 사유 양식이 고대의 종교 사상, 형이상학적 교리, 고대 우주론 등과 함께 지니고 있는 유사성을 검증하기 위해서 고대 세계의 거의 모든 영역에 관심을 기울여 왔다. 그들은 묵시문학적 사유 구조의 기원을 추적하기 위해서 특히 헬레니즘 문화와 이란의 종교에 각별한 관심을 나타낸다. 그 유사성을 검증하려면 더욱더 멀리 그 영역을 확장할 수도 있다. 모든 문화는 다른 문화와 어느 정도 특정한 요소들을 공유하고 있기 때문에, 우리가 이 분야에서 어떤 실질적인 지식이 있다면 묵시문학을 다른 문화적 배경과 연결하는 것은 그리 어려운 일이 아니다.

1. 창조적 소수

묵시문학은 보편주의,[1] 모든 인간 행동의 포괄적인 기술,[2] 사고방식의
다양성 그리고 굉장한 상상력[3] 등으로 인해서 고대 세계와의 혈족 관계들
을 이루는 데는 장점이 있다. 이러한 문서들은 고대 세계의 백과전서처럼
보인다. 이들 문서에는 그 생각들을 논의하기 위해 인간 삶의 거의 모든
영역을 망라하는 다양한 자료들이 사용되고 있다.

묵시문학적 문서들이 저술된 문화적 풍토는 헬레니즘의 영향을 현저하
게 받은 것이었다. 알렉산더Alexander는 그의 힘이 미치는 어느 곳에서나
원주민을 점차 끌어들인 그리스의 학교들을 세웠다. 이로 인해 종족들 간
의 융합뿐만 아니라 생활 방식과 생각의 교류가 이루어졌으며, 이는 세계
시민적 분위기에서 의사소통의 필수적 수단이었다. 언어는 그 사회에서
필수적 매체였을 뿐만 아니라 특히 공무를 수행하는 사람들에게는 세계
시민적 문화를 유지하는 데도 중요한 것이었다. 원주민들 가운데는, 그리
스의 관습에 동화되길 원하고 문화적 표현의 매체로서 철학과 문학을 이
용하는 이 새로운 문화의 지지자들이 나타났다. 이렇게 헬라화되는 과정
에서 그리스어는 점차 공공의 문화적 표현을 위한 일상적 매체가 되었다.
그리스 철학은 그들 자신을 그 사회의 교양인으로 동화시킬 수단으로서
중요한 것이었다.

이러한 문화적 환경 속에서, 어느 누가 그 자신의 유산을 지키려고 한
다면, 그 자신을 이러한 영향들로부터 고립시키든지 아니면 자신의 유산
을 지키려고 그 영향들에 대항하는 입장을 취해야만 했을 것이다. 그러나
어떤 사람이 그 자신의 전통에는 그리 만족하지 못하고 그렇다고 자신을
대중적인 외래의 생각에 동화시키고 싶지도 않았다면 그는 다른 길, 즉
그 자신의 길을 찾아서 양측 모두와 싸우는 길을 택했을 것이다. 실제의

상황에서는 이러한 형태가 정확하게 뒤따르지 않았을 수도 있으며, 뚜렷한 정체성을 이룩하기 위해 전통 및 그 문화적 환경으로부터 고립하지도 않았다. 그러나 문화사에서 본질적으로 동일한 사건들은 창조적인 사람들 가운데 발견될 수 있다.

실제로 역사가 창조적인 사람들 없이 변화한다는 것은 불가능하다. 역사의 운동은 이들에 의해서 어떤 방향으로 재생될 수 있으며 이에 따라 그 진정한 기능을 수행할 수 있다. 폴 틸리히Paul Tillich는 이러한 '창조적 인과성의 행위an act of creative causality'에 대해서 주장하기를, "변화를 가져다주는 경우는, 그것이 진정한 변화가 되기 위해서는, 창조적 인과성의 행위에 의해서 이루어져야 하며, 진정한 사건이 일어난다는 유일한 증거는 어떤 동향이 성공적으로 변형되는 역사적 행위에 있다."[4]라고 했다. 칼라일Thomas Carlyle[5]과 니체Nietzsche는 이러한 유의 개인을 '영웅'[6]이라고 부르며 토인비Arnold Toynbee는 이런 사람들을 '내면적 프롤레타리아트internal Proletariat' 혹은 '창조적 소수creative minority'[7]라고 일컫는다. 이들은 감수성이 예민하고 '새로운' 것을 추구하며, 이들의 눈은 먼 미래의 방향으로 열려져 있다. 틸리히는 다음과 같이 말한다.

역사적 인과성은 모든 개별적인 새로운 것을 넘어선 새로운 것을 향해서, 모든 개별적인 상황이나 실체를 넘어선 어떤 상황이나 역사적 실체를 향해서 추진된다. 여기서 그것은 정신의 차원에서 개별적인 창조들을 초월한다. 창조적 인과성에 속하는 이 새로운 것의 개념은 역사 운동의 초월적인 특성을 함축하고 있다.[8]

묵시문학자들은 보통의 유대인으로 불리기는 힘들다. 또한 그들은 자신을 엄밀히 헬라화된 계급에 동화시키지도 않았다. 역사적 상황이 변화한 이후로 그들은 고대의 전통을 재해석해서 새로운 표현 양식을 채택해야 하는 필수불가결한 상황을 깨닫게 되었다. 블록Joshua Block이 지시하는 바대로, "천사의 세계와 메시아의 심판과 미래의 삶"[9]은 히브리 경전의 가르침과는 구별된다. 이러한 가르침은 "히브리 문서에서 발견되지도 않으며 잘 다듬어지지도 않았다."[10] 특히 역사에 대한 이해는 "이전에 이스라엘이 이해하던 것과는 전적으로 다른"[11] 것이다.

폰 라드에 따르면, 묵시문학에는 네 가지로 구별되는 역사 이해의 양상들이 그 윤곽을 드러내고 있다. 우선 묵시문학적 역사관은 "극도로 결정론적이다." 묵시문학에서는 역사적 사건들이 "하나의 연결된 실재로서 나타나며," 그 전체의 과정은 태초부터 예정된 것이다. 이에 반해 아시리아Assyria의 이사야의 기술은 달랐다. 여기에는 아무것도 예정되어 있지 않으며, 어느 때나 "이스라엘이 '회개' 할 수 있고, 야훼께서 죄악을 '물리칠' 수 있다."는 것이다. 두 번째, 예언자들은 물론 비유적으로 표현할 때도 있지만 대개 고립된 역사적 사건들을 말하는데, "묵시문학은 전체의 역사적 과정을 함께 묶어서 그것을 개념적으로 객관화시키려고 한다."는 것이다. 세 번째 차이점은 묵시문학적 역사관은 비관론적이고 역사를 "'심연深淵' 과 '대파국大破局'으로"[12] 이끌어 갔지만, "예언의 모든 재난들을 야훼의 직접적인 역사 개입의 탓으로 돌렸다."[13]는 것이다. 네 번째, 묵시문학에서 나타난 이해의 뚜렷한 차이는, 예언자들이 예언을 할 때는 언제나 그들 자신의 시점이나 시대에 서 있는 그들의 관점을 공개적으로 택하고 그 현재적 관점에서 과거나 미래를 고찰했었지만, 묵시문학자들은 역사를 종말eschaton과의 관계 속에서 고찰한다는 사실이다.[14]

묵시문학의 이러한 종말론적 역사 이해는 일종의 이원론을 내포하고 있다. 묵시문학의 이원론은 종종 헬레니즘 사상과 대응하는 것으로 간주되기도 한다.[15] 그러나 묵시문학의 이원론은 "우주에 동등하고 독립적인 두 가지 원리가 존재한다는 것을 주장하는 이론"[16]으로 단순하게 개념화하기는 어렵다. 이것을 피타고라스 학파의 두 가지 원리의 대립—이 원리들은 "어떤 형태의 조화 속에 있는 하나"[17]로 조절될 수 있다는—개념과 등식화하거나, '사물 자체'와 '모사模寫'[18] 간의 플라톤적인 이원론 형태의 보충적인 관점과 등식화하기는 어려운 것이다. 묵시문학의 이원론은 당대의 분열과 좌절 경험들로부터 나온 열매의 일종이다. 당시 상황의 비합리성으로 인해 부서진 조각들을 싸매는 것이 불가능하다. 천국과 지상, 의인과 죄인, 하나님과 세계 사이의 분리는 추상적인 의미에서의 양극성이다.[19]

또 나는 모든 것이 혼돈된 곳으로 나아갔노라. 거기서 나는 무서운 것을 보았노라. 나는 하늘을 보지 못했고 견고하게 세워진 땅도 보지 못했으며, 다만 혼돈되고 무서운 곳만을 보았노라. 또 거기서 나는 함께 묶여 있는 하늘의 일곱 개의 별들을 보았는데, 그것은 마치 큰 산들 같고 불타오르고 있었더라. …

또 나는 거기에서 다른 곳으로 갔는데, 그곳은 이전에 본 것보다 더욱더 무서웠으며, 또 나는 무서운 것을 보았노라. 거기에는 큰 불이 타오르면서 이글거렸으며, 그곳은 커다란 불기둥들이 아래로 뻗어 있는 심연에까지 깊이 조각나 있었는데, 그 폭이나 크기를 나는 다 볼 수도 없었고 헤아릴 수도 없었노라. …

그때 나는 그것에 관해서 물어보았노라. "이곳은 왜 하나가 다른 것과 구별되어 있사옵니까?" 그가 나에게 대답하여 말하기를 "이 셋은 죽은 자의 영들이 구별될 수 있도록 만들어진 것이라, 또 이러한 구별은 의인의 영들을 위해 만들어진 것이니, 여기에는 빛나는 물의 샘이 있느니라." 하였더라.[20]

보통의 논리나 단지 합리적인 분석으로는 묵시문학의 이원론을 이해할 수 없다. 천국이나 신은 지상이나 세계의 단순한 초월적인 대응물은 아니지만 우주의 권력 구조에서는 세계에 대한 경쟁자이다. 따라서 세계는 하나님의 적수이거나 '무법의 천사'[21]의 영토이다. 묵시문학자들은 세계의 역사를 의인과 죄인 간의 권력 다툼의 과정으로 파악하기 때문에 역사를 다변적인 투쟁의 단계들로 도식화한다. 그러나 세계사의 운동은 발전을 향해 나아가지 않는다. 대신 그것은 퇴화의 방향성을 띤다. 이 우주적 비관론에서 신의 중재가 없다면 아무도 그 우주적 재난을 구할 수 없을 듯이 보인다. 이 이원론과 역사의식에는 다른 것에 의해 거의 모방될 수 없는 굉장한 긴장성과 역동성이 표현되어 있다. 여기에는 신의 정의에 직면한, 역사에 대한 근본적인 부정이 있으며 역사를 끝없는 심연 속으로 밀어넣는다. 이원론의 이러한 성격으로 인해 한스 요나스는 이렇게 말한다.

인간과 전 실재 사이의 분열은 허무주의의 밑바탕에 놓여 있다. 이 결렬의 비논리성, 즉 형이상학이 부재한 이원론의 비논리성은 그 사실을 그만큼 사실적인 것으로 만들고 또 그 외관상의 대안을 그만큼 더 수용 가능한 것처럼 보이게 한다. 그것이 인간에게 부과하는 고립된 자아의 상태는 그것 자체를, 인간을 인간으로 보는 생각을 그만두게 하는 일원론적 자연주의와 맞바꾸게 할지도 모른다.

이러한 진퇴양난 사이에 현대적 정신이 떠오른다. 제삼의 길이 거기에 열려 있는지는—이원론적인 관습을 회피할 수 있으면서도 인간성을 유지하기 위해 이원론의 통찰력을 충분히 확보할 수 있는—철학이 찾아내야만 한다.[22]

유대의 전통과 헬레니즘 문화 모두에 대해서 묵시문학은 일종의 이단이었다. 묵시문학은 너무 급진적이어서 고대의 전통을 재해석하지 않고서는 유지되기 어려웠으며, 대중적인 헬레니즘으로 불리기에는 너무 도발적이고 반항적이었다. 묵시문학의 혁명적인 분노의 요소는 하시드 운동Hasidean movement과 마카비 저항Maccabean revolt에서 생생하게 드러나 있었다. 우리가 에세네 운동Essene movement의 중심이 쿰란에 있었다고 동의한다면,[23] 이 두 가지 출처는 모두 유대의 전통과 동시대의 헬레니즘 문화를 다루는 데 빛을 던져 줄 것이다.

쿰란 종파의 모세 율법에 대한 해석은 아주 뚜렷한 시각을 드러낸다. 그 계율 규범戒律規範, Manual of Discipline은 구성원들에게 "온전한 길을 걸어감으로써" 율법을 지킬 것을 요구했다.[24] 그것은 그들이 할 수 있는 한에서 가장 멀리까지 밀고나간 철저한 순종의 요구였다. 다른 구절에서 그 계율의 규범은 다음과 같이 적혀 있다.

그들이 그 공동체에 입문하는 것이 허락될 때, 그 공동체 위원회에 입문하는 사람이면 누구나 모든 헌신자들 앞에서 하나님의 계약 안으로 들어와야 할 것이며, 모세의 율법으로—당신께서 명하신 모든 것에 따라—마음을 다하고 혼을 다하여—사독Zadok의 아들들에게 계시되는 모든 것에 따라—돌아갈 굳은 맹세를 해야 할 것이니라.[25]

이러한 표현들은 쿰란 문서에서 자주 등장한다. 그것은 율법에 대한 일종의 절대주의적 요구이며 엄격한 율법주의적 전망을 대표한다. 그것은 또한 "모든 신비에 대한 확실한 분별"[26]을 내포하고 있었다. 우리가 이 율법 이해의 특별한 시각들을 간과한다면, '바리새인의 랍비 유대교' 와의 별다른 차이점은 없을 것이다.[27]

쿰란 종파의 율법을 논의할 때, 칭의稱義는 인간적 성취로 이루어질 수 없었다는 점을 강조해야 한다. 그 문서는 또한 하나님 앞에선 인간의 나약함을 강조했으며, 따라서 인간은 '하나님의 의로우심' 과 '하나님의 자비' 에 의존해야만 한다.

> 사악함은 사람에게, 불공평은 사람의 무리에 속하느니라. 내 죄, 내 반항, 내 범법, 내 마음의 불공평 따위 탓에 나는 버러지들에게 던져진 그 무리의 일원이 되고 어두운 길을 걸어가는 이들과 연합해 있노라.
>
> 사람은 그 자신의 길을 지니고 있으므로, 그는 그 자신의 발걸음을 강하게 하지 못하니, 이는 의가 하나님에게 속하고 당신의 손으로부터 그 길이 온전해짐이라. 당신의 지식으로 모든 것들이 존재하며, 이 목적으로 당신께서는 모든 존재를 이룩하시고, 당신으로부터 떨어져서는 아무것도 이루어지지 못하리라. …
>
> 나에게는, 만일 내가 실족하여 넘어지면, 하나님의 자비가 나에게 임하여 영원히 도우리라. 만일 내가 육신의 죄 때문에 쓰러지면, 나를 의롭다 함은 하나님의 의로우심을 통해 영원히 성취되리라. … 당신의 의로우심으로 당신께서는 나를 사람의 불결함으로부터 깨끗케 하실지니, 이로써 나는 하나님의 의로우심을 찬양하고 또 그 지극히 높으신 이의 위엄을 찬송하리라.[28]

여기서 우리는 어떤 긴장과 자력을 느낄 수 있다. 이들의 율법에 대한 근본주의에는 비범한 생명력이 있었는데, 다시 말해서 한편으로 율법에 대한 완전주의자의 전심전력의 자세, 다른 한편으로는 자아에 대한 전적인 부정이 있었다. 이러한 문서들 속에서 우리는 율법에 대해 혼신을 다하는 뜨거운 호흡을 느낄 수가 있다. 이 집단에게는 이러한 혼신의 힘이 있었기 때문에 요세푸스Josephus는 이들을 존경한 바 있었다.

그들이 선행에 몰두했을 때, 그것도 의로움 속에서 몰두했을 때 다른 모든 사람들보다 얼마나 월등했는지, 그것은 우리의 숭앙을 받을 만도 하다. 그리고 실제로 이 정도로 어떤 다른 민족 가운데서도 그리스인에게서도 미개인에게서도 그러한 것은 결코 한순간에도 나타나지 않았으며, 그래서 그것은 그들 가운데 오래토록 존속되었다.[29]

묵시문학자의 생명력은 그들 자신의 사회생활에서만 유지된 것이 아니라, 투쟁 정신의 형태로 그들의 국가적 운명과 연결되어 확장되기도 하였다. 베르메스Géza Vermés는 "계약啓約, Covenant 공동체가 반헬레니즘 투쟁의 시기, 즉 대략 기원전 200-170년 사이에 형성되었다는 여러 가지 증거들이 있다."[30]고 생각한다. 그의 견해에 따르면 쿰란 공동체는 헬레니즘의 영향에 저항한 하시드 운동Hassidean movement과 유사성을 지니고 있다. 감사의 찬송을 보면 이 공동체가 이 나라에 끼친 외국의 영향에 대해서 어떻게 느꼈는지를 알 수 있다.

저들은 거짓을 말하는 거짓 선지자들의 말 속에서 당신을 찾았나이다. 난잡한 입술과 이방인의 혀로 이들은 당신의 백성에게 설교함으로써 속임수로 저들의 모든 행위들을 어리석게 만드나이다.[31]

외국의 영향에 대한 이들의 거부는 주로 민족주의적인 요구에 관한 것이 아니라 "빛의 자손들과 어둠의 자손들"[32] 사이의 전쟁이라는 전 세계적 전망으로 이루어졌다. 빛의 자손들의 적敵은 전쟁의 두루마리 책에서 "벨리알Belial의 군대"[33]로 기술되어 있다. 그들은 적과의 전쟁을, 그 적이

유대인이든 이방인이든 간에, "성약의 위반자"[34]로 선포했다. 이 싸움은 의의 세력과 악의 세력 사이의 전쟁이라고 여겨진다. 전쟁의 두루마리 책에서 그것은 이렇게 적혀 있다.

당신의 손에는 모든 의의 역사가 있으며, 모든 진리의 영이 당신의 지배 아래 있느니라. 그러나 당신께서는 타락을 위해 벨리알과 악한 천사를 만드셨느니라. 그의 모든 영토는 어둠 속에 있으며 그의 뜻은 죄악을 일으키려는 것이니라.[35]

전쟁 두루마리 책에서 우리는 그들의 투쟁 정신과 적개심을 드러내는 생생한 그림을 볼 수 있다. 쿰란 공동체의 "전쟁의 두루마리"와 관련하여 학자들 간에는 이 두루마리의 전쟁에 대한 기술이 실제의 전쟁을 말하는지 아니면 단지 신학적인 사변인지가 문제되고 있다.[36] 우리가 쿰란 공동체를 하시드나 마카비의 배경에 적절히 연결시킨다면, 이 두루마리의 전쟁에 대한 기술을 실제의 군사적 행동으로 혹은 미래의 전투를 위한 일종의 훈련지침으로 간주하기는 어렵지 않다. 우리가 히폴리투스Hippolytus의 주장을 따른다면, 열심당은 에세네파의 상이한 네 개 집단 중 하나였다.[37] 만약 이것이 사실이라면, 그들은 적에 대항한 일종의 군사적 행동에 참여했음이 분명하다. 어느 경우에 있어서도 이 묵시문학적 공동체가 외국의 대중적인 영향력에 대항하는 전쟁에 정열을 바쳤음이 확실하다. 그것은 단지 외국의 실체 때문만이 아니라, 그들의 생각에 적들은 '계약의 위반자'이자 '빛의 자손들'의 적수였기 때문이다.

2. 재생再生, Palingenesis

앞의 논의에서 묵시문학은 문화사의 특수한 현상으로 제시되었다. 사실, 그것을 다양한 문화적 유산들 속에서의 제설혼합주의적 현상으로 묘사하는 시도로는 충분치가 않다. 실제로 '제설혼합주의syncretism' 라는 말은 묵시문학에 적용될 올바른 말이 아니다.[38] 묵시문학이 고대 문화들의 제설혼합주의적 후예라고 말하기보다는, 묵시문학이 주변 문화의 자료들을 자체의 목적을 위해서 적절하게 끌어다 썼다는 점을 강조해야 한다. 이 점과 관련하여 린더 켁Leander Keck은 이렇게 적고 있다.

그것(묵시문학)은 밀어로 굳어져 있는 것이 아니라 '이방' 의 영향과 자료들에 뚜렷하게 개방되어 있는 것이다. 그렇다면 함축적으로 묵시문학은, 신과 역사라는 신학적 문제가 다른 곳에서도 인식되어 왔다는 것과, 거기서 보인 바가 그 주제를 조명하는 데에 쓰일 수 있다는 것을 인정하고 있다. 그 문제가 보편적인 까닭에 그리고 그 규모가 워낙 커서 온갖 종류의 새로운 자료들이 처리될 필요가 있는 까닭에, 묵시문학은 '이방' 의 자료들을 적절히 사용할 수가 있다.[39]

우리가 묵시문학적 현상의 자율적 본질에 접근한다면, 묵시문학적 현상의 진정한 성격을 이해하려는 역사가의 노력에 외적인 양상들이 혼란을 얼마나 가져다주었는지를 깨달을 수 있게 된다. 묵시문학적 특성들의 형식적 필사본들은 베츠Hans Dieter Betz가 지적하듯이, 헬레니즘 세계에서는 전형적으로 묵시적이 아니었다. 오히려 그것들은 보통의 개관이거나 경향이었다.[40]

역사가는 역사적 기원들을 추적할 때, 일반적으로 '원인과 결과' 의 관계로 그 논의를 이끌어 나간다. 묵시문학적 사고의 기원을 주변의 문화적 풍토와의 연관 속에서 찾으려는 학자의 추론 과정에서도 이러한 일반적인 절차modus operandi가 이용된다. 추론이 도달하는 한 그리고 그 자료들이 획득 가능한 한, 그들은 이 논리로 일련의 기원들을 추적하며, 그 자료가 소진될 때 논의는 끝이 나고 어떤 결론들이 도출된다. 앞서 본 바와 같이 묵시문학의 문제는 복잡하고 난해하기 때문에, 이러한 보통의 방법이 묵시문학의 문제를 논의하는 데 적용될 수 있을는지는 의문이다. 종교적 체험, 즉 궁극적 체험을 이러한 '무반성적인' 방법으로 접근한다는 것은 쓸모없는 일인 것 같다.

고대사의 원격성遠隔性은 우리를 종종 문제에 빠지게 하는데, 그것은 우리가 일어난 사건들을 단지 기술하고 인과 관계의 평면적인 역사관에 따라 그 사건들을 연결시킨다고 해서 그 역사적 실재 자체에 대한 깊은 통찰을 과연 얻을 수 있겠는가 하는 점이다. '역사적인 결과들'을 똑같은 역사적 원인의 탓으로 돌리는 데는 여러 가지 가능한 방안들이 있다. 역사적 운동은 필연의 법칙만을 포함하고 있는 것이 아니라 역사의 개연성과 '실재성'⁴¹도 포함하고 있기 때문에, 이 개연성과 실재성은 역사적 과정의 정상적 사슬을 깨고 새로운 역사 방향의 가능성을 열어 놓는다.

역사의 문제를 묵시문학적 논의에 비추어 볼 때, 학자들은 묵시문학적 사고방식에서 나타나는 고대의 문화 유산들과의 혈족 관계를 발견하는 즉시 묵시문학은 그 문화의 사상에 기원을 두었다고 결론을 내린다. 예컨대 오스터리W. O. E. Osterley는 묵시문학에 미친 헬레니즘의 영향, 특히 피타고라스 학파의 철학이 미친 영향을 강조한다.⁴² 그러나 히폴리투스는 이에 반해서, 피타고라스는 유대 율법에 대해 이집트인에게서 지도를 받았다고 지적했다.⁴³ 히폴리투스의 견해를 따른다면, 초기의 그리스 철학자들조차도 히브리 종교의 영향을 받았을지도 모른다. 어떤 경우에서든,

단순한 유사성이 그 기원을 확정적인 것으로 만든다고 말하기는 어렵다. 역사에는 비슷한 운동들과 사건들이 아무런 직접적인 연관성이 없이 동시에 발생한 수많은 사례들이 있다. 때때로 이러한 일은 역사적 연관이 없이 상이한 지리적 위치들 안에서 일어나기까지 한다. 이러한 사건들은 역사적 인과 관계의 법칙으로는 설명할 수 없다. 특히 역사적 현상이 '인간의 본유적인 요구' 나 '인간의 궁극적인 욕구' 로부터 역사의 표면에 등장했다면, 그 현상을 평면적인 역사관으로 설명하기란 불가능하다. 폴 틸리히는 평면적인 역사관을 '상호병렬성beside-each-other-ness' 과 '상호후속성after-each-other-ness' [44]의 역사적 차원으로 일컫는다. 이러한 '인간의 본유적 욕구' 와 '인간의 궁극적 욕구' 의 기원은 역사적 표면상의 '식별 가능한 원인의 연계' 로는 발견될 수 없다.[45] 종교적 체험으로서의 '인간의 궁극적 욕구' 의 본질적 기원은 역사적인 관계 속에서 구명될 수 없다. 엘리아데Mircea Eliade는 그 기원을 "원시적이고 근원적이며 보편적인 모체matrix" 혹은 "절대적인 기원" 이라고 부른다.[46] 따라서 역사 기술의 올바른 순서는 역사에서 '보편적인 **모체**' 에 이르는 것이 아니라, 오히려 '보편적인 **모체**' 에서 역사에 이르는 것이어야 한다. 랑케Leopold von Lanke의 『세계사*Universal History*』는 이와 주제가 동일하다.

역사의 여명에서 신성한 사물들의 일반적인 개념들은 인간 삶의 경향들 및 정치적 조직의 정신과 동시에 발생하는 것으로 알려져 있다. 그 개념들은 환경과 제도에 관한 어떤 상술보다도 더 알기 쉬운 형태로 그러한 경향과 정신을 요약하고 표현한다. 인류가 꿈꾸는 이상은 항상 신성한 이상이며, 물리적 조건들의 이질적인 영향력이 아무리 강하다 할지라도 인류의 노력은 이러한 목표를 향해서 끊임없이 경주된다.[47]

　　종교적 체험으로서의 묵시문학적 현상은 '보편적 **모체**' 혹은 '절대적인 기원'과 관계된다. 묵시문학의 이러한 성격 때문에 기원의 문제는 아주 색다른 역사의 전망에서 논의되지 않으면 안 된다. 그렇지 않다면 묵시문학에 대한 논의는 앞서 고찰한 바대로 더 많은 복잡성과 혼란을 불러일으키게 된다. 이러한 점에서 종교사에 대한 현상학적 접근 방법은 이 문제의 논의에서 주장될 수 있는 것이다.

　　랑케의 사관에서, '역사적 객관주의'는 역사를 단지 "한 사실의 다른 사실에 의한—오직 외부적 사실들만이 아니라—인과 작용의 연속"[48]으로만 고찰하지 않는다. 오히려 랑케는 각각의 역사적 실체 내에서 지향성을 지닌 역사의 '실재성substantiality'을 포착하려고 했으며, 역사를 인간의 가장 깊숙한 욕구, 즉 '신의 의지'의 출현으로 재구성했다.[49] 폰 라우에 Theodore H. von Laue는 "랑케는 세계사의 가장 숭고한 진리, 다시 말해서 우주에 대한 직관적 이해에 도달했다."고 증언했다.[50] 이런 점에서 그는, 현대적인 의미에서는 아닐지라도, 방법상 현상학적인 역사가였다. 랑케의 사관을 상기하는 것은 묵시문학에 대한 논의에 타당하다. 왜냐하면 그것은, 그의 사관史觀이 드러내는 바와 같이, 묵시문학적 의식의 본질적 지향점을 다른 문화적 유산들과의 '상호병렬적beside-each-other-ness' 관계의 소산으로서가 아니라 '보편적 **모체**matrix' 혹은 '궁극적 체험ultimate experience'으로 통찰할 목적으로 묵시문학적 문제를 논의하지 않으면 안 된다는 것을 밝혀 주기 때문이다.

　　토인비Arnold Toynbee 또한 묵시문학의 역사적 문제와 관련한 논의에 초대해도 좋을 만한 흥미로운 역사가이다. 그는 역사를 합리성의 관점에서가 아니라 문화적 실체의 관점에서 고찰했다. 그가 생각하기에, 문명적 발전은 도전에 얼마나 성공적으로 응답하는가 하는 능력에 달려 있다. 도전과 응전의 싸움에서는 역사적 발전의 승자는 '창조적 소수creative minority’이다. 창조적 소수파는 ‘분열과 재생schism and palingenesis’에서의 직접적인 인과 관계 없이 각기 통합된 사회 속에서 개별적으로 등장한다.[51] 이들 사이에는 역사적으로 아무런 직접적인 인과 관계도 없지만 저항적 풍토와 결정론적인 역사관 그리고 메시아적 미래상으로 등장한 조로아스터교, 유대교, 기독교 등의 묵시문학과 마르크시즘의 유형 사이에는 본질적인 ‘형식적 일치성’[52]이 나타난다.[53] 분열된 사회에서의 ‘창조적 소수’의 반항은 헬레니즘, 힛타이트, 일본, 러시아, 아랍, 바빌로니아, 시리아, 인도, 중국, 수메르, 기타 서양 사회에서도 존재했다. 토인비는 각각의 사건을 그것의 역사적 인과 관계로 연결시키려고 하지 않지만, ‘도전과 응전’이라는 인간적 투쟁의 ‘보편적 모체’[54]를 ‘야훼와 뱀Yahweh and Serpent’이라는 ‘항상 반복하는 신화ever-recurring-myth’와 ‘음－양Yin and Yang’에서 찾는다.[55]

사실 우리가 역사를 그 본질적인 인간 구조 안에서 고찰하면, 묵시문학은 하나의 보편적인 현상으로서 역사에서 반복적으로 재생하는 사건이다. 묵시문학의 역사 연구에서 역사가 먼 과거로 파악된다면, 우리가 묵시문학의 역사에 대해 알고 있는 모든 것은 개연성과 가정에 빠질 수밖에 없다. 우리는 묵시문학의 경우 과거의 역사에서 어떤 일이 일어났는지를 정확히 알고 있지 못하다고 솔직히 시인해야만 한다. 그러나 이와 반대로, 묵시문학을 반복적으로 재생하는 보편적인 현상으로 파악하는 것에 기초해서 그것의 본질적 지향점을 추구하는 일은 우리 시대의 현재적 사건을 이해하는 일만큼 그리 어려운 것은 아니다. 류우G. Vander Leeuw는 현상학적 관점에서 먼 과거의 시대를 이해할 수 있는 가능성에 대해 논의하면서 이 점을 잘 서술하였다.

그렇다면 우리는 아무것도 알 수 없다는 것과 더 나아가서 아주 조금밖에는 이해하지 못한다는 것을 충분히 인정하고 있다고 대답할 수도 있다. 그렇다면 다른 한편으로 제일왕조의 이집트인을 이해하는 일은 본질적으로, 나의 가장 가까운 이웃을 이해하는 일이 어렵지 않듯이 그리 어렵지는 않다고 해야 할 것이다. 제일왕조의 기념물들은 아주 어렵게 식별될 수 있음이 분명하다. 그러나 이것들은 어떤 표현으로서, 즉 인간의 진술로서 내 친구의 편지들만큼 난해하지는 않다.[56]

제3장
묵시문학적 의식

앞 장의 논의에서 묵시문학에 대한 다양한 견해들을 '판단 중지epoché' 시키면서 묵시문학의 '자율적 본질'이 나타나기를 기대한 것은 필수적인 과정이었다. 이러한 논의에서 다양한 고찰자들이 묵시문학적 '자아'에 부여한 전제들은 가능한 한 유보되었다. 그것은 묵시문학자 자신들로부터 그 논의를 시작하지 않을 수 없기 때문이다.

1. 자기 기술Self-description

이 단계에서는 묵시문학자들 스스로가 주장하는 자기 정당화의 기술보다 더 중요한 것은 없다. 후설Edmund Husserl은 한때 "나는 심령적 삶 그 자체에 대한 원초적이고 순수한 기술적記述的 지식, 즉 그 자신으로부터 획득되는 가장 원초적인 정보를 획득하는데, 이는 이곳에서 인지認知가 그

매개체인 까닭이다."라고 지적하였다.[1]

묵시문학자 자신들에 대한 기술을 들으면, 거기에는 물론 해석학적인 문제들이 존재하지만, 처음에는 묵시문학자의 자기 기술을 듣는 것이 중요하다. 여기에 문헌적 문제들이 존재한다고 생각하더라도, 문헌 비평은 본 논문의 일차적인 과제가 아니기 때문에, 그 자료는 이 단계에서 있는 그대로 다뤄져야만 한다. 이 논의에서 중요한 과제는 묵시문학의 자율적 본질을 인식한 후에 묵시문학적 '자아'를 현재 경험의 구조로 변형시키는 것이다. 류우는 그것을 "그 현상을 우리 자신의 삶에 개찬改竄, interpolation하는 것"이라고 불렀다.[2] 바꿔 말해서 묵시문학의 현상은 항상 반복하는 현상이기 때문에 현재의 경험으로 파악되어야 하고, 동시대의 문화적 현상들 속에 있는 묵시문학적 의식이 추적되어야 한다. 묵시문학의 현상을 현대의 문화에 개찬하는 문제는 좀 더 구체적인 방식으로 후에 논의할 것이다.

우리는 묵시문학자들이 자기 자신들을 기술하는 방식에 관심을 기울여야 한다. 그들은 일인칭 대명사인 '나(I)'를 사용하며, 익명이나 가명을 상용함으로써 간접적 자기 노출을 보여 준다. 현대의 저작에서 우리는 작가들이 그들 자신의 자의식을 어떤 이상적인 인물을 묘사함으로써 노출시킨다는 것을 알게 된다. 예컨대 우리는 짜라투스트라Zarathustra의 모습에서 니체Nietzsche 자신의 인격을 볼 수 있다. 니체의 누이는 이 사실에 대해 증언하고 있다.

짜라투스트라는 내 오빠의 개인적 작품이다. 그것은 그의 가장 개인적인 체험, 우정, 관념, 환희 그리고 가장 비참한 좌절과 슬픔이 담긴 역사이다. 그러나 무엇보다도, 그것을 변모시키면 그의 가장 위대한 희망과 가장 원대한 목표의 이미지가 부풀어 오른다. 내 오빠는 아주 어려서부터 그의 마음속에 짜라투스트라의 모습을 지니고 있었다. 한번은 오빠가 나에게 자기는 어린아이로서 그를 꿈꿔 왔다고 일러주었다. … 그의 인격이기도 한 짜라투스트라의 모든 생각은 오빠의 정신에서 초기 개념들이었다.[3]

도스토예프스키Dostoevsky는 『카라마조프의 형제들*The Brothers Karamazov*』의 이반Ivan이라는 인물을 통해서 자신의 정신적 이미지와 분열된 인격을 생생하게 보여 주었다. 솔제니친Solzhenitsyn은 옥중 소설에서, 특히 『제일원*The first Circle*』의 네르찐Nerzhin 이야기를 통해서 그의 개인적인 체험과 생각들을 생생하게 묘사했다. 묵시문학의 저자들은 과거의 유명한 인물의 입을 통해서 그들 자신의 신념과 세계관을 드러낸다. 그 작품들의 가명은 단순한 속임수가 아니다. "그 이름은 더 이상 호칭이 아니다. 말하자면 그것은 그 사람의 인격의 '확장'이며 그의 본질적 존재와 삶이자 바로 그 자아를 가리킨다."[4] 우리가 유대 사상에서, 어떤 사람이 어떤 조상이나 뛰어난 인물의 이름으로 불릴 때 그는 그 이름, 개성, 업적, 명예 등에 포함되어 있는 모든 것을 이어받는다는 점을 이해한다면, 묵시문학자가 그 선행자와 개인 간의 유사성을 공유했다는 것을 이해하기란 그리 어렵지 않다. 쾰러Ludwig Köhler의 유대 역사 개념에 대한 고찰은 흥미를 끈다.

후대 사람들도 족장들이 지켰던 언약을 여전히 타당한 것으로 여기고 있다. … 이집트에서의 탈출이 매번 유월절마다 아무런 목적 없이 언급되는 것은 아니다.

"이것으로 네 손의 기호와 네 미간의 표를 삼고 여호와의 율법으로 네 입에 있게 하라. 이는 여호와께서 능하신 손으로 너를 애굽에서 인도하여 내셨음이니 인연이 기한에 이르러 이 규례를 지킬지니라"(출 13 : 9). 과거 once에 일어난 일은 '그때 한번once'이 아니라 '지금now'이다. 여호와께서

인도하여 내신 것은 바로 '우리들 자신'이다(출 13 : 16). 과거와 현재는 하나님의 단일한 행위이다. …

히브리 정신에서 과거와 역사로부터의 이러한 해방은 삶을 창조해 내는 살아 있는 실재였다. … 히브리인은 모든 일상의 삶에서 그들의 조상들이 행한 바를 보는 대로 행한다. 조상들에게서 듣는, 그 말하는 방식도 히브리인은 사용한다. 조상들에게서 보는 그 행동을 히브리인 자신은 또한 따른다.[5]

묵시문학자들은 족장들인 "아브라함과 이삭과 야곱이 죽지 않았고, 하나님에게서 살아 있다."고 정녕 믿는다.[6] 묵시문학적 전통에서 그들은 "엘리야가 곧 이 사람—세례 요한—이니라."[7]고 한 예수의 말씀에서처럼 위대한 인물들의 재등장을 믿고 있다. 실제로 버킷F. C. Burkitt이 지적한 바대로, 묵시문학적 문서들에서 나오는 이름을 그 문서들의 내용과 분리할 수 없는데, 이는 그 이름이 저자의 총체적인 관점을 지시하기 때문이다. "더욱이 한 이름의 선택은 어떤 문제들이 그 저자의 정신을 사로잡고 있는지를 다소 보여 주기도 한다."[8] 예를 들어 바룩Baruch과 에스라Ezra는 엄밀히 말해서 유대 민족주의자들이었다. 이와 아울러 이름을 사용하는 이 책들은 유대의 국가적 운명에 관심을 두고 있다. 한편 에녹Enoch서의 경우는 그 내용이 다르다. 버킷은 다음과 같이 말한다. "에녹은 셈Shem의 고조할아버지였지만, 함Ham과 야벳Japhet의 고조할아버지이기도 했다. 에녹의 국적은 어디인가? 그는 **인류 전체**Homo sum라고 적당히 대답할지도 모르고, 따라서 지상의 중심은 여전히 예루살렘일지라도 세상의 그 어떤 지점도 그에게는 이국적이지 않을 것이다."[9] 그 이름에 걸맞게, 에녹서의 시각은 보편주의적이며, 악의 근원이라는 보편적 문제와 인류 역사의 문제를 전망하고 있다.

1) '나'(I)에 관한 말들

무녀의 신탁서Sibylline Oracles에서 저자는 일인칭 대명사를 사용했다. 이 책의 양식은 이른바 '저자'와 그 묵시문학자 간의 분리를 나타내는 것 같지는 않다. 이 책은 묵시문학자의 처지를 이렇게 진술한다.

이러한 일들은, 내가 광포한 아시리아 바빌론의 머나먼 성벽들을 떠나 헬라를 향해 발사된 불길로서 도래하면서 온 인류에게 선포하는 하나님의 노여움의 역사役事이니, 이는 피조물들에게 하나님의 비밀을 선포하기 위함이니라.[10]

그때 나의 영은 하나님이 보내신 그 긴장을 멈추었으며, 나는 크신 아버지께서 나를 내 주문으로부터 안위하시기를 간절히 원했노라. 또다시 크신 하나님의 말씀이 내 가슴 속에서 고동쳤으며, 나에게 모든 나라에 대한 예언을 명하사 될 바를 열왕들의 마음에 두게 하셨노라. 그리고 이 첫째 하나님은, 영원하신 하나님께서 바빌론에게 얼마나 많은 비통한 일들을 만들어 놓으셨는지를 내 마음속에서 말하게 하셨으니, 이는 바빌론이 당신의 성전을 노략질했음이니라.[11]

나는 당신께 비오니 내 허물없는 신탁으로부터 잠시 동안의 휴식을 나에게 허락하소서. 이는 내 혼이 내 안에서 지침이니이다. 아니 내 가슴은 왜 다시 고동쳤으며 내 혼은 내 안에서 박차로 몰아쳐 모든 이에게 내 신탁을 선포하게 하였는가? 이리하여 나는 하나님께서 나에게 명하시는 모든 것을 인간에게 선포하노라.[12]

헤라클리투스Heraclitus와 같은 초기 저자들은 묵시문학자들을 이미 알고 있었으며, 순교자 저스틴Justin Martyr은 쿠마에Cumae의 동굴을 방문했는데, 이곳은 그녀가 자신의 신탁을 전달한 곳이라고 생각했다.[13] 이러한 구절들에서 그녀가 받은 신탁의 동기는 물론 그녀의 자의식까지 생생하게 묘사된다. 분명히 그녀는 외국의 침략으로 인해 크게 번민하고 있었지만, 그녀는 온 인류를 위한 한 하나님을 강조했다.[14]

또 다른 묵시문학적 문서인 솔로몬의 시편Psalms of Solomon에서 이 묵시문학자는 솔로몬의 이름으로 이야기한다.

나는 내가 고통에 빠졌을 때와 죄인들이 하나님에게 대적했을 때 주께 부르짖었노라. 홀연히 전쟁의 경종이 내 앞에서 들렸도다(나는 말했노라). 당신께서 나에게 귀 기울이실 것이니, 이는 내가 의로움으로 충만함이니라. 나는 의로움으로 충만했음을 내 마음속에 생각했느니, 이는 내가 잘 살고 자손이 풍성하게 되었음이니라. 저들의 복됨은 온 세상에 펼쳐지도다. 또 저들의 영광은 세상 끝까지 펼쳐지도다.[15]

오 주여, 내 혼을 무법한 자와 사악한 자로부터, 무법과 비방의 혀 그리고 거짓과 속임수를 말하는 혀로부터 건져 주소서.[16]

고통과 전쟁의 소리가 내 귀에 들리는도다. 살육과 재앙을 알리는 나팔 소리가 들리는도다. 많은 백성의 소리가 굉장히 높은 바람 소리처럼 들리는도다. 네게브Negeb를 휩쓸고 간 강한 불로 나팔 소리처럼 들리는도다. 또 나는 마음속에서 말했노라. 분명(?) 하나님께서 우리를 심판하셨도다. 성도 예루살렘을 향하는 소리를 나는 듣노라.[17]

이 저자는 하나님 앞에서 그의 윤리적 행동이 그의 삶과 국가적 운명에 얼마나 영향을 끼치는지에 대해 아주 민감하다. 그의 마음에는 끝없는 내적 투쟁과 고통이 존재하며, 이것은 하나님과 세계, 의로움과 사악함, 그의 국가와 이방의 적 사이에 자리한다. 그는 "미래의 희망이 '다윗의 아들'에 의한 이스라엘 지배이며, 이 다윗의 아들이 불의한 통치자들을 물리쳐서 예루살렘을 짓밟는 국가들로부터 구출해 낼 수 있다."고 느꼈다.[18]

사독Zadokite의 단편들에서는 묵시문학자의 자의식을 드러낼 수 있는 자기 기술적 구절들이 그리 많지는 않다. 하지만 여기에는 말씀을 전하려는 저자의 분명한 지향점이 나타난 두 가지 문구가 있다.

이제, 계약을 맺은 너희들은 모두 나에게 귀 기울일지어다. 또한 나는 너희에게 사악한 이들의 길들을 밝혀 주리라. 하나님은 지혜를 사랑하시고 당신께서 당신 앞에 세우신 권고를 사랑하시는도다. 분별과 지식은 당신을 섬기는도다.[19]

그러므로 이제 자녀들아 나에게 귀 기울일지어다.
또한 나는 너희의 눈을 열어서 하나님의 역사役事를 보게 하리라.
또한 하나님의 역사를 깨닫게 하리라. 또한 당신께서 인정하시는 바를 택하게 하리라.
또한 당신께서 싫어하시는 바를 물리치게 하리라.[20]

그의 주요한 의도는 '악인의 길'을 드러내어서 '하나님의 역사'를 이해할 수 있도록 그들의 눈을 열어 주는 것이었다. '사악한 길'이란 단지 도덕적으로 나쁜 행실만이 아니라, 그 반대 집단이 걸어가는 길, 이들의 오염된 영혼, "신을 모독하는 혀로" 말하는 것, "하나님의 계율에 반하는 것" 등이다.[21] 이것은 '벨리알Belial'이라는 단어로 상징되었는데, 그들의 생각에 이 벨리알이 이스라엘을 세 가지 종류의 죄악으로— '간음'과 '사악한 부'와 '성전의 오염'으로—인도했다는 것이다.[22] 유대 신앙의 개혁자 집단으로서 그들은 금지된 사막 지역에 떨어져 거처했으며 하나님의 군대로 자처했다.[23] 이 저자는 '지혜'와 '지식'과 '이해'에 강조점을 두었다. 이는 그들이 사독의 독특한 가르침인 메시아의 출현과[24] 금욕적인 삶의 형태[25] 그리고 헬라화하고 있는 성직자들에 대한 반감을[26] 배워야 했다는 것을 나타낸다.

에녹Enoch서에서 정확한 표현을 구사하는 그 화자는 일인칭 대명사와 '에녹'의 이름을 상호 교환해서 사용한다. 이렇게 모호한 문장들에서, 발언자와 고대의 인물 사이에 나타나는 인격의 상호 주관성은 다음과 같이 고찰할 수 있다.

이는 에녹의 축복의 말씀이니라. 이 말씀으로 그는 시련의 날에 살게 될 택함을 받은 의인들을 축복하였으며, 그때에 악인과 믿음이 없는 자들은 사라져버리리라. 또한 그 비유로 말씀하사, 에녹은 의로운 자로서 그의 눈은 하나님에 의해 열렸으며, 천사들이 나에게 보여 준 천국에서 주님의 환상을 보았고, 또한 그들로부터 나는 모든 것을 들었으며 그들로부터 내가 본 바대로 깨달았으니, 이는 이 세대를 위한 것이 아니요 장차 오게 될 먼 장래를 위한 것이니라.[27]

이러한 일들 전에 에녹은 숨겨졌으며, 사람의 자녀들 가운데 아무도 그가 어디에 숨겨졌고 어디에 머물렀으며 그에게 무슨 일이 일어났었는지를 알지 못했느니라. 또한 그의 행실은 파수꾼의 행실과 함께 했으며, 그의 날들은 거룩한 날들과 함께 있었느니라. 또한 나 에녹은 위대하신 주님과 왕을 찬송하였노라. 보라! 파수꾼들이 나에게 이르되, "에녹아, 너 의로운 기자야, 가서 파수꾼들에게 외치라. … 너는 이 세상의 대파멸을 기록하였도다. … 그러나 너희는 자비와 평화를 얻지 못하리라."[28]

나는 모든 바람들의 보물들을 보았노라: 나는 당신께서 이것들로써 이 세상의 모든 피조물과 견고한 기초들을 풍성히 하신 것을 보았노라. 또한 나는 이 세상의 모퉁이 돌을 보았노라. 나는(세상 그리고) 천국을 지탱하고 있는 네 가지 바람들을 보았노라.[29]

"환상을 보았다", "나에게 보여 준다", "나는 보았다" 등의 표현들은 이 문서들의 특징이다. 묵시문학자는 과거, 현재, 미래와 관련한 환상들의 고찰자로서 혹은 보는 자seer로서 나타난다. 그는 상상력을 넘어선 곳으로 시선을 돌리고, 그의 통찰력은 스올Sheol의 심연 밑으로 관통한다. 그는 천문학적 지식, 세계의 시대적 구분으로서의 역사, 우주론적 비밀 등, 거의 모든 주제에 대해 언급한다. 그는 자신의 저작들이 장래에 다른 언어들로 번역되리라고 전망하기까지 한다.[30] 묵시문학자는 이미 '메시아' '그리스도', 즉 '기름부음을 받은 자' '인자' '부활' 등을 도입했다.[31]

2) 익명의 말들

12족장의 언약서에서 저자는 12족장을 통해서 묵시문학적 주제를 표현했다. 또한 12족장의 이름들 중 하나와 일인칭 대명사 '나' 와의 상호교환적 용법도 나타난다.

이는 르우벤Reuben 언약서의 사본으로서, 그가 일백이십오 세의 나이로 죽기 전에 그의 아들들에게 명한 말씀들이니라. … 그리고 그는 그들에게 말씀했느니라. 내 자손들아, 내가 죽어 가고 있는 것을 보라. 그리고 내 조상들의 길을 걸어가라. 또한 거기서 유다Judah와 갓Gad과 아셀Asher과 형제들을 보면서 그들에게 말씀했느니라. 나를 일으키라. 이는 내가 내 형제와 내 자손들에게 내 마음속에 감춰 놓은 것들을 말하려 함이니, 보라 이제 나는 사라져 가고 있노라. … 그리고 이제 내 자손들아 내 말을 들으라. 내가 회개하였을 때, 일곱의 거짓 영에 대해 내가 어떤 일들을 보았는지 들으라.[32]

이 자료를 읽을 때 우리는 저자의 극적인 이야기 전개 기술을 볼 수가 있다. 르우벤의 입을 통해서 그 화자는 개인적이고 사회적인 불의에 저항하려고 했다. 르우벤은 그의 유언을 계속해 나간다.

이 모든 것들과 함께 여덟째의 잠의 영이 있으며, 이 잠의 영으로 자연의 몽유와 죽음의 환상이 일어나느니라. 이러한 영들 속에서 과실過失의 영들이 섞여 있도다. 첫째, 간음의 영. … 둘째, 탐욕의 영, … 셋째, 분쟁의 영, … 넷째, 아첨과 권모술수의 영, … 다섯째, 교만의 영, … 여섯째, 거짓말의 영, … 일곱째, 불의의 영이니라.[33]

이와 비슷한 상황에서 또 다른 족장인 시므온Simeon은 그의 자손들에게 말하기를, "내 자손들아 너희의 아비 시므온의 말씀에 귀를 기울일지어다. 나는 너희에게 내 마음속에 지니고 있는 것들을 너희에게 선포하노라."[34]고 한다. 이 묵시문학자는 그의 말들이 마음을 드러내는 것이며 마음속에 감춰진 것들을 밖으로 꺼내어 놓는 것이라는 사실을 의식하고 있다.

레위Levi의 언약서에서, 발언자는 레위의 입을 통해서 다른 방식으로 말한다.

이는 레위의 언약서로서, 그가 그의 아들들에게 행할 것을 명한 것들이며, 심판의 날까지 그들에게 일어날 일들이니라. 그는 그들을 불렀을 때 건강했으니, 이는 그가 죽게 되리라는 것이 그에게 계시되었음이니라. 그들이 함께 모였을 때, 그는 그들에게 말했느니라. … 또 나는 첫째 하늘로부터 나와서 거기에 거대한 바다가 떠 있는 것을 보았노라. 또한 나는 더 빛나고 더 찬란한 둘째 하늘을 보았느니, 이는 그 안에도 한없는 빛이 있었음이라.[35]

여기서 화자는 임종의 병상에 있는 것이 아니라 건강한 상태로 있으며, 그의 관심은 윤리적인 것이 아니다. 그는 심판의 날까지 그들에게 일어날 일들에 관심을 둔다. 그는 하늘에 들어가는 그의 신비로운 체험을 드러낸다. 그는 범법과 타락한 성직자 그리고 제물의 오염으로 인한 이스라엘의 속박을 예언했다.[36] 반외세의 동기들은 쉽사리 분명해진다. 그러나 거기에는 강력한 보편주의적 경향도 있었다. "오직 돌보심을 받은 선지자"의 방문이 있을 때, "하나님의 영은 이방인에게 임할" 것이며, 하나님의 '최후의 성전'에는 전 세계가 모여들 것이다.[37]

바룩Baruch의 묵시록은 이스라엘 역사의 어두운 핍박의 해를 기술하면서 시작된다.

그리고 주의 말씀이 네리아Neriah의 아들 바룩에게 임한 것은 유대 왕 예코니아Jeconiah 25년이 지나게 된 때였더라. 주께서 그에게 말씀하셨으되, "너는, 이 백성이 나에게 행하고 있는 모든 것과, 남아 있던 두 지파가

범한 죄악이 포로로 잡혀간 열 지파의 죄악보다 더 큰 것을 보았느냐? 이는 앞의 두 지파가 그들의 왕으로 인해 범죄하게 되었지만, 이 지파들 스스로가 그들의 왕들로 하여금 범죄하도록 강요하며 재촉하고 있었음이니라."

이러므로 보라. 나는 이 성읍과 여기에 사는 백성들에게 재앙을 내리며 그 성읍은 내 앞에서 잠시 사라질 것이라. 또한 나는 이 백성들을 이방인 가운데 흩어 놓으리니, 저들로 하여금 이방인에게 선을 행하게 되리라.[38]

이 경우에 저자는 바룩의 입을 통해서 묵시문학적 주제를 전달한다. 여기서 다시 일인칭 대명사 '나'와 '바룩'이 상호 교환적으로 사용되었다.

그리고 보라! 갈대아Chaldees의 군대가 그 성을 에워싼 것은 이튿날 아침이 되어서였더라. 저녁때 나 바룩은 백성을 떠나서 앞으로 나아와 참나무 옆에 섰노라. 또 나는 시온Zion으로 비탄에 잠겼으며 그 백성에게 임한 포로 됨을 애통해 하였노라. 그리고 보라! 갑자기 권능의 영이 나를 들어 올려서 예루살렘의 성벽 위에 나를 높이 세웠느니라.

그리고 보라! 나는 네 천사가 그 성의 네 모퉁이에 서서 그들의 손에 각기 횃불을 들고 있는 것을 보았노라. 그리고 다른 천사가 하늘로부터 내려와서 그들에게 말하기를 "등불을 들라. 그리고 내가 너희에게 명할 때까지 켜지 말라." 하니라.[39]

이러한 문장들은 이 묵시문학자가 그 나라의 운명에 대해서 비범한 감수성을 지니고 있었으며 외국의 침략이 있게 될 그 나라의 장래에 대해서 관심은 두고 있었다는 것을 가리킨다. 그는 시온성과 이스라엘의 포로 됨에 대해 애통해 하고 있다. 이 묵시문학자의 의식은 그가 장래의 국가 운명을 관찰할 수 있는 환상의 수준으로 고양된다. 국가의 상황에는 어두움과 좌절이 있지만, 묵시문학자는 장래의 메시아 왕국Messianic Kingdom의 환상을 얻는다.[40] 이 묵시문학자가 "이는 당신이 본 환상이며, 이는 그 해석이다."[41]라고 지적하듯이, 그 책은 그 국가의 역사와 미래의 운명에 관한 하나의 해석인 것이다.

제4에스라(혹은 제2에스드라)에서는 살라티엘Salathiel과 에스라Ezra의 이름 교환으로 인해 문헌 비평의 문제가 발생한다. 찰스R. H. Charles는 이 문제를 설명하면서, 이 책의 편집자가 에스라의 이름을 어떤 독립적인 출처에—여기서 묵시문학자는 살라티엘의 이름으로 이야기했다—연결시키고 싶어 했거나, 아니면 그 저자가 책을 쓸 때 "자기 자신을 어떤 때는 에스라로 어떤 때는 살라티엘로 생각했다."고 제안한다.[42] 이 가설에 따라서 그는 다음과 같은 결론에 도달한다. "그렇다면 우리는, 이 책의 현재 형식은 본래적으로 독립적인 살라티엘 묵시Salathiel-apocalypse(살라티엘)를 이용한 편집자(에스라)의 수고를 틀림없이 드러내고 있다고 생각할 수 있다."[43] 어떻든 이 책은 묵시문학적 의식의 탐구에 도움을 준다. 이 묵시문학자는 처음부터 그의 선동을 드러낸다.

예루살렘 성의 몰락 후 삼십 년이 지났을 때, 나 살라티엘(살라티엘은 에스라이기도 하다)은 바빌론에 있었으며, 내가 침상에 누웠을 때 나는 동요했노라. … 그리고 내 정신은 내 생각들로 가득 차 있었으니, 이는 내가 한편으로 시온의 황폐함을 보았고 또 한편으로는 바빌론에 머무는 자들의 풍성한 부를 보았음이니라. 그리고 내 혼은 심히 흔들렸고, 내 선동에서 나는 지극히 높으신 하나님을 선포하기 시작했노라.[44]

바룩과 같이, 살라티엘은 그의 정신이 외국의 점령에 의한 그 나라와

예루살렘의 황폐화 상태에 몰두해 있는 영적인 동요를 경험한다. 이 문구
는 국가적 상황에 의해 억압받는 한 인물을 생생하게 보여 준다. 저자는
내적인 지진, 즉 전인격의 동요를 체험했다. 이 책의 여러 문구들은 내적
인 투쟁과 번민을 나타내며, 이러한 내면의 상태는 초월적인 체험으로 나
아간다.

그때 나는 깨어났으며, 내 몸은 크게 떨렸노라, 내 혼도 희미해지기까지
지쳐 있었노라. 하지만 내게로 와서 나와 더불어 얘기한 천사가 나를 들어
강하게 하였으며 내 두 다리로 곧게 서게 하였느니라.[45]

이러므로 나는 칠일 동안 애통해 하고 눈물을 흘리고 금식하였느니 천
사 우리엘Uriel이 나에게 명했을 때도 그리하였노라. 그리고 칠일 후에 내
가슴의 생각들은 나를 다시 비통하게 억눌렀느니라. 그러고 나서 내 혼은
깨달음의 영을 회복하였으며 그래서 나는 한 번 더 지극히 높으신 하나님
을 선포하기 시작했노라.[46]

그리고 내가 명령받은 삼 주일을 성취하기 위해, 같은 방식으로 다시 눈
물을 흘리고 칠일 동안 금식한 것은 이 일이 지나서였더라. 그리고 제 팔
일의 밤에 내 가슴은 내 안에서 다시 동요했으며, 나는 지극히 높으신 하
나님을 선포하기 시작했노라. … 그리고 내가 이러한 말씀을 끝냈을 때,
그 전의 밤에 내게 보내진 그 천사가 내게 다시 보내졌느니라. 그리고 그
가 내게 말하기를, 일어나라 에스라야, 그리고 내가 네게 이야기한 말씀을
들으라 하였느니라.[47]

그의 사고는 "이스라엘이 왜 이교도에게 질책의 대상으로 넘겨졌는

가?"[48]라는 의문으로 가득 차 있다. 만약 그것이 죄악으로 인한 것이라면, 이교도의 죄인들은 왜 강성하고 번창했는가? 이러한 질문들에 답하는 것은 율법으로 해결하는 것보다 더 복잡했을 것이다. 이와는 반대로, 그는 전통적 율법이 파멸에 처했다고 생각했다.[49] 율법은 인간의 문제를 극복하기에는 힘이 없다. '사악한 싹'이 인간의 모든 상황에 퍼져 나갔으며 인간 본성을 전적으로 지배하게 되었다.[50] 결국 세계는 파국적으로 끝나버릴 운명에 처해 있었으며, 그가 생각하기에 이 파국적 종말은 그렇게 먼 장래에 있지는 않으리라는 것이었다.[51] 앞의 질문에 대답하면서 그 묵시문학자는 "이 때문에 지극히 높으신 이는 하나의 시대가 아닌 시대를 만들어 놓으셨다."고 제시했다.[52] 묵시문학자의 신학은 본질적으로 내세적이다. 현 시대와 미래 사이에 그리고 하늘과 땅 사이에는 직접적인 대립이 존재한다. 그것은 권력과 이 세상의 영화에 대한 가장 격렬한 부정이다.

아담과 이브의 책에서 저자는 이 두 이름과 일인칭 대명사 '나'를 상호 교환적으로 사용한다.

그들이 낙원에서 쫓겨났을 때, 그들은 초막을 짓고서 큰 슬픔에 젖어 애통해 하면서 칠일 동안을 보냈느니라.[53]

그리고 아담이 셋Seth에게 이르기를, "내 아들 셋아 들어라, 나는 네 어미와 내가 낙원에서 쫓겨난 후에 내가 듣고 본 바를 네게 일러주리라. 우리가 기도하고 있었을 때, 하나님의 사자인 미가엘 대천사가 내게 나타나셨느니라. 그리고 나는 바람과 같은 전차와 불길과 같은 그 바퀴를 보았고, 나는 의의 낙원으로 끌려 들어가서 주께서 앉으신 것과 그의 얼굴이 꺼지지 않을 불로 빛나고 있는 것을 보았노라. 그리고 수천의 천사들이 그

전차의 오른편과 왼편에 있었노라.” 하였느니라.[54]

그러나 나(이브)는 그가 악마인 것을 알았고 그에게 아무것도 대답하지 않았노라. 그러나 아담은 요단에서 돌아왔을 때 저 악마의 발자국들을 보았느니라.[55]

여기서 지상의 삶과 내세의 삶 그리고 창조주와 악마 사이의 이원론이 분명히 드러난다. 아담과 이브의 죄악에도 불구하고 저자는 하나님이 계신 곳에 “당신의 자비의 나무”[56]가 있다고 제시한다. 아담과 이브의 책은 죄책감 및 의와 악의 분열에 굉장히 몰두하고 있다.

모세의 승천서Assumption of Moses는 다른 문서들과는 달리 초월적인 경험에 대해서 기술하지 않는다. 그러나 그것은 신적인 중재에 의한 왕국의 도래를 예언한다.[57] 물론 묵시가 모세에게 이루어진다.

이는 모세의 언약으로서, 그가 일백이십 세 되었을 때 명한 바로 그 일들이니라. …[58]

이제 나는 내 생애의 시대가 성취되고 온 백성의 면전에서 내 조상들과 더불어 편히 잠자러 떠나고 있음을 네게 선포하노라. 그리고 너는 이 글을 받을지니, 너는 내가 네게 줄 책들을 식별하는 방법을 알 수 있음이니라.[59]

그리고 눈Nun의 아들 여호수아Joshua야, 너는 이 말씀과 이 책을 간직하여라. 이는 내 죽음死天에서부터 당신의 종이 되기까지는 이백오십 번의 시기들이 있을 것임이니라. 그리고 이는 그들이 완성될 때까지 추구할 시기들의 경로니라. 그리고 나는 가서 내 조상들과 더불어 잠잘 것이니라.

… 그리고 여호수아가 모세의 말씀이 전에 말했던 모든 것을 적어 놓은 글 속에 그렇게 적혀 있었음을 들었을 때, 그는 옷을 찢고 모세의 발아래 엎드렸느니라.[60]

모세의 승천서와 같이, 희년서도 초월적인 경험에 관한 기술을 우리에게 거의 전달해 주지 않는다. 오직 하나의 경우를 찾아낼 수 있을 뿐이다. 이 하나는, 출애굽기에서 모세가 시내Sinai 산에서 하나님을 만나는 장면을 묘사하는 것과 유사성을 지니고 있다.

그리고 모세는 하나님의 산으로 올라갔으며, 시내 산에는 주의 영광이 머물렀고, 구름이 그 산을 육일 동안 가리웠더라. 그리고 당신께서는 제칠일에 구름 가운데서 나와 모세를 불렀으니, 주의 영광은 산의 꼭대기에서 타오르는 불과 같이 나타났더라.

그리고 모세는 사십 날과 사십 밤을 그 산에 머물렀는데, 주께서 율법과 증언의 모든 날들의 전후의 나눠진 역사를 그에게 가르쳐 주었느니라. 그리고 당신께서 말씀하시기를, "내가 이 산에서 네게 말해 줄 모든 말씀에 네 마음을 다해서 귀 기울이고, 이를 책에 기록할지어다. 이는 내가, 이날에 시내 산에서 저 세대들을 위해 나와 너 사이에 맺는 언약을 저들이 위반하면서 저지른 모든 죄악으로 인해 저들을 어떻게 버려두는지 저들로 하여금 볼 수 있게 하려 함이니라."[61]

'시내 산' '타오르는 불' "율법과 증언의 모든 날들의 전후에 나눠진 역사를 그에게 가르쳐 주었다." "그 말씀들을 책에 기록하다." 등의 말들은 이 저자가 의도하는 관심의 초점을 가리킨다. 희년서의 전체적인 주제는 유대 전통의 재해석 또는 유대 역사의 재검토이다.

희년서의 저자는 특히 모호하게 기술되어 있는 창세기의 문구들을 설명하려고 노력한다. 창세기의 일부 문구들은 그 저자의 시각을 확증할 목적으로 제외되기도 하였다. 예를 들어 노아의 제단 건축이나 아브라함의 번제물이나 야곱의 성주 건축에 대한 기록이 없다. 또 레위가 "지극히 높으신 하나님의 제사장"[62]으로 명함을 받기 전까지는 제물에 대한 기록이 없다. 희년서의 히브리 경전의 쿰란 문서들 속에서 발견된 것은 그리 놀라운 일이 아니다. 희생 제물의 생략은 요세푸스Josephus의 설명과 일치한다. 즉 "그들(에세네파)은 자신들을 더 정결하게 했기 때문에 희생 제물을 바치지 않는다."[63]는 것이다. 이 사실은 희년서의 저자들이 그 전통을 그들 자신의 방식대로 자유롭게 재해석했다는 것을 우리에게 가르쳐 준다.

율법에 대한 강조는 그야말로 율법주의적인 것이지만, 희년서의 첫 장에서는 영적인 성질이 강조된다.

그리고 이 일 후에 그들은 그들의 온 정직함과 마음과 혼을 다해서 내게 향하리라. 그리고 나는 그들의 마음의 표피와 그들의 씨앗의 표피를 할례하리라. 또 나는 그들 안에 성령을 만들어 놓으리라. 또 나는 그들의 정결케 함으로 그들로 하여금 그날부터 영원까지 나를 저버리지 않게 하리라. 그리고 그들의 혼은 나와 내 모든 계명을 충실히 따르며, 그들은 내 계명을 성취하리라. 그리고 나는 그들의 아버지가 되며 그들은 내 자녀들이 되리라.[64]

또한 종교적 축제를 지키기 위해서 뿐만 아니라 외국의 영향을 거부하기 위해서도 달력이 재구성되기까지 하였다.[65] 찰스R. H. Charles는 생각하기를, "그 저자는 마카비 제사장의 지지자였으며, 그는 레위의 계승자들을 고위 성직자이자 공공의 지배자로 찬미하며, 이들에게 마카비 왕자들에 의해 붙여진 칭호를 적용시킨다."고 한다.[66] 우리가 마카비 성직자와 쿰란 공동체의 "전쟁의 두루마리"의 성직자를 연결시킨다면,[67] 희년서는 그 책이 헬라화한 사람들에게 저항할 목적으로 쓰여졌음이 명백함을 우리에게 보여 주고 있다.[68]

2. 묵시문학적 의식

묵시문학적 의식에 대해 논의하기 전에, 묵시문학적 의식이 묵시문학자의 자기 기술에 등장하는 상황부터 논의해야 한다. 무녀의 신탁서, 제4 에스라서, 바룩의 묵시록 등에서는 외국의 포로가 된 경험들이 기술되어 있다. 솔로몬의 시편에서는 그 상황에 반대 집단으로부터의 공격이 포함되었다. 사독의 단편들과 희년서에서는 헬라화에 대한 두려움이 나타나 있다. 찰스에 따르면, 에녹서는 마카비 전쟁 전에 혹은 이 전쟁 도중에 쓰였는데, 그 상황이 극도로 긴장되어 있었기 때문이라는 것이다. 모세의 승천서와 12족장의 언약서에서는 그 긴장이 임종의 장면으로 서술되어 있다. 다양한 감정적 표현들의 사용으로 그 상황이 기술되어 있는데, 예를 들어 "내 마음속에서 두근거렸다." "내 혼이 내 안에서 지쳐 있다." "내 혼이 강요했다." "내가 울부짖었다." "내가 번민 가운데 있다." "내가 죽어가고 있다." "내가 애곡哀哭하고 비통해 하고 있었다." "내 영이 심히 흔들렸다." "내 몸이 떨었다." "내 마음이 나를 다시 비통하게 억누르기 시작했다." "내가 눈물을 흘렸다." "내 마음이 산란했다." "큰 슬픔 가운데 한탄하고 비통해 하고 있다." 등의 표현들이다.

역사적 전망 및 묵시문학자들의 심리적 상태에서, 묵시문학자들이 묵시문학적 체험 속으로 들어갔을 때, 그것은 '한계 상황'의 체험이었다.[69]

그들은 첨예하게 투쟁하고 고통받으며 죄의식을 느끼고 죽어 가면서 회피할 수 없는 인간의 한계를 의식하게 되었다. 이 한계 상황은 인간의 삶에서 회피할 수 없고 수정할 수 없는 우연성이지만, 보통의 의식은 그 상황을 알지 못하거나 잊어버린 채로 있기 때문에, 그것은 일상의 삶에서 자주 인식될 수 있는 요소가 아니다. 그러나 묵시문학자의 경우는 그 한계에 대한 의식이 극도로 예민한 수준으로 고양되어 있다. 한계 상황에 대한 의식에서 그는 비통해 하고 한탄하며 그의 마음은 동요되고 짓눌린다. 한계 상황에 대한 의식의 고양은 물리적인 조건들에 영향받을 뿐만 아니라, 그 의식의 고양은 자기 자신과 그 세계를 예리하게 관찰할 수 있는 감수성을 충분히 가지고 있는 사람들에게서 항상 일어난다. 그들은 그들이 살고 있는 세계에서 자신들을 낯선 사람으로 생각했다. 묵시문학자들이 그들 자신의 나라에서 자신들을 국외자outsider로 느꼈듯이, 그들의 사고방식은 전 세계에 대해 이질적인 것이었다. 이러한 소원疎遠의 상황에서 그들의 의식은 초월의 지점으로 이끌렸다.

후설이 지적하는 바와 같이, 의식은 지향하는 대상을 가지고 있는 지향적 경험intentional experience이다.[70] 의식은 항상 어떤 것something에 대한 의식이다. 의식은 항상 그 대상을 향한 의도적 행위를 내포한다. 묵시문학자의 의식의 지향점은 두 가지 다른 방향으로 인도되었는데, 그 하나가 역사적 상황이며, 다른 하나는 초월이다.

바꿔 말해서, 묵시문학자의 의식은 역사의식과 초월의식으로 분열된 의식이었다. 역사의식에서 묵시문학자들은 '한계 상황'을 체험했다. '한계 상황'에 이른다는 것은 이 저자들이 궁극적 위기를 체험하는 것은 물론이요 근원으로 향하는 만물의 운동을 체험하는 것을 의미한다. 이것은 전통을 따름이 아니라 그 전통에 대해서 강력하게 저항하는 행위이다. 그래서 그들은 전통을 재해석하고 그 근원을 추적하기 시작한다. 그들은 아담과 이브의 죄악에서 인간 타락의 '한계 상황' 을 추적한다.[71] 율법은 무기력하고 무능한 것으로 기술되는데, 그들은 새로운 계약이 없으면 그 시대가 총체적으로 타락하리라고 예견한다.[72] 달력에서까지도 "천국의 석판the heavenly table" 에서 희년 체계의 기원들을 추적한다.[73] 여기에는 전통과 역사에 대한 근본적인 방향 설정이 다시 이루어진다. 다른 한편으로, 묵시문학자의 의식은 초월의 의식이다. 이 의식의 지향점은 초월적인 것을 향해 있다. 묵시문학자는 그가 직면하는 모든 것을 초월적 현상에 대한 그의 의식으로 환원시킨다. 여기서 '한계 상황' 에 대한 의식에서부터 초월의식으로의 의식의 상승이 일어난다.

야스퍼스Karl Jaspers는, 의식은 세 가지 인지의 측면을 지니고 있는데, 그것은 '경험지awareness of experience' 와 '대상지awareness of an object' 그리고 '자기반성self-reflection' 이라고 설명한다.[74] '경험지' 는 의식의 주체가 의식과 초의식의 손실 없이 경험에 대해서 알고 있음을 의미한다. '대상지' 는 의식의 주체가 그 의식의 주체 자신과 대상 사이의 차이를 알고 있음을 의미한다. '자기반성' 은 경험에서의 자기반성적 기능을 의미한다. 자기 기술적 문장들로 묘사된 묵시문학자의 의식의 상태에 이러한 세 가지 범주적 분석을 적용시킬 때, 묵시문학적 의식은 대부분의 경우에 있어 이러한 범주들과 상반되는 징후를 보이지 않는다. 그들은 그들의 경험을 분명히 얘기하면서 그 경험을 충분히 알고 있다. 그들이 그들의 '나' 를 분명히 선포했을 때, 그 '나' 와 그 대상을 구별하지 못하는 무의식적 성질은 존재하지 않는다.

묵시문학적 의식은 경험에서의 그 '자의식self-awareness' 을 잃어버리는 상태에 있지 않기 때문에, 그것이 가끔씩 제정신을 잃고 산란해지기도 하는 정신적 상태로 설명될 수는 없다. 자기 기술적 문장들 속에서 그들은 종종 "내가 보았다." 라는 표현을 썼다. 대부분의 경우에 그들은 우리에게 묵시문학적 환상의 경험을 보여 준다. 그의 경험에서 나타나는 이러한 특성으로 인해, 묵시문학자는 그 정신이 어떤 실체를 포착하기 위해 예민한 지각 능력을 소유하고 있는 자라고 하는 것이 적절한 표현이다. 묵시문학자의 지각 능력이나 직관적 통찰력은 어떤 역사적 계기들 속에서 고양되며, 어떤 환상이 그의 의식에 등장한다. 따라서 묵시문학자의 의식은 환상의 의식이다. 이러한 환상들은 묵시문학적 문서들 속에서 표상화되었다. 후설의 '표상화와 환상Presentification and Phantasy'에 대한 논의는 여기서 언급할 만하다.

객관적인 사물에 대한 모든 직관적 표상은 환상의 양식에 따라서 그 사물을 표상한다. 그것은 개관적인 것의 **환상 현상**phantasy-appearance을 내포한다. 동시에, 표상화는 실제성이나 비실제성을 지니고 있으며, 확실성(그 관점의 확실성)은 확실성, 추측, 가정, 의문 가운데 그 어떤 것일 수도 있다. 게다가 표상화가 그 객관적인 사물을 과거의 것으로 혹은 현존하는 것으로 파악하는지는 별 상관없는 문제이다.(그렇지만 기대 속에서 그것이 기대되는 바를 보인다면, 우리는 이미 하나의 상징적 의식을 지니고 있는 것이다.)

'단순한 환상 현상'은 항상 공통의 핵심으로 남아 있다. 물론 지금의 문제는 이 핵심이 어떻게 싸여 있는지를, 말하자면 나머지 모든 것들과 함께 그 핵심의 파악이 어떻게 더 이상의 파악들과 연결되는지를 설명하는 것이다.[75]

묵시문학적 문서들의 기술적記述的 환상은 그 환상 체험의 '표상화Presentification'이다.[76] 그들의 역사적 상황에 대한 직관적 관찰은 '한계 상황'에 도달할 수 있는 가능성을 열어 준다. 그들은 '자아'와 '환경', '내면'과 '외부 세계', '개인의 의지'와 '집단의 의지', '자유'와 '운명', '주체'와 '객체' 사이에서 극도의 양극적 대립을 의식하고 있었다.[77] '한계 상황'에 대한 의식에서는 의식의 고양이 일어나며 환상의 지평이 열린다. 환상 체험들은 묵시문학적 문서들 속에서 환상으로 기술되는 표현 양식으로 표상화되었다. 환상 체험은 매개 없이 객관적으로 나타날 수 있는 종류의 체험이 아니다. 왜냐하면 그것은 묵시문학자의 의식에서 초월적인 체험이기 때문이다. 묵시문학자들은 환상 체험을 그들의 상징적 표현이나 '암호 언어'[78]에 의해 비유적으로 매개했다. 이 점에서 야스퍼스는 올바로 고찰했다고 할 수 있겠다.

대상들이 우리의 사고하는 의식을 위한 것이라면, 초월은 실존Existenz을 위한 것이다. 개념, 표상, 관념은 의식 일반의 매개 속에서—여기서 나는 가능한 실존으로서 어떤 초월적인 언어를 듣는다—초월의 암호라고 불린다.

현상은 개념 안에서 기술되고 사유된다. 기호는 나 자신으로서의 인격과 가능성을 전달한다. 초월적 실재는 실존 단독에 의해서 체험되기 위해 암호 안에서 명시된다.

우리는 세계로부터 벗어날 수 없기 때문에, 주체와 객체, 인간과 세계, 그리고 현상 일반 등을 사라지게 할 전달 가능한 신비적 체험의 경우만을 제외하고, 우리는 본질적이고 유효한 것—우리가 이러한 것일 수 있으며 이러한 것에 의해서 우리가 존재하는—을 의식하기 위해 현세의 기호들과 암호들을 필요로 한다.[79]

<h1 style="text-align:center">제4장
전위 묵시문학</h1>

  인간 의식의 이원성은 묵시문학적 사고에서만 발생하지 않는다. 그 현상은 우주적이며 다양한 문화적 형식들로 표현된다. 묵시문학 운동에서 관찰되는 분열된 의식의 현상에 대응하는 것들은 묵시문학과 아무런 직접적 연관성도 없는 다른 문화적 표현들 속에서도 나타날 수 있다. 분열된 의식은 우주적 바탕을 지니고 있는 듯이 보인다. 묵시문학은 인간 조건의 "보편적 모체"[1]로부터 방출되는 재발적 형태의 한 예이자 역사의 표면에 등장하는 기능적 분열의 한 예일 뿐이다. 그 조류가 올바를 때 그리고 때가 찼을 때, 그 현상은 출현한다. 그것은 어떤 한 시기에만 국한되는 것이 아니며, 상이한 경우들이 문화사에 발생하는 것이다. 또한 그 현상은 종교사에만 국한되는 것이 아니라 인간 활동의 다른 영역에서도 발견될 수 있다. 현대 문화에서는 전위파 운동avant-garde movement이 본질적으로 유사한 사유 방식을 드러내고 있다.

  묵시문학적 현상의 본질을 더 밀접하게 고찰하기 위해서는 묵시문학을 현재의 문화적 체험으로 가져다 놓는 작업이 필요하다. 묵시문학적 현상을 현재의 체험에 적용하는 과정은 '감정이입empathy'[2]의 과정이라는 용어가 붙여질 수 있다. 류우Van Der Leeuw의 문구를 보면, 그것은 "우리 자신의 삶에 그 현상을 개찬interpolation하는 것"이다.[3] 묵시문학적 의식은 인간 조건의 '보편적 모체'와 연결되어 있기 때문에, 본질적으로 유사한 묵시문학적 사유 방식의 근원이 현대의 문화적 풍토에서 발견되지 않을 수 없는 것이다. 이러한 인식은 묵시문학적 의식이 지니고 있는 우주적 바탕의 위치를 파악하기 위한 새로운 가능성을 열어 주는 데 도움을 줄 수 있다. 오토Rudolf Otto가 '누미누스numinous'의 종교적 의식을 인간 본성의 우주적 근원에서, 즉 '피조물 의식creature-consciousness'이나 '피조물 감정creature feeling'에서 추적하고, 그 개념에 대한 좀 더 명확한 이해에 도달하기 위해 다양한 문화적 현상들 속에서 상호 연관된 것들을 추적하는 것은 흥미 있는 일이다.[4] 또한 그가 종교적 의식의 초보적 구조를 예술가의 창조성과 동일시하는 것도 그러하다.

'정신Spirit'은 '내적 증언의 정신testimonium spiritus internum'의 형식에서 '보편적'일 뿐이다. 또한 그 자체로 충분히 나타날 뿐이다('ubi ipsivi-sum fuit').

더 높은 단계는—단순한 수용성의 최초 단계로부터 도출되지 않는—종교의 영역인 예언자에게 있다. 종교적 영역에서의 예언자는 예술의 영역에서의 창조적 예술가와 상응한다. 그는 그 안에서 정신이 '내면의 소리voice within'를 들을 수 있는 능력 및 예언의 능력으로 똑같이 정신 자체를 드러내며 각각의 경우마다 창조적 세력으로 나타나는 사람이다.[5]

현대 문화의 전위파 운동은 묵시문학적 사유 양식과의 본질적인 혈족 관계를 지니고 있다고 생각되어 왔기 때문에, 이러한 본질적 혈족 관계는 이후의 지면에서 논의될 것이다. 전위파 운동이 묵시문학과 더불어 지니고 있는 혈족 관계에 대한 이 논의에서 포기올리Renato Poggioli[6]에 의해 이해되는 전위의 개념은 유용하게 쓰일 것이다. 묵시문학과 전위파 운동은 역사적으로 직접적인 연관성을 지니고 있지 않기 때문에, 그 자료들을 다룸에 있어서는 본래적인 위험성, 즉 두 현상 사이를 허구적으로 연결시키는 자의恣意의 위험성이 도사리고 있다. 이 두 현상은 그 본질적 관계가 정당하게 정립되려면 상이한 역사적 전망들로 다뤄져야만 한다. 그 관계는 평범한 역사적 관점에서 이해될 수 없다. 이 경우에는 그 관계는 '역사적 일관성이 없는 유사성kinship-without-historical-coherence' 혹은 '우연의 일치에 의한 혈족 관계coincidental-consanguinity' 의 관점에서 기술될 수 있다. 그것은 일종의 역설적인 관계로서 '관계가 없는 관계성relationship-without-relation' 인 것이다. 두 문화—종교적인 현상 간의 관계는 수직적 관계가 아니라 수평적 관계(랑케의 의미에서)이다.

1. 지적인 엘리트

묵시문학자는 역사의식이 예민한 까닭에 인간을 '한계 상황' 의 구렁텅이로 몰아가는 역사적 현실에 대해서 대단히 예민하게 자각했다. 그 환상의식은 상상력의 영역을 뛰어넘어 있다. 한편 전위적인 '창조파creativists' 는 지적인 엘리트이다. 어떤 집단이나 개인도, 자신의 감수성과 상상력을 가지고 우주 속으로 멀리 도달하려고 애쓰는 이 사람들보다 더 지적이지 않다. 따라서 포기올리는 이렇게 지적했다. "어떤 집단도 순수하고 무사無私한 방식의 문화 이해로부터 이 인텔리겐치아만큼 더 떨어져 나아가지 못한다. 반면에 이러한 개념은 지적인 엘리트에게 적절하고도 본래적인 것 같다. 전자가 아니라 바로 후자가 대중에게 전위 예술을 제공한다."[7]

묵시문학자는 '현인wise man'이며 다니엘서에서 그렇게 묘사되어 있다.[8] 그는 '참 지혜'의 소유자이자 에녹과 같이 '참 지혜'의 유일한 대표자로서 자처한다.[9] 에스라는 그에게 허락된 묵시문학적 지식을 가지고 있으며, "지극히 높으신 이의 지식의 기술자記述者"로 일컬어진다.[10] 폰 라드Gerhard von Rad는 지식이 묵시문학의 신경 중추라고 이해하고 있다.

> … 따라서 지식은 묵시문학의 신경 중추이며, … 그것은 이 묵시문학자들이 학자이자 연구자이기 때문이다. 분명, 그들은 지식을 추구하는 모든 인간이, 그 지식이 특히 하나님의 일들, 미래, 종말을 넘어서 있는 것 등에 대한 지식일 때, 계시를 필요로 하며, 그것은 카리스마적인 지식으로만 존재할 수 있다는 것을 알고 있었다.[11]

그는 '학구적' 의미에서의 학자는 아니지만, '카리스마적 지식charismatic knowledge'의 지적인 엘리트에 속한다. 그는 평범한 사람들에게서 세속화되는 지식을 반대한다. 그는 지식에서 대중적 기호와의 어떠한 타협도 하지 않지만, 그에게는 재해석의 작업이 맡겨져 있다. 그는 역사에 대단한 관심을 쏟고 있지만, 보통의 의미로 예언자는 아니다. 만일 우리가 그를 스피노자Baruch Spinoza의 의미에서 볼 수 있다면, 그는 예언자적인 환상가일 수도 있다.

> 예언자들의 상상력의 도움으로 하나님의 계시들을 지각했을 때, 그들이 지성의 한계를 넘어선 많은 것들을 지각할 수 있었음은 재론의 여지가 없다. 왜냐하면 원리와 개념보다는 말씀과 인물들로부터 더 많은 생각들

이 이룩될 수 있기 때문이다. ···[12]

예언의 확실성에 대한 모든 물음은 다음의 세 가지 고찰 위에 기초해 있었다.

① 계시된 것들은 그것들이 깨어 있다고 보이는 것과 똑같은 방식으로 예언자들에게 영향을 주면서 아주 생생하게 상상되었다는 점이다.
② 징표의 등장이다.
③ 마지막으로 가장 중요한 것은, 예언자의 정신이 올바르고 선한 것에 전적으로 투여되었다는 점이다.[13]

상상을 통해서 예언자들의 사고는 지평을 멀리 뛰어넘어서 보이지 않는 것을 탐색하고 들리지 않는 것을 듣는다. 상상을 통해서 그들은 이 부여받은 세계를 넘어 미래지향적인 유토피아를 창조해 낸다. 상상력과 감수성은 '새로운' 것을 창조해 내는 그들의 사고에서 서로 협동한다. 대체로, 묵시문학적 운동은 세계에 대해서 지적인 엘리트의 반항이자 깨어 있는 정신들의 격렬한 반동인데, 이들의 생각에 세계는 이제 곧 정죄당하게 되어 있고 신의 중재가 없이는 아무런 희망도 없다는 것이다.

2. 번민가

전위 사상자들은 그 상상력과 감수성으로 인해 사회에서 고통을 당한다. 그들은 전통적 가치들에 만족하지 못하며 그래서 현존하는 문화를 지지하지 않고 새로운 가치들을 찾아 나선다. 그들의 전 생애는 현재를 변형시켜서 미래를 야기한 하나의 희생물이자 분투이다. 이러한 미래지향적 환상으로 인해 그들은 심히 번민한다. 삶의 비극적 의미는 키에르케고르Kierkegaard, 니체Nietzsche, 도스토예프스키Dostoevsky와 같은 19세기의 전위적인 인물들 속에서 찾을 수 있다. 포기올리는 이 전위적 인물들을 번민가로 기술한다.

번민agonism은 긴장을 의미한다. 라오콘Laocoön의 정념은 그의 궁극적 발작에서 그 자신의 고통을 불멸과 풍요로 만들기 위해 고투한다. 요약하자면, 번민은 희생과 정화를 의미한다. 다시 말해서 그것은 과장된 정열이자 불가능에 대한 경배요, 정신적 패배주의의 역설적이고도 실증적인 형태이다. …

현대 시에서의 이른바 과장된 이미지의 빈번한 등장은 전위파의 미의식에서의 번민가적 정신성의 등장을 가장 잘 예증한다. 그 번민가의 투쟁 신화가 동시대의 비판적 의식에 의해서 다소 모호하게 예언되었었다는 사실은 희생양victim-hero으로서의 예술가라는 개념이 빈번하게 등장한 것을 나타낸다. …

분명한 것은, 우리 시대와 같이 어떤 형이상학적 구속救贖이나 신비적인 구속에 대해서도 이질적인 염려나 고통으로 점철되는 시기에는, 무엇보다도 번민이 역사주의의 몰록Moloch 신에게 바쳐지는 희생 제물로 파악된다는 점이다. 낭만주의는 대부분 역사주의이며, 역사주의는 세계에 대한 역사적 전망, 혹은 시대정신Zeitgeist의 무한한 변형을 파악하기 위한 능력을 확장시키고 심화시킴을 의미할 뿐만 아니라, 역사의 우상화, 즉 과거의 역사만이 아닌 현재와 미래의 역사까지도 신성화함을 의미한다. …

그러나 우리는 본템펠리Massimo Bontempelli의 문구를 이용해서 더 일반적인 진리를 지지할 비판적 영역에서 증언할 수 있다. 그는 "바로 전위파 운동의 정신이 자기 후대들을 위한 자기희생과 자기 정화의 정신이다."라고 선언한 후, 과도하게 억압된 연대에서조차도 "실제로, 그 세기의 처음 15년 동안의 전위파는 대개 군사적 전위파들의 운명에 굴복했으며 이들로부터 그 원상原像을 취했는데, 그것은 사람들이 살육의 운명에 처해 있기 때문에 이들 이후에 다른 사람들이 건설을 중단할 수도 있다는 것"을 긍정함으로써 결론을 내린다. …

더군다나, 이렇게 미래의 예술에 자신을 산 제물로 바치는 일은 익명적이고도 집단적인 희생으로서뿐만 아니라 고립된 창조적 인격의 자기희생 제물화로서도 이해되어야만 한다.[14]

전위파와 같이 묵시문학자도 번민가이다. 그는 극도로 비관적인 정신적 경향으로 역사에 접근한다. 다시 말해서 세계사는 '심연'과 '대파멸'[15]을 향해서 나아가고 있다는 것이다. 그들은 미래에 있을 비극적 세계의 사건들을 예견하면서 울부짖고 한탄했다. 그들은 세계 파멸의 메시지를 전달하면서 번민한다. 그들의 영혼은 "내면의 박차로 몰아치는" 고통을 느꼈다. 묵시문학자인 시매의 무녀Sibyl of Cymae는 그 번민을 이렇게 기술한다.

나는 네가 내 확실한 신탁으로부터 짧은 휴식을 나에게 주길 기원하노니, 이는 내 혼이 내 안에서 지쳐 있음이니라. 아니, 내 가슴은 왜 다시 요동쳤으며, 내 안에서부터 박차로 몰아쳐지는 나의 혼은 왜 서신을 모든 이에게 전하지 않을 수 없는가? 그래서 다시 나는 하나님께서 나에게 사람들에게 선포하라고 명하신 모든 것을 선포하리라. 하나님께서 당신의 형상대로 지으신 형상을 지닌 너희 인간들아, 너희는 왜 쓸데없이 방황하며, 영원한 창조주를 항상 마음에 두는 그 바른 길을 걸어가지 않느냐?

오, 너희 성읍들아, 그리고 신전과 경주로와 시장 그리고 금상과 은상과

석상으로 장식된 성읍들아, 너희는 비통의 날에 이를지어다. 이는 유황 냄새가 온 인류에게 퍼질 때로 그날이 올 것임이니라. 그러나 나는 사람들이 고통받게 될 모든 성읍들에게 특별히 가르쳐 주리라.[16]

전위파는 사회에서 특별한 존재들이다. 그들은 국외자의 위치에서 불안정한 처지로 남아 있다. 그들은 그들의 내면세계와 외부 세계 사이에 그리고 그들의 개인적 의지와 그 사회의 집단적 의지 사이에 회피할 수 없는 모순들이 존재한다는 것을 의식하고 있다. 키에르케고르는 그의 마음에 심대한 고통과 번민을 가지고 있는 사람이었다. 시인에 대한 그의 기술은 본질적으로 전위파에 대한 기술이다.

시인은 은밀한 고통으로 찢어질 듯이 아픈 가슴을 지닌 불행한 존재이다. 그러나 그의 입술은 이상하게 생겨서 그 상징과 외침이 입술을 벗어날 때는 마치 아름다운 음악처럼 들린다. 그의 운명은 폭군 팔라리스Phalaris에 의해 놋쇠로 된 황소에게 갇혀서 꺼지지 않는 불 위에서 천천히 고문당한 불행한 희생 제물들의 운명과 같다. 이들의 외침은 그 폭군을 공포에 몰아넣을 만큼 그의 귀에 이를 수 없었으며, 이들의 외침이 그의 귀에 이르렀을 때는 마치 감미로운 음악처럼 들렸다.

그리고 사람들은 시인에게 몰려와서 "곧 다시 우리를 위해 노래하라."고 말한다. 이것은 마치 "새로운 고통이 너의 영혼을 괴롭힐지어다. 그러나 너의 입술은 전과 같이 되어 있을지어다. 이는 그 외침이 우리를 놀라게 할 뿐, 그 음악은 감미롭기 때문이니라."라고 말하는 것과 마찬가지이다.[17]

3. 소외

전위파에게서 소외는 또 다른 특징이다. 그들은 반항함이 없이 다수의 문화를 받아들일 수 없다. 그들은 그러한 문화적 환경에 대해 참을 수 없는 권태를 느낀다. 일단 대중문화가 그 창조적인 힘을 잃어버리고 세속화되면, 그들은 그것을 찬성하는 데 곤혹을 느낀다. 그들은 그 안에서 격심한 불안을 느끼기 시작한다. 세속화된 문화에 대해서 반발하지 않으면, 전위파는 새로운 시대의 여명을 기대하는 것이 불가능하다고 생각한다. 따라서 그들은 당대의 사회에서 항상 국외자이거나 이방인이며, 불가피하게 그 사회로부터 소외되고 고립 속으로 내몰린다. 포기올리는 이러한 상황을 다음과 같이 이야기한다.

소수파의 문화로서 전위파는 이들이 반대하는 다수의 문화에 대해 투쟁하고 거부함이 없이 앞길을 헤쳐 나갈 수 없다. 그러나 종종 다수의 문화는 현대 세계에서 최근에야 겨우 등장한 대중문화인 경우도 있다. 특수한 역사적 실재인 그것은 의사문화擬似文化, pseudo-culture로 보이는 이 대중문화만을 반대한다. 질적인 가치들에 충실한 그 예술가는 현대 문명의 질적인 가치들에 직면하면서 스스로를 외떨어져 있고 반항적이라고 느낀다. 또한 이 정신 상태는 실제적인 사회적 여파를 낳기도 하지만, 무엇보다도 그것은 오늘날의 예술가의 영혼에서 특별한 파토스를 불러일으킨다.

그는, 다른 시대의 예술가는 비록 무한히 적은 자유를 누렸을지라도 그 자신을 그 정도로 거부당하고 고립된 낙오자로는 결코 느끼지 않았다는 것을 알고 있다. 그래서 그는 반동과 혁명의 꿈을 꾸며 그의 회고적이고 예언적인 유토피아를 그리고, 새로운 질서를 출범시키거나 고대의 질서를

회복시키려는 똑같이 불가능한 염원들을 품는 것이다.[18]

자신의 굴복의 사막에서 혹은 자신의 고독의 산악에서 살아가지 않을 수 없었던 그 예술가는 보들레르Baudelaire가 자신의 저주이자 축복으로 일컬은 그 영웅적 운명에서 보상을 발견했다.[19]

묵시문학자는 세계가 기본적으로 부패하고 타락해 있으며, 악의 세력이 온 세계에 퍼져 있다고 믿는 까닭에, 그는 현세대에 대해서 극단적인 위치를 택한다. 이것은 동시대의 삶의 방식, 전통적 신념 그리고 세속화된 문화에 대한 근본적인 부정이다. 그들은 다수의 문화적 조류에 합세하지 않고 오히려 그 문화적 주류에 대해 반항적인 자세를 취하면서 그들 자신의 고독 속에 머물려고 한다. 에세네파의 운동은 역사적으로 소외의 원상을 생생하게 보여 준다. 이들은 그 소외된 위치로 인해서 목적 달성을 위한 공동체의 삶이나 자발적인 집단 운동을 구성하기도 했다. 요세푸스Josephus의 『유대 고대사*Antiquities of the Jew*』는 우리에게 에세네파의 소외와 공동체 생활에 대한 정보를 제공한다.

… 그들은 희생제물을 바치지 않았다. 왜냐하면 그들은 그들만의 더 정결한 정화淨化 의식들을 가지고 있기 때문이다. 이러한 이유로 그들은 성전의 공회당에서 배척되지만, 그들 스스로 희생 제물을 바친다. 하지만 그들의 삶의 길은 다른 사람들의 그것보다 더 낫다. …

이것은, 그들이 모든 것들을 공동 소유하는 것을 방해하는 어떤 것도 참아 내지 못할 그들의 제도로 증명된다. 그래서 부자가 그의 부를 누리지 못하는 것은 그가 아무것도 가지고 있지 않는 것과 마찬가지다.[20]

이 에세네파는 쾌락을 악한 것으로 거부하지만, 절제와 감정의 정복은 덕이라고 평가한다. 그들은 결혼을 무시하지만, 다른 사람의 아이들이 온순하고 공부하기에 적당할 때 이 아이들을 선발해서 그들의 친족으로 삼고 그들 나름의 방식대로 가르친다.[21]

키에르케고르, 도스토예프스키, 니체와 같이 현대 작가들 중에는 그들의 전 생애에 걸쳐서 대중 사회에서 소외된 사람들이 있었다. 이들은 모두 동시대 사회의 '국외자'로서 그 나름의 독특한 방식대로 삶을 살았다. 그들은 그 세속화된 가치들을 받아들이는 대신에 사회에 대해서 불안을 무릅쓰며 반항했다. 그들은 그 문명이 혼돈의 재앙을 향해 기울어졌다는 것을 이미 깨달았다. 키에르케고르는 기독교 국가와 대중 사회를 모두 다 공격했다.

왜냐하면 이것은 인간의 영혼을 염려한다는 미명하에 그들로부터 삶에서 가장 고귀한 것을 사취하는 국가교회의 모든 기계장치의 목표이기 때문이다. 그들에게는 자신에 대한 관심과 욕구가 존재해야 하는데, 이러한 것들은 진실로 교사나 목사가 그의 정신에 따라 발견해 내야 하지만, 그렇게 되지 못했다. 그 욕구는 전혀 현실이 되지 못했고, 다만 현실화되기 이전 상태로 만족해야 했기에 그것은 언제든 방해받아 왔다.[22]

대중 가운데 있는 개인은 도대체 아무 중요성도 지니고 있지 않았으며, 뛰어난 개인은 그들 모두를 가리킨다. 현대는 한 개인을 위해 그렇게 많은 것을 취하는 수학적 평등성을 지향하고 있다. … 부패가 그 지점에 자리잡을 때, 사람들은 집단에서 위안을 찾으며, 그래서 반성은 삶을 향한 개인을 붙잡는다.[23]

마치 제4에스라서의 저자가 총체적인 타락에 직면했을 때 율법이 구속을 위해 무기력해졌다는 것을 깨달은 바와 같이,[24] 니체는 전통적인 가치들과 전통적인 도덕 개념들이 무기력해지고 있다는 것을 깨달았으며, 그래서 그는 신은 죽었다고 공언했다. 그는 '삶', '힘', '권력에의 의지', '초인', '구원', '회귀', '디오니소스Dionysus' 등의 새로운 개념들을 긍정함으로써 인간과 사회를 재생시키려고 하였다.

> 인간이 가치를 두어온 모든 것들은 … 가장 심각한 의미에서 해로운 성질의 것들이다. ─ '신', '영혼', '덕', '죄악', '진리', '영생' 따위의 모든 개념들이다. … 하지만 인간은 이 개념들 속에서 인간 본성의 위대함, 그 '신성'을 찾았다. …
>
> 정치와 사회 질서와 교육에 대한 모든 질문들은 위에서 아래까지 모두 잘못되었다. 그것은 가장 해로운 인간들이 위인으로 간주되어 왔기 때문이며, 사람들은 그 '자세한 것들'을, 좀 더 적절하게는 삶의 근본적인 것들을 경멸하도록 배웠기 때문이다.[25]

그들은 이렇게 반항적인 공격을 하면서 이방인으로서 사회로부터 일정한 거리를 유지함과 아울러 사회의 눈을 열어 줌으로써 현재의 혼돈과 미래의 환상을 보게 한다. 러시아 사회의 범죄 행위에 대한 도스토예프스키의 생생한 고발은 바룩Baruch이 '어머니의 죄악'을 보았을 때[26] 느낀 실망을 생각나게 한다. 그 사회에서 그는 이국땅으로의 추방과 방황 신세를 겪었다.

4. 투쟁의 열정

전위파는 열렬한 환상가로서 그들의 정열적인 헌신에 의해 투쟁 정신으로 무장해 있다. 화가들 중에서 반 고흐Vincent van Gogh와 고갱Paul Gauguin은 전위파의 역동성과 환상가의 열정을 드러낸다. 현대 미술의 역사에서, 이른바 미래파 운동의 '1910년 선언Manifesto'은 이 역동성과 열정을 과감한 문체로 생생하게 표현한다.

① 어떤 형태의 모방이든 이는 경멸해야 할 것이고, 어떤 형태의 창의성이든 이는 영광스러운 것으로 높여야 한다.

② 우리는 조화의 미라든지 귀족 취미 따위의 언어가 갖는 난폭성에 대해서 항거해야 할 것이고, 그런 능청스러운 표현으로 렘브란트Rembrandt, 고야Goya, 로댕Rodin과 같은 거장들의 작품이 훼손받기 일쑤다.

③ 미술 평론 따위는 무용한 것 아니면 오히려 유해한 것이다.

④ 강철과 같은 생명력과 정열과 긍지 그리고 돌진하는 속력과 같은 현대 생활의 소용돌이치는 것을 표현하기 위해서 모든 낡아빠진 것과 진부한 주제를 깨끗이 일소해 버려야 한다.

⑤ 탄압받는 개혁자들에게 항상 뒤집어씌우는 소리 '미친 놈'이란 말은 오히려 훌륭하고 명예로운 이름으로 받아들여야 한다.

⑥ 회화에서 캄플러멘타리즘complementarism은 시에서 자유체나 음악에서 대위법이 필요한 것처럼 절대로 필요한 것이다.

⑦ 힘에 넘치는 감동처럼 회화에 우주적인 힘이 표출되어야 한다.

⑧ 어떤 질적 요소보다도 진실성과 순결성은 자연을 해석하는 데 없어서는 안 될 중요한 요소다.

⑨ 운동과 빛은 물체의 질을 변화시킬 수 있다.[27]

우리가 정치-사회적인 전위파에 눈을 돌리면 여기서는 투쟁 정신과 광신적 열정, 심지어는 일종의 메시아적 열망까지도 발견하게 된다. 이들은 위기 상황에서 적들과 싸우기 위한 대단한 역동성을 만들어 낸다. 프랑스의 저항 운동에 연루된 전위파 예술가들과 지적인 엘리트들이 나치Nazi의 폭정에 저항한 것은 그리 놀라운 일이 아니다. 또한 급진적인 신학자인 본회퍼Dietrich Bonhoeffer가 나치즘에 대항해서 지하 학교를 운영하고 그 우두머리를 살해할 계획을 도모한 것도 당연한 일이다. 한국의 가장 급진적인 전위파 시인 중의 한 사람인 이상李箱[28]이 일제의 폭정에 대항해서 투옥되고 마침내 죽음에 이르는 고문을 당한 것도 놀랄 것이 없다. 한국의 묵시문학자이자 '근대 한국 사회의 선구자'인 최제우崔濟愚[29]가 조선 왕조王朝의 학정과 전통 종교들에 항거해서 참수형을 당한 것 역시 마찬가지이다. 그의 계승자들은 동학 운동 속에서 부패한 조정과 그 사회에 대한 저항을 계속해 나갔다.[30] 그것은 포기올리가 기술한 형태의 전위파 운동이다.

이와 같은 방식으로 운동가의 자극은 전위파 예술가인 시인 그리고 지식인을 이끌어서 집단행동과 선동을 일으켰던 한편, 번민가와 미래주의자의 자극은 미래의 사회적 재생을 위해 자신의 인격과 사명을 희생할 것을 수용토록 했다. 희생시킨다는 생각을 그에게 받아들이도록 한다. 달리 말해서 전위파의 사회주의는 종말론적인 동시에 메시아적이고 묵시문학적인 정신 상태의 산물이며, 이념적으로는 그렇지 않다 하더라도 심리학적으로는 무정부주의의 정신과 일맥상통하는 어떤 것이다.

이러한 자극의 힘과 그 매혹성의 흡인력은 신비적인 황홀경의 병적인 상태를 만들어 낼 수 있는데, 이 병적인 상태로 인해 전위파 예술가는 그가 사회주의 사회에서 존재할 이유나 기회도 가지고 있지 않다는 것을 깨닫지 못하며, 그 신비적 충동은 자기비판의 자의식을 방해한다.

모스크바에 의해 기만당하고 트로츠키파의 영구혁명 이론을 환영한 전위파 예술가 중에 단지 몇 사람만이 다소간 정통적인 사회주의의 이상에 집착한 것은 분명한 마르크스주의자의 사고 때문이기보다는 모호한 무정부주의자의 정서에서 유발되었다는 점을 고려할 필요가 있다.[31]

우리가 프리드만David Noel Freedman, 러셀D. S. Russel[32] 등과 같은 여러 학자들의 견해를 따라서 열심당의 운동을 묵시문학적인 쿰란 공동체와 연관시킨다면(3세기의 작가 히폴리투스는 열심당이 일단의 에세네파라고 실제로 지적했다),[33] 사회−정치적인 전위파의 열정을 열심낭 운동에 비교하는 것은 타당한 일이다. 요세푸스는 열심당이 당시 종교−사회적인 불의에 직면했을 때 보였던 열성을 생생하게 기술했다. 요세푸스는 그 시대의 제사장적인 질서의 타락에 대항한 열심당과 관련하여 설명한다.

이제 사람들은 이런 식의 오만함을 더 이상 참을 수 없었으며, 다만 모두 모여서 그 폭정을 몰아내기 위해 열성을 다했다. 사실 그들은 요세푸스의 아들 고리온, 가말리엘의 아들 시므온이었는데, 이들은 사람들이 큰 무리로 모여서 그들만이 있는 것을 보았을 때 이리저리 뛰어다니면서 사람들에게 용기를 줌으로써, 그들의 자유의 해로운 역병을 징벌하고 성전에서 이렇게 잔인하게 오염시킨 자들을 몰아내도록 하였다.

대제사장들 중에 가장 존경받는 인물들로서 가말라의 아들 예수스와 아나누스의 아들 아나누스는 그 무리 가운데 있었을 때, 사람들의 게으름을 몹시 책망했으며 사람들을 자극해서 젤롯당Zealots에 반대하게 했다. 그

것은 마치 그들이 좋은 사업에 열성적zealous이고 가장 사악한 행위에는
열성적이지 않으며not zealous 다른 사람들의 사례를 벗어나 사치하지 않기
나 한 것처럼 자처했는데, 젤롯당은 그들이 의거해서 살아가는 이름 바로
그것이었기 때문이다.[34]

토인비가 열심당의 투쟁적 기질을 16세기 독일 사회운동 및 기타 문화
운동들과 연관시키는 것은 우리의 흥미를 끈다.[35] 그는 마르크시즘의 폭
력 혁명에서 나타나는 역동적 요소와 묵시문학적 환상을 유대 묵시문학
에까지 소급시키기도 했다.

여기서 우리는 그를 다른 이유로 인용했다. 첫째 이유는 그가 우리 시대
에 우리 세계를 위한 계급투쟁 이론의 고전적 해설자이기 때문이며, 둘째
이유는 그의 공식이 폭력의 절정을 뛰어넘어 온화한 대단원의 상상을 드
러낸다는 점에서 전통적인 조로아스터교와 유대교 그리고 기독교의 묵시
문학적 양식과 일치하기 때문이다.[36]

5. 환상의 미래파

전위파가 지니고 있는 또 다른 원상은 환상의 미래주의futurism이다. 지
적인 엘리트들의 현재적인 좌절 경험이 미래로 치닫는다는 것을 이해하
기란 그리 어렵지 않다. 전위파는 역설적인 번민 때문에 그들의 생각과
삶을 산 제물로 미래에 대한 환상에 바친다. 포기올리의 말에 따르면, "예
술 세계에서의 전위파의 계승자들은 마치 그들이 그들 자신을 거름더미
로 만들 생각으로, 정복당한 시신의 땅과 산을 기름지게 하여, 이 위에서

이제 새로 산 제물로 미래에 대한 환상을 바친다." 또한, "예술 세계에서
의 전위파의 계승자들은 마치 그들이 그들 자신을 거름더미로 만들 생각
으로, 정복당한 시신의 땅과 산을 기름지게 하여, 이 위에서 이제 새로운
세대가 그 포위된 성채를 오르게 될 듯이 행동한다."고 했다.[37] 현재의 상
황을 파악하여 미래를 예견할 수 있게 하는 감수성이 그들을 환상의 전위
파로 변모시키는 것이다.[38] 그들은 현재에 머물러 있다는 생각을 거의 참
지 못하며, 다만 미래의 새로운 생성을 계속해서 추구한다. 포기올리가
말하듯 그들은 미래 예술의 선구자라는 것을 의식하고 있는 것이다.

"20세기에는 오직 하나의 소원만을, 즉 가능한 한 빨리 21세기에 도달
하고자 하는 소원만을 품고 있는 것 같다." 우리는 전위파의 역사적 성급
함을 이해할 필요가 있는데, 우선 선구자라는 개념의 번민가적 요소를 비
판적으로 검토할 필요가 있다. …

매개적 단계에 속해 있다는 것, 즉 과거와는 이미 구별되는 현재에 그리
고 미래가 실제로 있을 때만 타당하게 될 잠재적인 미래에 동시에 속해 있
다는 것의 의미 내지는 의식, 이 모든 것은 변이變異의 관념, 최우수라는 번
민가의 개념, 묵시문학적이고 위기에 처한 시대에 선호되는 신화, 최근의
전위파에게 특히 친숙한 신화 등의 기원이 이와 상반되는 모든 것들의 출
현에도 불구하고 미래주의적 태도와 밀접한 관계를 지니고 있다는 것을
설명해 준다. …

미래파의 선언은 말하자면 예언자의 유토피아적 국면과 공언된 혁명을
위한 선동과 준비의 장을—혁명 그 자체는 아닐지라도—나타낸다. 이렇
듯 분명하고도 자연스러운 정치적 대응물은 트로츠키Leon Trotsky를 벗어
날 수 없는데, 그는 문학 이론과 비평 서적에서 러시아 미래파의 역사적
사명을 다음과 같이 정의했다. "미래파는 예술의 영역 안에 있는 모든 것

(절박한 사회−정치적 위기들, 다가올 역사의 폭발과 파국)을 예방하는 것이었다."[39]

'의인들' 은 핍박과 고통을 당한다. '의인들' 의 유일한 희망은 신의 중재와 새로운 시대aeon의 출범이다. 그러나 이것은 묵시문학의 부정적인 견해일 뿐이다. 이 운동의 긍정적인 측면이— '창조적인 소수파' 로서의 역할이—고찰되어야 한다.

토인비는 "창조적인 인격들이 새롭고도 드높은 지평에서 먼저 행동에서 황홀경으로 그 다음에는 황홀경에서 행동으로 가는 신비적 통로를 취하고 있을 때" 이들이 따르는 행로를 깊이 고찰했다. 이 운동의 이원성을 그는 '철수와 회귀withdrawal and return'라고 일컫는다. 그는 말하기를, "철수는 그 인격으로 하여금 그가 그의 사회적인 수고와 속박으로부터 당분간 해방되지 않았더라면 그 자신 안에 잠복되어 있었을 힘을 깨닫도록 해 준다."고 한다.[40] 만일 우리가 이 '철수와 회귀' 라는 주제를 묵시문학에 적용시킨다면, 우리는 "현세의 질서를 종식시키고야 말 파국"에서 철수를 보며, 메시아라는 인물의 기대에서 '회귀' 를 보게 된다.[41]

현재에 대한 긍정적인 반동은 마카비 혁명과 열심당 운동 그리고 에세네파의 '정치Politas'[42] 집단 등의 투쟁적 열정 속에서 찾아볼 수 있다. 묵시문학의 긍정적인 측면에서 일어난 역사적 사건들뿐만 아니라 미래의 왕국과 메시아의 도래에 대한 환상은 새로운 역사적 지평들을 열어 주는 데 이바지했다. '창조적 소수파' 로서의 묵시문학자들만이 현재의 역사에 대한 급진적인 부정 그리고 과거에 대한 반항적 행위와 아울러 묵시문학을 유일하게 발흥시킨 것이 아니라, 이와 일맥상통하는 운동들도 역사상에 재생하여 역사를 전진시키는 힘을 창출해 내었다. 역사상의 '창조적 소수파' 의 도전 행위는 토인비에 의해 잘 기술되었다.

응답받지 않은 도전은 계속해서 다시 반복되며 좌절된 소수는 그 전장을 유지하는데, 이는 이 좌절된 소수가 극복할 수도 또는 회피할 수도 없는 적의 손에 그렇게 많은 후속적 패배를 당하고 부딪치기 위함이다. …

창조적 소수파는 영속적인 흐름 속에 있는데, 이것은 그들이 다양한 형식들을 계승하는 화신이며, 이 형식들 속에서 그 창조적 정신이 그 자체를 드러내면서 결코 똑같이 두 번 감행되지 않는 도전들에 대해서 응답하기 때문이다. 소수의 지배층은 단호한 모습으로 서 있다. 이것은 마치 롯Lot의 아내가 얼굴을 산으로 돌려서 결연하게 달려가지 않고 그 평야의 버려진 성읍들을 되돌아본 것에 대한 벌로 소금 기둥으로 변형된 것과 같다. 그 산에서 그녀는 아마 더 행복한 생활을 찾았을지도 모른다. [43]

때가 찼을 때는 언제나 '창조적 소수파'의 급진적 도전과 지배층의 사회에 대항하는 '내면적 프롤레타리아트들internal proletariats' 이 여러 차례 반복해서 역사에 등장했다고 토인비는 고찰한다. 지적인 엘리트와 전위파가 존재하는 곳이면 어디서나, 이들은 그 세속화된 문화에 도전하고 신선한 공기를 불어 넣는다고 기대할 수 있다. 후벤William Hubben은 키에르케고르, 도스토예프스키, 니체 그리고 카프카의 도전들을 현대사의 "네 명의 묵시문학적 기수"의 출현으로 솜씨 있게 기술했다. [44]

동시대의 전위파 운동에서는 상이한 형태의 모습과 표현이 있다고 하더라도, 그것은 묵시문학적 의식이 지녔던 뿌리와 동일하다. 각각의 것은 역사 발전의 표면에서 그 독특한 표현을 견지해 왔다. 그것들은 지배 문화에 대해 서로 다른 기질로 도전했으나, 그 운동들이 발흥되어 나온 중심은 하나이다. '창조적 소수'와 '지배 집단' 사이, '창조적 개인'과 '집합적 사회' 사이 그리고 '전위파 묵시문학자'와 '지배 문화' 사이의 투쟁의 이야기는 인간의 역사에서 '항상 재생하는 신화' [45]이다. 역사상의 이 양극성과 '반대의 일치coincidentia oppositorum'[46]는 인간 실존의 '원초적 이식primordial implantation'[47]이다.

제5장

미래를 향한 묵시문학적 환상

묵시문학적 의식은 환상에 대한 의식이다. 그 지각적 감수성은 예민하고 그 상상력은 비상하다. 묵시문학자에게 환상은 그의 발견인 동시에 그의 표상화이기도 하다. 왜냐하면 전위파에게는 새로운 것의 발견은 곧 새로운 창작을 의미하기 때문이다. 문화—예술적인 영역에서는 "객관적인 현실은 이 현실에 대한 주관적인 의식과 동시 발생적"[1]이란 사실이다. 그러나 '과학자'의 경우에 새로운 발견이란 이전에 존재했던 과학적 현상에 대한 자각을 의미한다. 전위파 예술가에게도 어떤 '새로운' 것의 발견은 새로운 표현, 새로운 것의 노출과 계시 또는 어떤 새로운 것의 창조를 동반한다. 왜냐하면 예술가의 '천부적 재질giftedness'은 작품 활동을 하는 데 있어서 그의 창조성과 동일한 것인 까닭이다. 한 예술가가 그 천부의 예술적 재질을 하나의 예술 작품으로 표현했을 경우, 그 예술 작품은 창조적인 대상이 된다. 이와 같이 예술가의 경우와 묵시문학자의 경우는 유비적類比的인 관계에 있다고 할 수 있다.

1. 초의식超意識

토마스 아퀴나스Thomas Aquinas의 신학에서 환상의 경험은 직접적인 계시가 아니다. 그는 생각하기를 환상 경험의 과정에는 '지성의 자연의 빛'의 신적 조명에 의한 강화 또는 인간의 상상력의 '신적 구성' [2] 등이 요청된다고 한다.

지성의 자연적 빛은 은혜로운 빛의 개입으로 강화된다. 때로는 인간의 상상력 안에 있는 환상은, 마치 예언자의 환상에서 나타나는 것처럼, 우리가 감각적인 사물로부터 받아들여서 하는 것보다 더 낮게 신적인 것들을 표현하기 위해서 신적으로 구성된다. 때때로 감각적인 사물들이나 목소리까지도 어떤 신적인 것을 표현하기 위해 신적으로 구성되기도 한다. 이것은 마치 예수가 세례를 받을 때 성령이 비둘기의 모양으로 나타나 이는 나의 사랑하는 아들이라 하는 아버지의 음성이 들린 것과 같다(마 3:7).[3]

토마스 아퀴나스는 또 다른 곳에서, 환상 경험 속에서 그 이해의 효력은 그 수용자의 본성이나 인간의 지성에 따른다고 설명한다.

어떤 것에 무엇이 받아들여지더라도 그것은 그 안에서 수용자의 양식에 따른다. 결국 우리의 지성에 인상 지워진 본질의 유사성은 우리 지성의 양식에 따를 것이며, 우리 지성의 양식은 신적 유사성의 완전한 수용에는 이르지 못한다.[4]

이제, 지식의 질서에서 알려진 대상은 우리가 지각하는 형식을 따른다. 왜냐하면 돌의 형식에 의해서 우리는 돌을 보지만, 지식의 효력은 그 지각자의 능력을 따르기 때문이다. 따라서 더 강한 시력을 가진 자는 더 분명하게 볼 수 있다. 그러므로 이 환상에서 우리는 하나님이 보는 것과 똑같은 것, 말하자면 당신의 본질을 보게 되는데, 다만 그렇게 효과적으로 보지는 못한다.[5]

더욱이, 하나님이 당신의 본질에 의해서 지성에 현존할 그때에, 당신은 그 감각에 존재할 것이다. 왜냐하면 당신은 모든 것 안에 모든 것이 될 것이기 때문이다(고전 15:28). 이제 당신은 당신의 본질과 그 지성의 연합을 통해서 그 지성에 의해 보일 것이다. 그러므로 당신은 그 감각에서도 또한 보일 수 있을 것이다.[6]

토마스 아퀴나스에 따르면, 환상에 대한 의식은 신적인 조명에 의해 강화된 의식이자 상상력의 신적 구성이라고 한다. 그것은 환상의 대상을 인식하는 데 고양된 의식의 상태이다. 토마스 아퀴나스의 환상 이론에서는 인간의 상상력과 지성을 배제하지 않는다. 오히려 상상력과 지성은 신적 조명과 구성에 의해서 강화된다. 아퀴나스는 '신적인 빛의 개입'에 대해 지적하는데, 그것은 '자연적 질서 안에서' 그리고 '상상력 안에서' 받아들인다는 것이다.

자연적 질서 안에서 감각으로 수용되거나 아니면 상상력 안에서 신적으로 구성되거나 이 환상들로부터 우리가 더 우수한 지성적 지식을 그렇게 많이 가지면 가질수록, 지각 가능한 빛은 더 강력하게 인간 안에 있게된다. 따라서 환상에 의해서 주어진 계시를 통해서 더 풍부한 지식이 신적 빛의 개입에 의해 수용된다.[7]

오웬 바필드Owen Barfield는 환상에 대한 의식은 '특수 의식'이라는 데 동의한다. 그는 환상 경험에서 의식의 대상과 그 의식의 주관성과의 동시 발생적 성격을 고찰한 바 있다. 의식은 "상상력의 가능성에 있어서 특수한데, 이는 은유적隱喩的 기능이 인간 실존의 이원적인 대립의 긴장 속에 놓여 있다."는 것을 의미한다.[8] 그는 또한 이 환상을, 은유적인 기능을 지닌 예술 및 시와 일맥상통하는 것으로 보고, 이것 역시 특수 의식의 동일한 산물이라고 생각한다.[9]

칼 야스퍼스의 경우, 그는 현상학적 심리학에서 단순한 심리학적 이론으로는 이 초의식을 구명할 수 없음을 보여 준다.

정신the psyche 전반에 대한 이론을 가지고 있을 필요가 있는가? 그 대답은 '아니다'라는 것이다. 왜냐하면 정신병리학에서 적용될 수 있는 모든 이론은 한정된 정보만을 설명해야 하기 때문이다. …

우리는 모든 것의 밑에 놓여 있을 수도 있는 바에 대한 이론적 개념들이 '실제로 존재하는' 바 혹은 '거기에 적절히 존재하는' 바에 그야말로 근접해 있는지의 여부를 말할 수 없다. 타당한 정신 이론이란 존재하지 않으며, 다만 인간 실존의 철학이 존재할 뿐이다. 이러한 이유로 우리는 다음과 같이 반복해서 질문해 나갈 수 있다. 이론은 항상 잘못된 것이 아닌가? 이론들은 그 모든 임의의 변화성에 비추어 볼 때 단지 이 특별한ad hoc 기술의 방식들이 아니면 특정한 현상들을 분류하려는 단순한 시도들이 아닌가?[10]

야스퍼스는 예컨대 반 고흐, 키에르케고르, 도스토예프스키, 니체 등의 경우처럼 창조적 개인의 특수한 정신 상태에 각별한 관심을 나타낸다. 그는 이 모든 경우에 초의식이 단순한 심리학적 관점에서 다뤄질 수 있는지를 질문한다. 그는 인간의 정신 상태에서 어느 경우가 건강이고 어느 경우가 병인지를 결정하는 데 어려움이 있다는 것을 보여 준다. 그는 "만일 우리가 본질적으로 인간 존재의 불완전성을 이해한다면 사실에 있어서 정신적 건강 상태를 명확히 지적해서 이것이야말로 정신적 건강 상태라고 명쾌히 정의를 내리는 것은 어려운 일이다."라고 말한다.[11] 그는 다음과 같이 이어 간다.

대다수의 경우가 그런 것은 아니지만, 초기 단계에 있는 정신 분열증은 우주적인, 종교적인 혹은 형이상학적인 계시 형태의 의식 과정을 왜 밟는가? 이들이 건강과 쇠약의 중간기에 처해 있을 때 보여 주는, 그 정묘하고도 예리한 관찰, 평상시에는 도저히 불가능한 놀랄 만한 피아노 연주, 천재적인 창조성의 발휘(반 고흐van Gogh, 횔더린Holderlin), 세계 종말이나 신세계의 창조에 대한 특수한 경험들, 영적인 계시들, 일상생활의 냉혹한 투쟁 등은 대단히 인상적인 사실이다. 이러한 경험들은 일반적인 세계 통념의 제물이 되는 정신이상이나, 그들을 급습하는 급진적이고도 파괴적인 행위의 객관적인 징표라는 피상적인 관점에서 파악될 수는 없다.[12]

야스퍼스는 이 창조적 개인의 초의식에서 나타나는 특이성을 '의식의 고양', '거룩한 병', '초건강적 광증'[13] 등으로 표현한다. 그에게서 도스토예프스키의 간질병은 단순한 병이 아니라 "의식의 비상한 투명 상태"이자 "집중 의식의 비상한 명석 상태"를 나타낸 것이다. 그는 "마치 뇌에 불이 붙은 것처럼 생명과 자아에 대한 감각이 수십 배로 예민해졌다."[14]고 말했다. 야스퍼스는 니체의 '광증'에서는 '건강한 신경증', '인간 심연의 각성증', '감각의 고양 현상'[15] 등을 발견한다. 키에르케고르의 경우는 이렇게 기술한다.

객관적으로는 병적인 과정에서 발견되는 모든 것이라고 여겨지는 그의 부단한 의미 탐구와 사물의 해석과 총괄화 등의 행위는 단순히 병에 대한 통찰력의 결여로 볼 수는 없다. 키에르케고르는 의사에게로 가서… 그의 죄 때문에 걸린 병이라는 것을 억지로 인식시키려고 했다. …

가장 심각하게 그리고 명석한 의식 속에서, 또한 하나님이 말씀하고 의도한 바에 대해서 어떠한 지식도 있을 수 없다는 식으로 경험된 그 은밀한 하나님과의 접촉은 어떤 자연 현상을 다루는 과학적 지식의 형태로 풀이되는 것이 아니다.[16]

이러한 '의식의 고양'이나 '초의식'에서 창조적 개인은 불합리한 무질서와 병적인 상태 그리고 인간 본성의 근원적인 파산 상태에서 인간의 삶 전체를 파악하기도 했다. 이러한 독창적인 사상가와 예술가들이 병든 인간의 본성을 심각하게 드러내고 역사의 종말을 상징과 표상을 사용해서 가장 가공할 모습으로 표현한 것은 결코 우연한 일이 아닐 것이다. 그들이 의사의 진단대 위에 놓여야 할 것이 아니라, 오히려 그들에 의해서 고찰되는 세계가 그 진단의 주제인 것이다.

이렇게 환상의 표상화는 묵시문학자의 고양된 의식 속에서 궁극적인 현실에 직면한 데 대한 그들 나름의 총체적인 반응의 표현이다. 그는 그의 환상을 현재에 둠으로써 현재의 역사를 궁극적 현실과의 의미 있는 관계로 가져다 놓으려고 시도한다. 환상 의식의 지향점은 다니엘서에서 사람의 손가락이 나타나 분벽에 글자를 쓰는 이야기에 생생히 표현되어 있다. 이 환상 경험은 초월적 경험으로서 묵시문학자의 상상력과 지성에서 은유적으로 매개된 경험이라고 파악될 수 있다. 은유적 매개metaphorical mediation의 과정은 토마스 아퀴나스가 고찰한 상상력의 신적 구성과 지성의 신적 조명이라는 말로 설명된다.[17] 칼 야스퍼스의 용어를 빌면, 이러한

환상의 표상화는 이른바 '초월의 암호'라 일컬어지는 '초월적 언어'인 것이다.[18]

2. 부정과 변환

묵시문학의 해석학적 문제를 다루는 마당에서 이제 환상 의식의 지향점을 검토할 필요가 있다. 환상에 대한 의식은 자체초극自體超克의 방향을 취한다. 자체초극을 지향하는 의식의 성격은 그 '지향점'[19]을 포착할 때 그 의미를 알 수 있다. 다니엘서에 표상화된 '벽 위의 손가락' 이야기는 어쩌면 우리에게 환상 의식의 지향점에 도달하는 길을 열어 줄 수 있을 것이다.

> 이러므로 그의 앞에서 이 손가락이 나와서 이 글을 기록하였나이다. 기록한 글자는 이것이니 곧 메네 메네 데겔 우바르신이라, 그 뜻을 해석하건 대 메네는 하나님이 이미 왕의 나라의 시대를 세어서 그것을 끝나게 하셨 다 함이요, 데겔은 왕이 저울에 달려서 부족함이 뵈었다 함이요, 베레스는 왕의 나라가 나뉘어서 메대와 바사 사람에게 준 바 되었다 함이니이다.[20]

이 구절은 이중적인 해석의 방향을 지향하는 의식의 지향점을 드러낸 다. 첫째로 바빌로니아 왕국의 종말을 경고하는 것이요, 둘째로는 발사살 시대로부터 메대와 페르시아 시대로의 역사적 전환을 보여 주는 것이다.
환상 의식의 지향점에는 두 가지의 근원적인 환상의 암시가 있는데, 그 하나는 종말론적 역사 심판 또는 현재에 대한 부정이며, 다른 하나는 현 재의 새로운 미래로의 전환이다. 그 환상은 실증적인 현실a positive reality

도 아니요 그렇다고 추상적이고 관념적인 절대계an absolute reality도 아니다. 오히려 환상은 이 양극의 중간에 위치한다. 환상은 이 중화적 위치에서 현재를 미래로 해방시키는 역할을 한다. 환상은 이 비실증적인 현실을 현세계에 두면서 미래를 향한 역사의 전환을 위해서 현재를 부정한다. 환상은 심판의 세계를 예고한다. 토마스 아퀴나스의 용어를 빌리면, 그것은 신적 조명에 의한 지각을 통해서 신적으로 구성된 상상력에 대해 미래를 향한 새로운 가능성을 열어 보인다. 이것이 정확히 묵시문학적 환상의 지향점인 것이다.

어떤 심각한 예술 양식이든 그것은 묵시문학적 환상 속에 있는 심각성과 상통하는 면이 있다. 시, 회화, 소설, 음악 등 어떤 예술 양식이든 그것은 각기 나름대로의 방식으로 그 환상 경험을 표상화한 것이다. 진정한 의미의 예술은 '환상'의 수단을 통한 유비적인 의식의 고양에서 창조된다. 그리고 그 예술 작품은 심판과 초월적 전환의 힘으로 인간과 세계에 도전한다.

예술 작품은 예술가의 편에서 보면 고조된 감정의 혼란 상태에서 생겨나는(그 3요소 중에 첫 번째로 되돌아가는) 것이다. 감정은 그 자체에 참을 수 없이 몰려드는 모호성에 전적으로 몰두함으로써 고조된다. 니체가 말했듯이 "우리는 춤추는 별을 탄생시키려면 마음속에 혼돈을 품어야만 한다." 파토스의 반응 능력이 이렇게 고결하게 정화되는 것은(워즈워드Wordsworth의 "비상한 감관의 감수성"과 같이) 물론 평범한 감정의 상태가 아니다. 오히려 그것은 상상력을 동반하는데, 이때 상상력은 내적인 긴장을 노출하는 그 초점을 적극적으로 깨뜨려 버린다.[21]

이런 점에서 계시의 수사修辭는 예술의 수사와 형식상 유비적인 관계에 놓여 있다. 하지만 그 유비는 계시가 입지로서 제공되고 실현되는 방식으로도 확장한다. 예술의 대상과 같이 입지로서의 계시는 실존하는 연속음으로 제공된다("하나님은 당신 자신을 증언 없이 내버려 두지 않는다. …"). 예술에서와 같이 계시에서도 상상에서의 실존적인 것은 어떤 이질적인 형식에 대한 수동적인 반성이 아니며, 그렇다고 해서 어떤 유類 일반에 대한 능동적인 추상화도 아니다. 계시에서의 상상적 실존은 인간을 위한 전인격의 현존을 특징지워 주는 초월의 성질을 암시한다.[22]

묵시문학적 환상의 심판은 허무주의적 절망으로 역사와 세계의 종말을 선포한다. 묵시문학자는 전심의 열정을 가지고 허무주의적인 방식으로 현 역사를 철저하게 부정한다. 현재에 대한 철저한 부정은 역사의 전환점을 가져오기 위해서 불가피한 것이다. 묵시문학적 환상이야말로 타락한 역사에 대한 영속적인 '걸림돌skandalon'이자 부단한 도전이다. 그 환상은 항상 '징계'와 '심판'과 '훼파毀破'와 같은 사건과 관련되어 있다. 에녹서의 말을 빌리자면, 묵시문학적 환상은 '징계의 천사'라고 말할 수 있다. 이와 같이 환상은 시대의 모든 '타락'을 징계할 것을 예고하고 지상에 사는 이에게 심판과 파멸의 소식을 전한다.

임할 것이 예비된 징계의 천사들을 내게 보이신 후 지상에 속하는 모든 것을 심판하고 멸하기 위하여 지하에 있는 모든 물의 세력을 풀어 놓더라.[23]

묵시문학적 환상은 사르트르가 말한 '이미지image'의 적소적 행위positional act처럼 이 세계와 현실적 제 존재에 대해 적소적 행위positional act를 지닌다. 묵시문학적 환상은 객관적인 영역에 있는 것이 아니기 때문에,

묵시문학적 환상 자체의 위치야말로 현실적인 존재와 객관적인 세계에 대한 부정인 것이다.[24] 현 존재와 세계에 대한 묵시문학적 환상의 입지적 부정행위는 그 환상의 구조가 가지고 있는 구성 요소이자 환상 의식의 주장이다. 그러므로 묵시문학은 가장 철저한 세계 부정의 양식이자 현 역사의 유혹에 대한 심각한 거부자인 것이다.

묵시문학적 환상의 위치는 단순히 객관적으로 경험할 수 있는 가시적인 세계에 있지도 않으며, 그렇다고 절대적인 의미에서의 불가시적인 영역에도 있지 않고, 다만 양극의 중간에 놓여 있다. 이와 같이 그것은 특수한 변증법적 위치를 점하고 있다. 물론 묵시문학적 환상은 의식의 대상임에는 틀림이 없지만, 이것이 의식의 한 대상이라고 할 때 돌이나 나뭇조각처럼 어떤 구체적인 객체는 아니다. 그 환상은 의식 안에서 객관적인 것과 주관적인 것의 동시 발생적 현실이다. 그 환상에는 현재와 미래, 객관성과 주관성 사이의 변증법적 동시발생의 요소가 있다. 그것은 야스퍼스의 '암호' 개념과 일맥상통한다.

존재를 실제로 포착하는 일은 상징(암유, 혹은 암호의 지위를 갖는 것)에 의해서 이루어진다. 현재 우리의 논의의 주제인 암호라는 것은 객체도 아니고 주관도 아니다. 그것은 주관성에 의해서 침투된 객체성인데, 이러한 방식으로 존재가 전체 속에 실현되는 것이다.[25]

환상 의식의 지향점은 현재의 부정에서만 그치는 것이 아니다. 그것은 타락한 역사의 전환을 지향한다. 묵시문학적 환상의 위치는 객체성과 주관성 그리고 현재와 미래 사이에 변증법적으로 중립해 있으며, 현재를 미래로, 세속적인 것을 신성한 것으로, 죽음을 부활로, 무를 유로 전환시키는 기능을 한다. 그 환상은 역사의 변환을 매개한다. 그것은 미래를 향한

열매를 맺을 희망 속에서 황폐한 광야에 역사 전환의 씨를 뿌린다. 현재
에서 미래로의 이 전환에는 변증법적인 운동이 있는데, 키에르케고르의
용어를 빌리자면 양극 사이의 '변증법적인 상충'이 있는 것이다. 이 운동
은 극단에서 극단으로 나아가고 궁극적 부정에서 궁극적 긍정으로 나아
가는 역설적인 변증법적 운동이다. 키에르케고르는 이것을 다음과 같이
설명했다.

> 만일 그 개인이 역설적으로 변증법적이며, 본래적인 내재성의 모든 흔
> 적이 허무해지고 모든 연결이 단절되어, 그 개인이 실존의 최극단에 이른
> 다면, 우리는 여기서 **역설적인 종교성**을 지니게 되는 것이다.[26]
>
> 따라서 내재적인 종교성에서 그 개인은 그와 영원한 것과 관계를 시간
> 속에 있는 그의 실존에다 기초지우지 않는다. 그러나 그 개인의 영원한 것
> 에 대한 관계는 내적인 전유專有의 변증법에 의해서 그로 하여금 이 관계
> 와 조화되어 있는 그 실존을 전화하도록 결정지으며 이 전환에 의해서 그
> 실존을 표현한다.[27]

궁극적 부정과 최종적인 긍정(혹은 절대적인 관계)의 방식으로서의 전환
은 "절대적인 목적을 향한 절대적 방향 설정"에서 빚어지는 변증법적 긴
장과 '실존적인 파토스'를 필요로 한다.[28] 전위파와 묵시문학에서 우리
는 이른바 이러한 '실존적인 파토스'를 볼 수 있다. 묵시문학적 환상은
현 **시대**aeon에 대한 철저한 부정에서부터 미래의 시대에 대한 철저한 긍
정으로 나아가는 변증법적 전환의 좁은 길을 제시한다.

> 평지 위에 세워진 한 성읍이 있으니, 그것은 모든 좋은 것들로 풍성하지
> 만, 그 입구가 좁고 절벽 위에 놓여 있으며 오른편에는 불을 가졌고 왼편

에는 깊은 물을 가졌더라. 또한 이 불과 물 사이에는 오직 한 길이 놓여 있고 이 길이 너무 좁아서, 겨우 한 번에 한 사람의 발만을 디딜 수 있더라.[29]

묵시문학적 환상에서 역사의 전환은 실존과 역사의 부활을 요구한다. 이 환상은 실존과 역사의 변환을 소망하면서 부활의 장면을 표상한다. 그래서 묵시문학적 환상은 역사에 대한 부활 소망의 청사진이라고 할 수 있다. 이 환상은 새 소망과 새 전환을 이렇게 전한다.

그때 당신의 소망 가운데서 자고 있던 모든 사람들이 다시 일어나리라. 그리고 많은 의인들의 혼들이 보전되는 처소가 열려 그 의인들이 여기서 나오며, 많은 혼들의 무리가 한 마음으로 모일 것인데 처음도 기뻐하며 마지막도 슬퍼하지 않을 것이니, 이는 저들이 말하는 때가 왔으며 그것이 시간의 종말이라는 것을 앎이더라.[30]

온갖 종류의 피조물들이 새로워지며, 그 온갖 명령들을 성취하리니,
이는 네 종이 아픔으로부터 놓임을 받게 함이더라.
그때 장막을 덮은 구름과
전에 물이었던 곳으로부터 솟아오르는 마른 땅과
홍해로부터 이어지는 창창한 대로와 격한 파도로부터 생겨나온 푸른 평야가 보였더라.
이것들을 거쳐서 저들은 저들의 모든 주인들과 더불어 지나갔으니,
이것들은 네 손에서 덮여졌으며
이적들을 보았음이니라.[31]

이 변환이나 부활이 일어날 때, 거기에는 종말론적인 파국의 환상에서

소망의 환상으로의 변증법적인 전환이 있게 된다. 묵시문학적 환상은 역사에 대한 부정과 철폐에서 소망과 긍정으로 나아간다. 몰트만Jürgen Moltmann은 부활의 교리를 인간의 피안적 행복이나 불멸성에 대한 탐구로서가 아니라 정의 실현theodicy의 문제에 대한 답변으로 본다. "'죽은 자의 전반적 부활'은 선과 악에 대한 최종적인 심판을 실현하기 위한 존재론적 전제가 되며", 그것은 "하나님의 신성과 당신의 정의의 승리에 대한 신앙의 결론"이다.[32] 부활은 하나의 역사적 지평으로서 "죄악과 사망으로 잠겨 있는 세계를 미래를 향해서 개방하는 신동인新動因"을 제공하며 그것은 "질적으로 새로운 미래를 열어 준다."[33] 묵시문학적 문서에서 부활은 낡은 시대에서 새로운 시대로 그리고 '옛 아담'에서 새 사람으로의 역사적 전환의 문제에 대한 답변이다. 그러므로 부활의 환상은 신기원aeon으로의 역사적 변환의 '전조'인 것이다. 아주 흥미로운 것은, 베르자예프 Nicolai Berdyaev에게 개인의 부활이 '세계체body of the world'의 부활[34]과 연관되어 있다는 점이다.

3. 원형

묵시문학적 환상이 지니고 있는 역사 변환의 지향점에는 두 개의 원형이 있다. 하나는 '메시아' 혹은 '택함을 받은 자'에 대한 환상이요, 다른 하나는 '메시아 왕국'에 대한 환상이다. 이는 종교사에서 가장 의미심장한 '의견'이며, 묵시문학적 의식에서 가장 순수한 형식으로 표상되었다. 그 환상은 마치 안으로 열린 창문처럼 우주 구조의 궁극적인 심연과 인간 실존의 궁극적인 현실을 드러낸다. 그 환상은 이 두 개의 원형을 통해서 개인적으로는 실존의 심각성을 파헤치고 인류 역사의 공동체적 관점에서는 궁극적인 목적을 표현한다.

묵시문학적 환상에서 보는 '메시아' 상은 얼핏 보기에는 초월적이다. 제1에녹서에서 메시아는 거룩한 천상보좌의 자리를 차지하고 있다.

> 그날에 나의 택함을 받은 자는 영광의 보좌에 앉으리라.[35]

그는 대부분의 경우에 가공할 만한 권력의 소유자로 묘사되며, 따라서 벨리알Belial의 사악한 세력을 훼파하고 그 왕국을 재건할 수 있다고 표현된다. 또한 12족장의 언약서와 무녀의 신탁서에서도 이렇게 묘사된다.

> 이 모든 것 후에 의의 빛이신 주님 자신이 너희에게 나시리라(또한 치유와 자비가 그의 날개 아래 거하리라. 그는 벨리알에게 속박된 모든 사람의 아들들을 구속하실 것이며, 모든 사악한 영은 짓밟힐 것이라). 그리고 그는 모든 이방인들을 그를 향한 열성으로 되돌아오게 하리라.[36]

> 그것은 하늘에서 축복받은 사람이 그의 손에 하나님이 그에게 주신 홀笏을 가지고 왔음이니라. 그는 모든 사람을 공정하게 다스렸으며, 이전 사람이 빼앗은 부를 선한 모든 사람에게 돌려주었더라. 또 그는 큰 불로 모든 성읍을 그 기초부터 파괴하였으며, 전에 악을 행한 자들의 무리를 태워버렸더라. 그리고 하나님이 사랑하시는 성읍을 그는 별과 해와 달보다도 더 빛나게 세웠더라.[37]

> 그러나 그는 긍휼과 자비와 정의를 가지고 그의 백성을 다스린다.

> 그리고 이 모든 일 후에 너희는 주를 기억하고 회개하리니(또 그는 너희

를 되돌아오게 하리라), 이는 그가 자비롭고 사랑이 많음이니라. 그리고 그
는 죄악을 사람의 아들들의 탓으로 여기지 않았으니, 이는 그들이 육신을
지녔고, 사악한 영들이 그들을 그들의 모든 행위 가운데 속였음이니라. 그
리고 이 일 후에 의의 빛이신 주님 자신이 너희에게 나시리라(또한 치유와
자비가 그의 날개 아래 거하리라).[38]

유대의 언약서에 따르면 그는 겸손과 의로 사람들 가운데 거하고, 그에
게는 아무 죄도 발견될 수 없으며, 그는 사람들에게 은혜의 영을 부어 준
다고 한다.

그리고 한 사람이 (나의 씨로부터) 의의 해와 같이 나리라. 그리고 이 일
후에 평화의 별이 나서 겸손과 의로 사람의 아들들과 더불어 걸어가리라.
또 하늘이 그에게 열려 거룩하신 아버지의 축복이 그 위에 부어지리라. 그
리고 그는 우리 위에 그 은혜의 영을 부어 주리라.[39]

이 메시아에 대한 기술은 종종 '힘', '정의', '긍휼', '자비' 등의 단어
들을 포함한다. 묵시문학적 환상에서 메시아는 신성을 갖춘 선재적pre-existent 존재[40]이며 불멸성을 가지면서도 순전한 인간[41]이기도 하다. 그는
억압받고 속박된 자의 해방자요[42] 병든 자와 애통해 하는 자의 치료자이
자 위로자이다.[43]

묵시문학에 나타나는 메시아의 환상은 역사에 출현하리라고 기대되는
새로운 인간성을 표상한다. 이 메시아의 환상은 해방된 인간 실존의 전조
이다. 역사의 심판은 그가 지상에 출현하여 옛 아담을 새 사람으로 변모
시킬 때 선포되는 것으로 기대된다. 묵시문학적인 신인간의 환상은 생성
적인 매개체를 제시하는데, 이를 통해 타락한 인간성은 그 '힘'과 '정의'

와 '긍휼' 안에서 해방되리라는 것이다. 무력한 인간성은 힘 있는 존재로 살아나고, 타락한 성품이 성실성을 회복하며, 적대적인 관계가 긴밀한 유대 관계로 변한다.

묵시문학적 환상에서 나타나는 또 다른 원형은 메시아 왕국이다. 메시아 왕국의 환상은 인간 사회의 총체적인 모순에서 해방된 '새로운 공동체'를 의미한다. 긴박한 메시아 왕국에 직면해서 인간의 모든 집단과 체제는 심판 아래 있게 된다. 메시아 왕국의 환상은 모든 인간 사회의 집단적 억압으로부터 해방되려는 영속적인 갈망이 표현된 것이다.

이것은 네가 본 환상이요, 이것은 그 주석이니라. 내가 네게 이 일들을 말하게 되었으니, 이는 네 기도가 지극히 높으신 이에게 들렸음이니라. …
네가 전에 들은 이 징표들이 나타난 후에 그 나라들이 소란해지고, 내 메시아의 때가 오면 그는 모든 나라들을 불러 모으시리라. …

그때가 오리니, 그가 세상에 있는 모든 것을 낮추시고,
그의 왕국의 보좌에 평화롭게 좌정하시리라.
기쁨이 드러나며,
안식이 나타나리라.

그때 치유가 이슬같이 내릴지니,
질병이 물러나며,
염려와 고통과 애통함이 지나가고,
기쁨이 온 땅에 퍼져 나아가리라.

아무도 불시에 다시 죽지 않으며,

어떤 대적도 급습하지 않으리라.

　재판과 비방과 다툼과 원수 갚음과 피 흘림과 울분과 시기와 증오 또 이와 같은 모든 것들이 제거될 때 심판을 받으리라.

　이는 바로 이러한 것들이 이 세상을 죄악으로 가득 차게 했으며, 이러한 것들로 인해 사람의 생명이 크게 고통받았음이라.

　또 맹수들이 숲속에서 나와 사람들에게 수종 들며,
독사와 대사大蛇가 그 구멍에서 나와 어린아이에게 순종하리라.

　또 여인들이 더 이상 해산의 고통을 겪지 않으며,
그들이 수태할 때의 고통도 당하지 않으리라.

　그때가 오리니, 이러한 날에는 수확하는 자들이 지치지 않으며,
집짓는 자들이 피곤하지 않으리라.
이는 그 일들이 저절로 빠르게 진척됨과 아울러
그 일하는 자들이 아주 조용한 가운데 있음이니라.
이는 그 시간이 타락하는 시간의 마지막이며,
타락하지 않는 시간의 처음인 까닭이니라.
그러므로 예언된 그 일들이 그것에 속하며,
그러므로 그것은 모든 죄악에서 멀리 떠나 있고 죽지 않는 것들에 가까우니라.
이것은 그 마지막 검은 물 다음에 온 밝은 번개니라.[44]

메시아 왕국은 '자유' 와 '평화' 와 '기쁨' 의 왕국이다. 문화사에 있어 국가의 원형은 여러 가지 형태로 묘사되어 왔다. 이런 측면에서 인류의 모든 문화적인 노력은 이 원형적 상에 도달하려는 끊임없는 투쟁의 결론이라고 기술할 수 있다. 지적인 엘리트, 환상가, "내면적인 프롤레타리아트", 그리고 전위파 예술가들은 그들의 상처받은 오명을 이 왕국에 도달하려는 그들의 부단한 투쟁의 증거로 남겨 놓는다. 랑케Leopold von Lanke의 말에 따르면 인류의 역사는 "이 목표를 향한 부단한 방향 설정"[45]인 것이다. 묵시문학의 메시아 왕국은 천상의 영역에 세워지는 것이 아니라 이 지상 역사의 전환으로 이루어진다. 메시아 왕국은 이 세상에 윤리적인 영역과 물리적인 영역을 변모시킴으로써 실현되는 영역이다. 에녹서와 희년서는 이것을 다음과 같이 기술한다.

그날에 나(하나님)의 택한 자가 영광의 보좌에 앉아 저들의 일들을 시험할 것이며, 저들의 휴식할 처소는 무수히 많으리라.

또 저들의 영혼은 저들이 나의 택함받은 자들과 나의 거룩한 영광의 이름에 의지한 자들을 볼 때 강건해지리니, 그때 나는 나의 택한 자가 저들 가운데 거하게 하리라.

또 나는 하늘을 변하게 하여 영원한 축복과 빛으로 만들리라. 그리고 나는 땅을 변하게 하여 축복으로 만들지니, 나는 나의 택함받은 자들이 땅에 거하게 하리라.[46]

… 새 창조의 날, 곧 하늘과 땅과 온 피조물들이 하늘의 권능과 땅의 모든 창조에 따라 새로워질 날부터 주의 성소가 예루살렘의 시온산 위에 세워질 때까지, 모든 빛이 이스라엘의 모든 택함받은 자들의 치유와 평화와 축복을 위해 새로워지리니, 그날부터 영원토록 그러하리라.[47]

‘자유의 왕국’을 가져오기 위해서는 우주적인 변혁이 불가피한데, 이는 역사의 문제가 곧 우주적인 문제이기 때문이다. 그래서 묵시문학은 이 역사의 문제를 파악하기 위해서 상상력이 미치지 못하는 광활한 시야를 가지고 있었다. 그것은 단지 이 문제 저 문제 하는 식의 부분적인 문제를 해결하려는 것이 아니라 우주적인 전망 속에서 역사 전체의 문제를 포괄하고 있는 것이다. 묵시문학자들은 역사의 문제를 조감도의 시각으로 바라보고서, 하늘과 땅, 정신적인 것과 물질적인 것의 총체적인 전환을 기대하는 전망을 제시한다. 그것은 자유와 평화와 기쁨으로 충만한 새로운 공동체를 실현할 목적으로 물질적인 실체와 인간의 정신적인 상황을 총체적으로 변용시키려는 것이다.

메시아 왕국의 묵시문학적 환상은 이 우주적인 자유의 공동체를 실현하기 위한 전조적 동인premonitory causative이며, 정신적인 상황과 우주적인 환경을 전반적으로 전화시키려는 전점화물前點火物, pre-ignition이다. 새로운 인간상과 새로운 공동체의 묵시문학적 환상은 악의 세력에 의해 비인간화되고 노예화한 인간의 문제와, 불의에 의해 지배되는 사회의 문제에 대해서 근본적으로 각성할 수 있도록 그 예리한 감수성을 일깨워 준다. 최근의 미래파 운동은 인간의 ‘경제적 소외’, ‘정치적 소외’, ‘인종적 소외’ 등의 문제[48]에 대해서 예민하게 반응한다. 또한 베르자예프Nicolai Berdyaev는 인간의 정치 경제적, 사회 문화적, 자연적, 정신적 실존에서 벌어지고 있는 인간의 노예상에 대해 심각한 관심을 두고 있다. 베르자예프는 생각하기를, “인간의 노예성은 인간의 타락이며 인간의 죄이다. 이 타락은 그 자체의 의식 구조를 가지고 있는데, 그것은 죄로부터의 회개와 속죄로만 극복될 수 있는 것이 아니라 인간의 모든 창조적 힘의 활동에 의해서도 극복되는 것이다.”[49]라고 한다.

4 환상이 구현되다

신약성서학자들은 "기독교의 발단은 유대 묵시문학과 긴밀하게 얽혀 있다."[50]는 진술에 동의한다. 요하네스 바이스Johannes Weiss의 책 『하나님 왕국의 선포*The Proclamation of the Kingdom of God*』가 출간된 이래, 학자들 사이에는 신약성서의 종말론에서 나타나는 묵시문학적 동기들에 대해서 상당한 논의가 진행되어 왔다. 슈바이처Albert Schweitzer는 '철저 종말론'을 유대 묵시문학에 연결시킴으로써 그 논의를 재개하였으며 신약성서 연구에 새로운 차원을 가져다주었다. 케제만Ernst Käsemann과 같은 학자들은 유대 묵시문학에 관심을 기울여 왔으며, 몰트만Jürgen Moltmann과 판넨베르그Wolfhart Pannenberg 등의 학자들은 신약성서의 종말론을 유대 묵시문학과의 연관성 속에서 고찰해 왔다.

어느 경우에서든지 이러한 묵시문학 지향적인 신학의 흐름들은 원시 기독교가 묵시문학에 크게 영향받았다는 사실을 확증한다. 케제만은 "묵시문학은 원시 기독교 신학의 진정한 발단"[51]이라고 인정하면서 원시 기독교와 묵시문학의 불가분의 관계에 대해서 증언한다. 판넨베르그 계통의 학자인 울리히 윌켄스Ulrich Wilkens는 예수의 삶 속에서 나타난 기독교의 계시를 "예기적 종말론의 구조the structure of the proleptic-eschatological"라는 묵시문학적 용어로 묘사한다. 여기서 **사람의 아들**이라는 개념은 묵시문학적 전통과의 관련 속에서 논의된다.[52] 그는 예수의 자기 지적은 랍비의 전통을 따르지 않는다고 생각한다. 그 대신에 "구체적이고 노출된 에고(*ἐγώ*)는 묵시문학적 전통에서 관행되고 있는 구조를 드러낸다."[53]는 것이다. 윌켄스는 다른 곳에서 고찰하기를, 예수는 그의 자의식에서 그 자신을 한 사람의 랍비로서가 아니라 묵시문학자로 생각했다고 한다.

예수라는 존재의 독특성과 그 사고방식의 이질성을 고려해 볼 때, 그를 전통적인 의미에서의 랍비나 예언자 심지어 메시아로 지명하는 것은 적절치 않다. 이러한 이름들 중에 어떤 것도 예수가 그 자신의 지명으로 인정한 바와는 확실히 거리가 멀다. 하지만 예수는 자기 자신을 '사람의 아들'로 자주 언급했으며, 땅 위에 그 자가 하늘의 '사람의 아들'과 상응하는 관계에 있다고 지적했다.

> 누구든지 이 음란하고 죄 많은 세대에서 나와 내 말을 부끄러워하면 인자도 아버지의 영광으로 거룩한 천사들과 함께 올 때에 그 사람을 부끄러워하리라.
> 또 저희에게 이르시되 내가 진실로 너희에게 이르노니 여기 서 있는 사람 중에 죽기 전에 하나님의 나라가 권능으로 임하는 것을 볼 자들도 있느니라 하시리라.[54]

'인자人子'라는 개념이 "묵시문학적 전통에서 어느 정도 형성된 인물형"[55]이라는 것은 폭넓게 받아들여지고 있다. 이 하늘의 '인자'는 묵시문학적 환상에서 종종 등장해 왔다.[56] 메시아나 '택함받은 자'나 '인자'의 환상은 새로운 인간형의 원형적 상이다. 위에 인용한 구절에서 하늘의 '인자', 즉 그 원형적 상은 그의 실제적 삶과 상호 연관되어 있다. 예수는 말하기를, "내가 또한 너희에게 말하노니 누구든지 사람 앞에서 나를 시인하면 인자도 하나님의 천사들 앞에서 저를 시인할 것이요."[57]라고 한다. 따라서 묵시문학적인 기독교 공동체에서 그의 지상의 삶은 '인자'라는 원형적 상에 상응한 삶으로 이해되었다. 이 원상은 에녹서에 잘 묘사되어 있다.

> 그때 그 인자가 성령의 주 앞에서 불려졌으며,

그의 이름이 고령의 머리 앞에 있었느니라.

　게다가 해와 징표들이 창조되기 전에,
하늘의 별들이 만들어지기 전에
그의 이름이 성령의 주 앞에서 불려졌느니라.

　그는 의인들이 의지하고 쓰러지지 않을 지팡이 되고,
그는 이방인의 빛이 되며,
심려하는 자의 희망이 되리라.

　땅 위에 사는 모든 자들이 엎드려서 그를 경배하며,
성령의 주를 찬양하고 축복하리라.

　이로 인해 그는 택함을 받고 그(성령의 주) 앞에서 숨겨졌으며,
세상의 창조 앞에 그리고 영원히 숨겨졌느니라.

　또 성령의 주의 지혜가 그를 성인들과 의인들에게 드러내셨으니,
이는 그가 의인들의 분깃을 보전해 주었고,
저들이 의롭지 않은 이 세상을 증오하고 멸시하였음이니라.
또 성령의 주의 이름으로 그 일들과 길들을 증오하였으니,
이는 그의 이름으로 저들이 구원받으며,
또 그의 참 기쁨에 따라 그가 저들의 생명을 염려하고 있었음이니라.[58]

월켄스가 제시한 바와 같이, 이러한 묵시문학적 배경으로 우리는 새로
운 인간형의 원형적 상을 예수의 삶과 관련시킬 때, 상응하는 그 두 인물

에 관한 문제를 극복할 수가 있다. 그러므로 이러한 상관관계를 이루어 놓은, 하늘의 '인자'가 그 공동체에 대해 가져다주는 의미는 그리 난해한 것이 아니다. "환상이 없는 곳에서는 사람들이 멸망한다."(Where there is no vision, the people perish)와 같은 격언이 말해 주듯이, 사실 아무런 환상도 존재하지 않을 때 어떤 성취나 실현도 기대할 수 없다. 인간이 환상을 가지고 있는 한, 인간은 미래를 향한 희망을 품고 살아간다. 인간이 그 환상을 지켜보는 한, 인간의 의식은 현재의 노예상과 진정한 존재로부터의 소외에 대해 각성하게 된다. 그 환상은 노예화한 사회를 심판하며, 그 환상을 보는 자로 하여금 노예화한 사회에 대해 반발하여 자유와 평화와 기쁨을 가져올 수 있도록 재촉한다. 힘과 정의와 사랑의 새 인간형을 만들어내고 자유와 평화와 정의의 새로운 우주적 공동체를 건설하기 위해서 그 환상의 원형적 상들을 실현하는 일은 끊임없는 열망의 대상이다.

이 전체의 논의에서, 묵시문학과 관련한 학자들의 견해들은 현상학적 '판단 중지' 속에서 유보되었으며, 묵시문학자들의 자기 기술적 문장에 대한 논의 속에서 묵시문학적 의식을 발견해 보려는 시도가 이루어졌다. 그것은 역사의식과 초월의식으로 파악되었다. 환상에 대한 논의에서는 초월적인 것과 역사적인 것으로 분열된 의식의 매개적 요소가 탐구되었다. 환상 의식의 지향점에서는 역사에 대한 '철저한 부정'과 '전환'의 변증법적 운동이 고찰되었다. 이 환상은 순수한 형태의 두 가지 원형적 상들로 나타나는데, 그중 하나가 '메시아' 상이며, 다른 하나가 '메시아 왕국'의 상이다. '메시아'라는 원형적 상은 새로운 인간형과의 관련 속에서 그리고 '메시아 왕국'은 새로운 공동체와의 관련 속에서 논의되었다.

이 논의에서, 현재의 우리 경험에 더 친근한 묵시문학을 묘사할 목적으로 현대의 전위파 운동이 묵시문학과의 연장선상에 들어온다. 앞서 논의한 바와 같이, 이러한 두 운동 사이에는 역사적으로 아무런 직접적 연관성도 없지만, 묵시문학은 현대의 전위파 운동과 근원이 동일하다. 그 관계는 역설적인 것으로서, 일종의 "관계되어 있지 않은 관계성unrelated relatedness"이라고 할 수 있다.

묵시문학자들은 동시대의 가장 대중적인 문화를 이용하여, 비록 그들이 이 문화와 그들의 것을 결코 동일시할 수 없었음에도 불구하고, 그들의 이념을 더 효과적으로 전달하려고 하였다. 왜냐하면 그들의 자기 정체성은 그들이 항상 하나의 변이로 보는 현재에 속하는 것이 아니라 미래에 속하기 때문이다. 즉 현재가 변형되어야 한다는 것은 당위적인 명령이라는 것이다. 폰 라드가 말하듯이, "묵시문학은 그것이 획득할 수 있는 전통적인 자료의 형식만을 변경할 수 있었다."[59] 왜냐하면 그것은 "그 이전에 이해된 것과는 그렇게 전적으로 다른" 것이었기 때문이다. 그는 묵시문학을 본질적으로 새로운 현상으로 이해한다. 묵시문학은 역사를 바라보는 방식에서 예언자의 전통과는 견해가 사뭇 다르다.[60] 한편 우리가 묵시문학을 헬레니즘 문화 안에서 분류한다면, 그것 속에는 그렇게 커다란 유대 혈통이 흐르고 있기 때문에 그러한 분류 역시 난점이 있다. 우리가 그 기원을 바빌로니아의 점성술과 이란의 이원론에서 추적할 때도 마찬가지이다. 비록 묵시문학이 외래의 자료들을 포함하고 있지만, 그 자료들은 일반적으로 문학적인 수단으로 이용된다. 이러한 수단의 창작자들은 다른 지하 문학이 그랬던 것처럼 그러한 문학 형식을 고안해 냄으로써 독자들에게 다가갈 수 있었다. 우리는 묵시문학에는 외국의 영향들에 대한 많은 저항이 있었다는 것을 깨달아야만 한다. 토인비가 보여 주듯이, '내면적인 프롤레타리아'의 인텔리겐치아는 그 사회 '의(of)'가 아니라 그 사회 '에(in)' 존재한다.[61] 묵시문학은 그 영향 '의' 선물이 아니라, 문화적 환경 '에' 존재하는 지하 운동이다.

전위파 운동과 묵시문학은 당대의 대중에 의해 그렇게도 의기양양하게

칭송을 받는 '타락한' 세대를 향해서 계속적으로 경고의 '망치'를 휘두른다. 그 대변인들은 역사의 전환을 기대하면서 지평선 너머로 그들의 시선을 돌린다. 소련 내부로부터 나오는 최근의 한 보도는 묵시문학과 전위파 운동에 대한 우리의 논의에 적절하다. 소련의 젊은 전위파 작가인 안드레이 아마리크Andrei Malic는 '호전적인 등에combative gadfly'로 간주되면서 그의 반소비에트적 저작으로 인해 시베리아로 보내졌는데, 그는 "러시아의 미래에 대한 묵시문학적 견해"[62]를 표방하는 대단히 선언적인 논설을 저술한 바 있다. 그는 미래에 있을 폭력과 증오의 파국적인 소요 사태를 예고하면서 내부적인 붕괴와 중국과의 전쟁을 야기할 비참한 종말을 예상한다.

또 다른 소련의 지식인인 알렉산더 솔제니친Alexander Solzhenitsyn 역시 우리의 관심을 모은다. 그 또한 러시아 작가 동맹Russian Writer's Union에 의해 고발되어 추방되었다. 그는 위원회에서 추방 결정을 받고 나서 모스크바에 있는 그 동맹으로 공개서한을 띄웠다.

당신들의 시계에서 먼지를 털어 버리시오. … 그 시계들은 시대를 초월하는 세기들을 달려가고 있소. 당신들이 사랑해 마지않는 그 무거운 커튼들을 열어젖히시오. 당신들은 새벽이 바깥에서 동터 올랐다는 것을 의심하기까지 하오.

증오는, 심지어 인종 차별주의의 증오까지도 당신들이 그 안에 살고 있는 척박한 분위기가 되었소. 이런 식으로, 인류가 하나라는 느낌은 사라지고 있으며, 이것은 그 파국으로 치닫게 재촉만 할 수 있을 뿐이오. 이제 우리는 무엇보다도 먼저 우리가 인류에 속해 있다는 것을 기억해야 하오. 인간은 그의 생각과 그의 말에 의해서 동물 세계와는 구별이 되고, 이것은 자연스러운 것이오. 이러한 것들이 억압받는다면, 우리는 다시 동물이 되는 것이오.

언론의 자유는 우리 사회를 포함한 모든 사회의 건강을 위해서 일차적으로 필요한 것이오. 우리 사회를 위해서 언론의 자유를 원치 않는 사람은 우리 사회의 병을 치유하려고도 하지 않으며, 다만 그것은 곪아터질 지하로 끌고 갈 뿐이오.[63]

이 두 러시아인의 도전에서 우리는 오늘날까지도 이어지는 묵시문학적 뿌리와의 밀접한 관계를 볼 수 있다. 시간이 무르익고 또한 가장 진지하게 진리를 탐구하는 지적인 엘리트가 존재할 때는 언제나 이러한 독특한 현상이 출현한다는 것은 그리 놀라운 일이 아니다. 이들의 감수성과 상상력은 새로운 계시적 사건을 만들어 내며, 이들의 발견은 '하나의 새로운 신화'로 등장한다. 바로 이러한 역할이 기독교 선언이 그 역사적 책임을 다할 때 수행해야 하는 역할인 것이다. 우리는 오늘날의 기독교 선언과 관련한 묵시문학의 타당성에 대해서 그 충분한 증거를 제시해 낼 수도 있다. 사실, 우리가 역사의 '벽 위의 손가락'으로서 기독교 선언이 수행하는 역동적인 역할을 간과한다면,[64] 그 선언이 역사에서 수행하는 진정한 사명을 놓쳐 버리고 말 것이다. 원시 기독교 선언의 경우에서와 같이 그 선언이 묵시문학이 되면, 기독교는 힘과 정의와 사랑의 새로운 인간형 그리고 평화와 기쁨과 자유의 새로운 우주적 공동체로 이루어지는 미래를 향해서 탄탄대로를 열어 줄 힘을 탈환할 것이다.

제Ⅱ부

슐리얼리즘의 신학

제1장
환상의 신학
- 계시문학을 중심으로

계시문학적 의식the apocalyptic consciousness은 주로 환상에 대한 의식the consciousness of vision이다. 그렇기 때문에 계시문학자의 감수성은 환상을 발견하는 데 민감하고 그 상상력은 그들이 받은 환상을 표상화하는 데 비상하다. 계시문학자는 환상 때문에 고민하고 환상 때문에 사회에서 소외되고 또 환상 때문에 그의 역동성을 발휘하기도 한다. 만일 그들에게 환상이 없었던들 그들은 존재하지 않았을 것이다. 그런고로 계시문학자에게 환상은 그들의 발견인 동시에 그들대로의 표현이기도 하다. 왜냐하면 아방가르드avant-garde 예술가에게 새로운 것의 발견은 곧 새로운 창작인 것 같이 계시문학의 경우도 그러하기 때문이다. 문화 예술적인 영역에서는 "객관적인(작품) 현실은 주관적인(작품) 현실에 대한 의식과 동시 발생적[1]이기 때문에 무엇의 발견이자 곧 창작을 의미하는 것이다. 그러나 과학적인 분야에서는 새로운 것의 발견은 기존하는 과학적 표상에 대한 인지에 불과한 것이다. 아방가르드 예술가에게는 어떤 '새로운 것'의 발견은 '새로운 표현', '새것의 창조'와 동시 발생적이다. 왜냐하면 예술가에게 천부의 재질 혹은 예술적 주제와 인스피레이션은 작품 활동을 하는 데 있어서 그 창조성과 동일한 것이기 때문이다. 한 예술가가 어떤 독창적인 작품을 제작했을 경우 거기에는 반드시 그런 예술가로서의 영감적인 것이 따르기 마련이다. 이와 같이 예술가의 경우와 계시문학자와의 경우는 유비적인 관계에 있다고 할 수 있다. 이런 의미에서 계시문학자가 환상의 경험을 했을 때 그것은 위에서부터 받은 것인 동시에 그것을 그가 표현할 때는 환상의 표상화가 되는 것이다.

1. 초의식

토마스 아퀴나스는 자신의 신학에서 환상의 경험을 곧 직접적인 계시로 보지는 않았다. 하지만 그는 환상 경험의 과정을 자연적인 지각의 신적 빛에 의한 강화 또는 인간 상상력의 신적 구성the deiformation of the human imagination[2] 등으로 설명하려고 했다. 그는 이렇게 말한다.

인간의 지식은 은혜의 계시에 도움을 받는다. 그것은 자연적인 지각의 빛은 은혜로운 빛의 개입으로 보강되기 마련이기 때문이다. 때로는 인간의 상상력 내에 있는 환상은 감성적인 것보다 더할 신적인 것을 표현하기 위해서 신적으로 구성된다. 예언자의 환상에 나타나는 것처럼 어떤 때는 감각적인 사물로 혹은 음성으로 하나님에 관한 것을 표현하기 위해서 신적 구성을 하게 된다. 이것은 마치 예수의 수세시受洗時의 성령의 경험을 비둘기의 모양으로 이는 나의 사랑하는 아들이라는 음성으로 나타내는 것

과 같다.[3]

토마스 아퀴나스는 또 다른 곳에서 하나님은 환상을 통해서 그의 본질을 알 수 있는데 이것이 신인식의 지각적인 양식이라고 말했다.

환상 그것 안에서 하나님은 그의 본질이 보여질 것이고 하나님의 본질 자체에 있는 그대로를 그런 지적인 양식으로 이해될 것이다.[4]

토마스 아퀴나스에 따르면 환상 의식은 신적인 조시照示에 의해서 강화된 의식이요 인간의 상상력의 신적 구성화인 것이다. 이런 의식 상태란 환상 대상을 인식하는 데 고양된 의식이요 이런 특수한 상상력 안에서 계시문학자는 신의 본질을 깨달을 수 있다. 그렇기 때문에 토마스 아퀴나스는 인간의 지각이니 상상력을 환상 경험에서 배제하지는 않는다. 오히려 상상력이나 지각이 신적 조시와 신적 구성에 의해서 고양된 의식으로 말한다.[5] 또 다른 곳에서는 그는 신이 인식되는 것은 인식자의 인식 양식에 의한 것이 아니고 어디까지나 인식 대상 곧 신의 양식에 의한 것인데 이것이 신적 환상이라 말한다.[6] 그러나 이 신적 양식이란 신적으로 인식을 가능케 한 인간의 지각이다.[7]

오웬 바힐드Owen Barfield도 환상의 경험은 한 특수 의식이라는 데 공감한다. 그리고 그도 환상 경험을 하는 데 있어서 그 환상의 의식 대상과 그 의식하는 주관과의 동시발생적 성격the coincidental nature을 말한다. 또한 그는 환상 경험은 특수한 상상 능력에 의한 것이며 환상의 은유적 기능the metaphorical function은 인간 실존의 이원적인 대립의 긴장 가운데서 발생하는 것으로 여기고[8] 이 특수 의식인 환상 경험은 예술가의 표현 양식과 일맥상통하는 것이라 말한다.[9]

칼 야스퍼스의 경우 그의 현상학적 심리학에서 이런 특이한 의식 구조를 길게 논한 다음 이 특수 의식은 단순한 심리학적 이론으로 구명할 수 없는 더 깊은 국면이 있음을 말하고[10] 거기서 구체적으로 현대에 생존했던 독창적인 사상가와 예술가의 인물들을 들어서 그 특수한 의식 구조를 분석한다. 예를 들어서 반 고흐, 키에르케고르, 도스토예프스키, 니체 등이다. 그는 그들의 이상 심리 상태를 말하면서 "만일 우리가 본질적으로 인간 존재의 불완전성을 이해한다면 사실에 있어서 정신적 건강 상태를 명확히 지적해서 이것이야말로 정신적인 건강 상태다라고 딱 부러지게 정의를 내린다는 것은 어려운 일이다."[11]라고 했다. 그러면서 그는 이 특이 정신 상태와 천재적인 창조성과 관련시켜서 다음과 같이 말을 계속한다. "다 그런 것은 아니지마는 초기 단계에 있는 정신 분열증은 왜 우주관적, 종교적, 형이상학적 계시 행태의 의식 과정을 밟는가? (이런 천재들이) 건강 상태와 불건강 상태의 중간기에 처해 있을 때 이들이 갖는 정묘하고도 예리한 관찰, 평상시에는 도저히 그것이 불가능한 놀랄 만한 피아노 연주와 천재적인 창조성의 발휘라든지(van Gogh, Hölderlin) 특수한 세계 종말의 경험과 신세계의 창조 그리고 일상생활의 냉혹한 투쟁 속에서 갖는 영감 등의 현상은 대단히 심각한 사실이다. 이런 현상은 일반적인 세계 통념의 제물이 되는 정신 이상으로서 그들 정신 상태에 급습한 어떤 급진적이며 파괴적인 행위라고 피상적인 표현을 한다는 것은 말도 안 된다."[12] 야스퍼스는 이런 창조적인 천재들의 특이 의식 상태를 '고양된 의식', '거룩한 병', '초건강적 광증' 등으로 표현한다.[13] 도스토예프스키의 간질병은 단순한 병이라기보다는 '의식의 비상한 투명 상태', '집중 의식의 비상한 명석 상태' 등으로 말하고 "자신에 대한 생명감이 보통 사람의 수십 배로 민감해진 뇌기능의 불붙음"[14]이라고 말했다. 니체의 경우는 '건강한 신경증', '인간 심연의 각성증', '감각의 고양 현상' 등으로 표현하였다.[15] 키에르케고르의 경우는 이렇게 말한다. "객관적 관찰로는 모든 것이 병적 과정이라고 보일 수 있는 그의 부단한 의미 탐구와 사물의 해석과 총괄화 등의 행위를 단순히 병적 통찰력 결여로 볼 수는 없다. 키에르케고르는 의사에게 가서 그의 죄 때문에 걸린 병이라는 것을 억지로 인식시키려 하였던 것이다. … 그의 신과의 은밀한 접촉, 명석한 정신 가운데 가졌던 심각한 경험 등은 도저히 자연적인 현상을 과학적인 지식으로 다루는 그런 식으로는 풀이될 수 없다."[16]

이렇게 '의식의 고양' 혹은 '초의식'이라고 말하는 것을 가졌던 이런 독창적인 인물들은 어떻게 보면 병적이라고 불리는 비상한 의식 상태에서 인간의 생의 심연을 파악하였던 것이다. 이런 독창적인 사상가와 천재적인 예술가들이 인간의 근본적인 문제와 역사의 종말을 상징이나 어떤 환상적인 표상으로 표현한 것은 결코 우연한 일이 아닐 것이다. 사실은 그들을 일반적인 판단으로 병적이라고 해서 의사의 진단대 위에 올려놓아야 할 것이 아니라 오히려 세상이 그들의 진단을 받아야 옳은 것이다.

이렇게 환상의 표상화는 계시문학의 고양된 의식 속에서 궁극적인 현실과 직면한 데 대한 그들 나름의 반응인 것이다. 그리고 그것은 계시문학자가 현실의 역사 지평에 환상이라고 하는 종을 울리게 함으로써 보다 더 의미 있는 미래의 동터 오름을 기다리는 것이다. 이런 환상 의식의 지향점은 다니엘서의 환상 기록에서 쉽사리 파악할 수 있다. 거기에 기록된 환상 경험은 초월적 경험으로 계시문학자의 상상력과 그의 지각의 고양 상태에서 은유적 매개metaphorical mediation를 통해서 표상화한 것이다. 이런 과정을 토마스 아퀴나스는 '상상력의 신적 구성'과 '지각의 신적 조사'란 말로 설명하였다.[17] 여기서 칼 야스퍼스의 암호 판독에 대한 그의 철학적 설명은 환상에 관한 의식 구조를 이해하는 데 대단히 흥미 있는 시사점을 던져 준다. 그는 이렇게 말한다.

대체적으로 제개념, 표상, 이념 등은 의식의 매개체로서 가능한 실존으로서의 나는 그런 것 안에서 초월적 언어를 듣는데 이것은 초월자의 언어인 것이다. … 표징은 내가 어떤 존재인가를 또 내가 어떤 가능한 존재가 될 수 있는가를 전달해 준다. 실존에게만 경험될 수 있는 초월적인 현실은 암호에 의해서 표명된다. 주체적인 것과 객체적인 것, 인간과 세계, 대체적으로 말하는 현상계 등의 분열상이 지양되는 신비적인 의사소통이 가능한 경험을 제외하고는 우리는 이 세계 밖으로 도약할 수 없기 때문에 우리가 올바로 될 수 있는 본질적이요 효율적인 의식을 갖기 위해서 현세적인 표정과 암호cyphers가 필요하다. 또한 우리는 그런 표정과 암호에 의해서 현존하는 것이다.[18]

2. 부정과 변환

계시문학의 해석학적 문제를 다루는 마당에서 환상 의식의 지향점intentionality을 논할 필요가 있다. 본질적으로 환상 의식은 자체 초극의 방향을 취한다. 자체 초극의 방향을 취하는 그 의식 구조의 지향점을 포착할 때 환상이 나타내려는 의미를 알 수 있다.[19] 다니엘서에 표상화된 '벽 위의 손가락' 의 환상은 어쩌면 우리에게 환상 의식의 지향점을 보여 줄 수 있을 것이다.

이러므로 그의 앞에서 이 손가락이 나와서 이 글을 기록하였나이다. 기록한 글자는 이것이니 곧 매네 매네 데겔 우바르신이다. 그 뜻을 해석하건데 메네는 하나님이 이미 왕의 나라의 시대를 세어서 그것을 끝나게 하셨다함이요, 데겔은 왕이 저울에 달려서 부족함이 보였다 함이요, 베레스는

왕의 나라가 나뉘어서 메데와 바사 사람에게 준 바 되었다 함이니이다.[20]

이 구절에서 우리는 이중적인 방향을 제출하는 의식의 지향점을 발견할 수 있다. 첫째로 바벨론국의 종말이 다가왔다는 경고요, 둘째는 발사살 시대에서 메네와 바사 시대로의 역사적 전환의 미래가 그것이다.

그러므로 환상 의식의 지향점에는 현재의 종말론적인 역사 심판 혹은 현실 부정이 있고 다른 하나로 미래의 소망이 있다. 환상 그 자체는 결코 실증론적인 현실a positive reality도 아니요 그렇다고 추상적이며 관념론적인 절대 실재an absolute reality도 아니다. 오히려 환상은 실증론적인 현실과 추상적이며 초월적인 양극의 중간에 있는 매개체적인 것이라고 말하는 게 적당할 것이다. 사실은 환상의 이 중화적인 위치가 현재를 미래로 전환케 하는 데 매개체 역할을 하는 것이라고 볼 수 있을 것이다. 이 환상이 갖는 비실증론적인 현실이 현 역사의 일체를 부정하고 미래를 향한 전환을 외치는 것이 된다. 그래서 환상은 늘 세계의 심판이 임박함을 고한다. 그리고 미래를 향해서 현재를 해방시키는 일을 한다. 아퀴나스의 말을 빌리면 신적 조시에 의한 지각을 통해서 현재의 위기를 깨닫고 신적으로 구성된 상상력에 미래를 향한 새로운 가능성의 문을 열어 보이는 것이다.

사실은 어떤 심각한 예술 양식이든 계시문학적 환상이 갖는 지향점과 상통하는 면이 있다. 시, 회화, 소설, 음악 등 어느 예술 양식이든 예술가 각자가 갖는 초월적인 의식의 표상화라고 말할 수 있다.[21] 진정한 의미의 예술 작품이란 환상 의식과 같은 고양된 의식으로 자기 나름의 표상화이기 때문에 그런 예술 작품도 환상이 갖는 것과 같은 현실에서 도전을 한다.[22]

계시문학적 환상의 심판은 허무주의적 절망으로 세계와 역사의 종말을 선포한다. 계시문학자는 전심의 정열을 갖고 현재의 역사의 조류를 철저하게 부정한다. 이런 급진파적인 현실 역사 부정은 역사의 전환점을 가져오기 위해서 불가피한 것이다. 그러므로 계시문학적 환상이야말로 역사에 대한 부단한 도전인 것이다. 환상은 항상 징계와 심판과 같은 사건과 관련되어 있다. 에녹서의 말을 빌린다면 계시문학적 환상은 '징계의 사자angel of punishment'라고 말할 수 있을 것이다. 이렇게 환상은 시대의 모든 부패를 징계할 것을 예고하고 땅 위에 심판과 파멸이 임할 것을 경고한다.

"임臨하기로 예비된 징계의 천사들을 내게 보이신 후 지상에 속하는 모든 것을 심판하고 멸하기 위하여 지하에 있는 물의 세력을 풀어 놓더라."[23] 이렇게 계시문학적 환상은 사르트르의 '원상image'이 세계와 현실적 제존재에게 갖는 그 입지적 행위positional act와 같은 작용을 한다고 볼 수 있다. 환상은 객체적인 것이 아니기 때문에 환상 자체가 취하고 있는 위치 그것이 바로 모든 객체화된 사물에 대한 부정적 작용을 하는 것이다.[24] 이 계시문학적 환상의 현 존재에 대한 입지적 부정행위야말로 환상 의식이 갖는 의식 구조의 하나인 것이다. 그러므로 이 계시문학적 환상은 가장 격렬한 세계 부정의 양식이요 현실 역사의 유혹에 대한 심각한 거부자인 것이다. 우리가 엄정히 환상이 갖는 위치를 살펴볼 때 그것은 객관적으로 경험할 수 있는 가시적인 세계도 아니요 또 절대적인 의미에서 불가사의 영역도 아니다. 오히려 환상이 처해 있는 위치는 양극의 중간에 있는 것이다. 이렇게 환상은 그가 갖는 특수한 변증법적 위치에 있다고 할 수 있다. 물론 계시문학적 환상은 계시문학자의 의식의 한 대상임에는 틀림이 없다. 그러나 이것이 의식의 한 대상이라고 할 때 돌이나 목편처럼 한 구체적인 객체는 아니다. 사실은 환상은 객체적인 것과 주관적인 것의 동시발생적인 사실a coincidental reality인 것이다. 이 환상의 자리는 야스퍼스의 '암호'의 개념과 일맥상통할 것이다. 그는 '진리와 상징'이란 논문에서 이 '암호'에 대해서 이렇게 말한다. "존재를 실제로 포착하는 일은 상징에 의해서 이루어진다. 우리의 논의의 주제인 '암호' 란 것은 객체적인 것도 또한 주관적인 것도 아니다. 이것은 주관성에 의해서 침투된 객체성이라고 말할 수 있다. 그렇게 함으로써 존재가 전체 속에 실현될 수 있도록 하는 것이다." [25]

환상 의식의 지향점은 현실의 부정에서만 그치는 것이 아니다. 그것은 환상 의식의 한 지향점이고 또 다른 하나는 미래를 위한 역사의 변혁 그것이다. 환상이 갖는 위치가 객체성과 주관성, 현재적인 것과 미래적인 것의 중간점이기 때문에 환상은 현재를 미래로, 세속적인 것을 성성聖性으로, 무를 유로 전환하는 데 한 매개체가 된다. 그러므로 환상은 황폐된 역사에 변환의 씨를 뿌리고 열매 맺는 미래를 바란다. 환상 의식의 지향성은 양극단적이다. 하나는 현실의 극단적인 부정이요 다른 하나는 역사의 미래를 내다보면서 소망의 환상을 보이는 미래의 긍정이다. 거기에는 키에르케고르가 늘 말하는 양극단 사이의 '변증법적인 상충' [26]이라 할까 하는 관계에 선다. 곧 극단적인 부정에서 극단적인 긍정이다. [27] 그러므로 이 환상 의식 가운데는 '궁극적인 목표를 향한 절대적 방향 설정' [28]으로부터 빚어지는 '실존적인 정열' 과 변증법적인 양극 사이의 긴장이 있는 것이다. 계시문학자의 생리 가운데는 이런 환상가적인 정열이 있어서 때로는 전투적인 열의를 자아내기도 한다. 그래서 계시문학적인 환상 가운데는 현 세대의 극단적인 반발에서 급진파적인 미래지향적 양극단의 좁은 길을 걸어가는 것이다. [29] 환상의 역사 전환에 대한 지향성은 계시문학적 표상화로는 개인적으로는 부활과 전 역사의 '새 하늘과 새 땅' 으로의 변환이라 묘사된다. 그러므로 계시문학적 환상은 역사의 변환과 개인적인 부활 소망의 한 청사진이라고 말할 수 있을 것이다. 계시문학은 이렇게 개인의 부활과 전 역사의 변환을 말한다.

그의 소망 가운데서 자는 모든 사람이 다시 일어나리라. 그리고 여러 의인의 영혼이 보호받은 보물의 처소가 열려 그 의인들이 거기서 나와 그 영혼의 무리들이 한 사람의 마음과 같이 모일 것인데 처음도 기쁨이요 마지막도 괴로움이 없을 것이니 그것은 시간의 종말이 온 것을 알기 때문이니라.[30]

모든 피조물이 다 새로워질 것이니 종들이 아픔에서 놓임이 되고 모든 임무를 마친 다음 장막을 덮어 주는 구름을 볼 것이요 전에 물이 있었던 곳에 마른 땅이 나타나고 홍해에는 탄탄대로가 열리고 거친 파도에서 넓은 초원이 나타나리라.[31]

이 우주적[전 피조물]인 변환과 개인의 부활이 있는 거기에 절망적인 현실 부정에서 소망이 있는 미래로의 변증법적인 전환이 있는 것이다. 몰트만이 부활의 교리를 개인의 피안적 행복이나 불멸성 같은 것으로 생각하지 않고 하나님의 역사적 정의 실현theodicy의 문제로 여긴 것은 흥미롭다. 이 계시문학적인 하나님의 정의 실현 문제란 "선과 악의 최종적 심판을 위한 존재론적 전제가 되는 것이요", "하나님의 신성과 그분의 정의의 승리에 대한 신앙적인 결론"[32]인 것이다. 그런고로 부활의 신앙은 "죄악과 사망으로 잠겨 있는 세계를 미래를 향해서 개방하는 새로운 동인을 제공하는 역사적 관점이요", '질적 차이를 갖는 새 것'[33]을 열어 주는 역사적 관건關鍵으로 보고 있는 것이다.

계시문학이 말하는 부활은 낡은 세대에서 새로운 기원으로의 전환과 '옛 아담'의 신인간으로의 변혁을 가져오는 역사 전체의 변환 문제인 것이다. 그러므로 부활의 환상은 역사 전체의 질적 차이를 갖는 신기원으로의 변혁의 전조인 것이다. 니콜라이 베르자이예프도 개인의 부활을 세계

체the body of the world 전체의 변화의 문제와 연관시켜서 보고 있는 것이다.[34]

3. 원형arche-type

계시문학적 환상이 갖는 역사 변환을 위한 지향성에는 두 개의 원형[35]이 있다. 하나는 '의인' 또는 '택함을 받은 자'라고 표현한 '메시아'에 대한 개인적인 원형이요 또 다른 하나는 '하나님의 나라'라고 말하는 '메시아 왕국'이다. 이것은 종교사의 전 지향점이 집중되는 본질적인 것이요 또 계시문학이 발견한 심각한 표상이다. 이 원형은 어느 종교사에서보다 계시문학의 환상 의식에서 가장 순수하게 표상화되었다. 계시문학자의 환상은 안으로 열린 창문으로서 어쩌면 인간의 궁극적인 양상과 세계의 역사적 심연을 열어 보여 주는 관건이 될 것이다. 그것은 계시문학이 이 두 원형에서 개인적으로는 실존의 심각성을 파헤쳤고 인간 역사의 공동체적인 관점에서는 인류 역사의 공동적인 목적의식을 표상화했다고 말할 수 있을 것이다.

계시문학적 환상에서 보는 '메시아' 상은 얼핏 보기에 초월적이요 천상적인 존재로 보인다. 에녹서에 있는 '메시아'는 초월적 천상보좌적 존재다.[36] 그뿐 아니라 그는 무서운 권력의 소유자로서[37] 묘사되어 벨리알적 악의 세력을 훼파한다.[38] 그렇지만 그에게는 사랑과 자비와 정의가 충만하여 그 백성을 다스린다.

이 모든 것 후에 주를 기억하고 회개하니 그는 자비로우시며 사랑이 많으셔서 사람의 아들들을 악으로 심판하시지 않으신다. … 이 일 후에 의의

빛이시며 치유와 사랑이 그의 날개 아래 거하는 주님 자신이 너희 가운데
서 나실 것이라.[39]

유다 언약서는 그분이 겸손과 의로 백성 중에 거하지만 그에게서는 죄
를 발견할 수 없고 모든 사람들에게 은혜의 영을 부어 준다고 말한다. 계
시문학적 환상에 표상화된 메시아 상은 '힘'과 '정의'와 '긍휼'과 '자
비'가 충만한 존재다. 계시문학의 메시아는 신성을 갖춘 선재적 존재pre-
existence이며 불멸성을 가지면서[40] 순전한 인간이기도 하다.[41] 그래서 이
메시아는 억압받는 자와 갇힌 자의 해방자요[42] 고통당하며 병든 자의 위
로자며 치료자이다.[43] 계시문학의 환상에 나타난 메시아 환상은 역사에
실현된 뉴휴머니티의 전조前兆인 것이다. 그는 완전히 모든 구속에서 해
방된 존재로서 그가 역사에 출현할 때 땅은 심판을 받을 것이요 아담의
후예로서의 죄악에 물든 인간들은 이 신인간의 출현에 의해 변용을 겪게
된다. 무력한 인간이 힘 있는 존재로 변하고 부패하고 타락한 성품이 성
실성을 회복받고 적대적인 관계가 사랑의 긴밀한 유대를 갖는 관계로 변
한다. 또 다른 원형인 '메시아의 왕국'은 인간 사회가 갖는 모든 모순에
서 해방받은 '새로운 공동체'를 의미하는 것이다. 이 메시아 왕국의 환상
앞에 모든 집단 체제는 그 심판 아래 있게 된다. 그곳은 모든 인간 집단
체제가 주는 억압과 모순에서 자유롭게 되려는 영속적인 갈망이 실현되
는 완전히 새로운 공동체인 것이다.

이것이 내가 본 환상이니… 메시아의 때가 오면 그는 모든 나라들을 모
을 것이니 세상에 있는 모든 것을 낮추시고 그는 보좌에 평화로 좌정하실
것이라. 기쁨과 안식이 실현될 것이요 치유함이 이슬같이 내릴 것이니 질
병이나 염려나 고통이나 애통함이 물러갈 것이고 온 땅에 즐거운 일만 계

속될 것이라. 거기는 불시에 죽는 자가 없을 것이요 급습하는 대적이 해하지 못할 것이라. 거기는 재판과 비난하는 것과 다툼과 원수 갚는 것과 피흘림과 고난과 시기와 미워하는 것과 또 이와 같은 모든 것들이 제거당할 때 심판을 받을 것이라. 세상에는 이런 모든 것으로 가득 차 있었고 이로 인해서 사람의 생명은 고통을 당했기 때문이리라.

맹수들이 숲속에서 나와서 사람에게 수종 들 것이요 독사와 대사가 그 구멍에서 나와서 어린애에게 순종할 것이라. 여인들은 해산의 고통이 다시는 없을 것이요, 그들이 수태할 때 고통도 다시는 없을 것이라. 이런 날이 이르면 거두는 자들의 노고가 없을 것이요, 집을 짓는 자들의 피로가 없을 것이며 일하는 자들의 일이 조용하면서 속성될 것이라. 그것은 시간의 부패됨이 마지막을 짓고 썩지 않을 것으로 시작할 것이기 때문이라. 그러므로 예언한 것이 여기서 이루어지고 모든 악에서 떠나 있어 영생이 그 가까운 데 있음이라.[44]

메시아의 왕국은 이렇게 '자유'와 '평화'와 '기쁨'의 왕국으로 사실 인류의 문화적인 노력은 인간 공동 사회의 순수한 원형인 이 영원한 도성에 도달하려는 노력이라고 결론지을 수 있을 것이다. 문화적인 엘리트, 환상가, 정치적 급진파, 예술가들은 이 영원한 공동체의 실현을 위해서 투쟁한 용사들일 것이다. 랑케가 세계사를 쓰면서 이 한 목표를 위해서 인류의 역사는 방향을 잡고 있다고 말한 것도 과언이 아니다.[45] 계시문학적인 메시아 왕국은 결코 천상에 세워질 왕국이라기보다 하늘과 땅의 전 역사적 흐름이 변환을 일으켜서 실현되는 자유의 공동체인 것이다.

그날에 나의(하나님) 택한 자 '메시아'가 영광의 보좌에 앉는 날… 내가 하늘을 변하여 영원한 축복과 빛을 발할 것이요 땅을 변하여 복지를 만들

것이니 내가 나의 택한 자를 거기 거하게 할 것이라.[46]

새 창조의 날, 곧 하늘의 권능으로 하늘과 땅이 새로워지는 날, 시온산 위에 있는 예루살렘에 주의 성소가 세워질 때까지 모든 빛이 모든 택한 자들을 위해서 병 고침과 평화와 축복을 주도록 새롭게 비추리니 그날부터 영원토록 비출 것이라.[47]

계시문학은 이렇게 역사의 문제점을 파악하는 데 일반적인 상상력이 미치지 못하는 광활한 시야를 확보하고 있다. 그래서 이 자유의 공동체가 오려면 우주적인 변혁이 불가피한 것이다. 그러므로 거기서는 이런 저런 문제의 부분적인 해결이 아니라, 모든 문제를 전체성으로 보아야만 한다. 계시문학은 역사의 문제를 조감도적으로 보고 하늘과 땅, 물질적인 것과 정신적인 것 전체의 변환을 요구하는 것이다.

거기서 계시문학이 표상화한 왕국은 자유, 평화, 기쁨의 새로운 우주적 공동체의 실현으로서 하늘의 질서와 땅의 질서, 물질적인 것과 정신적 요소 전체의 변용metamorphosis으로 이루어진다. 이 '메시아 왕국'의 계시문학적 환상은 우주적 자유 공동체 실현을 위한 전조적 동인a premonitory causative이요 전체적인 상황 변화와 환경 변화를 위한 전前점화물pre-ignition인 것이다. 이 신인간 상과 새로운 자유 공동체의 계시문학적 환상은 현실이 갖고 있는 비인간화의 문제, 정의와 역행하는 인간 공동체의 문제를 근본적으로 심판하는 신호가 될 것이다. 최근 미래파 신학이 하고 있는 사회적, 경제적, 정치적, 종족적 문제에 대한 신학적 비판은 그들의 계시문학에의 관심과 더불어 흥미 있는 논점을 제시하고 있다.[48] 그리고 베르자이예프의 정치 경제적, 사회 문화적, 자연계적, 정신적 인간의 노예상에 대한 종교 철학적 배려도 우리에게 그의 계시문학에 대한 관심과 더불어 많은 시사점을 제공하고 있다. 그는 말하기를 "인간의 노예상은 인

간의 타락과 죄를 말해 주는 것으로서 이 타락은 특이한 의식 구조를 갖
고 있어 단순히 회개하고 속죄하는 그것만으로 극복될 수 있는 것이 아니
라 인간의 모든 창조적인 활동에 의해서 극복될 수 있는 것이다."[49]라고
했다.

제2장

고독과 저항의 신학
– 키에르케고르와 본회퍼 신학의 비교 연구

1. 서론

　'신학 한다는 것'의 위험은 신학이라는 아카데미즘에 빠져 버리는 일이다. 그래서 기독교 신앙이 갖는 역동성을 상실하고 신학자 자신은 투쟁력을 잃고 학문의 상아탑 속에 안거지를 찾아 은신해 버리고 만다. 이렇게 해서 이런 신학에 의해 교회는 교회대로 어떤 타락한 계급의 기생물이 되는 위험에 처하게 된다. 역사적으로 신학이 갖는 이런 위험 속에서도 키에르케고르의 경우와 본회퍼의 경우는 문제가 다르다. 이들에게는 '신학 한다는 것' 자체가 항상 그 시대가 갖는 문제점에 직접적으로 도전하는 그것이었다. 그들은 결코 신학적인 아카데미즘에 빠져 신학적인 '사상의 누각'을 짓고 거기에 안주해 사는 어리석음을 범하지 않았다. 그들의 신학적인 문제점은 바로 자신의 문제였으며 그들의 고민은 어떻게 하면 자신들의 신학적인 발언을 그들의 실존에 구현becoming into existence하느냐 하는 문제였다. 그런 의미에서 이들의 신학은 한 시대의 신학이 아카데미즘에 빠져 그 역동성을 상실했을 때 두고두고 새롭게 음미해야 할 것으로 보인다. 그런 의미에서 이 두 신학자를 비교 연구하는 것은 크게 의미 있는 일이라고 생각한다.

본회퍼의 저서를 읽는 중 직접적인 것은 아니지만 그 신학적인 심층 의식 속에 키에르케고르의 신학과 공통된 근원이 있다는 것을 알 수 있었고, 아울러 본회퍼가 갖는 시대적인 여건에 의해서 그 신학의 적용하는 측면이 달라진 것 등을 볼 수 있었다. 이런 생각을 정리하기 위해서 다른 사람들의 본회퍼 연구서를 섭렵하였으나 몇 사람의 의견을 제외하고는 대체적으로 본회퍼를 키에르케고르의 신학과 연관시켜서 말하는 사람이 드물다는 것을 발견했다. 예를 들어서 필립스John A. Phillips의 본회퍼 연구서인 *Christ for Us in the Theology of Dietrich Bonhoeffer*라든지 에버하르트 베트게Eberhard Bethge의 *The Challenge of Dietrich Bonhoeffer's Life and Theology*나 존 갓세이John D. Godsey의 *The Theology of Dietrich Bonhoeffer* 등에 키에르케고르 신학과의 연관성에 대한 언급이 거의 없는 것을 이상하게 생각하였다. 그러나 눈을 돌려 보면 몇몇 학자들 중에는 비록 간단하게 시사했지만 이 두 신학자의 사상적 연관성을 말한 사람들이 전혀 없는 것은 아니다. 그것은 버나드 엘러Vernard Eller의 *Kierkegaard and Radical Discipleship*과 위르겐 몰트만Jürgen Moltmann의 *Two Studies in the Theology of Bonhoeffer*, 존 맥쿼리John Macquarrie의 *Twentieth Century Religious Thought* 등이다. 특히 맥쿼리는 "본회퍼의 *The Cost of Discipleship*은 키에르케고르의 신학을 방불케 한다."라고 말한다.[1]

2. 전통에 대한 항거

두 신학자가 공통으로 루터 교회 출신이라는 것을 생각할 때 자연 그들의 신학 사상이 루터 신학과 연관성이 있다는 것은 흔히 말할 수 있는 일이다. 그렇지마는 그들은 루터의 신학을 직접적으로 시대의 상황에 그대로 적용하지는 않았다. 그들에게는 기독교 윤리가 무슨 기성복처럼 어느 시대 어느 장소에나 두루 마땅하다고 생각하는 것처럼 단순하지는 않았다. 그들은 역사적 상황의 변천에 따라 신학의 강조점이 다를 수 있다는 것을 충분히 이해하였다. 본회퍼는 1943년 10월 21일 그 부모에게 이렇게 글을 썼다.

"오늘은 종교개혁일입니다. 우리 시대에 갖는 이 축일은 여러 가지 것을 생각나게 합니다. 그것은 어찌하여 루터의 운동이 후대의 결과로 봐서 그분의 처음 의도와는 정반대의 결과를 가져왔는가 하는 것이며 그렇기 때문에 루터의 말년이 그렇게 우울하였고 자기 자신의 일에 의문마저 던졌던 것이 아닙니까. … 백 년 전에 키에르케고르가 말한 대로 오늘날 루터가 살아서 말한다면 자기가 전에 말한 것과는 정반대의 주장을 했을 것입니다. 저는 생각하기를 약간 뭣한 일은 있지마는 키에르케고르의 말이 옳은 듯합니다."[2]

본회퍼가 지적한 대로 키에르케고르는 루터와 반대의 주장을 그의 『자기반성』이란 책에서 말하고 있다. "우리 시대에 살고 있을 루터를 생각하라. 그의 설교 중에 말한 것처럼 이 시대에 대해서 말하지 않을 줄 아는가—이 세상은 술 취한 농부와 같아서 말에 탄 그를 한쪽으로 겨우 일으켜 세워 놓으면 다른 편으로 기울어 떨어지는 것과 같다. 이제는 사도 야고보를 중요시해야 할 때다. 그것은 신앙과 반대되는 행위를 야고보 사도가 의미하는 것은 결코 아니고 신앙을 위한 행위를 주장했던 그였다는 것을 루터가 말하지 않을 줄 아는가."[3] 그들은 둘 다 '믿음으로 의롭게 된다.'는 교리를 그 당시 가톨릭교회의 공과주의적 경향에 대해서 도전하기 위해 강조했던 것이고 19세기나 20세기의 기독교가 그 교리로 인해서 기독자의 신앙생활에 그릇 적용되어 있으며 오해되고 있는 면이 있다면 이 교리를 다른 측면에서 강조할 필요가 있었을 것이다. 그들은 공통적으로 그렇게 보았기 때문에 한쪽에서 일으켜 세우면 다른 편으로 쓰러지는 술 취한 농부처럼 된 19세기와 20세기의 기독교계의 그릇된 방향을 다른 측면에서 강조하기에 이르렀다. 그것은 그들이 윤리적인 측면에 또는 구체적인 현실에 적용하는 역동성의 회복에 주력했다는 것이다. 루터가 '지푸라기의 서한'으로 여겼던 야고보서를 강조하여 해석하는 데 힘을 아끼지 않았던 것을 상기할 수 있다. 이 두 신학자는 루터가 그렇게 강조했던 '믿음으로만'을 경시했다기보다 그리스도에 대한 순종과 구체적이며 값어치 있는 제자 노릇을 강조함으로써 이 시대의 기독교가 상실한 측면을 살리려는 데 그 의도가 있었던 것이다. 키에르케고르는 이렇게 말한다. "순종, 거기에서 기독자는 그렇게 단순하고 고결한 것으로 고양된다. 그것은 기독자는 만사가 하나님의 뜻에 따라 조건 없이 이루어지는 것을 믿으며 무조건 하나님의 뜻을 행하는 것 외에 이 세상에서 더 할 일이 없으며 무조건적으로 하나님의 뜻에 복종하는 것뿐이다."[4]

키에르케고르 못지않게 본회퍼도 기독자의 생활에 순종이 중요하다는 것을 강조한다. 그래서 본회퍼는 이렇게 말한다. "만일 예수께서 어떤 사람에게 모든 것을 뒤로 던지고 나를 따르라. 너의 직업을 그만두라. 가족과 너의 친족과 너의 부모까지라도 버리라고 말씀하신다면 이런 명령을 받은 사람은 다만 한 가지 대답밖에는 없는 것을 안다. 그것은 전심의 순종 그것뿐이다. 이런 순종만이 예수와 교통할 수 있는 약속이 있다는 것을 안다."[5] 루터가 은혜에 대해서 말할 때는 그 은혜받은 자의 생명의 값진 것과 연관성이 있다는 것을 의미한다. 그것은 그리스도에게 첫째로 절대 복종하는 그 생애 그것인데 그렇게 함으로 비로소 하나님의 은혜에 대해서 말할 수 있는 것이다.[6]

이들은 이렇듯 구체적인 순종을 강조함으로써 종교개혁자들의 신앙 원칙과 상반된 듯이 보인다. 더 두드러진 예를 든다면 두 신학자가 다 루터가 이탈했던 수도원으로 다시 돌아가는 것이 현대의 기독교의 폐단을 고치기 위해서 필요하다고 강조한다. 본회퍼는 1934년에 그의 한 친구에게 이렇게 글을 썼다. "나는 지금 신학교를 지도하기 위해서 독일로 돌아가야 할 것인지 그렇지 않으면 인도에 가서 머물 것인지 결정하지 못하여 머뭇거리고 있다. 나는 더 이상 대학 교육에 신빙성을 두지 않는다. 신학 교육은 전적으로 교회에 속한 것으로서, 수도원과 같은 학교에서 순수한 교리와 산상 보훈과 성례전이 심각히 다루어질 수 있을 것이다. 이 세 가지 중심 문제는 단순히 대학 교육으로는 심각히 다루어질 수 없다."[7]

키에르케고르도 본회퍼와 같이 그의 글에 현대 교회를 향해서 수도원으로 돌아갈 것을 권면하면서 다음과 같이 말한다. "수도원 운동은 초인이 되는 것과 그 열정을 발휘하는 것과 더 나아가서는 신과 방불할 헌신적인 노력을 하기 위함일 것이다. 그러므로 거기에는 진정한 경건이 따르는 자기희생적 고난과 가장 심각한 의미에 있어서의 절대적이며 결정적인 태도로 하나님과 관계를 맺는 심각성이 있는 것이다."[8]

이렇게 수도원의 절대 헌신적 생활은 이 두 신학자의 마음을 끌었다. 그래서 둘 다 교계를 향하여 "수도원으로 돌아가라!"고 외쳤던 것이다. 물론 그들이 주장하는 것은 기독교 신앙을 중세적 신앙으로 복귀시키려는 것이 아니라 '믿음으로 의롭게 된다.'는 종교개혁의 주장을 오해하고

그릇 적용해서 신앙의 값있는 것Costliness과 영원한 심각성을 해이하고 안이한 것으로 바꿔 버린 데 대한 강력한 반발이었던 것이다. 그들은 '믿음으로 의롭게 된다.' 는 교리를 정확하게 깨닫도록 하기 위해서 그리스도의 제자된 무한히 값진 것에 대한 구체적인 열매를 요구하였던 것이다. 또다시 본회퍼는 이렇게 이 문제에 대해서 말한다. "루터가 수도원에서 세상으로 나오게 된 것은 죄의 정당화justification of sin를 위해서가 아니고 죄인의 의화justification of sinner를 위한 것이었다. 그가 받은 은혜는 값비싼 은혜였다. 그 은혜는 마치 가뭄으로 탄 땅의 비와 같이 자승자박自繩自縛의 노예상奴隸狀에서 자유를 준 것과 같이 흉악한 죄악에서 용서를 얻는 그것이다. 그러므로 이 은혜는 값진 것이고 그렇기 때문에 선행 없이도 된다고 배려하셨다는 것은 그만치 전보다도 그의 제자로 부름받는다는 것이 심각한 의미를 지닌 것을 말하는 것이다. 그렇게 값진 것이기 때문에 은혜이며 또 그렇게 은혜로운 것이기에 값있는 것이다. 이것이 종교개혁자들이 말한 '죄인의 의화' 라는 복음의 비밀이다."[9]

키에르케고르의 경우도 종교개혁 후의 기독교계의 안이함에 대해서 책하면서 다음과 같이 말한다. "여기서 우리는 부르주아들의 자기류의 기독교 이해 때문에 기독교를 어떻게 멸도滅道시키는지 그 방법을 본다. … 그리스도를 따르는 것보다… (소위 말하는) 그리스도인이 된다는 것이 그렇게 안가安價한 것이기 때문에 그렇게 태만해지고 종당에는 회의 속에 잠기게 되어 무엇 때문에 기독교 신앙이 필요한 것인가 하는 물음은 이해할 수 없이 되어 버린다. 만일 하나님께서 우리에게 요구하시는 것이 값싼 것이라고 하면 구세주라든지 속죄자贖罪者 은혜 등은 무용한 사치奢侈에 불과한 것이다. 그래서 기독교는 어린애가 아버지의 옷을 주워서 입은 것처럼 꼴불견이 되어 버릴 것이다. 그리스도는 우리의 모본模本이시기에 우리는 그를 따라야 할 것이다. 그래서 진정한 크리스천이 된다는 것은

(그의 본을 따르는) 제자가 되는 것을 의미한다. 그 제자가 된다는 것은 다른 어떤 일보다도 그분의 교훈을 따르기 위해서 그 희생적 고난을 치러야 하는 것이다. 기독교는 결코 세상 사람들이 물건을 살 때 교활狡猾한 수단으로 그리고 눈물어린 소리로 사정해서 값을 깎는 것처럼 그런 것은 아니다. 무조건적(무조건의 은혜, 무조건의 복종)이란 값을 깎는 그런 것이 아니다. 만일 값을 깎을 수 있는 그런 것이라면 무조건적일 수는 없다."[10]

3. 역사의 역설SKANDALON과 예수

본회퍼의 저서를 읽어 보면 그의 신학의 전구조의 근본 문제는 '예수는 누구냐?' 하는 문제이다. 그의 어떤 신학적 문제 제시도 '예수가 누구냐?' 하는 문제와 통하지 않는 것이 없다.[11] 그의 신학적인 사고 전반이 그리스도론적인 것이 중심이란 말이다. 본회퍼는 그의 저서에서 이렇게 말한다. "사실에 있어서 여기 한 가지 질문이 남아 있을 뿐이다. 그것은 '당신은 누구십니까?' 하는 것이다. '당신은 누구십니까?' 하는 질문은 그 처지를 곤란하게 만드는 질문이지만 또한 동시에 신앙의 질문이기도 한 것이다. '당신은 누구십니까?' '당신은 하나님 자신이십니까?' 하는 질문은 그리스도론과 관계 있는 질문이며 이 질문이야말로 적절한 질문인 것이다. 이 질문에 대해서 (기독론적) 현상의 문이 열린다."[12]

본회퍼가 그의 초기 저작물에서 이 그리스도론 질문에 대해서 철학적으로 문제를 해결하려고 노력했던 흔적을 살펴볼 수 있다. 그것은 예수 그리스도 그분 안에서, '존재'와 '행위'가 비로소 하나로 통일된 분으로서 그분 안에서 실존은 자유를 누릴 수 있다는 것이다.[13] 또 그는 교회론적으로도 문제를 해결하려고 노력했다. 그것은 그리스도는 역사 속에 은

익隱匿되어 있는 존재로서 교회라는 이 공동체 속에 '말씀' 으로서 우리와 같이 존재한다는 것이다. 그는 이렇게 말한다. "이 그리스도는 공동체라고 하는 전인격으로 존재하는 것이요 영광받은 존재로서 또 한없이 겸비謙卑한 존재로서 존재한다. 그분은 공동체로서의 존재는 '말씀' 으로서의 존재와 성례전적聖禮典的 존재와 같이 '걸려 넘어지는 돌' (Skandalon)의 형태를 취하는 것이다."[14]

그리고 본회퍼의 그리스도론에서 그리스도는 한 초월적인 존재로서 PRO ME(나를 위해서)의 관계 속에서 개인 신앙의 중심적 존재로 그리고 한계점적 존재로서 서게 된다는 것이다. 그리고 한걸음 더 나아가 교회적 공동체로서의 존재로부터 세속과의 관계에서 그리스도를 논한다. 그의 전체 그리스도론의 방향을 보면 그 모든 노력은 어떻게 하면 그리스도와 구체적인 현실의 크리스천이 동시성의 관계를 갖도록 할 것인가 하는 문제, 어떻게 하면 신약성서가 말하는 그리스도와 세계가 구체적인 상황 속에서 동시성의 관계를 갖느냐 하는 문제였다. 그의 저서 가운데 이런 방법론적인 방향을 부정적으로 말하는 곳도 있지만[15] 1935년의 강론 가운데 그 주제는 '어떻게 하면 신약성서와 현대의 크리스천이 동시성을 가질 수 있는가?' 하는 것이다. 그는 말하기를 "여기서 우리는 그리스도론적인 문제 앞에 서게 된다. 그것은 만일 그리스도가 '힘' 으로서 동시성을 가질 뿐만 아니라 그분이 한 인격으로 존재한다면 어떻게 그분의 (인격적인) 현존을 이해할 수 있단 말인가?"[16] 여기에 대해서 본회퍼는 다음과 같이 대답한다. "신인神人으로서 예수 그리스도의 현존은 우리에게 복음 선포라고 하는 스캔들(skandalon)의 형태로 존재한다. 선포된 그리스도야말로 현실적인 그리스도인 것이다. 복음 선포는 제2의 화육化肉을 말하는 것이 아니다. 그분의 화육은 그것이 예수의 'skandalon' 이 아니라 'skandalon' 은 그분의 겸허謙虛 바로 그 점에 있는 것이다. 이것이야말로 계시이다.

예수 그리스도는 비천卑賤한 인간으로서 높아졌다는 그것이다. 비천해졌
고 그러면서 높아진 그리스도의 현존은 다만 그의 복음 선포로서의 현존
인 것이다. 그러나 그것이 의미하는 것은 그의 복음 선포가 새로워진 겸
허의 형태가 됐다는 것이다. 이 현존은 대개 세 가지 형태로 교회에 나타
나는데 그것은 '말씀'과 '성례전聖禮典'과 '교회'이다."[17]

이렇듯 그의 그리스도론의 구체적인 현재와의 동시성을 논하는 마당에
서 '공동체로서의 교회'인 그리스도와 선포된 '말씀'으로서의 그리스도
와 '성례전'으로서의 현존하는 그리스도를 말하면서 이것은 개인적으로
는 PRO ME의 관계에서 문제되는 것이다. 그러나 세계와의 관계에서는
어디까지나 '타자를 위한 존재Being for Others'로서의 관계에서 현존하는
그리스도인 것이다.

키에르케고르에게서도 우리가 잘 아는 바와 같이 그리스도와 어떻게
하면 '동시성'을 갖느냐 하는 문제가 '어떻게 하면 크리스천이 되느냐'
하는 문제와 밀접하게 연관된다. 그는 이렇게 말한다. "만일 당신이 동시
성을 유지하지 못한다면 그리고 현실적으로 (동시적인 관계에 있는) 그분의
눈초리를 견뎌내지 못한다면 그리고 당신이 거리에 나가서 이 흉측스러
운 행렬 속에 있는 하나님을 발견하고 엎드려서 그에게 경배하지 않는다
면 본질적으로 당신은 크리스천이 아닌 것이다. 그러므로 당신이 해야 할
일은 조건 없이 이것을 수락하는 것이고 그렇게 함으로 당신은 겸허해질
것이고 진실한 의미로 크리스천이 되고 두렵고 떨리는 관계를 유지할 수
있는 것이다."[18] 또 다른 곳에서 키에르케고르는 이렇게 이 동시성의 관
계를 말한다. "예수가 지상을 거닐게 된 후 1800년이란 세월이 지났다.
그러나 이 사건은 다른 사건들과 동일한 사건이 아니다. … 그분이 이 지
상에서 현존하셨던 사실은 시간이 흐름에 따라 흘러가 버릴 그런 사건일
수는 결코 없다. … 만일 그런 사건이 아니라면 이 사건은 바로 신자들이

계속 그분이 지상에서 생존 시에 같이 살던 동시대 사람들과 동일한 동시성을 갖도록 해야 할 것이다. 이 동시성이야말로 신앙의 상태이고 더 정확히는 바로 동시성 그것이 신앙인 것이다."[19]

이 두 신학자가 똑같이 이 그리스도와의 동시성의 관계를 구체적인 상황 속에서, 곧 기독교 공동체 속에서, 그리고 역사적인 현실 속에서 어떻게 실현하느냐 하는 문제에 주력하였던 것이다. 키에르케고르는 또다시 이렇게 말하였다. "오! 주 예수 그리스도여! 우리가 당신과 동시대적일 수 있으면 얼마나 좋겠습니까? … 당신이 지상에서 거니실 때의 실제적인 움직임과 참모습을 보도록 말입니다. 그것은 공허하고 무의미한 전통 혹은 깨달음 없는 미신 그렇지 않으면 뜬소문의 역사적 전통 따위의 왜곡歪曲된 상태가 아닌 참모습으로 말입니다."[20] 또 다른 곳에서 그는 이렇게 강조한다. "진실한 의미에서 크리스쳔이 된다는 것은 그리스도와 동시적이 될 때 확증되는 것이다. 만일 이런 의미가 아닌 크리스쳔이 된다는 것은 무의미한 것이고 자기기만이요, 자기 멋대로 생각하는 과오를 범하는 것이다. 이것이야말로 독신瀆身이요 율법의 제2계명을 범하는 것이요 성령을 훼방하는 죄인 것이다."[21]

한편 본회퍼는 이 동시성의 개념을 그리스도의 신인 공존의 역설적인 성격을 설명하는 데 연관시켜서 말하고 있다. 누가 동시적이며 현존이며 실재인가? 이것을 대답한다면 이는 신인神人이신 한 인격 곧 예수 그리스도시다. 나는 단번에 예수 그리스도는 하나님이라고만 말하지 않는다. 내가 만일 예수는 인간이라고 동시에 말하지 않는다면 예수 그리스도가 누구신지 알지 못한다. 그 어느 한쪽이고 고립시켜서 말할 수 없다. 왜냐하면 그 어느 쪽이고 고립해서 존재하지 않기 때문이다. 하나님은 무시간적인 영원 안에 있는 하나님이 아니기 때문이요, 또 예수는 시간적인 제약 속에 존재한다면 예수가 아니기 때문이다. 예수라고 하는 인간 안에 있는

하나님이다. 사실은 예수 그리스도 안에서 하나님은 동시적이다. 이러한 신인 관계가 그리스도론에 있어서의 입문인 것이다.[22]

본회퍼의 기독론이 진전됨에 따라 그리스도와 개인과의 PRO ME의 관계를 말하는데, 이것도 키에르케고르의 동시성의 개념과 본질적으로 같은 근원임을 알 수 있다. PRO ME 관계를 말함으로 우리와 그리스도와 인격적인 관계의 밀접함을 설명한다. "인격 구조의 윤곽을 더 정확히 파악하려면 신인神人 예수 그리스도를 PRO ME 구조로 파악해야 한다. 그리스도가 그리스도가 되는 것은 그분의 자체 내의 문제라기보다 나와의 관계에서의 그리스도인 것이다. 그의 그리스도적 존재는 PRO ME 존재인데 그것은 그분에게서 방출된 어떤 영향력에 의해서 말하는 것이 아니고 또는 어떤 우연한 사건으로서의 그와의 관계에서가 아니라 이것은 그의 본질 곧 그분의 인격의 됨됨이가 그럴 수밖에 없는 그런 관계에서 말하는 것을 의미한다. 이 인격인 핵심 자체가 (나와 관계를 맺는) PRO ME인 것이다."[23]

예수 그리스도와 우리의 관계를 PRO ME 구조 속에서 보려고 한 것은 그리스도를 실존적으로 파악하려는 데서 온 것이다.[24] 그는 PRO ME 구조를 예수와 우리와의 인격적인 관계에서 세 가지 요점으로 말한다. 첫째로 PRO ME로서의 예수는 역사적으로 그를 따르는 모든 사람들의 '첫 열매' 곧 길잡이로서 나와 관계하는 존재이다. 그런 의미에서 예수 그리스도는 우리의 머리가 된다. 둘째로 예수 그리스도는 PRO ME의 관계에서 그의 형제들의 자리에 서 계시는 존재이다. 그러므로 그리스도는 하나님 앞에서 대속적代贖的인 자리에 서 계시는 새로운 인간성인 것이다. 그는 이 PRO ME 구조 속에서 그가 부른 공동체의 자리에 설 뿐만 아니라 나의 집단체인 공동체 자체이기도 하다는 것이다. 그래서 이 공동체를 위해서 죄를 짊어지고 죽으셨을 뿐만 아니라 모든 내가 십자가에 못 박히고 심판

받고 하는 것이다. 셋째로 그는 새로운 인간new humanity으로서 행동하기 때문에 나와 나의 공동체는 그 안에 존재하고 그도 내 안에 존재한다는 것이다.[25]

키에르케고르는 그리스도와의 관계에서 PRO ME 구조는 그의 주체적인 관계라야만 한다고 그 전 저작물 가운데 특히 그의 『철학적 단편후서斷片後書』와 『결정적 비과학적 후서』 등에서 강조하였지만 『기독교 훈련』에서는 동시성의 문제와 관련해서 다음과 같이 말하고 있다.

> "시와 역사의 차이점은 이러하다. 역사는 무엇이 실제로 일어난 일에 관계하지만 시는 어떤 가능성과 상상적인 것 시취詩趣 등에 관한 것이다. 그러나 (객관적으로) 일어난 어떤 사건이 반드시 진정한 의미에서 현실적이라고 말할 수는 없다. 왜냐하면 거기에는 진실에 관계되는 결정적 요소라든지 전적인 정당성에 관계된 결정적인 당신을 위한(PRO TE, PRO ME) 결단적인 것이 결여되어 있기 때문이다. 과거라는 것(역사)은 엄밀한 의미에서 나와 상관이(PRO ME) 없다. 당신이 동시성의 현실에 살 때 당신과의 관계가(PRO TE, PRO ME) 있게 된다."[26]

4. '희비극적 낭만주의의 문자 노예'와 성서

본회퍼는 고백하기를 "성서만이 우리들의 모든 질문에 답변해 줄 수 있다. 그러므로 우리는 다만 겸손히 그리고 집요하게 회답을 얻기 위해서 (성서를 향해서) 물어야 할 것이다."[27]라고 했다.

본회퍼에게 성서는 신학적 구조의 근거였으며 생활의 거점이기도 했다. 그는 그렇다고 해서 성서에서 예수의 역사적 고찰historical investigation

을 시도하려고 하지는 않았다. 그는 이런 역사적 고찰이 예수의 현실을 절대적인 관계에서 파악하는 데 무용하다는 것을 잘 알고 있었다. 그것은 예수의 인격에 실존적으로 접한다는 문제와 역사적 족적足跡을 더듬는 문제는 다른 문제이기 때문이다. 그는 이렇게 말한다. "역사적 고찰은 결코 (예수의 생애의) 절대적인 원판을 마련하지 못할 것이다. 왜냐하면 그런 방법으로는 그 원본을 구할 수 없기 때문이다. 절대적인 (예수의 생애의) 원판과 절대적인 확인은 (소위 말하는) 역사를 신성사神聖史, historia sacra로 전환하는 거기에 있는 것이지, 사실 역사는 예수 그리스도의 존재를 절대적으로 부정도 할 수 없고 거기에 의문을 던지든지 그렇지 않으면 그런 일은 있을 수 없을는지 모르겠다고 말할 뿐이다. 이렇게 역사적 고찰로는 예수 그리스도는 불확실한 현상에 불과하며 그의 역사성은 이런 방법으로는 항상 불투명 속에서 절대적 확실성으로 긍정도 부정도 못하고 마는 것이다. 그러므로 역사는 교리적인 언명言明의 불가능성을 증명함에 있어 절대권도 갖지 못하는 것이다."[28]

이 점에 대해서 키에르케고르는 벌써 그의 『기독교 훈련』에서 거듭거듭 예수와의 인격적인 관계를 갖는 것이 역사적 고찰로는 불가능하다는 것을 언명하고 있다. 특히 예수 그리스도의 역설적인 면을 이해할 수 없다고 한다. 그는 이렇게 말한다. "그분은 역설이요, 신앙의 대상으로서 다만 신앙을 위해서 존재한다. 그런데 역사적인 보고란 지식의 보고일 따름이다. 그러므로 역사를 가지고는 그리스도에 대해서는 아무것도 알 수 없는 것이다. 만일 어떤 사람이 (역사적 고찰을 통해서) 그리스도에 대해서 무엇인가 아는 것이 있다면 그것은 정말 그분을 아는 것이 아니고 전혀 그분을 몰이해한 것이 아니면 그에 대해서 부정확하게 안 것과 다름없다. 그리고 속은 것이다. 역사는 그리스도를 정말 그분 아닌 딴 사람으로 만들 것이고 그런 것이 그리스도를 그리스도로 알았다고 말할 수 있을 것인

가? … 여기 또 다른 질문을 제기한다면 사람이 어떤 증명을 하는 데 여기
서 역사에서 문제를 가져 오든지 또 다른 데서 문제를 가져오든지 간에
한 결정적인 인간이 하나님이었다는 것을 증명한다는 것처럼 어리석은
모순이 어디에 있단 말인가! 신앙은 말하기를 역사는 그리스도와는 아무
상관이 없다고 하며 다만 그리스도에게 적용할 수 있다면 (질적인 면에서
일반사와는 구별되는) 신성사神聖史, historia sacra가 있을 따름이다. 그것은 그
분의 겸비謙卑의 생애에 대해서 재평가할 것이고 더 나아가서 그분 자신
이 말씀하신 대로 그분은 하나님이었다고 하는 것을 알려 준다."[29]

따라서 본회퍼의 성서 해석은 근본주의적 이해와는 엄밀히 구별되는
것이다. 근본주의적 성서 이해는 역사의 객관성에 의존한다든지 또는 성
서의 여자적與字的 해석을 따르기 때문에 성서의 비판적 연구를 시도하는
것을 큰 변이니 난 것처럼 생각한다. 그러나 그는 역사적 또는 철학적 비
판이 성서 이해에 크게 도움이 된다고 말한다. "성서는 읽고 또 해석되어
야 한다. 그리고 성서는 모든 역사적, 철학적 비판의 도움으로 읽어야 한
다. 신자들도 이렇게 성서를 읽어야 할 것이고 또 이렇게 공정한 입장에서
읽어야 할 것이다."[30] "우리는 역사 비판적으로 성서의 난해점을 해독하
도록 노력해야 할 것이다. 그러나 그것만이 절대적인 것이라고는 말할 수
없고 그렇다고 이득이 없다고도 말할 수 없는 것이다. 그리스도의 겸허에
속하는 역사성에 변모는 약점이라기보다 신앙의 강점인 것이다."[31] 이렇
게 그는 성서를 이해하는 데 비판적 성서 연구에 역점을 두는 말을 했고
더 나가서 축자영감설逐字靈感說의 오해를 비판하는 데 역점을 두기도 했
다. "설교를 하는 데 있어서 역사적으로 그 사실성이 분명히 긍정되지 않
는 말씀을 설교하는 어려움이 있을 것이다. 그러나 축자영감설은 부활을
증거하는 데 좋지 못한 대용물인 것이다. 그것은 부활하신 이의 유일한
현존을 부정하는 결과가 된다. 역사를 하나님의 영원한 빛 안에 있는 것

으로 보고 또 그렇게 인식하는 대신 역사를 영원화하는 결과가 된다. 그래서 (성서의) 심각하게 어려운 대목을 일부러 평이하게 만들어 버리는 실패를 범하고 만다."[32]

그렇다고 해서 본회퍼는 자유주의를 자신이 설 땅으로 생각하지는 않는다. 그는 자유주의에 대해서도 근본주의를 비판하던 만큼 비판적이다. "자유주의적 신학의 약점은 그들은 세상에서 그리스도가 가진 결정권을 세상에 내어 주는 것이다. 이는 교회와 세상과의 사이에 가로놓여 있는 갈등을 세상이 가르치는 평화주의라는 이름의 비교적 안이한 방법을 용납함으로 해결하려는 것이다. 그 약점은 그 시계바늘을 뒤로 돌려놓으려고 하지 않는 점이고 결과적으로 그 마지막이 패전으로 그칠지라도 순수하게 전쟁을 받아들이는 것이다. 그 실패는 강복을 뒤따르게 되고 그래서 완전히 새 출발을 시도했는데 그것은 성서의 근본과 종교개혁파적인 것에 기초를 두었다."[33]

이렇게 본회퍼는 역사적 객관주의 입장도 아니요 또 성서의 비판적 해석을 강조했으나 자유주의적 입장을 취한 것도 아니고 물론 근본주의적 이해에 찬성한 것도 아니다. 그렇다면 그가 어떤 견해를 가졌는가 하는 것은 매우 흥미 있는 문제다. 그는 1939년 7월 22일의 그의 서신에 이렇게 기록하였다. "우리는 매일 말씀과 명상하는 것과 중재적 기도와 성서를 공부하는 일과를 유지하십시다."[34] 그는 성서를 단순히 신학자의 신학 재료원이라든지 목사의 설교 재료원으로만 여기지 않았다. 성서는 그에게 헌신적인 생활의 일용할 양식이었다. 그리고 그의 파란 많은 생애의 어려운 문제에 해답을 주는 음성이었다. 우리는 1936년에 그가 지도하던 신학교의 생활상을 알려 주는 글 가운데 다음과 같이 말한 것을 볼 수 있다. "매일, 충분히 명상하고 많은 시간을 성서를 읽는 것으로 일관해야 했다. 우리 생활의 직무 수행에서 성서를 읽지 않고 지내는 일이란 있을 수 없었다. 지난날의 논의의 쟁점, 바로 그것은 우리가 아직도 얼마나 성서에 숙달하지 못했는가 하는 수치스러운 상황이 또 드러난 일이었다. 사람들은 교회의 임원들이 성서적 확증을 구하기보다는 이런 일 저런 일의 온갖 우발적인 것에 의거해서 찬반의 결정을 내리는 사례를 흔히 보지 않는가! 참으로 사람들은 빈번히 성서를 읽는 중에 그 음성에 귀를 기울이는 일을 소홀히 여기고, 사람들은 왜 쉽사리 유행적인 새 소리에 무비판적으로 따르기 일쑤인가. … 이런 일을 수정해야 할 것이다. 우리는 모든 문제에 접해서 어떤 결정을 내리든지 성서적인 확증을 얻도록 하는 법을 만들지 않으면 안 될 것이다. 그래서 그 확증을 얻기 전까지는 안심할 수 없어야 한다. 우리의 성서를 대하는 올바른 확신의 태도가 해마다 전진되어야 할 것이다."[35]

본회퍼는 그의 저서 『창조와 타락』에서 '신학적 해석'이란 말을 사용하고 있다. 성서의 '신학적 해석'이 무엇을 의미하는지 명확히는 진술하지 않았으나 다음과 같이 말한다. "신학적 해석은 성서가 교회의 책이며 또 그렇게 해석되어야 할 것으로 안다. 그 (해석) 방법은 이런 것이라고 생각하는데 그것은 끊임없이 그 원문에서부터 신학적 전제에 인용되어야 할 것이다(물론 모든 철학적 방법이라든지 역사 연구라든지 하는 것으로 확증하는 것이 있어야 할 것이지만). 이것이 신학적 해석 방법의 대상인데 이런 유일한 대상만이 과학적인 방법을 향해서 그 주장하는 바를 입증할 수 있는 것이다. 창세기에 야훼를 말할 때 그것은 심리학적으로 또 역사적으로 야훼 이외의 다른 존재를 의미하지 않는다."[36]

이상에 인조引照한 본회퍼의 글 중에서 우리는 대개 세 가지 성서 해석상의 요점을 가려낼 수 있다. 첫째로 본회퍼는 성서를 교회의 책으로 보고 그것을 해석함에 있어서도 어디까지나 교회의 책으로 해석해야 한다는 것이다. 둘째로 그 방법론적인 면에서 신학상의 전제는 어디까지나 성서적 기초를 가져야 할 것이고, 성서는 역사적인 그리고 철학적인 비판에 의해서 확인해야 한다는 것이다. 셋째로 이런 객관적인 연구 태도가 결코 성서 내용의 특이성을 손상시키지 못한다는 것이다. 더 명확하게 그가 말한 '신학적 해석'이라는 성서 해석상의 견해를 알아보기 위해서 그의 말을 들어 보면 그가 '역사적 예수'의 문제를 논하는 마당에서 퀼러Martin Kähler의 주저 *Der sogenante historische Jesus und der geschichtliche biblische Christus*(소위 역사적 예수와 역사적 성서적 그리스도)를 언급하는데, 역사적 예수 연구는 허구적 방향이라는 것과 역사적geschichtliche 그리스도는 복음전파적福音傳播的 그리스도라는 전제에 대해 답변하면서 그의 성서 해석상의 견해를 다음처럼 피력하는 것을 볼 수 있다. "예수 그리스도에 대한 자체 확인은 성서로 우리에게 전해진 것 외에 다른 데 근거할 수 없다. 따라서 성서의 말씀 이외의 다른 방법이 없는 것이다. 첫째로 이 책에 대해서 우리가 할 일은 거기에서 세속적 국면(비종교적 범위)을 발견하는 일이다. 이것은 무엇을 의미하는가 하면 성서를 읽고 해석할 때 역사적 비판과 철학적 비판으로 대하는 것을 의미한다. 신자는 이를 경건하게 객관적으로 대해야 한다. 그럴 때 문제가 생기는데 그것은 철학적인 비판과 역사적인 비판에 의해서 알게 된 것은 그 말씀이 전파될 때 현재의 형태로 예수께서 결코 말씀하시지 않았다는 점이다. … 그러므로 우리에게 솔직히 (예수의 현실은) 역사 속에 감추어져 있다는 것을 인정하고, 그렇기 때문에 역사 비판적인 연구 과정을 수락해야 한다. 그러나 부활하신 그분은 그런 결점에도 불구하고 성서를 통해서 우리와 만나신다. 우리는 역사 비판적인 좁은 문으로 들어가야 한다. 그렇지만 (역사 비판의) 중요성은 절대적인 것은 아니다. 그렇다고 또 이래도 좋고 저래도 좋은 문제도 아니다. 사실에 있어서 역사 비판적 태도가 결코 신앙을 약화하는 것도 아니고 오히려 신앙을 강하게 만들 것이고 역사의 은닉성은 그리스도의 겸허의 일부인 것이다. 이렇게 해서 예수 그리스도의 역사는 역사와 신앙의 이중성을 갖는 것이다. 역사의 예수는 자신을 겸허의 모습으로 보인 예수다. 따라서 역사적으로 파악할 수 없는 예수는 부활 신앙의 주제인 것이다."[37]

본회퍼의 이런 견해에 따르면 신학적 해석에서 예수 그리스도의 자체 확인은 다만 성서를 통해서만 얻을 수 있는 것이라고 전제했지만 이것은 결코 성서의 문자적 또는 무비판적 묵수墨守를 의미하는 것이 아니고, 역사적 비판과 철학적 비판에 의해서 발견되는 결함에도 불구하고 성서의 특이한 내용을 침해할 수 없기 때문에 그런 비판적 태도는 오히려 우리의 신앙에 도움을 줄 수 있다는 것이다. 그는 오히려 부활한 그리스도와의 인격적인 만남의 중요성을 강조한 것이다. 그는 객관적인 성서 연구가 부활하신 그리스도의 말씀을 듣는 데 해보다도 크게 도움이 된다고 말한다. 그리스도 사건의 절대적 확실성은 역사 비판으로 얻어지는 것이 아니지만 그렇다고 비판적 연구의 필요성을 경시하지는 않았다. 그리스도 예수의 현실은 신앙으로 파악되는 것으로서 역사적 예수의 겸허성이, 따라서 비판적 성서 이해가 보는 성서의 겸허성이, 전혀 문제되는 것이 아니다. 그에게 문제되는 것은 성서의 말씀을 통해서 그렇게 비판적인 이해에도 불구하고 매일매일 예수 그리스도의 인격적인 말씀을 듣는 것이었다. 또 다른 말로 성서 안에 있는 그리스도와 동시성contemporaneity을 구체적으로 갖는 문제였다. 그는 이렇게 말한다. "나는 말씀의 전도자이기 때문에 매일매일 성서로 하여금 나에게 말씀하도록 하지 않고는 성서를 해석할 수 없는 것이다. 내가 만일 기도 중에 명상하지 않는다면 내 직무 수행에서 그 말씀을 오용했을 것이고 만일 매일의 직무에서 말씀이 없었다면 성서가 내게 말씀하도록 내가 오랫동안 귀를 기울였던 그 말할 수 없는 이적異蹟을 더 이상 경험할 수 없었을 것이다. 나의 직무를 수행하는 데 매일

매일 나의 주께서 그날에 나에게 말씀하실 말씀을 보지 않았다면 나는 실족하고 말았을 것이다."[38]

키에르케고르는 당대의 기독교계의 관료주의적 경향과 안이주의적 부패상을 보면서 신약성서로 돌아가야 할 것을 부르짖는다. "우리가 소위 말하는 기독교는 관료주의적인 것으로서의 기독교가 아니고, 이 관료주의적 기독교는 신약성서를 따르려고 하기는커녕 그 근처에도 못 간다. … 기독교계와 크리스천들이 이해하고 있는 신약성서를 추측컨대 인간적인 취향에 잘 맞도록 또 자기 자신들이 발명한 것처럼 자연적인 인간을 두루 즐겁게 하도록 매력 있는 것으로 만든다. … 그러나 신약성서적 기독교는 사람을 즐겁게 하지 않고 오히려 그들에게 스캔들인 것이다."[39] 이렇게 키에르케고르의 성서관이 일견 신약성서로 돌아가자는 근본주의 같지만 역사적 예수를 객관적으로 파악하는 것이 결국 예수 그리스도의 진상을 몰이해하였듯이 성서의 문자적 정확성이 예수 그리스도의 현실을 결코 그대로 재현시킬 수 없다는 것이다. 프로테스탄트 교회가 가톨릭교회의 모순에서 탈피하여 그 교리의 거점을 성서에다 두고 학자들이 성서의 문자적인 정확성을 변호하려고 하지만 그것은 회고주의적 오산이라는 것이다. 그렇게 객관주의적으로 신앙의 거점을 설정하려는 것은 지난날의 문자적 광신주의the letter-fanatism of a bygone age라고 하면서 용납하지는 않았다.[40] 아무리 문자적 정확성이 과학적으로 증명된다고 하더라도 이런 객관주의적 태도로 믿지 않는 사람을 신앙으로 직접 연결시킬 수는 도저히 없다는 것이다.[41] 그렇다고 해서 성서의 언어학–비판적 연구를 전적으로 무시하는 것은 아니다. 그는 거기에 대해서 이렇게 말한다. "어느 때 고문서古文書의 비판적 연구의 노고에 대해서 무식하든지 교육을 덜 받았든지 아니면 건방지든지 하는 사람들이 경시하는 것을 듣고 또 그들이 고명한 학자의 세밀한 데까지 파고든 정밀한 연구를 어리석게 조소하는 것을 듣는데 그것은 그가 학문을 연구하는 데 무의미한 것이란 아무것도 있을 수 없다고 하는 학자의 영광에 속하는 것이다. … 그래서 그 언어학자가 일을 마쳤을 때 이제 이 고문서는 그 학자의 기능과 자격으로 가장 적확的確하고 유효한 모습을 갖추게 됐다는 전적인 찬사를 받을 수밖에 없는 것이다."[42]

키에르케고르에게 이런 성서에 대한 비판적 연구가 그 나름으로 중요한 것이라고 생각되기는 하지만 '영원한 행복'을 위해서 절대적인 조건이 될 수 없다는 것이다. 아무리 정확한 문서를 확보한다고 하더라도 이런 객관적인 접근은 어디까지나 근사성近似性, only an approximation or an approximation object에 불과하다는 것이다. 그는 근사성에 대해서 이렇게 말한다. "그런데 천만다행인 일은 이 의욕적인 가설假設과 아름다운 비판적 신학의 꿈은 하나의 불가능성인 것이다. 왜냐하면 설사 그것이 가장 완벽한 성수成遂라고 할지라도 근사성에 머물러 있을 따름이다. 또다시 그 성서 비판을 위해서 다행한 일은 허물이 결코 성서 비판 자체에 있는 것이 아니다! 만일 모든 하늘에 있는 천사의 두뇌를 다 동원한다고 할지라도 거기에는 다만 근사치밖에 가져오지 못한다. 근사성 그것은 역사적 지식이 갖출 수 있는 한도의 확실성이기 때문이다."[43] "다만 영원한 행복을 위한 근거를 거기에다 두는 데는 (절대치가 필요한 것이지 근사치 가지고는) 역시 부적당한 것이다."[44]

키에르케고르가 무한히 관심을 두는 일은 성서를 통해서 예수 그리스도와 인격적이며 내면적인 관계를 맺는 것이다. 이 점에서 본회퍼의 경우 성서의 역사적 비판 연구가 신앙의 절대적인 것은 아니지만 성서 이해에 필요불가결한 것이었다. 그러나 그에게도 더 긴요한 것은 매일매일 생활에서 성서를 통해서 인격적으로 하나님의 음성을 듣고 따르는 것이며 키에르케고르의 성서관과는 근본적인 태도에서 같은 것이다. 앞서 말한 대

로 키에르케고르는 그런 문자에 사로잡힌 근본주의적 성서관을 맹렬히
비판하면서 그것을 구세대의 희극적 의문 신학儀文神學, the letter-theology라
고 했고 "불행한 희비극적 낭만주의의 문자 노예an unhappy slave of the let-
ter in his tragic-comic romanticism"라고 했다.[45] 그런데서 탈피해서 그에게는
어떻게 하면 '영원한 행복'을 위한 '내면 관계' 또는 '무한한 열정infinite
passion'의 인격적인 관계를 구할까 하는 것이다. 그는 이렇게 성서관에 관
해서 말하면서 기독교 신앙의 내면성에 대해 다음과 같이 기술한다. "기
독교는 영적인 것이다. 영적이란 내면성이요 내면성은 주체적인 것이요
주체적인 것이란 근본적으로 열정적인 것이다. 그 최고 정점은 영원한 행
복 속에 있는 무한한 인격적인 열정적 관심 그것이다."[46]

5. 단독자와 공동체 의식

　여러 가지 면에서 이 두 신학자의 사상이 동질적인 근원에서 출발하였
음을 보았다. 그러나 전면적으로 다 그런 것은 아니고 어느 지점에 가서
는 그 분기점을 발견할 수 있다. 키에르케고르는 인간을 보는데 주로 인
간의 개체적인 측면을 주시하면서 극단적으로 단독자로서의 인간에게서
누구도 접근할 수 없는 고독한 자리를 추구한다. 그러므로 그의 사상으로
는 사회성의 관점에서 인간을 보는 것은 생각할 수 없는 것이다. 그는 인
간을 끝까지 비정치적으로 남겨 뒀으며 인간 가치를 그 누구와도 바꿀 수
없는 특이한 개체성 거기에 두려고 했다. 그와는 달리 본회퍼는 이 개체
적 존재로서의 인간을 하나님 앞에 있는 다른 인간과의 관계에서 곧 그
사회성에서 보려고 했다. 그렇기 때문에 그의 인간은 다분히 정치적이요
사회적 책임 의식을 반영시킨 면에서 본 인간인 것이다. 이렇게 해서 그

의 윤리적 구조는 키에르케고르처럼 하나님 앞에서 한 개인으로서 어떤 관계를 맺느냐 하는 단독자로서의 윤리가 아니라 이 단독자가 그가 살고 있는 사회에서 어떻게 다른 사람들과 관계를 맺느냐 하는 점에 역점을 둔 것이다. 본회퍼는 그의 『윤리』라는 저서에서 이렇게 말한다. "한 개인, 곧 고립된 존재가 아니라 책임 있는 인간이 주체가 되는 것이요 대행자가 되는 것인데 윤리적 반성은 그런 주체와 관련시켜서 생각해야 할 것이다. … 누구도 다같이 그 책임성을 회피할 수 없는 것인데 다른 말로는 누구도 대행직으로서의 책임을 회피할 수 없는 것이다. 대행직으로서의 고독한 생이라고 할지라도 전체 인류를 위한 한 인간으로서의 대행직인 것이다. 예수의 생애는 우리를 위해서 성육신한 대표자로서 사신 것으로, 그렇기에 그분을 통해서 모든 인간 생활은 대행직으로서의 생의 본질을 갖는 것이다. 예수는 개인으로서 예수가 아니었다. 당신 생의 완성을 의도하셨지만 그는 그 자신의 책임을 지는 동시에 모든 인간의 책임을 자신의 문제로 알고 책임지신 것이다."[47]

본회퍼는 그의 초기 그리스도론에 보면 교회라고 하는 공동체와 연관된 사회성을 제외하고 그리스도론을 생각할 수 없었다. 그에게 그리스도는 협동체적인 인격corporative person으로서 가시적인 교회에 구체적으로 존재하는 것으로 말하고 있다. 앞 장에서 우리는 두 신학자의 PRO ME적 실존으로서 하나님과의 관계의 공통점을 말하였지만, 여기에서 차이점은 키에르케고르가 하나님과의 종적인 관계에 역점을 둔 데 반해서 본회퍼는 종적인 관계를 통해서 횡적인 관계에 있는 인간에게 역점을 둔 점일 것이다. 따라서 본회퍼의 그리스도는 횡적인 관계인 공동체 속에서 관계하는 그리스도인 것이다. 그는 이렇게 말한다. "그리스도는 한 개인으로서의 자신이 아니라 더 나아가서 여전히 공동체적이다. 그분만이 그리스도이신 것은 나를 위해(PRO ME) 공동체 속에서 현존하시기 때문인 것이다.”[48] 이렇게 본회퍼의 공동체적 그리스도론은 키에르케고르의 신학 사상과 차이점을 논하는 마당에서 그 요점이 될 것이다. 이런 횡적 관계에 역점을 두는 본회퍼의 생각은 그의 후기에 가서 논의하기 시작한 비종교적 기독교 이해non-religions interpretation에까지 미치게 된다. 이것은 필립스 John A. Phillips가 시사한 대로 트뢸치Troeltsch의 기독교의 사회학적 이해에서 영향을 받은 것이 아닌가 생각한다.[49] 키에르케고르는 과거 신학의 추상적이고 관념론적인 폐단에 대해서 구체성을 가진 기독교가 되는 데 주력하는 중 그것을 객관주의적 오류誤謬에 빠지지 않으면서 인격적인 결단이 수반되는 단독자의 내면성을 고조하였다.

본회퍼도 키에르케고르와 같이 구체성이 있는 기독교 신앙을 요구하는 데 역점을 두었지만 그의 구체성은 인간의 내면과 외면으로 분리시킨 것이 아닌 전체성으로 보는 구체성이었다고 말할 수 있을 것이다. “세상에서 하나님을 추방하고 인간의 공적 생활에서 추방한 것은 하나님을 최소한 개인적, 내면적, 사적 국면으로 몰아넣는 것이다. … 성서는 우리가 내면적인 것과 외면적인 것으로 갈라놓는 구별을 인정하지 않는다. 왜냐하면 성서는 산상보훈山上寶訓에서 십계명을 내면성으로 압축한 듯이 보이지만 사실은 인간을 전체적 인간으로 보고 있는 것이다. 그런 내면성의 강점을 성서 전반에 걸쳐서 적용하는 것은 비성서적이다. 소위 말하는 내면 생활에 관한 것을 발견한 것은 문예 부흥기부터인데 아마 페트라치Petrarch (1304-1374) 때일 것이다. 성서적 의미로 ‘마음’이란 내면생활을 의미하는 것보다는 하나님과의 관계에서 본 전체 인간을 의미하는 것이다. … 그러므로 나는 하나님을 가장 깊은 비밀처에 밀행시킬 것이 아니라 솔직하게 세상을 인정하고 사람들을 인정해야 할 것이다. … 자 그러면 이제 구체적인 것을 말해야겠다. 그것은 성서의 세속적 해석인데 그것은 너무나도 벅찬 문제에 속한다.”[50] 이렇게 그의 구체성은 인간과 세계를 내면계와 외면계로 분리시켜 내면성의 일방적인 면에 치우치는 비구체성을 지양하고 내면과 외면이 하나가 된 구체성이었다. 이런 구체적인 성서관을 그는 성서의 세속적 해석이라고 말했던 것이다.

키에르케고르는 신약성서적 크리스천의 모습은 하나님 앞에서의 열정 때문에 세상의 그 어떤 고독과도 비교할 수 없는 고뇌가 따르는 존재로서 묘사한다. 그러면서 현대인의 대중성이라는 추상적인 개념에 묻혀 구체적인 단독자로서의 개인의 상실되어 가는 것을 안타깝게 생각한다. "영적 인간은 우리가 일반적으로 고독을 견디어 나가는 것과는 다르다. 따라서 그가 얼마나 영적인 인간인가 하는 급수는 그가 얼마나 고독을 견디어 내는가 하는 거기에 있겠지만… 신약성서적 기독교는 하나님을 사랑한 나머지 사람에게 미움을 받고 자기 자신마저 증오憎惡한다. 그렇기 때문에 사람들과도 그렇게 되고 심지어는 부모나 처자를(하나님보다 더 사랑할 수 없기 때문에) 미워하기에 이른다. 이것은 고뇌에 찬 지극한 고독의 강한 표현인 것이다."[51]

키에르케고르는 이렇게 하나님 앞에서 고독해진 사람을 그리면서 한편으로는 세상 사람들이 좋아하는 대중성에 대해서 이렇게 비판한다. "모든 것은 같은 수준으로 평준화하기 위한 노력이다. 첫째로 착각錯覺과 유령幽靈 등의 기괴奇怪한 추상성과 아무것도 아닌 것을 있는 것처럼 꾸미는 포용성包容性 또는 신기루 등을 입수할 필요가 있다. 그 착각이 다름 아닌 대중성 그것이다. 이런 짓이란 열정은 없고 사상의 반사 작용만 있는 시대에만 있을 수 있는 일인데 추상적인 보도만 일삼는 신문이 그 착각을 더 부채질한다."[52]

그러나 본회퍼의 경우는 유독 바르트Karl Barth에게서만 엿볼 수 있었다는[53] '비종교적 기독교'를 제창하면서 어떻게 하면 비종교의 세계에(세속세계) 하나님을 말할 수 있을까 하는 절박한 문제를 해결해 보려고 부심腐

心한다. 그러기 위해서는 과거 시대에 신학적 형이상학形而上學이 구성해 놓은 것 가지고는 안 된다는 것이다. 내면성과 개체성만을 고조하는 기독교 이해로는 오늘날의 신앙을 세속 사회에 이해시키기에 불가능하다는 것이다. 그러면서 어떻게 하면 '세속적 비종교적 크리스천religionless secular Christians'[54]이 될 수 있는가 하는 것이다. 여기에 대해서 그는 이렇게 말한다. "이런 질문에는 꼭 답변을 해야 하는데 그것은 교회가 그리고 한 공동체의 설교가 또한 성례전聖禮典이 무종교의 세상에서 어떤 의미를 갖는 것인가? 하나님에 대해서 종교 없이 곧 임시적으로 마련한 내면성이라고 하는 형이상학적 전제 없이 말할 수 있을 것인가? 어떻게 하면 세속적인 방법으로 하나님을 말할 수 있는가? 어떻게 하면 종교 편중적인 것이 아닌 전적으로 세상에 속하면서 하나님의 부르심에 응하는 에클레시아ekklesia가 될 수 있는가? 이런 경우 그리스도는 종교가 말하는 대상이 아니라 아주 다른 진실된 의미에서 세상의 주가 될 수 있을 것이 아닌가 하는 것이다."[55] "그러면 종교적 의미로 해석한다는 것은 무엇을 의미하는가? 이것은 한편으로는 형이상학적인 것과 다른 편으로는 개인주의적인 이해다. 그러나 이 둘이 다 성서적인 사신使信이나 오늘의 인간에게는 적합한 것이 되지 못한다. 개인의 구원을 문제 삼는 개인주의적 이해는 완전히 우리에게 생각도 할 수 없게 되지 않았는가?"[56]

본회퍼는 초기의 그리스도론에서는 교회라고 하면 공동체적 존재로서의 그리스도요(Christ is the Community by virtue of his being PRO ME), 그리스도인이라고 하면 이 공동체에 참여하는 존재로서의 그리스도인이었으나[57] 그 후기 사상에는 예수는 다만 '남을 위한 현 존재'(being there for others, Jesus is there only for others)요 또 그리스도인도 예수의 현 존재에 참여하므로 남을 위한 신존재新存在(a new life in "existence for others" through participation in the being of Jesus)[58]로 말하고 있다. 이것은 그가 초기의 교의학적敎義學的인 의미의 교회라고 하는 구체적인 공동체에 관계하는 사회성을 강조하고 있으나, 후에는 그 폭을 더 넓혀서 세상이라고 하는 전면적인 횡적 관계에서 예수를 보고, 신자도 예수와의 관계에 있어서 타인을 위한 존재 곧 사회적 책임을 진 자로서의 구체적 존재로 본 것이다. 그러면서 하나님의 초월성超越性에 대해서도 종래 형이상학적 개념의 초월성에서 벗어나 예수 그리스도의 '다른 사람들을 위하는 현 존재'로서의 초월 경험을 하는 구체적 의미에서의 초월성이라고 말하는 것이다. 이렇게 그는 하나님과 예수 그리스도를 과거의 추상적 개념화에서부터 구체적인 사회성을 띤 존재로 구출하려고 노력했다. 이 점에서 키에르케고르에게는 대중성의 경향을 추상적이라고 공격하고 내면성, 개별성, 단독자로서의 관계를 고조시키며 거기서 구체적 신앙의 결단을 촉구했다. 그러나 본회퍼는 그런 내면성을 추상적인 형이상학의 산물로 보고 거기에서 떠나 구체적인 타자와의 사회적 관계에서 모든 문제를 관찰하려고 노력했다. 더 나아가서 전면적으로 사회적 구체성을 띠려면 신앙 자체가 '종교'라고 하는 울타리에 갇혀 있어서는 안 되기 때문에 '비종교적' '세속화'가 필요하다고 말한 것이다. 이 문제에 대해서 본회퍼는 다음과 같이 말한다. "하나님은 누구신가? 이는 첫째로 하나님을 추상적으로 믿는다는 것을 의미하지 않는다. 이것은 하나님의 순수 경험이 아니라 이 세상의 일부의 확장을 의미하는 것으로서 예수 그리스도와 '만남' 그것이다. 모든 인간 생활의 변모transformation의 경험은 '예수는 타자를 위해서만 존재'한다는 사실을 통해서 주어진 것이다. 그러므로 '타자를 위한 현 존재'로서의 예수는 초월적 경험이다. … 신앙이란 예수의 이런 존재에 참여하는 것이다(성육신, 십자가, 부활). 우리의 하나님과의 관계는 우리가 상상할 수 있는 최고의 그리고 최강의 최선의 종교적인 관계가 아니다. '그런 것은 참다운 초월authenic transcendence이 아니다.' 우리의 하나님과의 관계는 예수의 존재 안에 참여하는 것을 통해서 '타자를 위한 존재' 가 되는 새 생활 그것이다. 그 초월성은 무한한 개념이나 성수成遂 불가능한 일로서의 초월성이 아니라 어떤 주어진 상황 속에서 이웃에게 손을 뻗힐 수 있는 그런 의미의 초월성인 것이다."[59]

두 신학자의 사상적 차이점에 접하면서 우리는 누가 옳고 누가 잘못됐다는 것을 말할 필요가 없다. 그것은 신학 한다는 것은 결코 어떤 사상적 원리를 수립하자는 것이 아니라 틸리히의 말대로 기독교의 본질적인 '케리그마' 가 그 역사적 '상황' 을 만나서 어떻게 창조적으로 진리의 해석과 자기 이해를 하느냐 하는 문제이기 때문에[60] 그 시대적인 상황의 변천에서 생기는 신학적 문제 적용의 차이라든지 따라서 그 강조점의 차이 등은 우리가 어떤 원칙 밑에서 옳다 그르다 시비할 수 없다고 본다. 루터가 '믿음으로만 구원 얻는다' 고 말했던 것을 키에르케고르가 인격적인 결단이 수반하는 자발적인 '사랑의 역사' 가 없을 때 그런 믿음은 '속임수' 라고 했다고 해서[61] 그 어느 누구가 잘못이었다고 말할 수 없는 것과 같다.[62] 그리고 키에르케고르가 본회퍼가 주장했던 기독교 신앙의 구체적인 공동체 의식을 몰각沒却했다고 해서 키에르케고르는 전적으로 잘못됐다고 말할 수는 도저히 없다. 그들은 다 그 시대가 갖는 상황이 요청하는 신앙적 주장을 자기 나름의 창조성을 갖고 외친 신학자들이다. 다만 우리가 여기서 문제 삼을 것은 이들 신학자들의 창조성과 그 창조적 진리 해석과 실존적 자기 이해가 얼마나 큰 역동성力動性을 갖고 그 시대에 영향을 끼쳤느냐 하는 문제일 것이다. 이런 점에서 이 두 신학자가 다 이 글의 초두에서 말한 대로 다른 사람들이 따를 수 없게 역사적 전환점을 가져오도록 한 독창적인 신학자였음은 여기에 재론할 필요가 없는 줄 안다. 이들은 정말 각자의 시대적 상황 속에서 자기가 반드시 외쳐야 할 말씀을 외친 신학자들이었다.

제3장

전위 예술과 신학

1. 예술가와 원형原型

  기독교 신앙이 제시한 원형archetype 둘이 있다. 하나는 '인자' 이고 또 다른 하나는 '하늘나라' 이다. 이것은 "모든 기독교 신학의 모체"라고 말하는 묵시문학에 그 연원淵源을 갖는 것으로 인류가 구할 수 있는 가장 순수하고 구체적인 한 인격의 출현과 한 공동체의 실현을 예시한 것이다. '인자' 는 힘과 사랑과 정의를 구비한 인격으로서 본래 창조의 목적에서 타락해 버린 세계를 구원하는 것이다. '하늘나라' 는 기쁨과 자유 그리고 평화가 실현되는 공동체로서 인간 집단체가 갖는 모든 모순에서 해방된 새로운 공동체인 것이다. 그곳은 인간 집단체가 갖는 모든 횡포와 억압 그리고 간교한 자들이 행하는 모든 불의와 위협에서 해방되어 있으며 그곳에서는 여하한 의미로든지 그 공동체가 갖는 기쁨을 빼앗기지 않는다. 그곳은 독사의 맹수들이 그 집에서 나와서 어린애들과 더불어 놀고 여인들의 해산하는 수고가 없으며, 죽음의 쏘는 독이 제거된 곳이다. 이런 새 인간의 출현과 새로운 공동체의 실현에 대한 원형적 상archetypal imagery은 비단 기독교뿐만 아니라 그 형태가 다를 뿐 어느 문명이고 어느 예술이고 어느 종교고 다 갖고 있다. 다만 그것이 어떤 것은 다른 것에 비해서 순수성이 없다든지 그 나타난 면모가 다른 것에 비해 일그러져 있다든지 할 따름이지, 인간이 갖고 있는 문제로부터 해방된 한 인격의 출현을 기다리고 또 모든 인간 집단체가 갖고 있는 횡포와 억압에서 벗어난 자유롭고 평화로운 그리고 기쁨이 있는 '새 공동체' 의 실현을 그리는 제 나름대로의 '원형적 상' 을 다 갖고 있는 것이다.

인간이 살고 있는 모든 사회가 다 그렇지만 화가 이중섭李仲燮이 살고 있던 사회는 너무나 혼탁하였다. 나라는 남의 식민지가 되었고 그 가운데서도 나라를 파는 자들은 호의호식好衣好食에 취해 있었다. 그러다가 태평양 전쟁의 종결로 일제의 억압에서 풀려나기는 했지만 얼마 지나지 않아서 남북의 싸움이 붙어 조국의 산하는 피로 물들고 있었다. 그렇게 참혹한 피바다 속에서도 이 화가가 몸담고 있었던 사회는 걷잡을 수 없이 부패일로의 길을 걸었다. 그래서 그는 종당에 먹는 것을 거부하고 말하는 것도 거부하고 그림만 그리다가 세상을 떠나 버렸다. 옛날 묵시문학자가 살고 있었던 역사적 환경도 그 민족 전체가 남의 나라의 혹독한 압박에 신음하던 때, 그 가운데서도 이 엘리트들은 그들의 속눈으로 이 새로운 공동체의 출현을 멀리서 바라보고 있었던 것이다.

화가 이중섭이 그린 예술의 세계에도 그런 억압에서 해방된 새로운 공동체에의 의식이 일군一群의 어린이들 상像으로 표현되어 있다. 묵시문학자의 경우 그렇게 투명한 '묵시문학적 상archetypal imagery' 이 외세의 침입으로 이스라엘 민족 전체가 수난을 겪을 때 나타났던 것처럼 이중섭의 경우도 그런 민족적 수난 속에 있을 때 자기 나름대로의 새 공동체의 원형을 의식한 것이다. 그는 어린이 군상의 시리즈를 통해서 평화롭기만 하고 자유롭기만 하며 즐겁기만 한 세계의 이미저리imagery를 표현했다. 거기는 완전히 모든 억압에서 해방된 자유로운 천지다. 이해타산으로 인간관계가 각박해지고 숨 가쁜 데서 풀려난 그저 유희遊戲, play만 있는 세계다. 사람의 활동이 먹고사는 데 얽매여서 목매여 끌려 다니는 것과는 상관이 없는 그저 자기가 좋아서 자기가 하고 싶어서 활동하는 기쁨의 천지다. 그래서 거기는 나뭇가지를 붙들고 애무하고 꽃과 입 맞추며 나비와 대화를 나누는 세계다. 사나운 동물이 친구가 되어 같이 놀지언정 결코 이 어린이들을 상하지 못한다. 그는 가난과 굶주림 속에서 거처할 곳도 없이 친구의 집 아니면 여관방을 전전하면서 작품을 그렸다. 전위avant-garde 예술가들의 마지막이 그렇듯이 그도 막다른 번민agonism 속에 잠겨 들어갔다. 그가 갖고 있었던 예술가로서의 정열이 그의 생애를 그렇게 참혹한 것으로 불사르게 하였다. 그는 자기 예술을 범속凡俗, vulgarity에 팔아넘길 줄을 몰랐고 자기가 하고 싶은 일에만 몰두하였다. 그렇게 가난 속에 쪼들리면서도 친구가 신문사 연재소설의 삽화를 그리도록 주선해 줬으나 "자동차 타고 가는 예쁜 남녀들을 그릴 줄 알아야지" 하면서 거절하더란 것이다. 자동차 타고 가는 예쁜 남녀가 무엇을 의미했는지는 알 수 없지만 그는 분명히 시대의 통속적인 조류에 휩쓸리지 않고 자기 나름의 길을 걸어간 예술가다. 그렇기 때문에 진실한 의미에서의 예술 창조란 그 시대가 범속에 눈멀어서 보지 못하는 현실을 보도록 눈 띄워 준다.

2. 제3의 눈

현대 회화의 난해성을 일컬어 예술 작품에 있어서의 '공개된 비밀an

open secret' 또는 허메티시즘hermeticism이라고 말한다. 현대인들은 무엇을 이해하는 데 곧잘 어떤 공식이나 원리에 맞추어 풀면 되는 것처럼 생각한다. 그러나 하나의 예술 작품을 이해하는 데는 어떤 공식이나 원리를 따져서 이해할 수 있는 것은 아니다. 특히 현대 회화는 분명히 일반이 보면서도 보지 못하는 작품의 세계가 있다. 그러기에 예술 작품을 비판하는 평론가라는 존재를 필요로 하는 것이지만 아무리 작품에 대한 설명을 들어봐도 내 눈이 그 예술 작품을 보고 좋아하지 않는 데야 별 수가 없다. 이렇게 예술 작품을 머리로 이해하는 것과 실제로 내가 그 작품을 좋아하는 것과는 별문제인 것이다. 이런 현대 회화의 난해성 때문에 어떤 사람들처럼 현대 미술이란 것은 다 쓸모없는 것이라고 단정해 버리고 말 것인가 하면 그럴 수도 없다. 구조파constructivism의 거장 나훔 카보Nahum Cabo의 말대로 우리가 의식하든 의식하지 못하든 간에 오늘날 우리가 살고 있는 환경과 지구의 스카이라인은 현대 미술이 만들어 낸 새로운 조형 의식에 의해서 그 양상이 달라진 것만은 사실이다. 우리가 쓰고 있는 가구, 건축물, 기계 심지어는 일상 용품에 이르기까지 인간이 만들어 내는 그 어느 것도 현대 회화가 끼친 새로운 조형 감각의 영향을 받지 않은 것이 없다.

현대 회화의 난해성에는 두 가지 원인이 있다. 하나는 우리가 갖는 선입관적인 관찰 습성이다. 우리가 한 시각적인 대상을 관찰할 때는 그저 보는 것이 아니라 우리가 사물을 관찰하는 법을 익힌 대로 보고 그것이 반복됨에 따라 무엇을 관찰하는 데 하나의 습관이 붙어 그 습성을 통해서 본다. 그래서 시각적인 대상을 관찰하는 데 편견이 생기기 마련이다. 우리는 그림을 볼 때도 시각적인 편견과 관찰의 습성에서 해방되지 못하고 본다. 더 구체적으로 우리는 그림을 볼 때 우리가 경험하고 익힌 조형 의식의 그 어떤 것과 그림을 비교해서 이해하려고 한다. 그래서 자기가 기

대하는 또는 자기가 마음에 그리고 있는 어떤 환각에 사로잡혀 회화 자체
가 우리에게 표현하려고 하는 조형미 자체를 못 보고 마는 것이다. 현대
미술은 귀족 생활의 기록자의 구실 또는 종교 설화의 삽화식 제작자 구실
의 예속성에서 벗어난 지 오래며, 더 나아가서 전위 미술의 풍토는 어떤
기존적인 조형 의식이라든지 전통이 만들어 놓은 어떤 시각적인 **오브제**
에 구애받지 않고 새로운 조형의 창조를 모색하고 있기 때문에 일반이 갖
는 시각적 습성 또는 인습적인 관찰로는 현대 회화의 '현실'을 볼 수 없
는 것이다. 자기 생각에 사로잡혀 있는 사람은 남이 말하는 소리가 들리
지 않는 것처럼 현대 회화도 내 시각적인 관찰 습성에 사로잡혀 있는 사
람에게 영원히 '공개된 비밀'인 것이다.

또 다른 현대 회화가 난해한 이유는 작가가 갖는 심미적 경험 또는 조
형 의식의 세계에 일반이 미치지 못하는 데서 오는 것이다. 허버트 리이
드Herbert Read의 말대로 "미술사는 인간이 여러 모양으로 세계를 보아온
시각적인 지각 양식의 역사다."(a history of modes of visual perception). 작
가라는 사람들이란 현대 미술이라고 하는 역사적 단계에 도달하기까지의
무수한 조형 세계의 심미적 경험 과정을 통해서 자기 나름의 표현을 하고
있는 사람들이다. 말하자면 작가들은 그런 경험의 과정을 겪으면서 그 눈
의 꺼풀이 몇 껍질 벗겨져 있는 사람들이다. 그들은 조형적 미의식이 고
도로 발달해 있고 그 관찰력이 예리할 대로 예리해진 사람들이다. 그러니
그런 눈을 가진 사람들이 그린 그림 앞에 설 때 일반은 이해에 앞서 일종
의 현기증을 느끼게 되는 것이다. 그것은 단순히 지적인 이해 문제를 넘
어서 그림을 보는 눈이 돼 있느냐 없느냐 하는 실존적인 문제다. 이렇게
일반이 보지 못하는 '오픈 시크릿'을 판독하는 눈을 메를르 퐁티M.
Merleau-Ponty는 '제3의 눈'이라고 했다. 아마 이것은 예수님이 말한 "눈이
있어도 보지 못하며 귀가 있어도 듣지 못한다."는 말씀과 통하는 말일 것

이다. 그가 비유로 말씀한 '천국'의 현실은 그때의 대중에게는 '공개된 비밀'이었다. 그것을 볼 수 있는 눈은 따로 있었고 그 말씀을 깨닫는 귀도 따로 있었다. 사실은 오늘날에도 예수님의 말씀은 대중화되어 있지만 그분처럼 사람들에게 오해를 받고 있는 분도 없을 것이다. 참으로 그분을 이해하는 눈은 따로 있기 때문이다.

3. 종말론적 이벤트 메이커

요즘 일군의 전위 작가들은 자기들의 작품이 돈 있는 부르주아들의 거실에서 장식품 노릇을 하는 것을 거부한다. 그리고 이해타산에 빠른 화상들의 수집물로서의 작품이길 거부한다. 이들이 추구하는 예술은 오늘날 물질주의적 문명 또는 객체주의적인 문화Object-oriented culture에 대한 강력한 반항 운동으로서의 예술인 것이다. 이들은 일반이 추구하는 아기자기한 조화미라든지 달콤한 생활에 안거하는 귀족 취미의 우아성을 결코 아름다운 것으로 보지 않는다. 오히려 이들은 거기서 구토증을 느낀다. 그렇기 때문에 자기들이 만들어 내는 작품이 그런 귀족 취미에 영합하는 수집물의 대상이 되는 것을 거부하고 그런 구토증 나는 조화와 안일을 깨뜨리고 그 틈 사이에서 내다보이는 건너편의 세계를 보려 한다.

이 전위 작가들에게 있어서 더 심각한 것은 이들은 자신이 만들어 내는 작품의 영구 보존보다 작가의 창작 행위 또는 '이벤트'로서의 예술 활동에 역점을 두는 점이다. 그렇기 때문에 이들은 미술 창작을 할 때 재료의 영구 보존성 여부에 상관하지 않고 제작한다. 이들은 오히려 예술 행사 당장當場에서만 쓸 수 있는 취약한 재료 또는 유동성 있는 재료를 사용하여 그 작품은 그 미술 행사만 끝나면 다 없애 버리거나 혹시 작품이 보존

된다고 하더라도 그 소재의 취약성과 유동성 때문에 전시 당시의 원형을 그대로 보존할 수 없게 한다. 이들에게는 작품의 보존이 중요한 것이 아니라 예술 활동 또는 창작 행위 자체가 중요한 것이다. 그러므로 이들의 작품 발표회는 기존하는 미적 가치관에 대한 반항으로서의 의전적인 이벤트a ritual event인 것이요 작품의 영구 보존을 문제 삼지 않기 때문에 이 예술 활동의 이벤트는 단회적이요 종말적이다. 확 비쳤다가 꺼져 버리는 불꽃처럼 어떻게 보면 허무하기 짝이 없는 창작 이벤트 자체의 중요성을 강조한다. 엄밀한 의미에서는 한 예술 작품이란 작가의 예술 활동 또는 창작 활동에서 배설되어 나오는 찌꺼기라고 말할 수 있을 것이다. 작품이 그런 의미에서 중요성을 갖는 것은 사실이지만 그보다 더 중요한 것은 작가의 예술 활동 또는 창조적인 이벤트 자체인 것이다.

땅 위에서 무수히 일어나고 있는 자연적인 현상이 다 역사적 이벤트가 될 턱이 없다. 그것들은 다만 일어났다가 꺼져 버리는 물 위의 거품처럼 자연적인 기복에 불과하다. 그뿐만 아니라 인간이 행하는 일들이 다 이벤트 메이킹event making의 사건이라고 말할 수 없다. 우리가 보통 행하고 있는 일들은 일상생활의 루틴routine을 그대로 되풀이하는 것에 불과한 일들이요 일반화되고 습관화된 크고 작은 사건occurence의 흐름 속에 그대로 휩쓸려 떠내려가는 일들이다. 이렇게 해서 시간의 흐름에 따라서 이런 크고 작은 일들은 망각이라고 하는 차가운 무덤 속에 매몰돼 버리고 만다. 이런 무의미와 죽음의 인간 생활의 연속 속에서도 생명 있는 것을 불어넣고 의미 있는 것을 부여하는 '이벤트' 그것은 창조적 사건이 일어나는 거기에만 있는 것이다. 창조적 이벤트 메이킹으로서의 행위 그것이 그렇게 차가운 묘지로서의 인간 역사를 생명 있는 것으로 부활시킬 수 있는 것이다.

예수 상은 종래 도학자적인 신학자들의 눈에 비쳤던 완전무결한 도덕

률의 실천자로서의 예수라기보다 그분이야말로 전 생애가 창조적인 이벤트 메이커the creative event-maker로서의 생애로 보아야 할 것이다. 어두움 속에 단 한 번 확 비쳤던 그 짧은 생애가 그처럼 인간의 역사에 결정적인 전환점을 가져다주는 창조적인 이벤트가 된 것이다. 이것은 시간의 물결에 휩쓸려 가버릴 사건이 아니라 인간의 전 역사에 새로운 의미를 불어넣는 코스믹 이벤트the cosmic event인 것이다.

4. 슐리얼리스트의 신학

인간에게 있어서 치명적인 병은 마르크시스트들이 말하는 것처럼 부르주아들의 '착취' 도 아니고 자본주의자들이 생각하는 것처럼 '가난' 도 아니며, 실존주의자들이 생각하는 것처럼 '절망' 도 아니다. 인간에게 '죽음에 이르는 병' 은 이매지네이션imagenation의 부패다.

어떤 악한 일도 이매지네이션의 산물 아닌 것이 없고, 어떤 선한 일도 이매지네이션의 산물 아닌 것이 없다. 어떤 파괴적인 일도 이매지네이션의 손을 거치지 않은 것이 없고, 어떤 창조적인 것도 이매지네이션의 솜씨를 거치지 아니한 것이 없다. 이렇게 이매지네이션이라는 것이 굉장한 것이지만 실상 이매지네이션의 세계는 있다면 있는 것이요 없다면 없다고 말할 수 있는 허공과 같은 것이다. 거기에는 아무런 있는 것도 없고 없는 것도 없다. 거기에는 되는 일도 없고 또 안 되는 일도 없다. 이렇게 이매지네이션의 세계는 역설적이다.

사람이 본래 지음을 받을 때 '하나님의 형상' 대로 지음을 받았다고 말하지만 사람은 하나도 하나님 닮은 곳이라고는 없다. 그 겉모양이 하나님의 형상일 리도 없고 도학자적인 신학자들이 말하듯이 윤리적인 면에서

하나님을 닮은 흔적도 없다. 다만 사람이 하나님을 닮은 곳이 있다면 그것은 인간이 갖고 있는 이매지네이션의 기능이라는 면에서일 것이다. 이 이매지네이션의 영역 안에서는 신에게 불가능이 없는 것처럼 불가능이 있을 수 없다. 일순간에 수천 리를 이매지네이션의 세계에서 뛸 수도 있고 눈 깜짝하는 사이에 마천루의 건축물도 지을 수 있다. 그렇기 때문에 인간은 그 세계에서는 무한히 성스러워질 수도 있고 또 한없이 추악해질 수도 있다.

예술가들은 자기의 이매지네이션 세계에 떠오른 한 표상을 포착하여 그것을 예술 작품이라고 하는 가시적인 것으로 구체화한다. 과거에는 예술가들의 이매지네이션 기능이 자연이라고 하는 그림자에 늘 가려져서 제 나름대로 본 것을 완전히 표현하지 못했다. 그래서 작품은 자연의 모방 아니면 자연이라고 하는 스크린을 통해서 본 어떤 표상을 표현했던 것이다. 그러나 초현실주의Surrealism의 대두 이래 그 예술 표현의 주장은 의식의 세계에 나타나는 어떤 이매지네이션의 표상도 어떤 전통에서든 자연에서든 구속받음이 없이 표현하기에 이르렀다. 슐리얼리즘파의 주장者匠 앙드레 브르통Andre Breton은 이렇게 말한다. "우리가 이어받은 많은 불명예스러운 것 가운데 심각히 깨달아야 할 것은 정신의 전적 자유라는 것을 도외시하는 일이다. 우리는 이 자유를 오용해서도 안 될 것이고 설사 그것이 노골적으로 인간의 행복을 위한다는 구실로 이매지네이션의 (자유를) 노예화를 꾀하는 것이라면 그것은 심각한 의미에서 인간이 발견한 최고의 정의正義에 어긋나는 짓인 것이다. 이매지네이션만이 나에게 가능성을 말해 주며… 또 그것이 나로 하여금 자기기만에 빠지는 두려움 없이 이 자유 속에 완전히 자신을 투입하도록 하는 것이다." (초현실주의 선언)

이렇게 초현실주의의 이매지네이션에 대한 자각은 참으로 놀랄 만하다. 그들은 자유의 절대적인 경지를 이매지네이션에서 찾아보려고 했고 또 이매지네이션의 영역에 떠오르는 표상을 자유롭게 표현하려고 노력하였다. 그렇기 때문에 이들이야말로 이 시대가 처해 있는 인간의 궁극적인 상황을 거침없이 표현하고 있는 것이다. 두샹프Mareel Duchamp나 피카비아Fraucis Picabia의 경우 그들의 기계주의적mechanism 표현은 현대 문명의 기계주의적 윤리machine ethic에 의해서 쭈그러진 인간 상황에 대한 반항적인 표현인 것이다. 살바도르 달리Salvador Dali의 경우는 비인간화된 현대 문명에 대해서 강한 '과대망상적 비판 행위' 인 것이다.

이렇게 예술은 현대 문명이 갖는 이매지네이션의 부패를 지적해 주지만 그 치명적인 병의 치료는 말하지 못한다. 인간이 갖는 이매지네이션의 세계가 그렇게 굉장한 것이기 때문에 어쩌면 어떤 누가 그 시대가 갖는 이매지네이션의 세계를 컨트롤할 수 있다면 그는 인간의 궁극적인 상황을 컨트롤할 수 있을 것이다. 인간이 갖는 이매지네이션의 세계는 고문으로도 지배할 수 없다. 어떤 독재자의 훈령으로도 어떻게 할 수 없다. 그렇게 굉장한 이매지네이션의 소유자만이 가능한 것이다. 다른 말로 바꾸어서 말하면 그것은 '계시' 의 소유자만이 가능한 것이다.

그런 의미에서 인간의 치명적인 병인 이매지네이션의 부패를 치료하는데 결정적인 역할을 담당한 것이 종교인인 것이다.

5. 미래파 선언과 기독교

이태리 밀라노에서 미래파未來派라고 불리는 일군一群의 작가들이 (Umberto Boccioni, Carlo Carra, Luigi Russolo, Giacomo Bella, Gino Severni) 1910년, 미래파 화가 선언이라는 것을 다음과 같이 발표했다.

① 어떤 형태의 모방이든 이는 경멸해야 할 것이고 어떤 형태의 창의성
　　이든 이는 영광스러운 것으로 높여야 한다.

② 우리는 조화의 미라든지 귀족 취미 따위의 언어가 갖는 난폭성에 대
　　해서 항거해야 할 것이고, 이런 능청스러운 표현으로 렘브란트, 고
　　야, 로댕과 같은 거장들의 작품이 훼손받기 일쑤다.

③ 미술평론 따위는 무용한 것 아니면 오히려 유해한 것이다.

④ 강철과 같은 생명력과 정열과 긍지 그리고 돌진하는 속력과 같은 현
　　대 생활의 소용돌이치는 것을 표현하기 위해서 모든 낡아빠진 것과
　　진부한 주제를 깨끗이 일소해 버려야 한다.

⑤ 탄압받는 개혁자들에게 항상 뒤집어씌우는 비난의 소리 '미친 놈' 이
　　란 말은 오히려 훌륭하고 명예로운 이름으로 받아들여야 한다.

⑥ 회화에 있어서 **콤플러멘타리즘**은 시에서 자유체나 음악에서 대위법
　　이 필요한 것처럼 절대로 필요한 것이다.

⑦ 힘에 넘치는 감동처럼 회화에 우주적인 힘이 표출되어야 한다.

⑧ 어떤 질적 요소보다도 진실성과 순결성은 자연을 해석하는 데 없어
　　서는 안 될 중요한 요소다.

⑨ 운동과 빛은 물체의 질을 변화시킬 수 있다.

　이 선언문은 읽는 이로 하여금 생동력 있는 기백이 용출케 하며 낡아
빠진 데 머물러 있지 못하도록 앞으로 내다 미는 힘이 있다. 그들은 그렇
게 강력히 예술 작품에 창의성이 있어야 할 것을 고조했고 날카롭게 낡은
전통에 도전하여 새 것을 찾는 데 열중했다. 맥 빠지고 침체된 상태에 머
무르지 않고 우주적인 역동성을 갈망했다. 그러면서도 그들은 진실과 순
결로 자연을 대하여 이를 해석하려고 노력하였다.

　오늘날 기독교계에 요구되는 것은 바로 이 미래파 작가들이 선언한 그

점들인 것이다. 기독교계에서 오늘날 문제되는 것은 신앙을 단순히 전통의 고수로만 생각하고 누구의 모방을 미덕으로 생각하는 점이다. 만일 신앙을 모방으로 해석한다든지 누구에게 기대는 것으로 풀이한다면 그런 기독교 이해가 한 인격의 독자성을 몰각한 노예 종교로 전락시켜 버리고 만다. 예수가 원래 전한 메시지의 근본 의도는 인간을 노예처럼 다루자는 것이 아니라 어디까지나 한 자유로운 인격으로 소중히 여기자는 것이다. 그래서 각자가 독립해서 자기 나름의 창의력을 발휘하여 그 생을 꽃피우도록 하는 인격의 해방에 본뜻이 있는 것이다. 예수가 '나를 따르라'고 말씀할 때는 그를 모방하라는 말이 아니다. 이것은 그분이 그처럼 창조적으로 생을 영위했듯이 우리도 우리 나름의 창의력을 가지고 생을 의미 있게 승화시키라는 것이다. 그것이 '나를 따르라'고 말씀하기 바로 전에 '제 십자가를 지라'는 의미인 것이다.

미래파 작가들이 선언한 것처럼 기독교는 진부하고 낡아빠진 회고주의적 이해에서 벗어나 기독교가 갖는 본래의 역동성을 회복해야 할 것이다. 이런 회고주의적 기독교 이해 때문에 그렇게 많은 사람들에게 생의 새로운 전환점을 가져다주었던 기독교 언어는 그 힘을 상실하고 무의미한 습관 반복으로 아무런 효능도 발휘하지 못하는 사어死語가 되어 가고 있는 것이다. 오늘날 그렇게 자주 입에 오르내리는 '구원'이란 말처럼 퇴색된 말은 없다. 그렇게 기독교 교리에서 중요하게 다루고 있던 이 언어의 내용은 막대기로 허공을 치는 것처럼 공수표를 떼는 말이 됐다. 오늘날 교회의 많은 사람들이 이 신앙적 언어가 전해 준 뜻을 오해하고 허공의 신sky god을 믿다가 가공의 세계에서 맴도는 영혼이 되고 만다. 사람들은 이 시대를 일컬어 기독교 후기Post-christian era라고 말해서 이제 기독교를 믿을 시대는 다 지나가 버린 것처럼 말한다. 그래서 이 사람들 특히 이 시대의 문화적인 엘리트들은 기독교는 이제 시대착오적인 유물로 전락했다고 생각한다.

　기독교는 이제 그 본래적인 창조성을 다시 회복하기 위해서는 미래파 작가들이 진실성과 순결한 태도로 자연을 다시 해석하려 하였듯이 텍스트가 갖는 언어의 새로운 해석을 통해서 그 언어가 갖는 힘을 회복해야 할 것이다.

제4장

슐리얼리즘의 신학(Ⅰ)

슐리얼리즘Surrealism의 신학은 일상생활에서 사용된 의식을 한갓 쓰다 남은 쓰레기에 불과하다고 말하더라도 무방하다고 생각하지만 그러면 쓰레기 아닌 의식은 무엇을 말하는가 하는 것을 찾아보는 학문이라 말할 수 있는데 이 쓰레기 아닌 의식이라는 것이 날개가 돛인 날짐승 같아서 잘 놓치기 일쑤이고 김(蒸氣)처럼 잘 증발해 버리는 것이니 어떻게 하면 이것을 붙들 것인가 하는 것이다. 혹자或者는 이것을 무의식無意識, unconsciousness이라고 말하든지 이매지네이션의 영역이라고 말하더라도 될 것이지만 이것을 옳게 포착한 사람은 '영원을 향해서 열린 문'이라고 말하든지 '계시'라고 해도 무방하다고 말하는 것보다 더 심각한 의미에서 쓰레기 아닌 의식이라고 말한다.

1. 의식의 둔화鈍化

① 적극적인 의미에서 죄는 불신앙을 의미하지만 소극적으로는 죄는 의식意識, consciousness의 둔화라고 말할 수 있을 것이다. 여기서 말하는 의식의 둔화는 그런 사실의 개연성蓋然性을 말하는 것도 아니요, 또 그런 둔화된 상태를 가정적으로 설정하는 것도 아니라 사실로서의 '의식의 둔화'를 말하는 것이다. 그런고로 사실로서의 '의식의 둔화'는 가공스러운 일로서 이것은 '사실로서의 둔화'이기 때문에 의식이 둔화되어 있으면서도 의식이 둔화된 것을 모르고 있는 둔화인 것이다. 여기서 말하는 의식이란 인간이 가진 의식 가운데 어떤 일부분의 기능을 말하는 것이라기보다 인간이 갖는 모든 분야의 의식, 기능 곧 대내적으로나 대외적으로 일어나고 있는 한 인격의 그 관계성에 있어서의 반응 전부를 의미하는 것이다. 물론 이것은 의식, 기능의 정지를 의미하는 것은 아니다. 그렇게 되면 '의식의 둔화'가 죄의 상태라고 말할 수 없게 된다. 왜냐하면 죄는 의식의 정지 곧 죽음 가운데는 있을 수 없는 것이기에 '의식의 둔화'를 말하였다. 둔화되어 있으면서 둔화된 줄을 모르는 의식 상태는 의식의 정지가 아니라 이것은 의식의 전도된 기능이라고 말할 수 있을 것이다. 그러므로 '의식의 둔화'는 어떤 의미로 의식의 전인격적인 문제에 관련되어 있어 불신앙의 요인을 가져오게 된다.

② 의식의 기능이 정지되어 있지 않으면서 의식이 둔화되어 있다는 것은 '의식의 둔화'를 둔화된 줄 모르는 치명적인 둔화이니 이 의식의 둔화를 살려 내는 것은 여간 힘이 드는 것으로 자칫하면 어떤 반발反撥이 유발誘發될 것이니 조심스럽게 다루어야 할 문제라고 보든지 차라리 그런 반발은 앞으로 둔화된 의식을 살리는 데 어떤 소망이 있다는 징조라고 말한

다면 '의식의 둔화'는 더 악화된 상태 곧 그 둔화의 둔화가 되는 것이니 무의식 상태에로의 회전을 의미하는 것이 아니고 반의식反意識, Anti-con-sciousness 상태를 말하는 것일 것이다. 그렇다고 물론 초의식超意識, Trans-consciousness 상태를 의미하는 것도 아닌 반의식 상태 그것이다. '반의식'이란 의식의 퇴화를 의미하는 것이 아닌 의식의 정관상태靜觀狀態라기보다 의식의 반작용이니, 이 반작용이란 의식의 죽음 곧 기능 정지를 바라는 것이 아니라 의식과 기능의 무질서라든지 계속된 의식 작용에의 방해를 일삼는 것인데, 이것은 죽지도 않으면서 인간 의식이 인간 의식 자체를 해치는 가장 참혹한 자학행위에서 나온 것이다. 이것을 '의식의 둔화'라는 말을 빌려서 표현한 것이 불충분하다면 또 다른 어휘를 빌리는 것도 무방하다. 그러나 우리가 지금 겪고 있는 의식의 문제를 논하는 마당에서 그 어휘가 가져다주는 전체적인 표현을 던져 주는 데는 둔화라고 하는 말이 좋을 것으로 생각되어 쓰는 것이다.

③ 베르그송Henri Bergson이 의식에 대립되는 개념을 물질로 보고 물질은 필연에 의해서, 의식은 자유에 의해서 그 존재 양식이 규정되는 것으로 말하는 것이 옳다면 '의식의 둔화'는 자유에서 필연으로 기울어지는 것을 의미하는 것이다. 거기에 여간 어려운 설명을 붙여야 할 것이나 우선 우리가 말할 수 있는 것은 의식이 물질적인 타성惰性에 의해서 그 자유를 뺏겨 버리는 것일 것이다. 다시 말하면 타성은 언제인가는 정지점에 이르게 되는 것이니 우리가 말한 말과는 상징되는 듯이 보이나 사실은 자발의식이 없는 타성에 의해서 움직이는 그러면서 정지점을 상실해 버린, 어디까지나 물질이 아닌 의식의 작용이니 그렇게 될 수밖에 없는, 말하자면 자기 아닌 남의 노릇을 하기 때문에 생기는 모순이라고나 할까 한 것이다. 이렇게 '의식의 둔화'는 참을래야 참을 수 없는 의식의 반작용이니

말하자면 정지하려야 정지할 수 없는 자유가 정지 상태인 양 서 있자니 말이다. 그러므로 의식의 경화硬化, 또 다른 말로는 의식의 물질적 경향으로의 전향이 식어 가는 화산처럼 겉으로 보기에는 잠잠해진 것으로 보인다.

④ "보기는 보아도 보지 못하며, 듣기는 들어도 듣지 못한다."는 말이 어떤 눈이 보기는 보는데 보지 못하며, 어떤 귀가 듣기는 들어도 듣지 못하는지 생각해 볼 필요를 느끼게 한다. 글자만 보고 그 문자를 해석할 줄 모르는 그런 사람의 경우를 말하는 것도 아니요, 더 나가서 문자를 해석해도 그 문장의 뜻을 모르는 사람을 말하는 것처럼 보지만 사실은 그 문장의 뜻을 알고도 거기 기록한 것을 내심으로 반대하는 경우, 또는 그 뜻을 전폭 받아들이지 않는 경우도 여전히 보기는 보아도 보지 못한다는 말씀에는 정답을 못 맞히고 있으니 이 말씀은 보다 심각한 국면을 우리에게 말씀하는 것이다. 첫째로 보아도 보지 못하는 눈은 '보아도 보지 못하는 것'을 단순히 인식의 문제로만 보아서 안 될 것이고, 둘째로는 '보아도 보지 못하는 것'을 모르는 눈이 어떻게 '보아도 보지 못하는 것'을 논할 수 있겠는가 하는 문제 그것이다. 거기는 계속 계산해도 끝수가 남아돌아가는 계산처럼 '보아도 보지 못하는 것'을 '보아도 보지 못하면서' '보아도 보지 못하게' 말하고 있는 것이다. 그러므로 이것을 말하려면 전혀 다른 면에서 논해야만 하는데 그것은 '보아도 보지 못하는' 것을 '보아도 보지 못하는' 식으로 말하는 것과는 달리 '보지 않아도 보는' 식으로도 말고 '보아서 보는' 식으로 말하는 사람이 있어야 할 것이다. '보아도 보지 못하는' 것은 물론 '의식의 둔화'를 여실히 말씀하고 있는 것이기 때문에 이것은 보다 더 인격의 전면적인 검토에서 풀이되어야 할 문제일 것이다. 또 다른 말로 말한다면 한 사람의 소득이 상승됐다고 할지라도 그

사회가 갖는 경제적인 상황이 불황일 때 그 소득은 오히려 실속 없는 것이 되어 버리는 것처럼 그 소득의 문제는 그 사회의 경제 문제 전반의 문제인 것이다.

⑤ '보아도 보지 못한다' 는 것은 단적으로 의식의 문제를 말씀한 것인데 여기서 본다는 것은 무엇을 의미하는가? 마술사 앞에서는 우리가 갖고 있는 시각 때문에 우리는 마술사에게 속고 있는 것과 같이 우리가 그 앞에서 소경이었을 경우를 생각해 보면 그는 쪽도 못 쓸 것을 생각할 때 시각은 시각 때문에 오히려 속는 것이다. 그런데 사실은 마술사에게서 재미를 느끼는 자는 그렇게 순진한 어린애들이니 이들은 마술사의 마술을 참이라고 보는(봐주는) 그들일 것이니 참말로는 그들은 재미를 톡톡히 보고 있다. 오히려 마술은 어디까지나 속임수이지 하고 보는 어른들이 차라리 그 자리를 떠나 버리든지 하는 것이 낫지 그들이 재미없이 보고 있는 이상 사실로는 속고 있는 것이다. 그렇다면 여기서 문제되는 것은 속지 않는 것은 속고 있으면서 속는 줄 모르는 그것이 속지 않는다는 결론이 나오는데 '의식의 둔화' 를 '의식의 둔화' 인 줄 모르는 비참과 같이 역시 그것도 '보아도 보지 못한다' 는 비난을 들을 법하지만 그것과는 좀 문제가 다르다. 왜냐하면 여기서 '보지 못한다' 는 것은 어린애들처럼 볼 줄 모르는 그것도 문제가 되는 것을 의미하기도 하지만 또 어른들처럼 잘못된 습성이 붙어 있기 때문에 보지 못하는 그런 문제도 말하는 것이다. 미숙한 의식 상태도 문제일 뿐만 아니라 의식의 그릇된 발전도 문제된다는 말이다. 그런데 미숙 상태도 안 되는 것이지만 그래도 그것은 앞으로 바른 데로 이끌면 볼 수 있는 눈이 되겠으나 후자의 경우는 의식 구조의 잘못된 자리 잡음 때문에 굳어진 나무를 휘는 것처럼 어려운 것이다. 그런데 대개의 경우 의식의 둔화는 둔화된 것을 모르는 것이 문제가 되기에 '소경

이 소경을 인도하는' 격이 될 것이니 여간 어려운 문제가 아니다. 우리는 후설Edmund Husserl의 말대로 항상 그림자를 가진 것을 보기 마련인데 그림자를 가졌다는 것은 우리가 무엇을 볼 때는 꼭 가려진 그늘이 있다는 것을 의미하니 참으로 딱하기도 하다.

⑥ 이렇게 우리는 오히려 보기 때문에 보지 못한다. 역설 중에도 이런 역설이 어디 있겠는가 하고 생각하지만 사실이 그러니 별 수 없다. 그렇다면 눈을 감는 편이 오히려 나을 것인가 하면 그렇지는 않다. 왜냐하면 보려면 그 눈으로 보아야 하기 때문인데 그 눈이 '둔화' 되어 있으니 문제다. 사실은 그 눈이 '둔화' 된 것을 깨닫기만 하면 될 수 있는데 그 깨달음이 그렇게 쉽지 않다. 그렇기 때문에 중요한 일은 어떻게 하든지 둔화된 의식을 깨우치는 일이다. 다시 말하면 이것은 또 의식의 반작용을 올바른 방향으로 돌이켜 놓아야 할 것이다. 그것은 단 한 사람의 의식 작용의 문제라기보다 각 사람의 의식이 그렇게 착각을 가져오도록 어떤 문화적인 풍조 때문에 한 그릇된 방향으로 자리 잡혀져 있기 때문에 더욱 의식은 어두워진다. 이것은 마치 유행적인 안질 모양으로 모두 눈병이 났으니 여간 어려운 것이 아니다. 그런데 눈병과는 다른 것은 그 아픔을 느끼지 못하는 것과 보지 못하는 것을 모르는 그것이다. 그렇다면 모두 의식이 둔화된 가운데 누가 의식이 둔화된 것을 지적해 주는 것인가 하는 문제가 남을 것이다. 또 누가 의식의 둔화된 것을 지적해 주는 사람이 정말 옳은 위치에 놓여 있다고 하는 것을 인지할 수 있을 것인가 하는 문제일 것이다. 이것이야말로 한 문화권 밖에서 도래한 자라야 할 것이고 이런 자를 인지할 수 있는 일은 한 직접적 깨달음(直覺)에 의해서만 깨달을 수 있을 일이다.

제5장

슐리얼리즘의 신학(Ⅱ)

1. 슐리얼리즘 신학의 언어

슐리얼리즘의 신학은 한마디로 말해서 영靈의 신학이다. 그렇기 때문에 슐리얼리즘 신학의 언어는 참으로 이를 데 없이 어투가 여간 괴상한 것이 아니다. 그도 그럴 것이 슐리얼리즘 신학은 '새 술에 취한 사람들'이 하는 말이기 때문에 종전의 어법이나 형식적인 울타리를 넘나들면서 말하는 것이니 그럴 수밖에 없을 것이고 또 원래 슐리얼리즘이라는 운동이 이러한 것의 기존 틀을 벗어나서 거짓이 없는 세계 곧 초현실의 경지를 구求해 마지않는 것이기에 여태까지의 의식 구조로서는 괴이하게 들릴 수밖에 없는 것이다. 사실 말이지 예수가 그 당대 사람들이 이해하지 못할 만큼 또는 가장 가까이 생활하던 제자들까지도 잘 이해하지 못하는 말씀을 했고 또 그 어머니나 동생들도 알아듣지 못하는 말씀을 했던 것을 우리가 상기할 때 슐리얼리즘 신학이 괴이한 표현을 한다고 해서 성서적으로나 신학적으로 그렇게 낯선 소리는 아닐 것이다. 또 사실 말이지 사람들이 언어의 어법에 매여서 자기가 할 말을 다하지 못하는 경우가 너무나 많다.

자기 속에 계시처럼 기상천외의 아이디어가 있는 데도 내가 하는 말을, 말투를 누가 책잡지나 아니할까 또는 자기가 쓰는 글의 어법이 어긋나지 않았는가 생각한 나머지 그만 입을 다물고 있는 수가 참으로 많다. 그렇게 생각하면 언어는 자기 속을 남에게 털어놓는 하나의 도구인데 어법 때문에 할 말을 다하지 못한다면 말 때문에 말문이 막히는 것이 되니 이런 모순이 없는 것이기에 슐리얼리즘의 언어는 여간 편리한 것이 아니다. 브레통은Andre Breton "시인이 따로 있는가, 아무나 시인이 될 수 있다."고 말했는데 그것은 다른 말이 아니라 표현상 말의 구애를 받을 필요 없이 누구나 시를 쓸 수 있다는 데서 한 말이다. 그렇다면 슐리얼리즘의 신학도 누구나 신학자가 될 수 있다고 주장할 수 있다. 그것은 누구나 신앙이 있어 자기의 믿음을 자기 나름의 말로 표현해 나가면 되는 것이다. 브레통의 말을 빌린다면 글을 써 나가다가 글발이 막히면 L자를 쓰고 그 다음 글을 이어 나가면 된다고도 말했으니 슐리얼리즘은 여간 편리한 것이 아니다. 어떻게 보면 누구나 시인詩人이 될 수 있고 신학자가 될 수 있기 때문에 아주 쉬운 일이라고 생각할 것이나 또 한편으로 어려움이 있다면 그런 쉬운 일을 감히 엄두도 못 내는 용기 부족 때문에 어려울 수도 있다. 누구나 할 수 있는 일이기에 아무도 쉽사리 할 수 없는 이상스러운 변증법이 성립된다. 좌우간 슐리얼리즘은 자기의 마음을 털어놓아야 한다. 마음을 털어놓는 일에 어떤 방해거리도 용납하지 아니한다. 사실은 그런 면에서 슐리얼리즘 신학은 어렵다고 말할 수도 있을 것이라고 어떤 사람이 말할 법한데 그것도 별 문제되는 것이 아니다. 그것은 마음을 털어놓기 싫으면 싫은 대로 표현하면 되는 것이고 그렇게 하면 마음을 털어놓지 않으려는 그 마음이 그대로 표현된 것이니 그것으로 족하다.

요즘은 산업사회가 되어서 그런지 인간의 언어가 모두 기계로 만들어 낸 것처럼 격식에만 매여 있기 때문에 인간의 말인지 기계의 말인지 분간하기 어렵게 되어 가고 있다. 그래서 인간의 목소리는 없어지고 목소리도 기계 소리로 걸러낸 소리가 되어 인간들의 의사소통에 어려움을 겪는다. 그것은 의사 전달은 신속히 그리고 널리 전달될는지 모르나 '목소리' 가 가지고 있는 따뜻함과 인간미와 독특한 색조tone나 어머니나 어린애들을 부르는 소리라든지 자기의 친한 사람들끼리 재잘거리는 어법에 맞지 않는(어법에 안 맞는다기보다는 그런 것을 넘어서서 말하는) 구수한 소리라든지 어떤 지극한 경지에서는 항상 그런 형식을 넘어서는 특이한 표현은 듣기 어려워지고 차갑고 인간을 억누르는 말만 오가는 세상이 되어 가고 있다. 그래서 사람의 말(Rede)은 없고 형식적인 언어(Sprache)만 늘어 가고 있다. 그래서 속엣 말은 없어지고 번지르한, 들으나마나한 소리 아니면 꼭 들어야 할 소리라면 우리들의 경제생활에 손해損害 가서는 안 되는 일을 위해서 또 관공서의 취재取材에 안 걸려야 하기 때문에 꼭 알아 두어야 할 소리뿐이니 가슴이 아픈 소리뿐인 것이다. 사실은 이런 언어가 인간과 인간 사이를 갈라놓는다고 말할 수 있는데 이것은 여간 사람 사는 데 비극이 아니고 또 사람들을 여간 속이는 것이 아니다. 사람들은 그렇게 언어의 양식을 갖춘 관공서의 공고나 신문지의 보도가 깔끔하기 때문에 정확한 소리라고 믿기 쉽다는 현대의 새로운 마법이 사람들의 정신을 여간 희미하게 만들어 놓는 것이 아니다. 그렇지만 그런 소리는 인간이 인간다워져야 한다는 면으로 볼 때 여간 부정확한 언어가 아닌 것이다.

언어가 인간의 말이 되기 위해서 '목소리' 가 뚜렷한 소리로서의 언어가 되지 아니하면 안 되겠는데 요즘은 그렇게 '목소리' 가 뚜렷하지 못한 누구의 언어도 아닌 또 누구의 소리도 될 수 있는 중성적인 소리, 추상적인 소리로서의 언어로 변질해 가니 여간 섭섭한 일이 아니다. 슐리얼리즘의 신학은 앞에서 영의 신학이라고 했지만 실은 또 '영의 목소리를 붙잡으려는 신학이다.' 라고 말하면 좋을 것이다. 또 영($\pi\nu\varepsilon\upsilon\mu\alpha$)이라고 말하지만 영이란 말처럼 알쏭달쏭한 말은 없다. 그러면서도 기독교 신앙에 있어서 영처럼 중요한 존재가 없는데 사람들은 영이 그렇게 알쏭달쏭하기 때문에 감히 건드리려고 하지 아니했고 또 말한다 해도 여러 가지 오해와 문제를 자아내고 만 것이 신학사를 더듬어 본 사람이면 잘 알 수가 있을 것이다. 그런데 영의 목소리는 지금까지 흔히 시도한 언어로는 그 진상을 표현하기 어렵게 되어 있다. 말하자면 그렇게 어법에 매여 있거나 또 그렇게 서술해야만 신학이 될 수 있다고 생각하는 사람들에게는 여간 어려운 일이 아니다. 또 영의 목소리는 그런 언어 양식의 틀에 매이지 않기 때문에 그런 식으로는 안 되는 것이다. 그렇기 때문에 슐리얼리즘 신학은 신학을 하는 방법method으로서의 슐리얼리즘을 취한 것인데, 신학과 슐리얼리즘이 무슨 상관이 있기에 그러느냐고 말할 사람이 있을 것이나, 원래 신학의 내력을 살펴보면 신학 하는 방법으로 아우구스티누스Augustinus는 희랍의 철학을 이용했고 또 토마스 아퀴나스Thomas Aquinas 같은 이는 희랍 철학 가운데서도 아리스토텔레스Aristoteles의 철학을 이용했고, 근대에 와서 헤겔Hegel, 칸트Kant 등의 철학을 이용한 것과 또 최근에 와서 실존주의 신학이라는 것이 있어 실존주의 사상을 이용하는 신학도 있는데 특히 하이데거Heidegger의 철학을 이용하기도 하는데 신학적인 표현을 하는데 백물百物이 버릴 것이 없다고도 생각하나 자칫 잘못하면 그런 방법론적 매개체가 매개체 이상으로 방자해서 신학의 안방을 침범할까 염려해서 그러는데 사실은 슐리얼리즘이란 참으로 '주의主義' 라고 하기에는 너무 한계가 넓고 매개체라기에는 너무 부끄러움을 타기를 잘하기 때문에 이렇다 저렇다 말하기 어렵다고 말할 것이나 '영의 목소리' 를 전달하는 데는 다른 도리가 없다고 생각된다. '영의 목소리'는 전부 그 표현하는 모양이 슐리얼리스틱하다는 것은 우선 우리가 성경을 보아도 쉽사리 알 수 있는데 사람들은 무슨 이상한 소리나 하는 것처럼 어리둥절할 수 있을 것이다. 이 세상에 아무리 정확한 문법이 있다고 하더라도 '목소리'를 표현하는 문법은 없다. 다시 말하면 문법으로는 '목소리'는 잡을 수 없고 문법은 다만 '목소리' 없는 낱말의 배열을 어떻게 하느냐 하는 것인데 사람에게는 각자각자의 사투리가 있어서 그런 것이 은연중 그 사람들의 의식의 밑바닥을 우리들에게 드러내 보여 주는 것인데 다시 말하면 그런 것이 문법으로는 표현 안 되는 마음의 심층을 우리들에게 열어 보이기 때문에 그렇고 또 그렇게 틀에 박힌 말을 넘어서 자유롭게 자기의 속을 털어놓음으로 그렇다는 것보다 원래가 영의 목소리는 그런 틀에 매이지 않기 때문에 그렇게 격식의 틀을 넘어서서만이 표현할 수밖에 없기 때문에 그런 것이다.

　그러므로 슐리얼리즘의 신학은 영의 목소리의 신학이라고 말할 수 있는데 그것은 또 어떻게 하면 영의 목소리를 들을 수 있느냐 하는 것을 말하는 신학이라고 할 법한데 이것도 상당히 문제가 많다. 요즘 사람들은 방법론methodology을 걸핏하면 말하는데 그것은 산업 사회적 사고방식으로 어떤 방법으로 물건을 만들 수 있는가 하는 것을 먼저 생각하는 버릇 때문에 그런데 사실 영의 세계에서는 인간의 현실적인 방법이 진盡해 버리고 하나님 앞에서 두 손 번쩍 들었을 때 하나님은 비로소 움직이시는 분이시기에 보통으로 생각하는 의미로서의 방법론은 안 되고 방법론 없는 방법이랄까 또는 방법이 완전 끊긴 그런 신학이라고도 말할 수 있는데 원래가 슐리얼리즘의 신학은 초현실의 방법인데 사실은 방법이 없다는 말로도 말할 수 있는 것이다. 앞에서 말한 바와 같이 초현실의 경지는 무한계의 경지이기 때문에 그 꼬투리를 잡을 수도 없고 그 어떤 그릇에도 담기지 아니하는 것이기 때문에 초현실의 방법은 방법이 아니다.

2. *ΛΟΓΟΣ*

말씀은 말씀에 머물러 있는 한 그 실효가 아무것도 없다고 말할 수 있는데 그것은 항상 다른 곳을 향해서 지향적이기 때문에 그런데 우리가 '말씀이 육신肉身이 된다' 는 말씀만 상기해도 쉽사리 알 수 있다. 다시 말하면 말씀은 육신의 방향으로 지향성을 가지는 것이고 또 그렇게 될 때 실효성이 있다는 말이다. '말씀이 육신이 된다' 는 것은 초현실적 사실의 구체적인 사례인데 이것은 전무후무하게 PARADIGMATIC(범례적)한 역사적 사건인데 사실은 이 사건처럼 '말씀이 육신이 되는' 사건이 여기서 저기서 벌어져야만 하는데 이것은 언어가 언어로만 머물러 있어서는 안 된다는 것을 단적으로 말하고 있는 것이라고 생각한다. 또 다른 말로 한다면 언어는 종래의 언어적 형식을 탈피해서 그 껍질에서 나와서 기지개를 쓰고 나와야 할 뿐만 아니라 구체적으로 '몸을 입고' (incarnate) 나오지 아니하면 안 되는 것이다. 종래의 신학은 언어에만 머물러 있었다. 잘 논리적으로 다듬어 놓고 말쑥하게 분석하고 합리적인 이유 귀결로 잘 서술하는 식으로 하나님을 말하고 영적인 것을 말하고 수학적 공식으로 풀이하는 식으로 말했는데 그것은 마치 공기를 됫박으로 되 보려는 것 같고 불을 기름으로 끄려는 것처럼 가당찮은 일이라고 생각하는데 이것은 모든 것을 논리적으로 규정하려는 서양 사람들의 생각이 기독교에도 그대로 적용됐다고 생각하면서 요즘은 그런 논리주의가 가당찮은 사실이라는 것을 눈치 채기 시작하고 있다. 먼저도 말했듯이 '목소리' 를 논리나 문법으로 나타낼 수 없듯이 '영의 목소리' 를 가당찮은 논리 속에 담아서 다 된 것처럼 여기는 것은 좀 생각이 있는 사람이라면 곧 알아차릴 수 있으리라고 생각한다.

그렇다면 슐리얼리즘은 비非 혹은 반논리주의反論理主義인가 하면 그것도 너무나 속단일 것이고 슐리얼리즘은 단순히 문법이나 논리에 머물러 있지 않고 또 그런 것과 시비를 하려는 것이 아니라 항상 슐리얼리즘의 사랑이 그런 것과 화합하면서 그 이상의 것으로 뛰어넘어 보려는 NEO-TRAN-SCENDENTALISM의 자리를 취하려고 한다. 여기는 초월이 있기는 있으나 그 전 모양으로 먼 데 있는 초월이 아니라 가장 가까운 데 있는 초월이고 우리가 보고 들을 수 없는 세계의 초월이 아니라 우리가 보고 듣고 만지면서도 우리가 의식 못하고 가장 가까이 있으면서도 먼 그런 것이다. 다시 말하자면 그렇게 멀리 떨어져 있는 세계가 아니라 내 눈앞에 보고 있는 사물 가운데서 그 절대의 세계를 의식하는 것이고 또 다른 말로는 '너희 안에 천국이 있느니라' 하는 그런 경지인 것이라고 말할 법한데 그것은 자칫하면 또 인습적으로 생각하기가 일쑤이기 때문에 여기서는 NEO-TRANSCENDENTALISM이라고 말하는 것이 무방하다. 원래 슐리얼리즘은 NEO-TRANSCENDENTALISM적이라는 사실은 누구나 잘 알고 있기 때문에 여기서 또다시 설명할 필요를 느끼지 않지만 그래도 사람들이 여러 가지로 이 사실에 대해서 자기 나름으로 예상하기 일쑤다. 우리가 우리 눈앞에 있는 하나의 풀잎에서도 또 하나의 돌에서도 영의 입김을 느낀다고 말하면 현대인들의 과학적 사고방식이 용납하지 못할 것이지만 사실은 요즘의 그런 생각처럼 모호한 일은 없을 것이라고 생각하면서 대뜸 우리 눈앞에 있는 탁자를 예 삼아 그들의 불확실성을 공박할 수 있다고 말할 수 있다. 탁자는 남쪽에서 자라나는 나왕羅王이 아니라 바로 우리나라에서 자라난 백송白松인데 이것은 식물학적으로 중국이 원산지이다. 그것은 학명이 무엇이다(Pinus Bungeana Zuccarun)라고 말할 수 있고 또 그 목리木理가 어떠하니 또는 그 성분이 어떠하니 구명할 수도 있을 것이나 이 나무는 원래 우리 시골집 뒤에 있던 나무인데 이것을 우리 아버지가 잘라서 말려서 목수에게 맡겨 탁자를 만들게 했고 줄곧 거기서 글을 쓰시기도 하시고 또 우리 어머니께서 내가 어려서 나에게 글을 가르쳐 주시던 우리 가족의 손때가 묻은 탁자라고 할 때 그것을 그런 과학적 탁자 설명으로는 안 보이는 다른 측면이 엄존하는 것을 발견할 수 있을 것인데 말하자면 우리 눈앞에 있는 하나의 백송판으로 만든 탁자의 물질적인 것 이상의 측면이 있다는 것을 우리는 인정하지 아니할 수 없을 것이고 또 그렇게 백송판의 탁자라는 측면만으로만 생각할 때 그 탁자가 없으면 똑같은 백송판을 구해서 목수에게 꼭 같은 모양으로 만들도록 하면 될 것이다. 그러나 내 눈앞에 보고 있는 이 탁자는 우리 가족의 지나온 가역家歷과 관계있는 것이라고 할 때 그러게 다른 백송판의 탁자로서 만족할 수는 없는 것이리라고 말한다면 분명히 거기에는 단순한 백송판 이상의 것이 거기에 개재해 있는 그런 전체적인 것이다. 사람이 항용 쓰는 말도 마찬가지일 것인데 가령 어떤 사람의 말에 상대방의 대답이 '좋아!' 라고 했을 때 수긍을 의미하는 말로서 받아들인다면 누구나 이의를 제기하지 아니할 것인데 그 대답하는 상대방이 노기에 찬 좀 격한 어조로서 그와 똑같은 '좋아!' 하는 대답을 했다고 할 경우 그것을 단순한 동의 또는 긍정으로 그렇게 말했다고 할 수 없을 것이기 때문에 인간의 언어도 언어 표현 자체의 구조로만 말을 다룰 때 거기는 참으로 정확성이 결여되어 있는 것이 된다는 건 두말할 게 못 된다. 그러므로 '말씀' 은 '말씀' 에만 머물러 있으면 안 되는 것이고 '말씀이 육이 되어야 한다' 는 말이 성립된다. 사실은 '말씀이 육이 됐다' 는 선언은 만물에 다 적용될 수 있는 것으로서 '말씀 없이는 이루어진 것이 아무것도 없다' 고 생각할 수 있기 때문이다. 그런데 과거의 신학이 '말씀' 에만 머물러 있었으니 여간 큰 변이 아닐 수 없는데 슐리얼리즘의 신학은 거기에 머물지 아니하고 '말씀이 육신이 됐다' 고 주장할 뿐만 아니라 더 나아가서 '육신이 영이 됐다' 고 주장하고 나서는데 이것은 일단 실존주의의 주장을 넘어서는 일이 된다고 말함 직한데 그렇게 말하는 충분한 이유를 발견 못 한 것이 아니다. 그러나 사람들이 늘 말하는 '이유' 라는 말보다도 더 비중이 큰 무슨 말이 여기서 필요할 것이다. '이유' 라는 말은 항상 논리적이기 때문에 슐리얼리즘이 한갓 논리적인 데 머무는 한 아무짝에도 쓸데없는 신학이 되기 때문에 우리는 여러 가지 논리를 충분히 이해하면서 논리 이상의 것을 구하는 것인데 '말씀이 육신이 됐다' 와 '육신이 영이 됐다' 를 한꺼번에 다 껴안을 수 있는 그런 주장이라고 말해도 좋다. 그렇기 때문에 슐리얼리즘을 하나의 '주의' 로 생각해서도 안 되는 것은 이것이 기존적인 논리 구조와 아주 다른 것이고 또 항용 우리가 쓰는 '주의(-ISM)' 이라는 말과는 다른 의미로 말하고 있기 때문인데 그것은 여태까지의 '주의' 는 항상 자기를 어떤 '논리' 에다 스스로를 묶어 놓는 것을 의미하는데 슐리얼리즘은 천하에 어디다가 묶어 놓을 아무런 말뚝이 없는 주의이니 항용 말하는 '주의' 라고 말할 수 없는 그런 것이다. 슐리얼리즘은 겉으로 보기에는 서로 나뉘어 있는 것을 결국에 가서 하나로 보기 때문에 편협이 있을 수 없고 분열이 있을 수 없는 그런 주의이다. 그렇기 때문에 여태까지의 어느 주의고 이것을 흉내 낼 수 없고 따라갈 수 없다. 사실을 말하면 슐리얼리즘은 '주의' 의 파괴자인데 말을 쓰다 보니 -ISM이란 말이 나온 것이지 본래의 의도는 그런 것이 아니라고 하는 것은 조금이라도 이것을 아는 사람은 단번에 알아차릴 수 있을 것이다. 왜냐하면 슐리얼리즘은 하나의 주의라고 하기에는 무척 포괄적이고 또 그 꼬투리를 잡을 수 없으리만큼 매우 영적이다. 원래 영적이라는 것은 그렇게 쉽사리 꼬투리가 잡히지 아니하는 것이기에 이렇다 저렇다 규정할 수 없는 것처럼 슐리얼리즘이라는 것도 그런 것이다. 그러기에 브레통 Andre Breton이 1924년엔가 슐리얼리즘 선언을 했을 때가 벌써 올해가 1980년이니 50여 년이 되는 오늘날에도 아직도 슐리얼리즘은 기세를 올리고 있는 판이니 참으로 가관이 아닐 수 없다. 내가 보기에는 이 운동은 쉽사리 꺼지는 것이 아닌 그런 것인데 그도 그럴 것이 슐리얼리즘은 인간의 가장 깊은 골짜기에서 나오는 소리를 들으려고 하고 또 그것이 차분히 가라앉은 목소리를 가지고 이를 데 없이 겸손한 자세로 모든 것을 대하기 때문에 늘 그 그루터기가 남아서 되살아 나오기에 그러는 것이다. 한국 속담에 "모난 돌이 정 맞는다."는 말이 있지만 슐리얼리즘은 참으로 모가 나지 아니한 것이기에 오래간다고 할 수 있을 것이고 항상 어떤 한계를 만들어서 너는 나쁘고 나만 좋다든지 하는 것도 아니요 세상에 이를 데 없이 넓은 아량을 가지고 있으면서도 그 목소리는 뚜렷한 것이기 때문에 그렇게 쉽사리 물 근원이 마를 수 있는 것이 아니다. 슐리얼리즘은 무형無形의 형태를 보는 것이요 무성無聲의 소리를 듣는 것이기에 그렇게 쉽사리 사라질 수 없는 그런 것이다. 동양의 지자知者가 '시이성인 처무위지사 행불언지교是以聖人, 處無爲之事, 行不言之敎'라고 한 것처럼 이것은 '무위지사無爲之事'에 처處하는 것이요 '불언지교不言之敎'에 행行하는 묘미가 있는 것이다. 브레통이 1924년에 슐리얼리즘을 선언했다고 말했지만 사실은 동양의 지자들은 더 먼 옛날에 이 초현실의 세계를 호흡하였던 것이다. 그렇게 보면 슐리얼리즘은 벌써 오랜 옛날에 동양에서 싹텄고 그것이 후일에 서양인들에 의해서 재인식되었고 오늘에 와서 신학적으로 이것을 활용하는 것인데 그러니 옛날 동양 사람들의 초현실에 대한 의식이 더 단순하고 더 투철하다고 말할 수 있을 법하다. 그런데 사실 말이지 귀한 것에 동양이니 서양이니 갈라놓을 필요는 없고 다만 어디서든지 참뜻만 바로 깨달으면 되는 것이고 우리가 올바른 것을 찾는 데 필요하면 어디 가서든지 찾아야 하는 것이다. 말하자면 슐리얼리즘은 '무위불언무형무성無爲不言無形無聲'의 교敎인 동시에 '유무상생有無相生'하는 상대성을 초월하자는 것인 동시에 초월을 다시 새롭게 생각하는 것임으로 여간 미묘한 것이 아니다. 그렇기 때문에 슐리얼리즘이라 이름을 붙이기는 하였지만 사실은 그런 이름도 붙일 수 없는 무명無名의 교敎라고 함직한데 어차피 말이 났으니 그렇게 이름을 붙인 것에 불과하다. 원래 슐리얼리즘이란 이름은 기욤 아폴리네르Guillaume Apollinaire라는 사람이 자기 친구에게 쓴 편지 가운데 지나가는 말로 사전에도 없는 소리지만 오히려 이것은 초자연주의超自然主義, Surnaturalism라는 소리보다는 슐리얼리즘이 오히려 나을 것이라고 말한 데서 비롯된 것이어서 하나의 지나가는 소리인 것이다. 여기서 '불언지교不言之敎'란 말을 하였는데 불언不言이란 말은 언어를 부정한다고 대뜸 생각하기 쉽지만 그것이 아니고 여태까지의 언어에 대한 기존 관념을 깨트리고 이보다 초월적인 또는 보다 본질적인 '언어'의 진상에 육박하는 지경이요 또 사실로 지극한 경지란 것은 '언어' 표현 이상의 것이기 때문에 슐리얼리즘은 '무언지교無言之敎'라고도 말할 수 있다. 슐리얼리즘은 단순히 말에 머무르지 아니한다. '말씀이 육신이 됐다'는 말씀대로 '언어'에서 더 한층 다른 단계로 넘어서야 한다. 곧 '말씀이 육신이 됐다'는 것은 말씀이 역사가 됐다는 말이다. 그러나 말씀은 역사가 된 다음 역사에 머물러 있어서는 안 된다. 원래 '말씀' 은 역사적인 것인데 여기서 역사가 됐다 안 됐다 하는 것은 우스운 일일는지 몰라도 인간의 언어는 역사적이 아닐 때가 있는데 그것은 한갓 공론에 그치는 그런 경우일 것 같은데 사실은 인간의 언어가 하나의 언어적 형식에서 해방되지 못했을 때 비역사적일 수밖에 없게 된다. 말하자면 언어가 산 '목소리'로서 들리지 않으면 안 되는데 산 '목소리'는 언어적 문법의 그릇에 다 들어가지 않은 면이 다분히 있을 뿐만 아니라 '목소리'로서의 언어는 그 당장에 나오는 소리로서 녹음을 해 놓아도 안 되는 그런 것으로서 하나의 산 역사적 현장으로서의 '말'인 것이다. 그 역사적 현장으로서의 언어는 녹음을 해 놓아도 안 되는 면밀성을 갖고 있는 것이기 때문에 인간의 언어적 형식을 항상 초월하는 그런 것이다.

요한의 '말씀이 육신이 됐다' 는 말은 희랍적 사고방식에서 말하는 그런 '말씀' 이라고 대뜸 생각하기 쉬우나, 또 우리가 무의식적으로 그렇게 생각하기 쉬우나, 요한이 말하는 것이란 그런 것이 아니고 오히려 히브리적인 의미에서 말하는 그런 뜻이라고 생각하는데, 그것이란 여간 깊은 뜻을 내포하고 있는 것이 아니며 요즘 항용 사람들이 생각하는 언어라고 하는 우리 입에 오르내리는 그런 의미가 아닐 것이라고 생각하면서 '말씀이 육신이 되는' 그 과정을 생각해 보는 것이 좋을 것이라고 생각하며, 또 그 것을 신학적으로 정리하는 것이 좋을 줄로 생각하며, 또 이것이야말로 슐리얼리즘이 담당해야 할 일이라고 생각하는데, 그것은 여간 어려운 일이 아닌 동시에 또 여간 쉬운 일이 아니다. 쉽다는 말은 예언자 이사야가 "비와 눈이 하늘에서 내려서는 다시 그리로 가지 않고 토지를 적시어서 싹이 나게 하며 열매가 맺게 하여 파종하는 자에게 종자를 주며 먹는 자에게 양식을 줌과 같이 내 입에서 나가는 말을 헛되이 내게로 돌아오지 아니하고 나의 뜻을 이루며 나의 명하여 보낸 일에 애통하리라." (이사야 55:10) 하는 말씀대로 반드시 "하나님의 기뻐하시는 뜻을 성취하고야 마는" (מֵאֲשֶׁר אֶת־חֶפְצִי) 그런 '말씀' 인데 여기서는 단순한 논리적인 것이 아니라 역사적 사건을 이루는(말씀, דָּבָר) 것으로서 여기서 어렵다는 말은 이 세상에 무슨 일이든 크고 작고 간에 무엇을 '이룬다는 것' 은 어려운 일이고 '이루는' 일이란 원래가 다 하나님이 하시는 일이기 때문에 그런 것이다. 사실 말이지 사람이 참으로 이룬 일 중에 '기도' 없이 이룬 일이란 없는 것이고 '기도' 없이 이룬 일이 참으로 이룬 일이 못 되고 또 이루었다고 해도 그것은 허무한 데 돌아갈 수밖에 없는 것들이라고 말할 수 있는데 그렇기 때문에 무너지고 만다고 할 수 있고 '기도' 해서 한 일이란 무너진 것 같으나 또다시 이루고야마는 것인데 하나님의 말씀은 여간 강인한 것이 아닌데 어떤 면에서 영적 세속주의가 많은가 하면 기도 많이

하는 이기주의자들이 많으니 여간 어려움이 아니다. 기독교의 신학이 단순히 하나의 교리적인 말거리에 머무는 한 그것은 각자의 구체적인 믿음과 직접적으로 아무 상관이 없다고 말한들 할 말이 없는 것인데 그러면 교리에 머물지 않는다면 무엇을 의미하는 것인가 하면 신학은 그리스도인의 믿음에 구체적으로 연관된 것이라야 할 것이고 그렇지 못할 때 괜한 공론이 되어 버리기 때문에 그 말은 무엇을 '이루는' 말이 되지 못하기 때문에 아무 쓸데없는 소리가 될 것이다.

제 III 부

성령의 신학

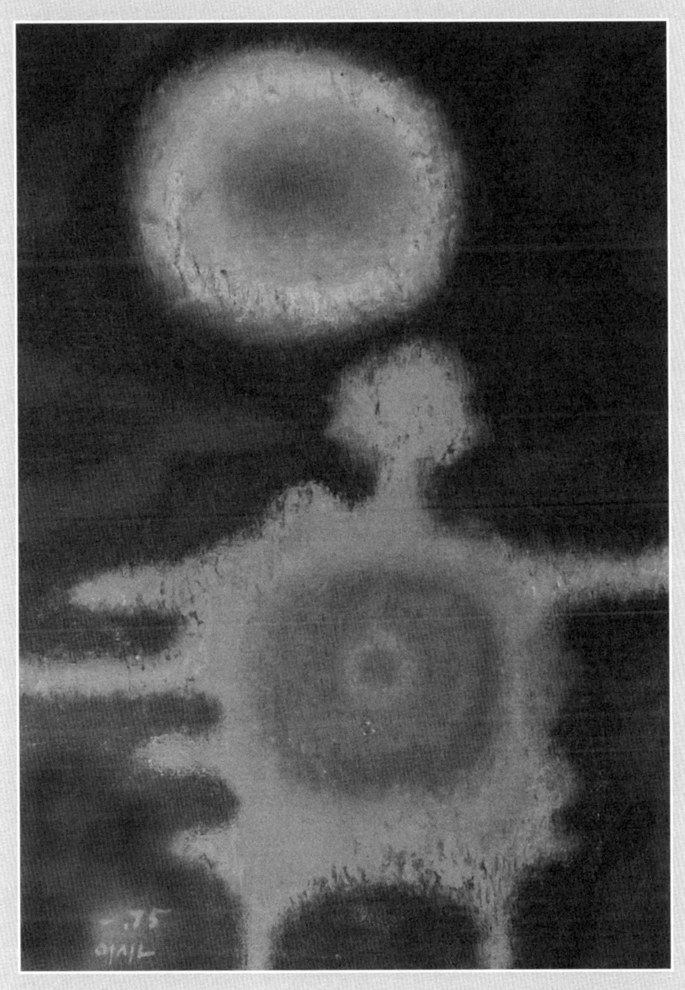

제1장

현대신학과 성령론

본고에서 필자는 먼저 현대 신학에서 성령론의 위치를 개괄적으로 살펴보고, 이와 관련한 필자 나름의 비판적 고찰을 제시하려고 한다. 그리고 우리가 앞으로 어떠한 신학적 방향을 취해야 할 것인가 하는 미래적인 문제를 논하고자 한다.

1. 성령론 경시의 이유

『성령의 교리 *The Doctrine of Holy Spirit*』라는 책을 쓴 베르코프Hendrikus Berkhof라는 신학자는 과거의 모든 신학 사상에서 성령론은 가장 경시되어 왔던 신학적 주체였다고 그의 책 서문에서 말하면서, 대략 세 가지 이유를 들어서 왜 그렇게 성령론이 기독교 신학 사상에서 경시되어 왔는가

하는 이유를 밝히고 있다.

첫째, 그는 요한복음 16장 13절에 있는 "진리의 성령이 오시면 그가 너희를 모든 진리 가운데로 인도하시리니 그가 **자의**自意로 **말하지 않고** 듣는 것을 말하시며 장래 일을 너희에게 알리시리라."라는 말씀을 인용하면서, 원래 성령의 성격상, 즉 당신 자신을 자의에 의해서 말씀하시려 하지 않는 그 성질상의 이유 때문에, 성령론은 기독교 신학 사상에 있어서 그렇게 고조高潮되지 않았다고 밝히고 있다. 말하자면 성령은 우리의 관심을 항상 자신에게 돌리도록 하는 것이 아니라, 예수 그리스도에게 돌리도록 하고 자신을 숨기고 교회와 신자 개인 속에서 역사한다는 것이다. 다시 말해서 자신을 드러내기를 꺼려한다는 것이다.

둘째, 성령론이 경시되어 왔던 것은 역사적인 이유 때문인데, 그것은 성령론을 주장했던 과거의 모든 단체들과 그 주장들이 기성 교회the official church에 의해 모두 이단異端으로 몰렸기 때문이라는 것이다. 예를 들어 2세기경 소아시아에서 성령의 역사를 일으켰던 몬타니우스주의Montanists의 운동이 당대의 기성 교회에게 이단시당했으며, 재침례파Anabaptists의 운동이 성령의 역사를 강조했지만 역시 기성 교회에서 이단시당했다. 또한 퀘이커파Quakers도 영국 교회에 의해 따돌림을 당하고 근대에 와서는 오순절 운동 역시 기성 교회에게 백안시된 것도 이와 동일한 교회사적 배경을 가지고 있다는 것이다. 그는 여기에 덧붙여서, 기성 교회가 성령의 현존을 말함으로써 역사적 예수 그리스도, 성경, 제도적 교회 등의 교리적 고정 관념이 무너질지 모른다고 염려했기 때문에 성령론은 신학의 역사에서 대단히 위험시되었다고 한다. 즉 기성 교회들은 성령을 주장하게 될 때 종래의 신학이 확립한 지적, 전통적, 제도적인 측면에서 그 기초가 흔들리는 위험성을 이미 간파하고 있었기 때문에 이 기초를 흔들리게 하는 성령론에는 아예 손대기를 꺼려했다는 것이다.

셋째 이유로서, 그는 교리사의 배경을 고찰하면서 각 교파가 주장하는 성령론의 불일치로 인해 여기서 분파가 생기고 문제가 야기되었다고 말한다. 그 두드러진 예로서는 동방 교회와 서방 교회가 분열하게 되었을 때, 성령이 하나님에게서 나왔느냐 그렇지 않으면 하나님과 예수 그리스도에게서 나왔느냐 하는 차이 문제, 즉 동방 교회에서는 오로지 성령은 성부에게서만 나왔다고 주장하고, 서방 교회에서는 아들을 통해서 아버지에게서 나왔다고 하는 필리오케filioque의 문제가 교리 사상에 있었기 때문에, 성령론을 가장 위험한 신학적인 논쟁을 불러일으키는 것으로 간주하여 그것을 아예 덮어 놓으려 했다는 것이다. 아닌 게 아니라, 신학의 역사를 살펴보면 성령론은 가장 문제가 많은 것으로 위험시되고 논의 자체가 기피되는 경향이 있어 왔다는 사실을 우리는 쉽게 파악할 수가 있다.

2. 현대 신학에서의 성령론 기피 현상

1) 슐라이에르마허F. Schleiermacher

현대 신학의 아버지라고 일컬어지는 슐라이에르마허는, 헤겔의 관념론적인 체계 속에서 종교는 철학적 이념의 간접적 표현 양식이라고 생각했던 모든 신학을 박차고 신학의 독특한 위치를 회복하려고 노력했다. 그래서 신앙의 독자적 체험을 분석하고 결론적으로 종교란 무엇이냐, 또 신학이란 무엇이냐 하면 "신에 대한 절대 의존의 감정"에 기초한 것이라고 논하기에 이르렀다. 즉 하나님에 대한 의식, 하나님에 대한 절대 의존의 감정이 기초가 된다는 것이다. 이것은 어디까지나 인간에게 본래적으로 구유具有되어 있는 인간적인 요소들이다. 그래서 예수는 절대 의존의 감정,

곧 하나님 의식이 최고도로 발전된 분이다. 다시 말해서 모든 사람들이 보편적으로 하나님 의식, 종교 의식을 가지고 있는데, 예수 그리스도는 그 절대 의존의 감정이 누구보다도 최고로 발전된 분이라는 것이다. 어떻게 보면 슐라이에르마허에게는 대단히 성령론에 가까운 듯이 보이는 면도 있다. 그렇지만 그의 조직신학적인 저작인 『기독교 신앙 *The Christian Faith*』을 보면, 성령은 그리스도가 지니고 있었던 하나님 뜻에서 나온 정신적인 영향력으로 간주된다. 이 저작의 제2부 2장 '교회의 기원'에서 그는 교회론을 다루면서 성령에 대해 잠시나마 언급하는 가운데, "성령은 신자의 공동 생활에 활기를 주는 공동 정신의 형태로 나타난 신의 본질과 활동을 주는 공동 정신이다."라고 하였다. 이와 같이 그는 성령의 성서적인 그리고 인격적인 역사나 활동 등은 논하지 않고, 성령을 어디까지나 추상적인 개념 속에서 비초자연적, 비신비적인, 비인격적인 어떤 심리적 영향력과 같이 묘사했다. 따라서 그의 신학에서 성령론은 제대로 논의되지 못하고, 성령을 하나의 종교적인 영향력과 같은 것으로 생각할 수밖에 없었다.

2) 리츨 Albrecht Ritschl

리츨의 신학, 소위 윤리신학의 성령론은 어떠했는가? 리츨은 철학적 이념의 전제에서 해방된 사적史的 인식에 주력했다. 말하자면 역사 현상 자체에만 주목하고 모든 영적인 것, 신비적인 것을 제거하려고 했다. 그래서 소위 윤리적 실용주의의 신학을 형성했다. 예수는 어떠한 분인가? 예수는 인간에 대해서 좋은 도덕적 영향을 끼친 도덕적 최고의 성취자로서 하나의 역사적 인물이다. 천국은 무엇인가? 천국은 도덕적 완성자의 구성체요, 사랑이 이루어지는 공동체이다. 이렇게 리츨은 기독교를 윤리적이고 도덕적인 면에서 해석하려고 하였으며, 그의 신학에서 신비적이고 영적인 것은 거의 다 제거해 버렸던 것이다. 그는 『칭의와 화해의 기독교 교리』라는 책에서 성령을 말하기를 "성령은 그 아들을 통해서 아버지로서의 자기 계시(사랑)를 공동체(교회)가 적용할 수 있도록 하는 하나님의 힘", 그리고 "하나님의 목적, 도덕, 종교 생활에 대한 지식의 근거"라고 했다. 또한 "성령은 완전한 신 지식의 힘, 곧 신국과 공동 목적으로 인도하는 동기motive power"라고도 했다. 리츨의 신학에서 성령은 어디까지나 도덕을 성취시키는 영향력이나 동기로서, 여기서도 역시 성령의 인격적인 면, 성령의 다이내믹한 역사라든지 초자연적인 역사 등은 전혀 찾아볼 수 없고 어떤 추상적인 개념으로 결론지었던 것이다.

3) 트뢸치Ernst Troeltsch

역사학파 가운데 트뢸치는 칸트의 선험 철학에서 아이디어를 얻어서 기독교도 일반 종교와 본질적으로 다를 것이 없는 "종교적 선험성"의 특수한 발전을 이룩한 종교라고 생각했다. 그래서 그는 기독교의 유일성, 절대성을 부인했으며 초자연적인 것 역시도 거부했고, 기독교를 선험적으로 인간에게 내재되어 있는 종교성이 서방 세계의 특수한 역사적 사회 상황에서 발전된 역사 현상이라고 정의 내렸다. 예수는 어떠한 분인가? 예수를 종교적 선험성a priori의 특수한 발전을 본 인간이라 하였다. 그래서 예수 그리스도는 유일한 절대적인 구세주가 아니라 하나의 구세주이다. 즉 모든 종교들 가운데서 하나의 구세주의 역할을 한 것이다. 그리고 그도 역시 성령론에 별도의 지면을 할애한 것이 아니라, 사회론적인 입장에서 쓴 책 가운데서 성령을 "기독교회의 사회적 교훈", "사랑을 완성케 하는 힘" 등으로 간략하게 추상화시켜 버렸다. 그뿐만 아니라 신적 이성

Divine Reason의 소유 상태라든가 대중적인 심리적 힘으로 생각하기도 했다. 이와 같이 리츨에게서도 성령은 인격적인 면, 초자연성 등이 배제되고 일반적인 정신 현상 혹은 천국 사상의 동기 등으로 추상화된 것이다.

4) 변증법적 신학자

(1) 바르트Karl Barth

칼 바르트는 종래의 합리주의, 인간의 종교성, 역사성, 사회성에 기초한 모든 신학을 두들겨 부수고 하나님의 말씀 신학을 확립했다는 면에서 1차 세계 대전 이후에 광야에서 외치는 자의 신학적인 소리로서 평가된다. 그래서 소위 말씀의 신학, 위기의 신학, 변증법적 신학을 확립했던 것이다. 그는 1차 세계 대전 이후의 사회적 정신적 혼란에 처해 있었을 때, 특히 신학적으로는 인본주의의 혼란에 처해 있었을 때 "광야에서 외치는 자의 소리"처럼 크게 외쳤던 것이다. 그러면서 하나님과 인간과의 질적인 차이, 즉 하나님은 하나님이고 인간은 인간으로서 인간의 어떤 방법으로도 하나님에게 도달할 수 없다는 것을 고조했다. 또한 영원 앞에서 시간과 인간과 세계는 위기에 직면해 있다고 하는 종말론적인 위기를 부르짖었다. 그래서 하나님의 계시의 말씀에 의해서만 인간과 관계하시는 하나님을 강조함으로써 소위 말씀의 신학을 확립했던 것이다. 칼 바르트는 현대 신학에서 하나님의 말씀의 권위를 회복시켰다는 면에서 공헌한 인물로 평가할 수 있다.

그러나 그는 역사적 사건으로서의 말씀인 예수 그리스도에만 집착해 버렸다. 또 예수 그리스도의 역사적인 사건을 우리에게 기록된 말씀으로서 전달해 주는 성경의 말씀에 집착해 버렸다. 그런데 성령은 과거에 기록된 성경 말씀에 의해서 또는 그 말씀을 위해서 인간을 가르치고 인간을 밝히고 움직이도록 하는 인격적인 힘인데, 말하자면 과거의 선인들의 계시 경험을 기록한 성령의 역사, 성령의 경험 그 자체를 우리 자신이 경험한다고 하는 현재의 그 계시 경험이 중요한 것인데, 칼 바르트는 과거의 기록된 말씀에만, 또한 과거의 역사적인 사실에만 고착화하는 경향을 보였다. 그래서 말씀 경험과 신앙 경험을 하는 그런 성령의 역사는 별로 중요시하지 않았다. 오히려 이러한 것들은 대단히 주관적인 것이요 심리적인 것이라고 해서 위험시해 버리고 말았다. 이러한 의미에서 칼 바르트의 신학은 과거의 회고주의적 신학의 영역이라고 말할 수 있다. 성령은 항상 성서 기사들의 신앙 경험이 현재 나의 신앙 경험이 되게 하시고, 신약성서 안에 있는 놀랄 만한 하나님의 역사가 현재의 역사가 되게 하신다. 그런데 하나님의 말씀만 고조하고 과거의 역사적인 사실만 고조하고 성령의 현재 역사하시는 역동적인 힘을 믿지 않고 고조하지 않을 때, 사실은 하나님의 말씀도 희미해지고 예수 그리스도의 역사적인 사실도 오리무중 속에 들어갈 수밖에 없게 된다. 그럼에도 불구하고 칼 바르트의 『교회 교의학 *Church Dogmatics*』이라고 하는 방대한 신학 체계 속에서 성령론은 독립된 항목으로 논의된 적이 없고 단지 다른 항목의 부속물처럼 한쪽 구석의 논의로 끝나고 말았다.

(2) 불트만 Rudolf Bultmann

잘 알려진 대로 불트만은 비신화화론을 전개시킨 신학자로서, 성경을 케리그마와 신화 둘로 나누고, 신화는 초대 교회 당시에 있어서 하나의 세계관이요 과학이요 그것은 마치 옷과 같아서 본체 되는 케리그마를 때를 따라서 이렇게도 저렇게도 표현하는 표현 양식이라고 보았다. 그렇기 때문에 그는 신화적인 것을 비신화화해야 한다고, 말하자면 재해석해야 한다고 주장하면서, 성서 가운데 있는 초자연적인 것, 하나님의 그 신비적·영적인 역사에 대해서는 아예 제거해 버리려고 하였다. 그래서 성령론은 그의 신학에서 신화적인 영역으로 생각하기 때문에 아예 논의되지 못하고 전혀 언급되지 않았다. 그의 눈에는 성령의 역사가 모두 신화적인 것으로 여겨지기 때문이며, 이를 실존주의 사상으로 재해석하려고 했다.

불트만도 역시 변증법적인 신학자의 범주에 들어가는 사람으로서, 하나님의 **말씀**을 강조하지만 성령 없는 기독교 메시지 앞에서의 인간의 결단만을 촉구했다. 그는 "바울은 영이 기적 행위에서 가시적으로 역사한다는 통속적 신념을 가지고 있었으며 **이상 심리 현상을 영의 작용**이라고 보고 있었다."라고 그의 「신약성서와 신화론」에서 말했다. 말하자면 그는 성령의 역사를 이상 심리 현상과 같은 것으로 경시해 버린 것이다.

5) 후기 불트만주의자들Post-Bultmannians

불트만은 상당한 학자들에게 영향을 주어서 케제만Ernst Käsemann, 푹스 Ernst Fuchs, 콘첼만Hans Conzelmann, 에빌링Gerhard Ebeling 등의 후기 불트만주의자들을 낳았다. 이 후기 불트만주의자들의 특징을 두 가지로 요약할 수 있는데, 그 하나는 역사적 예수 그리스도의 새로운 탐색New Quest of Historical Jesus이라고 하는 방향과 다른 하나는 새로운 해석학New Hermeneutics이라는 방향이다.

(1) 역사성 문제

불트만은 케리그마를 너무 강조한 나머지 예수의 역사성을 경시해 버렸다. 예수의 실제 생존 여부는 그렇게 중요한 문제가 아니라, 그가 말씀한 말씀 앞에서 우리가 어떻게 결단하느냐 하는 문제가 중요한 것이지, 예수가 실제 인물이냐 실제 인물이 아니냐 하는 것은 그렇게 중요한 문제가 아니라고까지 그의 책에서 쓰고 있다. 그러면서 예수의 케리그마야말로 예수의 역사성을 보존하는 것으로 여기고 케리그마 쪽에 역점을 두었다.

이에 대한 반동으로 후기 불트만주의자들은 그들의 스승이 경시했던 예수 그리스도의 역사성을 무시할 때 복음은 하나의 사상에 불과하게 된다고 보았다. 이 말은 매우 지당하다. 행동하시는 하나님을 예수의 역사에서 찾지 않으면 안 된다는 것이다. 그래서 이들은(케제만, 푹스)기독교의 계시관을 영지주의의 가현론假現論에서 구출하기 위해서 예수 그리스도의 역사성이 옳바로 인식되고 주장되어야 한다고 생각했다. 하지만 이것도 역사성이라는 과거의 역사성의 회고주의를 면할 길이 없었다. 즉 과거의 예수 그리스도의 역사를 고조하게 되었을 때—이것도 중요한 일이지만, 이것만을 편중적으로 고조하게 되었을 때—현재 우리가 그 역사성을 깨닫도록 하고 믿도록 하는 현재 역사하시는 성령에 대해서는 또 놓쳐 버리고 만 것이다. 에른스트 푹스는 "예수의 행위가 메시지 이해의 열쇠다." 라고 말했다. 또한 그는 "예수의 행위는 지혜의 교사나 단순한 선지자와는 구별되는 하나님 자신의 행위로서의 예수의 행위다."라고 하면서 예수의 역사적 행위를 강조했다. 그는 또 "예수의 행위의 결단이 나의 현재의 결단일 때 진정 예수는 나의 구주가 된다."고 했다. 그러나 이러한 현재의 나의 결단을 이룰 수 있도록 하는 그 힘이 무엇이며, 초자연적인–인격적인 하나님의 힘이 무엇인가? 이것은 바로 성령인데, 이들은 성령이란 말을 기피해 버렸다. 이런 예수의 행위의 결단이 현재의 나의 결단이 된다는 것은—이들이 주장하는 대로—실존주의적인 인간의 결단이 아니라, "성령이 우리의 연약한 것을 도우시는 결단"이어야 하는 것이다. 성령이 우리에게 역사할 때 하나님의 말씀 앞에서, 하나님이 우리에게 명령하시는 그 명령 앞에서 우리가 정말 하나님의 뜻에 맞는 결단을 할 수 있는 것이다. 과거의 역사성만으로, 또한 과거 성령의 역사로 말미암아 기록돼 있는 말씀만 고조할 때, 이것은 굉장한 장점을 가지고 있는 듯이 보이지만, 오히려 이것도 저것도 흐려지는 결과만을 낳을 뿐이다. 바울이 "너희가 육신대로 살면 반드시 죽을 것이로되 영으로써 몸의 행실을 죽이면 살리니 무릇 하나님의 영으로 인도함을 받는 그들은 곧 하나님의 아들이라."(롬 8:13-14)고 말한 바와 같이, 정말 하나님의 영으로 인도되지 아니하고는 하나님의 말씀이 믿어지질 않는다. 즉 하나님의 영으로 말미암아 인도되지 아니하고는 예수 그리스도가 생명의 구주라는 것이 믿어질 수 없다. 이렇게 가장 본질적인essential 것을 이들 후기 불트만주의자들은 놓쳐 버리고 과거지향적인 것에 역점을 두었던 것이다. 또한 한스 콘첼만은 『예수전 연구의 방법론』이라는 책에서 예수의 역사적 존재를 떠나서는 기독교의 역사를 생각할 수 없다고 하였다. 예수의 역사는 하나님과 대면케 하는 중개인의 역할을 하는 것이고, 역사적인 예수가 없을 때 유대교와 다를 게 없다고 하면서 역사적인 예수 그리스도를 무척 강조했다. 그러나 사실은 성령이야말로 하나님과 인간을 만나게 하는 장본인이다. 우리가 바울의 생애를 살펴볼 때, 그는 항상 "예수의 영이 허락지 아니하더라."라고 하면서, 예수님의 영이 그에게 말씀하시고 그로 하여금 결단을 내리도록 하고 그의 전도 여행의 방향을 지시해 주었다고 고백하는 경험을 상기하게 된다.

(2) 새로운 해석학

다음으로 이 후기 불트만주의자들의 특징의 하나인 새로운 해석학에 대해 살펴보기로 하겠다. 이들은 언어 철학에 큰 관심을 가졌는데, 특히 하이데거Heideggar의 철학에서 아이디어를 얻었다. 하이데거는 그의 후기 철학에 있어서 인간이 언어를 소유한 것이 아니라—과거에 『존재와 시간』에서는 이렇게 생각했지만—오히려 언어가 인간을 인간되게 했다고 이해했다. 이러한 하이데거의 언어에 중점을 둔 전제 밑에서 이들은 새로운 해석학을 전개해 나갔다. 에른스트 푹스는 말하기를 "인간이 언어를 발견했다는 것은 옳지 않다. 인간이 언어를 낳은 것이 아니라, 인간이 언어에 의해서 탄생됐다."고 하였다. 아닌 게 아니라 우리가 성경을 보면 말씀에 의해서 모든 것이 창조됐다고 하는 말씀이 있고, 특히 신앙의 인격에 있어서 이는 하나님의 말씀에 의해서만 탄생되는 것을 볼 때, 에른스트 푹스의 위의 언급은 타당한 것으로 볼 수 있다. 그는 또 "인간은 물음과 대답 사이에 언어적으로 실존한다."고 하였다. 에벨링은 "언어가 올바로 일어나는 곳에 실존이 조명된다."고 하였고, 또 에른스트 푹스는 "언어란 무엇인가? 그것을 존재를 정당화하며 존재와 시간 속에 현존하는 것을 허용한다. 그것은 존재를 사건으로 만든다."고 하여 언어를 강조했다. 이들은 다 "언어란 본래 **하나님의 말씀**이며 이 하나님의 말씀은 현 존재를 부르고 동시에 그곳에 현 존재의 근거가 되는 것이 나타나는 진실한 말씀이다."라고 주장했다. "예수의 말씀은 하나님을 향해서 열려 있는 본질적인 말씀인데 그것이 하나님이 부르시는 소리에 대해서 우리들의 응답을 요구한다." "우리가 예수님의 말씀에 응답하는 결단을 할 때 우리는 하나님의 부르시는 소리에 의해서 변화된다." 이처럼 이들은 하나님의 말씀을 강조했다. "예수가 그 본래적인 말씀에 응답을 구하는 것은 소위 종교적으로 말하는 서기관, 바리새인들의 말과 다르다." 즉 오늘날의 기술적인 언어가 인격적인 응답과 결단을 실존적으로 요구하지 않는 데 반해, 하나님의 말씀은 항상 실존적으로 우리에게 이것이나 저것이냐 하는 결단을 요구한다는 것이다.

이렇듯 이들은 예수의 역사성을 고조하고 언어의 중요성, 하나님의 말씀의 중요성을 강조했지만, 이들의 신학에서 **성령**이란 말은 기피해 버렸다. 성령의 감화라든지 성령의 말씀이라든지 성령의 현재적인 역사 등은 도저히 들을 수가 없다.

3. 성령 중심의 신학으로의 새로운 전환

영국 캠브리지 대학의 신학자 램프G.W.H.Lampe는 『영으로서의 하나님 *God as Spirit*』이라는 아주 좋은 책을 내놓았는데, 이 책에 따르면 종전의 그리스도론은 로고스 편중적인 그리스도론Logos-oriented Christology이었다는 것이다. 그래서 그것은 이지적이고 논리적이며 대단히 분석적이고 동적動的이 아닌, 어디까지나 정적靜的인 신학이었다. 서구 사람들은 이렇게 대단히 로고스 중심적인 그리스도론, 로고스 중심적인 신학을 좋아했는데, 이것은 말씀의 현존을 말하지만 거기에는 이론적이고 논리 정연한 것이 있으나 역동적인 것이 빠져 있다. 다시 말해서 감동을 불러일으키는 다이내믹한 힘이 빠져 있는 것이다. 이론으로 캐다가 못 하니까 성령 세례의 단회설單回說과 비신화화설이 나오고 말씀 사건Word-Event으로서의 그리스도론이 나오고, 결국은 사신死神의 신학, 즉 하나님은 죽었다고 하는 신학으로 끝맺을 수밖에 없었던 것이다. 말하자면 로고스 중심의 편중적인 그리스도론을 주장하다가 이론적이고 분석적이고 차갑고 냉랭하고 이렇게 하다가 종당에는 사신의 신학에까지 이르러서 신학은 장례식을 고하고 만 것이다. 이것은 현대 신학의 위기를 상징적으로 말해 주는 하나의 획기적인 사신의 신학 사건이라고 말할 수 있겠다.

이러한 통찰을 통하여 램프는 성령 중심의 그리스도론Spirit-oriented Christology, 성령 중심의 신학Spirit-oriented Theology을 확립해야 한다고 주장한다. 하나님을 논하는 데 있어서 성령으로서의 하나님을 말하고, 예수 그리스도가 현재 살아 있다고 한다면 성령으로서 오늘 내재적으로 이 역사 가운데서 우리의 마음속에 오늘날에도 현존적으로 역사하시는 그 하나님을 모셔야 한다는 것이다. 말하자면 과거에 로고스 중심의 그리스도론이 그런 막다른 골목에 이른 것을 보고, 램프와 같은 상당수의 영국의 우수한 신학자들은 이제 성령 중심의 신학을 주장하게 된 것이다. 그래서 신학의 전면적인 개편이 필요한데, 이는 성령 중심의 그리스도론, 성령 중심의 신론, 성령 중심의 교회론으로의 개편을 말한다. 성령 중심의 교회론을 전개하지 않을 때에 교회는 논의될 수가 없다. 왜냐하면 교회라고 하는 것은 하나의 카리스마적 공동체Charismatic Community이기 때문이다. 교회가 성령의 은혜의 공동체라는 것을 망각해 버렸을 때 교회란 있을 수가 없다. 성령 중심의 신학을 말하게 될 때 비로소 신학은 살아 움직이는 말이 된다. 여기서 역동적인 것이 가능하게 되기 때문이다. 이렇게 될 때 말씀과 같이 하나의 간접적인 것도 아니고, 즉 하나님과 인간 사이를 매개해 주는 간접적인 것도 아니고, 당신 자신이 우리에게 찾아오시고 당신 자신이 우리 역사 가운데서 역동적으로 역사하는 그 하나님을 이 신학과 교회 그리고 오늘날 기독교는 맞이할 수 있는 것이다.

미국의 신학자 가운데 샘 킨Sam Keen이라는 아주 흥미를 끄는 신학자가 있는데, 그는 디오니시안 신학Dionysian Theology 선언을 내걸어서 관심을 모으고 있다. 그에 따르면 종래의 모든 신학은 아폴로적 신학Apollonian Theology이었는데—희랍의 신화에 나오는 아폴로Apollo는 대단히 이론이 정연하고 분석적인 신이다—이러한 로고스 중심의 신학은 이론적인 분석으로 논리가 정연했지만 그 속에 힘이 빠져 있는 맥 빠진 신학이었다는 것이다. 이로부터 벗어나서 아주 동적인 존재인 디오니소스Dionysos, 이 디오니소스적인 신학을 고조해야 하며 이를 통해 성령의 역동적인 생명력Vitality과 이러한 생명력 넘치는 신학을 다시 불러일으켜야 한다고 선언했던 것이다. 이러한 의미에서 12세기의 플로리스 요아킴Floris Joachim의 삼위일체 신론적 역사 구분은 재음미할 만한 신학적 통찰을 보여 주었다.

요아킴은 역사 전체를 구속사로 보면서 역사 과정을 삼위일체 신론적으로 구분했다. 그리하여 성부의 시대, 성자의 시대, 성령의 시대 3시대의 경륜으로써 역사를 나누어서 파악했다. 첫째 시대는 율법하의 노예의 시대요, 아이의 시대요, 물의 시대요, 떡잎의 시대다. 둘째 시대는 아들로서의 예속의 시대요, 어른의 시대요, 포도주의 시대요, 줄기의 시대다. 셋째 시대는 하나님과의 관계가 노예의 관계도 아니고 또한 아들로서의 예속의 관계도 아니다. 아브라함이 가졌던 하나님 친구로서의 자유 상태 관계로서 노인老人의 시대요, 기름의 시대요, 열매의 시대다. 이렇게 구분하면서 그는 오늘날이 성령의 시대라고 역사적으로 뚜렷이 밝혔던 것이다.

4. 성령 운동의 역사

브루너Frederick D. Bruner의 『성령의 신학A Theology of the Holy Spirit』에 따르면, 근대의 성령 운동 역사를 두 부분으로 나누어서 개관해 볼 수가 있다. 우선은 오순절 운동the Pentecostal Movement의 배경을 이룬 운동들로서 앞서 말한 2세기경의 고전적 사례인 몬타니우스주의Montanism, 18세기의 요한 웨슬레John Wesley와 감리교회, 미국 개척 시대의 부흥 운동The American Revivalism, 미국 남북전쟁 직후의 성결 운동The Holiness Movement 등을 들 수가 있다. 다음으로는 근대의 오순절 운동 전개 과정을 몇 가지 시기로 나누어서 살펴볼 수 있다. 첫째, 태동기로서 19세기 말엽(1896) 미 동남부 북캐롤라이나에 진원을 둔 성령의 역사, 20세기 초(1901년 1월 1일) 미 중서부 캔사스 주 토페카Topeka에서 일어났던 성령의 강력한 바람, 그리고 1906년 4월 9일 캘리포니아 주 로스앤젤레스에서 있었던 엄청난 성령의 역사 등이 여기에 해당한다. 특히 1906년 로스앤젤레스에서 있었던 성령의 역사에는 흑인 전도자 윌리엄 세이모William Seymour라는 아주 볼품 없었던 전도자가 있었다. 그는 열심히 기도하는 가운데 성령의 체험을 받았다. 그래서 로스앤젤레스로부터 초대를 받아서 어떤 나사렛 교회의 집회에 가서 전도를 했는데 거기서 굉장한 역사가 벌어졌다. 또 침례교회에서 집회를 가졌는데 거기서도 굉장한 불의 역사가 벌어졌다. 그러자 주변의 기성 교회들이 어디서 이단이 왔다고 하면서 그를 비난하기 시작했다. 그 후에도 아주사Azusa 감리교회에서 그를 초대했다. 여기서 성령의 뜨거운 역사가 벌어지고 방언이 터졌으며 이로부터 성령의 역사가 세계로 번져 가기 시작했다. 이때 마침 유럽의 노르웨이 출신의 배럿T. B Barratt이라는 사람이 미국에서 모금을 해 볼까 하는 생각으로 뉴욕에 왔다. 그는 여기 로스앤젤레스에 이러한 굉장한 영의 역사가 일어나고 있다는 소식을 접하게 되었다. 그래서 그는 자신이 직접 그들과 접촉했고, 접촉하자마자 이제 성령의 뜨거운 체험을 받게 되었다. 그는 자신의 모국인 노르웨이에 돌아가서 성령의 역사를 다시금 일으켰다. 또 그것은 영국으로, 독일로, 스웨덴으로 번져 갔다. 이로써 유럽 각지에 성령의 불이 퍼지기 시작했던 것이다. 이렇게 해서 오순절 운동 확대의 시대가 전개된다. 그러나 그 후 더욱 확대되어 변호와 분열의 시대를 맞는다. 마지막으로는 신오순절주의Neo-Pentecostalism, 소위 말하는 카리스마적 운동Charismatic Movement이 전개되는데, 이 운동이 오늘날의 최첨단적인 성령 운동이라고 할 수 있겠다. 여기서는 종래의 오순절 운동에 있었던 지나치게 감정적이고 주관적인 면—인간의 무의식의 작용이라든지 인간의 본성에 기초한 성령 운동—에 비판적 시각을 가지면서 성령 운동을 전개해 나간다.

이러한 운동들이 발생한 이유는 어디에 있는가? 브루너는 다음과 같이 그 이유를 열거한다. 첫째, 이들에게는 기성 교회에 대한 존경심이 없었는데, 이는 기성 교회의 행태를 보니까 거기에 외식적인 요소가 너무 많았다는 것이다. 둘째, 이들에게 기성 교회의 제도주의에 대한 반감이 존재했으며, 셋째로는 이들의 눈에 비친 기성 교회가 영적인 고갈 상태 Spiritual Deadness—지면에는 이렇게 영적인 고갈 상태라고 고상한 말로 표현했지만—영적으로 아주 죽은 상태에 놓여 있었기 때문이라는 것이다. 그래서 이러한 기성 교회에 반발해서 오순절 운동이라든지 카리스마적 운동이 세계적으로 단시일 내에 번져 가기 시작했던 것이다.

여기서 우리가 주목해야 할 일은 현대의 기성 교회의 영적인 고갈 상태, 이것이 과연 어디서 발생했느냐 하는 것이다. 원래 기독교는 동양적인 것으로서 영적인 것인데, 서구 사람들은 이것을 공연히 분석하고 공연히 논리적으로 캐려고 했기 때문에 하나님의 말씀과 기독교의 역동적인 특성을 다 놓쳐 버리고 말았던 것이다. 그래서 단회설을 주장하여 성령의 세례를 부인하게 되고 이러한 이론적인 신학을 확립하게 되었으며 그러다가 결국 사신의 신학으로 종말을 내린 것이다.

5. 현대 성령 운동의 문제점(비판)

이제 기존의 오순절 운동에 비판적 시각을 가지고 있는 카리스마적 운동에 주목하면서, 오늘날의 성령 운동에서 대단히 위험스러운 점을 몇 가지 지적하고자 한다.

첫째는, 우리가 성령을 소유한 것처럼 생각하는 것, 우리가 성령을 가졌다라고 하는 것, 내 소유로 가졌다라고 생각하는 것—내가 성령을 받을 때 성령에 의해서 소유되어야 하는데—내가 소유되는 것이 아니라 내가 내 마음대로 조작할 수 있도록 소유한 것처럼 생각하는 것, 이것은 대단히 위험스러운 생각이다. 우리는 진실로 'possessed by Holy Spirit' 이란 말과 같이 성령으로 말미암아 소유되어야 한다. 말하자면 우리가 성령을 소유한다고 했을 때 어떻게 되는가 하면, 우리가 우리 멋대로 성령을 부리는 요술사가 되고 만다. 성령의 주권이 무시되어 버리고 만다. 성령에 의해서 성령의 말씀에 순종하고 성령의 뜻을 존중하는 것이 아니라 우리 맘대로 이용하는 것은 대단히 위험스러운 것이다. 또한 여기서 우리가 성령에 의해서 소유되었다고 할 때 오해가 생길 수 있는데, 그것은 마치 어떤 영에 잡힌 것처럼 되기 쉽다는 것이다. 어떤 귀신에 잡혔다라고 할 때 영어로 'possessed' 란 말을 쓰는 것과 같은 의미에서 이것은 영에 잡혔다고 하는 말이 아니다. 영에 잡혔다고 하는 그런 관계가 아니라, 참으로 우리가 성령에 의해서 소유되면, "그리스도의 영이 있는 곳에는 자유함이 있다."라고 하는 말씀처럼 참다운 의미에서 크리스천의 자유가 있게 되는 것이다. 이것이 바로 성령으로 말미암아 사로잡히게 되었다는 것의 의미이다. 말하자면 죄와 사망의 힘에서부터 해방된 자유로운 인격의 소유자가 된다는 것이다. 그뿐만 아니라 성령에 의해 소유될 때 우리는 성령의 진리의 영으로 인도되어서 성화聖化된다. 성령을 받았다고 하는 사람들 가운데 오늘날 거짓말하는 사람이 얼마나 많은지 알 수 없다. 그 다음에는 성령으로 소유될 때 우리는 사랑으로 겸손해지는 것이다.

둘째로 오늘날 성령 운동에서의 위험성은 어디에 있는가? 우리가 성령을 받는 것을 인간의 주관적인 종교 요소의 발전으로 생각하는 태도, 인간이 본능적으로 가지고 있는 어떤 종교적인 감정이나 이성이나 의지, 이러한 인간의 본능적인 요소를 확대, 발전시키고 흥분시킨 것, 이것이 성령인 것처럼 생각하는 태도, 말하자면 인간의 주관적인 요소의 발전에 기초한 성령관은 대단히 위험스러운 것이다. 우리가 성령을 받는다는 것은 다른 것이 아니라 새 성질의, 새 하나님의 성질의 투입이다. 즉 새 하나님의 성질이 우리 속에 들어오는 것을 말한다. 이렇게 생각하지 않고 인간 종교성의 발전, 인간의 종교적인 기능의 발전으로 생각함으로써 사이비 종교와 불순한 성령 운동이 발생하게 된다. 여기서 성령을 가졌다고 하는 사람들이 인간적인 자만에 빠지게 된다. 이것은 인간의 무의식의 정신 작용을 성령 운동으로 생각하는 착각을 불러 일으키는 까닭이다. 유다서 1장 19절을 보면 "이 사람들은… 육에 속한 자며 성령은 없는 자니라." 하는 말씀이 있는바—옛 구약성서에는 "혼은 있어도 영은 없는 자들이다." 라고 번역했는데, 이 번역이 여기서의 논지에 잘 부합하고 있다—프스키코이($\psi\upsilon\chi\iota\kappa o\iota$) 즉, 혼의 활동은 있어도, 인간의 본래적인 감정 의식 등의 혼적인 운동은 있어도, 진정한 의미에서 성령의 역사는 없다는 것이다. 말하자면 인간의 심리적 요소를 성령의 역사로 착각을 일으키는 종교적인 샤먼shaman이 생기기 쉬운 것이다.

셋째 위험성은 성령을, 인간이 성령을 받는 방법으로써 받는 것처럼 생각하는 것이다. 그래서 사람들은 "성령받는 방법"이라는 말을 자주 쓴다. 성령을 받는 'Method', 하나의 방법—이것은 대단히 모순된 말이다. 성령은 순전히 하나님의 선물이다. 인간의 노력에 의해서가 아니라 하나님의 자유로운 주권에 의해서 주실 자에게 주시는 선물이다. 우리는 늘 이렇게 믿어야 하고, 기본적으로 이 태도를 가지고 있어야 한다. 우리가 무슨 방법을 써가지고 우리의 무슨 방법이 좋다고 해서 성령을 받을 수 있다고 생각하는 것 그리고 교회를 성령 만들어 내는 공장처럼 생각하는 것은 큰 오해다. 성령 받는 방법을 운운하는데 이는 성령을 모독하는, 성령의 주권을 모독하는 소리인 것이다. 심지어 기도까지도, 심지어 우리의 회개까지도 방법이 아니다. 기도야말로 나 자신을 무無로 돌리는 태도이다. '나는 아무것도 할 수 없고 다만 전능하신 아버지 하나님의 뜻에만 맡

깁니다.' 하는 것이 기도의 자세다. 나로서는 아무것도 할 수 없고 다만 전능하신 하나님의 도움에 의해서만 가능하다는 것을 나타내는 겸손한 자세, 이것이 기도이다. 또한 회개는 무엇인가? 회개는 자기 포기이며, 그 것이 방법이 될 리가 없다. 성령 받는 방법을 운운하는 것은 마치 사도행전 8장 18절에 기록되어 있는 사마리아 성의 시몬처럼, 사도들이 안수함으로 성령을 받게 되니까 자기도 그러한 방법을 얻으려고 돈을 주고 사겠다고 하는 것과 마찬가지이다. 베드로는 말하기를 "네가 하나님의 선물을 돈 주고 살 줄로 생각하였느냐"고 책망했다. 그러므로 우리는 항상 성령을 하나님의 선물로서, 카리스마로서 생각해야 한다. 그리고 과거에 있었던 그 오순절 운동에서 한 단계 더 올라서서 이러한 카리스마적 운동으로 지향해야 한다.

6. 이그나티우스Ignatius의 영 분별법

이제 요한의 제자인 아그나티우스의 영 분별법에 대해 논하면서 이 강론을 마치고자 한다. 이그나티우스는 성령 분별하는 것을 다음의 몇 가지로 열거하여 귀중한 통찰을 보여 주고 있다.

첫째, 성령은 열심 있는 자에게 보답으로 마음에 기쁨과 깊은 평안을 주시지만, 악령은 시기해서 이런 기쁨과 평안을 뺏는다. 우리가 열심히 하나님에게 봉사하고 순종하면서 나아가게 될 때 성령은 항상 우리에게 한량없는 기쁨과 평안을 가져다주신다는 것이다.

둘째, 악령은 성령과 같은 모습으로 나타나 처음에는 선행을 권장하는 것같이 보이나 나중에는 악령의 생각을 불어넣는다. 그리고 세인의 칭찬을 이용해서 오만한 마음을 품게 한다. 그렇지만 성령은 우리로 하여금 항상 겸손하게 하나님 위주로 행하게 한다.

셋째, 성령의 일은 처음부터 끝까지 하나님의 영광을 목적으로 행하게 하지만, 악령은 자기의 명예와 쾌락을 구하는 마음으로 행하게 한다.

넷째, 성령의 인도하심은 침착하고 사려 깊게 하나하나 실행에 옮기지만, 악령은 조급하게 침착성이 없는 방법으로 모든 일을 처리한다.

이와 같은 말씀은 요한1서 4장 1-3절에 있는, 사도 요한이 영에 대한 분별을 전개하면서 한 말씀과 동일하다고 생각된다. "사랑하는 자들아 영을 다 믿지 말고 오직 영들이 하나님께 속하였나 시험하라. 많은 거짓 선지자가 세상에 나왔음이니라. 하나님의 영은 이것으로 알지니 곧 예수 그리스도께서 육체로 오신 것을 시인하는 영마다 하나님께 속한 것이요, 예수를 시인하지 아니하는 영마다 하나님께 속한 것이 아니니, 이것이 곧 적그리스도의 영이니라." 이 말씀 역시 하나님의 영은 예수 그리스도의 그 도성인신道成人身하심, 십자가에 못 박혀서 겸손하게 돌아가신 사실을 중심으로 삼고 있으며, 이러한 십자가의 정신이 가장 중요한 것이라고 하는 것도 위에서 이그나티우스가 말한 것과 본질적으로 동일하다고 생각된다.

결론적으로 이 강론을 마치면서 강조하고 싶은 것은, 요한복음에서 말씀이 육신이 됐다고 말씀했는데, 말씀이 육신이 됐고 육신이 된 그 역사적 예수 그리스도가 이제는 성령이 되셨다고 하는 것이다. 과거의 로고스 중심의 신학logos-oriented Theology에서부터, 곧 이론적이고 분석적이고 차갑고 동적이 아닌 정적인 신학에서부터 이제는 정말 성령 중심의 신학 Spirit-oriented Theology으로 전환해야 할 시기가 왔다는 것이다. 그래서 체험적이고 역동적이고 초자연적인 능력의 신학으로 방향을 돌려놓아야 할 것이며, 이와 함께 현재나 미래를 향해서 무한한 가능성이 개방되어 있는 소망에 넘치는 영적인 신학을 확립해야겠다는 것이다.

제2장

카리스마적 신학

1. 카리스마적해석학解釋學

(1) 요즈음에해석학解釋學이란말이의미하는내용은종전과는달리생각되고있다.종전에는성경의어구를하나둘씩풀어서해석하는것곧성경주해聖經註解, exegesis를의미하는것이었으나요즈음의해석학이란성경의말씀을현재의구체적인실존과관련시켜인간을근본적으로언어의현실로보고언어를단순한의사소통communication의매개체로만보는것이아니라언어를역사적사건historical event으로강조하여사건화된언어의역동성을포착하는데있다.

(2) 그런데여기서문제되는것은인간이언어를소유했다는것으로서그것은인간이인간됨은언어적존재라는데기인하는것이고,그렇기때문에역사적존재가되었던것이며또한그런존재이기때문에책임성이따르기때문이다.따라서구원이요청되는것이고 '하나님의말씀' 이인간에게필요한것인

데더생각을돌이켜보면사람이언어를소유했다기보다인간이 '말씀' 에의해
서인간이되었고또한구원을받는것임을생각할때궁극적으로는 '말씀' 이먼
저요, '말씀' 에의해서인간이된것이지인간이언어를만들어낸것이아니며또
언어를단순한의사소통의매개체라고생각하기에는너무나엄청난국면이엄
존하고있는것이다.

(3) 그러므로인간이언어를만드는것이아니라 '말씀' 에의해서인간이지
어졌고 '말씀' 으로인하여그실존이조명되고있기에인간이사용하는언어는
'하나님의말씀' 에의해서언어의 '힘' 을회복받아야하며 '말씀' 에의해서언
어의 '제자리' 를찾아야한다. 말하자면오늘날우리가사용하고있는말가운
데 '쓸모없는말' 과 '못믿을말' 그리고 '말썽많은말' 이되어사람과사람과의
관계와사람과자연과의관계가잘못되어버렸고종당에는모든관계가어그러
지는그런형편가운데들어가게되는것이며이러한것은참으로위험한상태를
가져오게되는것이다. 그것은오히려사람이죽는것보다더위험한것으로 '혀
는불' 이기때문에인간을근원적으로멸하는치명성이거기에있는것이다. 오
늘어떤권좌에오를사람을부정축재라는시대의언어로밝혔으니그에게있어
서그보다더무서운표명이어디있겠는가. 차라리그신체가치명상을입는것
보다더크게역사적으로치명적인것이니여간그인격이가련한것이아니다.
언어를성경적으로볼때 "혀는우리의지체중에서온몸을더럽히고생의바퀴
를불사르나니그사르는것이이지옥불에서나느니라." (약3:6)함과같이위험
한것이다.

(4) 다시말하자면인간은언어에의해서역사적존재가되었고바로그언어
때문에인격성이상실될위험이있는것인데이것은단순히짐작으로만이아니
고결정적사실로서심판이내려지게된엄청난결과를가져온다는것을생각해

볼때동생을죽인 '가인' 의이마에다표를주어서그를해하는것을막으셨던것
과같이그엄청난 '말씀' 은 "내죄벌이너무중하여견딜수없나이다." (창4:13)
라는견디기어려운사실로나타나무서운결과를초래하였고그에반해절대자
의 '구원의말씀' 에의해서그런중벌에서해방받을수있는것으로이모든것이
'말씀' 없이는이루어질수없는것이다.

(5) '하나님의말씀' 은항상역사적사건을일으키는데 "비와눈이하늘에서
내려서다시그리로가지않고토지를적시어서싹이나게하며열매를맺게하여
파종하는자에게종자를주며먹는자에게는양식을줌과같이내입에서나가는
말이헛되이내게로돌아오지아니하고내뜻을이루며내가명하여보낸일에형
통하리라." (사55:10-11)하심과같이 '하나님의말씀' 은하나님의뜻을성취하
고야마는것이므로요한은 "태초에말씀이계시니이말씀이하나님과함께계
셨으니이말씀은곧하나님이시니라. 그가태초에하나님과함께계셨고만물
이그로말미암아지은바되었으니지은것이하나도그가없이는안된것이없느
니라." (요1:1-3)하였다. 사실피조물가운데 '하나님말씀' 없이된것이란한가
지도없는것이고그렇기에존재의의미도그말씀가운데서찾아야하는것이
다. 그런사건가운데도예수님의구속사건은특별한의미를지닌것으로이것
을일컬어 "말씀이육신이되었다." 라고하는데이것은 '하나님의말씀' 이구
체적으로사건화된것으로이것은속죄의사건이며역사의중심적사건인것이
다. 지금까지의역사적사건과앞으로의모든사건이이에의해서그의미와생
명을얻고평가를받아서사건의존재여부가결정되는것이다.

(6) 그러므로 '말씀' 을단순히규리적구실을하는것으로또는의사전달의
매개체로만보지말고 '하나님의말씀' 을역사적사건으로로보는 dābār, word-event
것이타당한것으로 '말씀' 은반드시역사적사건을전개시키는것이다. 즉말

이말로만끝나는것이아니라거기에는반드시 '일' 이벌어진다는의미에서히브리사람들은dābār이라고하였고신약에서는 "말씀이육신이됐다." 고말했듯이예수그리스도는말씀이육신으로된분으로서 '하나님의말씀' — 특히하나님의인류구원의— 이구체적으로실현된계획이었다. 이구속적사건은참으로영원한생명을부흥하는사건으로서성경의말씀은이사건을미리예언자들을통하여말씀하셨을뿐만아니라이사건의구속사적의미를설명하고있고또이사건을여러가지로회고하면서증언을하였는데우리가읽기에어려운대목이많지만그것은예수그리스도의구속사적사건을통하여해석되어야한다.

(7) 말하자면우리는 "말씀이육신이되신" 예수의행위에주목하여성경을통해서 '예수의행위' 를이해하는동시에성경의메시지는 '예수의행위' 에의해서이해되어야하는데더강조해서말하자면 '예수의행위' 는성경의메시지를이해하는열쇠로거기서우리는하나님의결단을볼수있고또우리의결단이촉구되는것이다. 이 '예수의행위' 는하나님의창조적인행위로서이특이한 '하나님의행위' 를그당대주변의사회적,문화적,종교적상황에의해서설명하려하기에는너무나특이한절대적결정적사건으로서그런주변의역사적요인을갖고서이결정적사건을이해하려한다면오히려여러가지오해가생기게된다. 예를들어본다면 "인자가온것은섬김을받으러온것이아니라남을섬기러왔다." 는말씀이나 "안식일은사람을위해서있는것이지사람이안식일을위해서있는것이아니다." 라는말씀은당대의봉건적사회사상이나율법적종교관을나타내는것으로권위있는어떤학자가자기희생때문에집한칸도없이남의집셋방살이를하였다는것이나또는가장권위있는어떤종교지도자가자기의커다란목사관과많은보수를털어서빈민들을도와줌으로써자기는초라한오두막에서사는(브라질의성직자는그런다지만)것은오늘날과학시대에사는

사람들이나종교가들에게는이해가잘안되듯이물론이런종류와는비교가안
되는그런의미에서예수그리스도의사건역시이해가잘안되는것으로성문밖
에서고난받기를택하셨던 '메시아' 는당대의메시아관으로이해가안되는그
런사건이었다.

(8) 실상은우리의의식상태가너무나오염되어있어서하나님에관한것을
우리의의식구조그대로가지고이해하기에는어렵다.그러나이러한사실을
몰이해하고덤벼드는것은무모한일인데그것은인간의생래적인것그대로는
상당히이해하기힘들게되어있기때문이다. 이렇게생각하면우리가하나님
의말씀을해석한다는것은우스운일이며참으로어리석은일인데어떤신학자
들은감히자기해석이야말로신약적인것처럼말하는데그것은참으로 '하나
님의말씀' 을잘못오해하는일이며또자기자신의연약함을모르는소치로서
우스운일이아닐수없다. 또다른무모한신학자의시도는 '하나님의말씀' 을
현대인들이몰이해하는것은성경이쓰인당대의시대상이니세계관의차이때
문이라고하나사실은그것보다도인간의죄악과욕심때문에그런것이가려져
있어서 '하나님의말씀' 이믿어지지아니하며또한인간의실존적 '됨됨이' 가
'하나님의말씀' —말씀이육신이되며하나님자신이죄인의형상을입고오셨
지마는— 을이해하는데상당히거리를갖고있으며그의식상태가둔화되어
있어서이해하지못하는것이지다른문제는사소한것으로문제는 '나' 에게있
는것이지 '하나님말씀' 에있는것이아니기때문에성경을현대인의취향에맞
도록만드는작업을할것이아니라— 예를들어서불트만Rudolf Bultmann의비
신화화非神話化와같이— 오히려우리들자신들이변화를가져오는작업이필
요한것이다.

(9) 말하자면우리가 '하나님의말씀' 을해석하는것보다도리어 '하나님의

말씀' 에의해서우리자신이해석받는것이필요한데그것은여간어려운일이
아니다. 왜냐하면 '하나님의말씀' 에의해서우리자신의실존상태를속속들
이심판받고쪼개어얼마나죄악되고무지하며어리석은존재인가하는것을알
도록하는것이필요한데성경적표현으로는 "하나님의말씀은살았고운동력
이있어좌우에날이선어떤검보다도예리하여혼과영과및관절과골수를찔러
쪼개기까지하며또마음의생각과뜻을감찰하나니지으신것이하나라도그앞
에나타나지않음이없고오직만물이우리를상관하시는자의눈앞에벌거벗은
것같이드러나느니라." (히4:12-13)한것과같이우리가 '하나님의말씀' 의조명
을받게될때우리들의참모습을바로알게되며우리가어떻게해야만사람이될
수있는가하는것을이해하게되는것이다. 그러므로내가 '하나님의말씀' 을
해석하는것보다— 이것은사실로는건방진일이다— '하나님의말씀' 에의
해서해부를받아야한다는결론이나온다.

(10) 지금까지는우리가 "말씀이육신이됐다." 는국면을들어서논하였지
만우리가살고있는시대에서하나님의경륜은성령의시대적경륜으로서말씀
이육신이된것,즉말씀의역사적사건화에서부터영화의시대로역사적예수
가이제는영화로운그리스도(성령을받으심)이시며,참으로기름부음을받은자
가되셨으므로(영원전부터그러하시지만)이제는말씀해석도로고스중심적
logosori-entedness인데서영중심적pnuma-wrinkledness인면으로옮겨야하는것
이다.

(11) 요즘와서신학의문제는해석학적인문제라는것을말하는데사실말
이지성서의증언을어떻게해석하느냐또는예수의역사적인사실을어떻게해
석하느냐또는성령의내적인경험을어떻게해석하느냐또는더나가서교회의
전승을어떻게해석하느냐에따라서그신학의성격이달라지는것인데여태까

지는신학의해석학적인반성없이신학을해왔던것이므로이런해석학적인반성은최근에이르러서두드러지게논의되고있으며그렇기때문에신학의문제는해석학적문제라는것이고더나가서는인생의문제도역시해석학적문제라고말함직한데각자가인생이라는것을어떻게해석하느냐에따라서이렇게도저렇게도이해되고또영위될것이니그렇다면모든문제가다해석학의문제라고말함직한데그말도옳은것이사물은우리의이해여하에따라서이렇게도저렇게도다루어지는것이기때문에모든문제가여기에달려있고그렇기때문에신학의문제는유독해석학적문제hermeneutic problem라고말하는것이옳을것이다.

(12) 이렇게모든문제가해석학적인데걸려있다고말하였거니와유독신앙의문제야말로해석학적인문제로Interpretation(설명,해석)이란말자체가말하듯이신의메시지를전하는Messenger(전달자)의소관으로서이것은신의전달없이는있을수없는것이요충분히거기에는계시적인것이요영적인것인데지금까지는그것을우리의처지대로만말하고우리의이해의정도에만맞추어서풀어보려는데문제가엉클어지고오히려해석은커녕더욱더난해하게만만들었으니이제는해석학의대전환을가져와야한다고들언성을높이고있는마당인데— 앞에서말한대로우리의의식구조의오염과퇴화를변화받기전에는 '하나님의말씀' 은이해하기어렵게되어있는터이니참으로해석학상의문제는논리적해명의문제라기보다오히려우리들의실존적인자리Existential situation의문제로서말하자면 "우리의귀가열리고우리의눈이뜨이는" 문제가되는것인데우리의사용하는말을언어적으로알아들으나 '말귀' 가뚫리지아니했기때문에무슨 '뜻' 인지알아듣지못하는것처럼그것은여간딱한노릇이아니며그때는사람들이자기말을이해못하는상대를향해서 '가슴을치는' 표현을할수밖에없는노릇이라는말인데— 이것은시골늙은이에게현대화나

현대음악을갖다주는것처럼무모한노릇으로서여간딱한노릇이아닌데그에
게소리가들리느냐안들리느냐의문제나색깔과선이보이느냐안보이느냐의
문제보다는그음악과그림을대하는사람됨(실존)이어떠한가의문제인것
이다.

(13) 말하자면 '하나님의말씀' 을들을수있도록, "말귀가뚫려있느냐그렇
지아니하냐" 의문제인데이것은우리학습적노력에의해서이루어지는것보
다어느시기에가서확눈이뜨이는그런경험과같고옛날글읽는선비들이말하
듯이 '문리가터지는' 그런경험이요 '엠마오' 로내려가던제자들이곁에예수
님이동반하신줄을모르고집에들어가서떡을떼어받아먹을때비로소 "그들
이눈이밝아져서그인줄알아본" 것과같이 '눈이밝아지는' 실존적인문제가
바로해석학의문제인데— 이것은바로 '영적' 인문제로서해석학은 '카리스
마적' 인것이라고하는이유가여기있다.

(14) 여기서해석학은영적인문제라는말을하였는데 '영적' 이란말처럼
오해를자아내는말은기독교계에서흔치않은말인데그것을흔히무슨구체적
인것대신추상적인것, 원리적인것으로이해한다거나현실적인것대신이념
적인것으로생각하는데흔히성서주해자들이어떤역사적인사건을들어서은
유적allegorical으로해석한다거나또는초현실적인성서의기사를어떤신학적
인이념을끄집어내는데필요한텍스트처럼간주해해버리는것인데그것은성
서의구체적인 '말씀' 에대해서우리의결단을회피하는두루뭉술한입도없고
코도없고눈도없고귀도없는무인격적인신학적 '이데올로기화' 하는작업을
하는것으로그것은여간재미있는것이될지는몰라도또우리가 '말씀' 앞에서
책임지지않아도무방한그런것이니여간홀가분한것이아니기는하나 '영적'
인것이란보다인격적인말씀인것이며또한구체적응답Response이필요하므

로우리는그앞에서회피할도리가없는것이다. "내가주의신(영)을떠나어디로가며주의앞에서어디로피하리까?"

(15) 정작영적인것은그러기에인격적인것을말하는것이고인격적인것이란우리가또는내가하나님앞에서책임적인존재가되는것으로서하나님의영이야말로우리를인격의중심에서결단을올바로내리도록하시며또우리의 '사람됨'을조성하는근원적인힘이기때문에어떻게보면'카리스마적해석학'이란우리를사람되게만드는일에또는우리를하나님의자녀되게하는데필요한문제를다루는일이라고말함직한데— "물과성령으로거듭나지아니하면하나님나라에들어갈수없느니라."— 성서의원저자나모세나이사야다니엘이나마태나요한이나바울이아니라이들은다제2차적인존재이기때문에해석학에있어서그원저자의말을들어야하는것인데그원저자란다름아닌성령으로서,해석학이란성령의목소리를알아차리는일이될것이다. 요한계시록에는 "귀있는자는성령이교회들에게하시는말씀을들을지어다." (계 2:6,11,29;3:6,13,22)하는말씀이여러번반복된다.

(16) 우리는성경에서추상적인원리를뽑아내는것이아니라성령의목소리를들어야하는데그것이인격적인목소리이기때문에우리의인격의결단을촉구하는것이고,또인격의결단을촉구하는것이기에거기에는여간한책임이따르기마련이며,더나가서인격의전면적인해방이이루어지는것이고여러가지재밌는일이많으며초현실적인일이벌어진다. 여기서는목소리일반을듣는것이아니고그아이에게그어머니의목소리가그렇게반가운목소리인것처럼하나님의자녀에게성령의목소리는여간고마우며여간은혜로우며여간반가우며여간생명을주는것이아닌데여기서인격의전면적인해방이란죄와사망에서의해방으로서사람이 "죽기를무서워하므로일생에매여종노릇

하는모든자들을놓아주려하심이니" (히2:15) "그리스도예수안에있는생명의
성령의법이죄와사망의법에서나를해방하였음" (롬8:2)인데이것은오로지성
령의목소리를들은자만이가능한것이며, 어떤이들은성령의목소리를해방
의목소리로듣는것보다또하나의율법으로만들어놓음으로또다시 '하나님
말씀' 은어렵게되고오히려구속의목소리가되어버린다. 참으로성령의목소
리는우리를완전히해방시키는목소리이다.

(17) 그런데이목소리를듣는다는것이중요한일이고그렇기때문에 '카리
스마적해석학' 이란이목소리를풀이하는것이아니라이목소리를어떻게하
면들을수있느냐하는문제인데더말하자면요즘사람들은 '어떻게' 란말을하
면곧장방법론을생각하는데그것은기술사회가가져온의식의오염으로서소
위말하는방법론이아니라실존론적인것으로근원적인것과생명적인것은인
간이만드는것이아니고창조자의소관으로서누가이것에대해서감히왈가왈
부할수있단말인가.

(18) "듣기는들어도깨닫지못할것이며보기는보아도알지못하리라." (사
6:9)는말씀대로들어도깨달음이없는것이문제요보기는보아도이해하지못
하는것이문제인데그것은마음이둔하고그귀가막히고눈이감겨있기때문에
그런것으로서(사6:10)이것이야말로실존적인문제이지단순히언어의몰이해
나, 그런것보다도더심각한문제가개재하여있는데, 그것은사실영적인문제
인것이다.

(19) '깨달음' 은우리가학습적인노력에의해서습득하는그런것이아니
고또이것은이세상의 "잘난사람들의지혜" 나 "이세대의지혜" (고전2:6)도아
니고이것은위에서부터주시지아니하면안되는 '카리스마적' 인것으로서그

것은바울이 "신령한일은신령한것으로분별하느니라. 육에속한사람은하나님의성령의일을받지아니하나니저에게는미련하게보임이요또깨닫지도못하니이런일은영적으로라야분변分辨함이니라." (고전2:13-14)함과같이 '영적깨달음' 인것이다.

(20) 예수께서는 "너희는깨달았느냐" 고제자들에게말씀하셨는데이것은단순히당신의하시는말씀을언어적으로깨닫느냐는반문이라기보다그말씀을통해서 '하나님의나라' 의현실을간파하였느냐는말씀이고또예수자신의 '됨됨' 이어떤분이신것을 '알아차렸느냐' 는것인데제자들은그분의생존시에는깨닫지못하였고병고치는기사이적을행하는유대적메시아―그당대에유행하는묵시문학적메시아―로만생각하였고그런병고치는능력을행하는것을통해서그리스도성의어떠함을갈파하지못했던것이다.그래서가이사빌립보지방에가셨을때제자들에게 "사람들이인자를누구라하느냐" 하고물었고또제자들에게 "너희는나를누구라하느냐" 고물었을때베드로가 "주는그리스도요살아계신하나님의아들이시니이다." (마16:16)고대답하였는데예수께서는말씀하시기를 "바요나시몬아네가복이있도다. 이를네게알게한이는혈육이아니요하늘에계신내아버지시니라." (마16:17)하셨다. 예수가그리스도시오하나님의아들이심을알게된것은단순한지적인이해가아니라천적계시라는것인데그렇기때문에신약에서말하는 '깨달음' 은카리스마적인것으로서위에서열어보여주시지아니하면열리지아니하는그런것이다.그래서시편기자는 "주의손이나를만들고세우셨사오니나를깨닫게하사주의계명을배우게하소서." (시119:73)하였고,다니엘은이상異象을알고자할때는하나님께서 '가브리엘' 천사를보내어 "이이상異象을이사람에게깨닫게하라." 고하셔서이상을판독하는 '깨달음' 을얻었다. (단8:16-17)말하자면 '깨달음' 은위에서주시는것이지우리의자연적인기능이나학습적인노력에의

해서갖게되는것이아니라고말할수있는데이것은옛날선비들이글을읽다가 '문리가터지는것' 모양으로어느때가서확빛이비춰오는것처럼,또는예수께서십자가에서돌아오시고실망한제자들이 '엠마오촌' 으로내려갈때에같이걸어가면서도예수신줄몰랐지만집에들어가서떡을떼어그들에게주실때그들의 '눈이밝아져서' 그를알아차리게되었던것처럼전능자의손에의해서열어보여주는그런것을말한다. 그러므로 '카리스마적해석학' 이란우리가성서의언어적인면의이해법을익히는그런식의공부라기보다우리의불가능성을알고그런 '깨달음' 을위에서부터받도록축수하는신학이라고말할수있는데이것은사실상보통언어적표현으로는말문이막히는그런신학이될것이다.

(21) 하나님의영靈은 "누가주主의마음을알아서주를가르치겠느냐" (고전 2:16상)고탄식하고있는데카리스마적해석학은 '하나님의말씀' 을통해서우리자신을해석받는일이라하고있거니와그렇게함으로우리속에있는하나님과불일치한것을제거할뿐만아니라우리자신이변화를받는실존적인문제임을말하였는데어떻게보면이것은종전에우리가감히 '하나님의말씀' 을해석하려는생각을버리고우리자신을 '하나님의말씀' 앞에내어놓음으로해부를받는것과같은것이기때문에거기에는여간한결단이촉구되는것이아니고일대전환을가져오는것으로서이만저만한변혁이아닌것인데그렇게함으로우리가하나님을우리에게맞추는것이아니라사실은우리가하나님에게맞추는일이되는것이다. 신학적인모든오류는항상하나님을우리의표준에맞춰야하는것이고하나님이원하시는대로따라가야하는것인데그것이억지가되어서는안되는것이고— 왜냐하면그것은종從의모랄이되기때문에— 어디까지나스스로우러나오는마음으로응해야하는것이기때문에우선무엇보다도우리의마음이하나님의마음과동화되어야하는것이고—아모스예언자의

말대로하면 "두사람이의합하지못하고야어찌동행하겠는가" (암3:3)―우리 속에서부터동의하는의식이있어야하는것인데그것이바로 "주의마음을아 는일" 일것이다.

여기서바울사도가인용한고린도전서2장16절말씀은70인역에서인용한 이사야서40장13절말씀― "누가여호와의신神을지도했으며그의모사謀士가 되어그를가르쳤으랴" ― 인데히브리어성경에는 "여호와의영靈" 이라고되 어있다.

(22) 말하자면바울이 "우리가그리스도의마음을가졌느니라." (고전2:16 하)고말한것처럼참으로는 "그리스도의영을소유한자만이 '그리스도의영의 목소리' 를분변할수있는것인데바울을그렇기때문에신령한일은신령한것 으로분별하느니라." (고전2:13)고말씀하셨다.

성경의원저자原著者는성령이시기때문에 '하나님의말씀' 은성령과통하 는이가아니고는이해할수도없고오히려미련하게보일뿐인데이것은성령과 반대되는 '육肉에속한자' 이기때문이다.

사도들에게있어서역사적인예수만을알고있을때에는하나의인식의대상 an object이있으나예수의영에접한다음부터는그분의주체와상통하게되었 기때문에예수의역사적인일과성一過性에서그들과어느때에어디서나공존 하시는영존적永存的존재로그들과함께동시성contemporaneity을갖게된것이 고그러므로 '예수그리스도' 를이제는육신으로아는것이아니라(고후5:16)이 런인격적인주체곧영적으로모시는것이고매순간매순간그분의목소리를청 종聽從하면서살아가는것이다.동일한성령의목소리이기때문에성경의말씀 과내적인성령의목소리는항상일치하는것이고이것이일치가안될때에는우 리의경험은성경의말씀에의해서비판받고해석받아야하는것이고더나가서 는우리의신앙의전체적인태도도재검토되어야하는것인데그렇다고성령의

미래를향해서열어놓은창문을닫아버려서는안될것이며오히려창조적으로
개발하고보다넓고깊고높은경지속으로전진해나가야한다.

　(23) 카리스마적해석학의중요한요점가운데첫째는 "하나님에관한것은
하나님의영이아니고는알지못하며,(고전2:11)신령한것은신령神靈한것으로
분별한다." (고전2:13)는말씀과 "진리의성령이오시면그가너희를모든진리
가운데로인도하시리라." (요16:13)는말씀이며또 "그(보혜사)가와서죄에대하
여의에대하여심판에대하여세상을책망하시리라." (요16:8)는말씀이다. 첫
째의 "신령한것은신령한것으로분변한다." 는말씀은벌써언급하였고두번
째것인 "진리의성령이오시면그가너희를모든진리가운데로인도하시리
라." 는말씀인데여기서우리가주의를기울여야할것은 "진리가운데로인도
하시리라." 는말씀인데진리는우리의인식능력에의해서이해되는것이아니
라인도를받음으로진리를깨닫도록되는것이다.

　우리의진리이해의방해거리는하나님의인도하심을거부하는일인데그것
은우리자신이모르면서우리의상상력을발휘하여찾아보려는것인데이것은
마치소경이길찾는것보다더어리석은일로서왜냐하면이길은더듬어서혹시
찾을수있는그런길이아니라전혀우리로서는상상할수없이동떨어진(질적으
로)그런방향이기때문에오히려그자리에가만히기다리고있는것만같지못
하는것이요허덕이면허덕일수록더복잡해지고더진리에서멀어지는것으로
서일반적으로진리를탐구하는활동이란이런것이되는것인데마치방향을잘
못잡아길을재촉하면재촉할수록가야할목표에서더욱더멀어지는것과같이
절대적인진리는우리의일반적인인식능력만의지할때오히려미련해보여서
이해하기어렵게되어왔음으로바울은세상의지혜있는자들이볼때 "미련하
게보임이요또깨닫지도못한다." (고전2:14)고하였는데그렇기때문에진리를
깨닫도록성령의인도하심을받아야하는것이다.

우리의인격의중심이성령의인도하심을위해서개방되어야할것이고그진리의현실을우리의이해의표준으로이해하려고할것이아니라성령에의해서인도받으면서깨달아야하는데이것은마치아무리우리의눈이밝아도빛이없으면보지못하는것과같이진리는성령의빛이없이는여전히몰이해의어둠속에잠기고마는것으로서그렇기때문에"진리의성령이오시면그가너희를모든진리가운데로인도하시리라."(요16:13)고말씀한것이다.

그러므로카리스마적해석학은성령의인도하심을따라해석하는해석인데진리란원래어떤완결되고고정된원리를다루는것이라든지또는추상화한개념을다루는것이아니라인격적인것을의미하는것이기때문에우리가어떤객체를다루듯이마음대로갖고놀고이리저리치워놓을수있는것이아니라인격적인상관관계에서만나는것이요정말그가 '믿음직스러운분' 으로서또정말우리를 '살리시는분' 으로서그분이야말로천지가무너져도그분의말씀은 '믿음직스러운' 말씀으로깨달아지는그런경지를말하는것인데우리가진리자체이신— "나는길이요진리요생명이라." 고말씀하신것처럼— '그분' 의 '됨됨' 을이해하는것이요참으로 '믿음직한분' 이신것을믿게되는것을의미한다.

그래서우리들도그분의 '됨됨' 처럼되는것을말하는것인데원래translation이란말이저쪽언덕에있던것을옮겨놓는일이란말인것처럼문자로표현된말씀을통해서진리의그인격을깨닫고그인격의산것을우리의인격곧 '사람됨됨' 에옮겨놓는일에도움이되는일을하자는것인데사실은이것을주도하시는분이성령이신것이다.

(24) 그러기위해서우리는성령앞에나가서우리들자신을적나라하게드러내놔야하는것인데—마치병든자가자기의몸을부끄럼없이의사에게보이듯이—그렇게할때성령께서는"죄에대하여의에대하여심판에대하여세상을책망하게될것" 인데여기서 '책망' 이란말은 '책망한다' 는뜻도되지만

그말씀은그원래의뜻보다는너무약한표현이고그것보다는적극적으로는 "죄를깨닫게한다." 든지 "죄를선고한다to convict." 라는말씀으로이해한다 든지또다른면에서는 '납득시킨다.' 또는 '확신시킨다to convince.' 라는뜻으 로이해해야하는것인데참으로성령은죄인들에게는죄를깨닫도록하여죄인 임을선고하고하나님자녀들에게는구원에관한확신을시키는역할을하시는 것인데한마디로 'elegcho' 란말씀을요약한다면 '확증' (to bring convincing proof, 히11:1)하는것으로성령께서는우리로하여금객관적으로보다도우리의 인격의내부에서주체적으로확정적인증거를갖도록하신다는것이다.

성령은죄에대해서판결을내리시며또의라는것이참으로어떤것인지를확 실하게증거하시며참으로공정한심판을확정하시는데죄라는것은이런저런 부도덕한행위일반이라기보다는 '예수님에대한불신' — "죄에대하여서라 함은저희가나를믿지아니함이요" (요16:9)—이요참으로정의로운것이란예 수께서우리죄를위해십자가위에서고난당하시고부활하심으로인간의구원 을성취하신일— "의에대하여라함은내가아버지께로가니너희가다시나를 보지못함이요" (요16:10)—이요심판이란세상의지배자가하나님의심판을벌 써받아버린상태를말함인데이런모든것은다성령이오실때에확증된다는것 이다.

이것은앞서말한바와같이어떤객관적인입증an objective proof보다는인격 의내면에주체적인확신conviction을갖는증거로서내면세계의보다구체적인 확증을가져다주는것인데그렇게함으로성령께서는우리를죄의자리에서 '나' 의의를내세우는자리에서그리고이세상의주권자곧사탄의지배에서 해방시켜예수그리스도의영역으로인도하시는주도적인역할을하시는것 이다.

카리스마적해석학이란다름이아닌바로이점에있는것인데죄와사탄의영 역에서예수그리스도의영역으로옮겨오도록하시는translation성령의주도적

인역할에우리를내어맡기는일이요또그렇게함으로우리들의죄악된모습과
우리들의무지함과우리들의무능함과우리들의의식의더러워짐과우리들의
그릇된가치관과우리들의왜곡된정의감과비참함을해부받고성령이주시는
말씀을근청謹聽함으로그빛에의해서진리의진상을보는것을의미한다.

2. 하나님은영靈이시다

1) 하나님은영이시다(1)

(1) 성경가운데하나님을정의定義한성경구절이여럿이있지마는 "하나님
은영靈이시다." (요4:24)는말씀처럼뚜렷한하나님의정의가드물고또우리가
논하려는 '카리스마적신학' 을말하려는마당에서이보다하나님을잘말한좋
은성경말씀은없다.사실말이지하나님을이렇게저렇게정의하고또그분의
성품을말하는마당에서이말씀처럼적절한말씀이없는것같다.그것은우리
가하나님을정의한다는것부터가주제넘는소리이고또하나님을정의할때하
나님을우리의논리나사고방식에다규정짓는꼴이될것이니그런일이란도저
히있을수없는일이고하기때문에우리는감히 '하나님을정의한다.' 는말을
함부로할수없는것이고할수있다면그것은 '하나님자신이나는이러이러한
나다.' 라는말씀을받아서그말씀에대해서는우리나름의신앙고백을할수있
을따름이아닌가고생각하는데사실말이지우리는허다하게신학적인작업이
란것으로하나님에대한정의를내리는작업을일삼고있으니하나님에게대해
서불손不遜하기짝이없는일을하고있는꼴이요또불가능한일을하고있는셈
이된다.그러므로하나님에게대한정의를내릴수없다면그러면어떻게해야
할것인가하면벌써언급한말을더자세히말한다고하면,

(2) 우리는당신이 '나는이러이러하다.' 하는하나님자신의표명manifesta-tion에대해서우리는그말씀을이해하려고노력해야할것이고또그말씀을이해하는데거리낌이되는것이있으면그것을제거하려고노력해야할것이고또하나님의당신의자기표명self-manifestation을어떻게우리가들을수있는가하는데신학적과제가있는것이라고생각하는데그렇기때문에신학은 '하나님의계시에대한이해의문제' 라고들말하는것이고또신학은 '해석학적인문제다.' 라는말을하는연유緣由가여기있는것이고한데그렇다면여기서문제되는것은 '어떻게하면그말씀을잘이해할수있느냐' 하는것인데거기에는여러가지로따르는문제들이있기마련이다.

(3) 우리의이해理解는항상우리가담을수있는그릇만큼담을수있는것인데이것은마치선지자의제자가세상을떠난다음살길이막연해서그선생엘리사에게가서말하기를빚쟁이들이와서우리집애들둘을끌고가서종으로삼으려고하니어떻게하면좋겠습니까했을때네집에있는것이무엇이냐하고엘리사가묻고기름한병밖에없다는말에그러면그릇을많이이웃에게서빌어와서골방에들어가빈그릇에기름을붓고차는대로내놓으라고말하였는데그대로하였더니그릇대로만기름이나오고그쳤다는것이고그들은그것으로빚을갚고그남은것으로생활을하였다는아름다운이야기(왕하4:1-7)처럼우리가 '하나님의자기표명의말씀' 을이해할수있는그릇만큼이해하는것이지그이상도그이하도아니다.

(4) 성경에는분명히그시대의인간의이해의척도에따라서하나님의자기표명도나타난것을볼수있는데구약시대에나타난하나님의자기표명이다르고예수께서이세상에계실때에나타나신하나님의자기표명이다르고그가돌아가시고부활하시고성령聖靈이오신다음에나타내신하나님의자기표명이

다른데우리는오늘날성령의시대에살고있으면서성령의하나님의표명을듣고있는것인데이것은확연히구약시대와역사적예수시대와는판이하게다른하나님의자기표명을듣고있는것이다. 바울의증언대로말한다면 '초등학문' 을받을시기에는 '몽학선생' 의지도하에서그의지배를받아야하는것이나일단그런과정을마친다음에는더이상종의명에를걸머질것이없고자유의인격으로하나님과의관계가이제는 '종과상전' 과의관계가아니라 '아들과아버지' 와의관계에서관계하는것이고또그런관계에서아버지를이해하는것인데그것은아들이아버지의속을아는것처럼하나님을이해하는것인데그것은또종이상전을이해하기를그가받을품삯이나어떤억압에서이해하는것이아니고아버지의일을 '자기의일' 로이해하는이해로이해하는것이다. 말하자면아버지의마음과통해서아버지의말씀이곧 '나의일' 로깨달아지고그렇기때문에어떤강압에의해서가아니라속에서우러나오는자발의식自發意識에의해서 '자기자신의일' 로자각되는그런이해인데이것은 '하나님의자기표명' 이위에서부터하명下命되는그런말씀이아니라우리의내면에전달되는말씀으로서우리속에서우리의인격과동화되고우리의결단의자발의식적동인動因으로서전달되는말씀인것이다. 어렸을때는몰랐는데이제알고보니그말씀이그맇게고마울수가없고그렇게귀중할수없는기쁨으로받아들여지는것이다.

(5) 이것은다른말로말하자면 '하나님의자기표명' 곧계시啓示는 '영의목소리' 로서여간반가운목소리가아닌데그것은 '목소리' 이기때문에듣는이로하여금그소리의임자가누구인가를아는목소리요추상적인아무의목소리도아닌수학의공식이나어떤이론의원리나법또규범norm이아니라확실히어떤인격적인존재存在의목소리인것이고또듣는사람도 '사람일반' 에게광고하는말이아니라 '나에게' 곧나의인격적인결단이촉구되는 '성령의목소

리' 인것이기에이것은사적私的인동시에여간진실한말씀이고여간온정溫情
이넘치는말씀이아닌것이다. 하나님은그런의미에서도영靈이시다.

(6) 이영靈의목소리는목소리일반一般이아니라나와밀접히연관된또나와
잘아는데에있는구체적인인격의목소리이지아무개라고이름붙일수없고나
의개인과는아무런상관도없는아무라도좋은일반자一般者의소리가아니고
어린이들에게있어서 '그의어머니' 의목소리가어떤이의목소리보다또어떤
어머니의목소리보다고맙고듣고싶고반가운목소리인것처럼 '나의하나님'
의목소리는그렇게각자각자의 '나' 와는유별난관계에있는것인데이것은
'아브라함과이삭과야곱의하나님' 인것처럼우리각자의하나님이고또온누
리의하나님인것이다. 그런하나님이나에게접근하실때에과거의족장들에
게나모세에게나예언자에게나타나셨던것처럼나타나시는것이아니라또는
역사적인예수를통해서나타나신것처럼나타나는것이아니라성령을통해서
나타나는것인데이것은우리의인격의가장중심부에서작용하실뿐만아니라
만물萬物가운에서작용하시는데여기서중요한것은 "주의영이계신곳에는자
유함이있느니라." (고후3:10)고한것이다.

(7) 말한대로자기초극自己超克이있는곳에자기에게서해방받을수있고또
범신론적汎神論的오류에서면할수있는것이다. 하나님은과연영靈이시다. 그
렇기때문에가장인격적人格的이시다.

2) 하나님은영이시다(2)

(1) 하나님은볼수없는분임을말하는것은 '하나님은영이시다.' 라는말인
데 '볼수없다' 는것은우리들의일상적경험과는다르다는말이요우리들의오

감五感의범주에들어올수있는하나님이아니라오히려우리가이우주에충만한영靈안에있으며그안에서활동하고있는것인데이것은마치우리가공기空氣가운데살며활동하고있는것과마찬가지다.

그러나사실은 '하나님의영' 을공기와같다는말도우리가표상화表象化할수있는것으로말하는것뿐사실은그런표상을초월하는존재로서우리는다만그런표상화를통해서말할수있을뿐이지영靈의실재는우리의언어적인표현이나우리의논리로서는들어맞지아니하는초월적존재요우리의정의나우리의어떤기준을벗어난살아계시는존재다. 살아있는물고기를붙들기어려운것처럼아니그런것과는비교가안될정도로하나님은우리가만들어놓은낚싯대나그물로는포착할수없는그런존재이시다.

(2) 성령의움직임을표상화해서예수께서말씀하시기를 "바람이임의로불매네가그소리를들어도어디서오며이디로가는지알지못하나니성령으로난사람은다이러하니라." (요3:8)하셨는데우리는그근원을모르며또그종착지를모르고다만그 '소리' 를들을뿐이다. 마치그것은그말한사람의얼굴은볼수없고다만그음성만듣는것과마찬가지인데이것은모세가하나님의등은보았으나얼굴은보지못함과같고(출33:20-23)엘리야가여호와께서지나가시는것을경험했을때 "크고강한바람이산을가르고바위를부수나바람가운데여호와께서계시지아니하며바람후에지진이있으나지진가운데도여호와께서계시지아니하며또지진후에불이있으나불가운데도여호와께서계시지아니하더니불후에세미한소리가있는지라. 엘리야가듣고겉옷으로얼굴을가리우고나가굴어귀에서매소리가있어저에게임하여가라사대엘리야야네가어찌하여여기있느냐" (왕상19:11-13)함과같이여호와의말씀만들었다.

하나님의영은 '바람같이' 임하나바람자체는아니고 '불같이' 임하나불자체는아니다. 오늘날사람들이 '불을받는다' '불을달라' 고소리치나그말은엄

격한의미로성령의본질에아직도접촉하지못하고기독교를하나의자연종교
自然宗敎나어떤무속종교巫俗宗敎로탈바꿈하는짓이되는것이요성령의인격적
존재임을망각한일이아닐수없는데 '세미한소리' 가운데계신다는말씀은
'소리일반' 도아니요하나님의영은 '말씀' 가운데계신다는의미인데그것도
단순한언어적인일반성또는언어자체에있다는것보다말씀하시고또우리들
의응답을기다리시는그런인격적관계속에서경험하는그런분이시라는말씀
이다.

(3) 그분의옷자락만만질뿐또그분의 '뒷모습' 만볼뿐우리는그분의 '얼
굴' 은아직보지못하고있는데우리들의언어적표상화는다그런것으로서그
런표상表象뒤에있는 '참모습' 을보아야할것이고 '그분' 을만나야할것이다.
예수의제자들은예수의얼굴에서 '그분' 의모습을발견했는데"본래하나님
을본사람이없으되아버지품속에있는독생하신하나님이나타내셨느니라."
(요1:18)그분이살아생전에는제자들도미처몰랐고그분이돌아가신다음에성
령을받고나서야비로소 "아참!그분이야말로그리스도이시며하나님의얼굴
이었구나" 하고깨달았던것이다. 성령이야말로우리에게하나님자신의얼굴
을알게하는분이요하나님의인격의참모습을보여주는분이요하나님자신이
시기도하다.

(4) 바람이우리가사는이우주를둘러싼것같이하나님은영이시기때문에
성령은어디나편재遍在하고계시는데우리가새삼스럽게 '성령을받는다' 고
하는말은무슨뜻인고하니어디나편재해있는공기를마시는것과같이우리의
인격의폐肺속에들이마시는것을의미하는것인데이것도자칫잘못이해하면
큰폐단弊端이있는데그것은하나님의영을무슨공기를호흡하는원리原理로생
각하기쉽다.다른말로말하면 '인격의폐에들이마시는것' 이라는것은성령

을의식하는것을의미한다.

다른내글에서벌써언급하였거니와 '성령은깨달음의영' 이신데참하나님의영과적그리스도의영의구별의일면은이 '깨달음이있느냐없느냐' 하는문제에달려있다고해도과언이아닌데성령을받았다고말하면서 '깨달음' 이없는것은거짓된영에속아넘어간것이다. 하나님의영이계신곳에는 '깨달음' 이있고 '깨달음' 이많으면많을수록하나님의영으로충만한것인데특별히예수(역사적인)가 '그리스도' 이심을다시말하면그분이야말로우리를구원할분이신것을깨닫도록하신다. 성령을받고보니그분 '예수' 야말로우리를치명적致命的인상태에서구원해주신분이로구나하는것을날이가면갈수록깨달아지는그런일이있어야하는데만일그것이잘안되고오히려욕심꾸러기가되어서세상의일반사람들이즐겨하는무슨회장자리니무슨권력자리를탐낸다거나돈뭉터기를추구하는속물근성俗物根性으로빠진다면그것은하나님의영커녕 '세상의영' 을받은증거인것이다.

성령을받는다는것은 '성령을의식한다' 는말이라고구태여말하게된것은다른말이아니고성령이인격적인분이심을깨달아지는것을의미하는것인데성령을받음으로우리속에새로운의식意識의문이열린것을의미하는것이요그렇기때문에성령을받은다음부터는그전에미처보지못한국면이우리가모든것을관찰할때보이기시작하는것이다. 말하자면모든것속에하나님의손길이와서닿아있는것을발견하는것이요하나님의영靈의편재를발견하면서모든것이신기神奇롭고모든것이기이奇異하고모든것이기적奇蹟으로보이는것이다. 모든것속에하나님의임재臨齋를의식한다. 이말은모든만물자체가신神으로보이는범신론汎神論의자리를변호하는것이아니라모든것들속에하나님의임재를보는인격의눈그것을말하는것이다.

(5) 성령을받는다는것은우리들의속이뜨거워지는것으로표현하기도하

고물을마시는것처럼시원해지는경험을하는것으로표현하기도하고비둘기처럼표상하기도하지마는사실은 '뜨거워지는것' 또는어떤 '표상의나타남' 자체가성령받는본질적인경험이될수없고성령이인격적인하나님의존재라고하면우리가 '성령을받는다는것' 은하나님의영과의 '인격적인만남' 을의미하는것이다. 이만남은어떤의미로든무인격적無人格的인것으로환원還元할수없는것이기때문에단순히 '우리속이뜨거워지느니' 또는 '어떤표면상의경험' 하는것은하나님의영과의만남의결과로생겨나는현상일따름이지 '만남' 자체는아니다. 오히려인격적인만남은대화對話가운데서일어나는것이지 '크고강한바람' 가운데나 '지진' 이나 '불' 가운데있는것이아니다. (왕상 19:9-14)

진실로엘리야가호랩산에서한 '세미한음성' 가운데서의야훼하나님경험은토속신土俗神인바알신의종교와는질적으로다른인격적인 '야훼하나님' 의경험이었으며 '계시의하나님' 의경험이었던것이다. 그런데오늘날성신을받았다는사람들이그리스도교신앙의인격적인면을도외시해버리고토속신숭배土俗神崇拜와바알신적무당적巫堂的경향으로나가는것을보고있노라치면가관이아닐수없다. 그러므로 '성령을받는다' 는것은하나님영과의만남이요또성령의목소리를듣는것이요우리속에새로운 '깨달음' 의문이열리는것이요새의식의동틈을의미하는것이다.

(6) 성령을받는것의특징은바람과같은것의체험이거나불의체험이거나어떤표상화된것의체험이아니고성령과의만남을통해서인격적변화人格的變化가일어나는것이특징인데그것은적은일에도두려워하던자들이이제는그만남을통해서담대해지는것이요모든일에염려하던자가이제는모든일을기도드리면서전능자全能者를믿는가운데서안심하고, 남을미워하던자가이제는모든사람을사랑하게되는것이요, 그전에는자기중심으로살던사람이이

제는진리이신예수그리스도를중심해서살아가는전면적인인격의변화가일어난다.

말하자면인격적변화의경험그것이참다운의미에있어서의성령받음이요성령의체험인것인데만일이런인격적변화가없는성령의체험은인격적인성령을받는것이아니고무인격적無人格的또는반인격적反人格的인잡령雜靈을받은것이라고말할수밖에없다.

(7) "주의이름으로선지자노릇하며주의이름으로귀신을쫓아내며주의이름으로많은권능을행치아니하였나이까"(마7:22)하였지마는예수께서는 "내가너희를도무지알지못하니불법을행하는자들아내개서떠나가라."(마7:23)고할수밖에없었던연유는진실된성령聖靈의경험에의한것이아니라무인격적인혼령魂靈($\psi \upsilon \chi \acute{\eta}$)의작용아니면반인격적악령惡靈의작용에의해서병을고치고권능을행하고심지어는거짓예언을말하고하였지마는예수께서인정못하는영의작용이었던것이다. '성령을받는것' 은하나님의말씀을받는경험을동반한다. 말하자면진리의성령이임할때우리의인격적결단에변화가생긴다.

이제는나의결단決斷이아니라진리의성령의결단이요허위虛僞결단이믿음직한신앙적결단信仰的決斷이되는경험이다. 물론거기에뜨거움도시원함도어떤표상화의경험도따를것이다. 그러나그런것은성령경험의본질적인것은아니다.

3) 영이신하나님과의실존적만남(1)

제2차세계대전이후실존주의철학實存主義哲學이유행하면서—물론실존주의는그이전에벌써논의된것이지마는—우리의입에실존實存,Existence이란

말이자주오르내리고있고또일종의유행어처럼되어있지마는실제로이말이뜻하는바가무엇을의미하느냐하는것을다그쳐서물어볼라치면명확한대답을주저하게된다.

그것은그말이의미하는바가사실은철학적哲學的으로다양한의미를내포하고있어서경우에따라서그뜻하는바가달라지는것인데예를들어본다면이것의일반적인의미로는실존이란보통우리의인식認識이나의식意識의대상으로서어떤독립된사물事物의존재를의미하는것으로서이런뜻으로는어떤허구적虛構的인것에대립되는존재를의미하고또중세의스콜라주의Scholastic Philosophy에서는사물의본질적존재를에시Esse라고하였는데그것과구별되는사물의현실적존재現實的存在곧현존現存을의미하는것이었다.

그런데실존주의에와서는그와달리Ex-istemi곧자기나라에서나와자기자각自己自覺을할수있는존재또는추상抽象이나이론理論또는단순한사물일반의무인격적존재라기보다역사적주체적인간의독자적존재사실獨自的存在事實을의미하는것인데여기서는그런인격적인의미로말하는것으로여기서주제로삼은'하나님과의실존적인만남'이란인격적주체와주체와의만남을의미하는것으로성서가우리에게가르쳐주는'하나님과의만남'은이런인격적만남인데과거의신학이이런인격적만남에관심을갖는것보다오히려추상적인이론에치우치기때문에영적하나님이라기보다는의인화擬人化, Anthropo-morphic된하나님아니면철학적,교리적유신론에빠져서그런신학을인식하는사람들이나가서설교할때일반그리스도인들이인격적으로살아계시는하나님보다는막연한하나님또는두루뭉술한하나님에대한관념觀念을말할뿐우리와실존적으로관계하시는분임을알도리없이되고마는것이다.

'하나님과의실존적만남'이란인격적주체와주체와의만남이라고하였거니와그것은하나님의주체와나의주체와의대화對話에서구체적으로나타나는것인데다른말로말하자면하나님과의커뮤니케이션Communication이있는

것으로서이것은우리들의영혼에강압적인명령으로서보다는우리들이이해理解하고또우리들의동의同意를구하는것으로조용히우리들을타이르는말씀으로말씀하시는것인데그말씀을깨달을때우리속에서무한한기쁨과무한한용기와희망을갖다주는것이다.

말하자면하나님과의만남은그리스도의교리에서말하는 '하나님교리' 와만나는것이아니요철학적유신론Theism에서말하는신관념神觀念과만나는것이아니고—사실은그런것과는만날수도없거니와—인격적으로살아계신하나님의주체와의만남인데그앞에서우리는우리의응답應答이촉구되는것으로서이것은어떤권력자權力者의덮어누름과같은것이아니라우리들의인격人格의가장깊은곳에서부터합의合意에서의응답을바라시는그런것으로그관계는여간친밀한관계가아닌것이다.

그렇지마는이런친밀한관계는사람과사람과의관계와같은수평적水平的관계라기보다수직적垂直的관계에있는것인데말하자면이것은우리사람과의관계처럼이렇거나저렇거나무방한그런관계가아니라그말씀은무제약적無制約的인성격을띠는것으로우리들의창조적응답Creative response또는궁극적사랑Ultimate love의관계에있게되는것이다.

앞에서우리는 '하나님과의실존적만남' 을주체와주체와의대화對話관계라고말하였거니와이것은그분의 '말씀과의만남' 을의미하는것으로서이 '말씀과의만남' 은세가지로생각할수있는데첫째는 '말씀이육신이되신' 이역사가운데구체적인인격으로오셨던분과의만남인것이다.

다시말하면성경은우리에게이역사가운데내림來臨하셨던예수그리스도와대면하도록하는것이요예수그리스도와의만남은곧하나님과의만남을의미하는것인데요한복음1장18절에는 "본래하나님을본사람이없으되아버지품속에있는독생하신하나님이나타내셨느니라." 라고하였고요한복음14장9절서10절에는 "예수께서가라사대빌립아내가이렇게오래너희와함께있으되네가나를알지못하느냐나를본자는아버지를보았거늘어찌하여아버지를보이라하느냐나는아버지안에있고아버지는내안에계신것을네가믿지아니하느냐내가너희에게이르는말이스스로하는것이아니라아버지께서내안에계셔그의일을하시는것이라.”고하였다.

히브리서저자는“옛적에선지자들로여러부분과여러모양으로우리조상들에게말씀하신하나님이이모든날마지막에이들로우리에게말씀하셨으니이아들을만유의후사로세우시고또저로말미암아모든세계를지으셨느니라.이는하나님의영광의광채시오그의본체의형상이시라그의능력의말씀으로만물을붙드시며죄를정결케하는일을하시고높은곳에계신위엄의우편에앉으셨느니라.” (히1:1-3)고하였는데진실로그리스도교의하나님은일반종교에서말하는두루뭉술한인격적인하나님이아니시고또철학적유신론哲學的有神論이생각하는것처럼추상적인하나님이아니고역사가운데예수그리스도의인격을통해서나타나셨던하나님인것이다.

인류의단하나의소망이있다면그것은 ‘하나님을보는것’ 그것일것이고인류의역사의발자취를더듬어살펴보면그것은 ‘하나님을만나기위하여찾아헤매는발자취’ 의역사였는데역사의마지막에하나님자신이구체적인인격으로나타나신분이바로예수그리스도였는데이것이야말로그리스도교가가르치는가르침의중심이요본질적인것으로서이것은또그리스도교최대의역설逆說로서그렇게영원한하나님이 ‘종의모습’ 으로이역사가운데오셨다는것은인간의어떠한지혜로도이해하기어려운역설이었던것이다.

그래서예수그리스도의십자가의도가표적標的을구하는유대인에게는거리끼는것Skandalon이요지혜를구하는헬라인들에게는미련한것으로보였던것이다.

우리는하나님의말씀인성경을통해서예수그리스도의 ‘얼굴’ (Prosopon, Person)과대면해야한다.다시말하면예수그리스도의 ‘얼굴’ 곧그분의인격人

格,Person에대면해야하는데그분의인격은하나님으로서의인격인것으로서 그분은히브리서저자의말대로 '하나님의본체의형상Charakakter tes Hypostaseos autou'이시오 '하나님의영광의광채Apaugasma tes Dokses' 신데우리 는성경에서 '그분' 을발견해야할것이고또그분을통해서 '하나님의본질적 성격' 을──사실로헬라어원문대로번역하면Hypostaseos란본질Substance, Essence을의미하는것이요Charakter란특징特徵,Distinctive mark으로서──발견 하지아니하면안된다.

왜냐하면예수께서는 "너희가성경에서영생을얻는줄생각하고성경을상 고하거니와성경이곧내게대하여증거하는것이로다." 라고말씀하신대로성 경은주로예수그리스도를증거하고있는것인데그것은또다른말로한다면예 수그리스도의인격을만남으로하나님과실존적으로대면對面하도록하는것 이다.그런데어떤사람들은성경에서 '예수의인격' 은놓쳐버리고성경구절 에만매여버리는사람들이있는데그것은다른말로하자면성경구절하나가지 고그것을주장하다보면교파가갈라지고또는성경구절을주장하면서자기의 교권敎權과자기의주장을유리하게하는근거를삼는일이요,심지어는인종차 별주의들가운데는성경을통해서노예제도奴隷制度를옹호하는발판을삼는가 하면어떤특정한교리를뽑아내가지고(추출,抽出)그것을주장하다보니까교 파가하나더생기고하여한교단끼리싸움바가지가되는일등인데우리가성경 가운데서 '예수의인격' 곧 '하나님본질적성격' (The very image of his Substance-American Revised Version, "Stamped with God's Own Character" – Moffatt Translation)을발견한다면그렇게될수는없는것이다.

그래서바울사도는 "저기또우리로새언약의일꾼되기에만족케하셨으니 의문으로하지아니하고오직영으로함이니의문儀文,Lettergrammatos(곧,文法的 與字的)은죽이는것이요영靈(人格的,to Pneūma)은살리는것임이니라." (고후 3:6)고하였던것인데유대율법교사律法敎師들은성경가운데서예수가그리스도이심을발견하지못하고곧성경의말씀이예수라고하는역사적인격가운데서성취된것을보지못하고성경의문자적文字的해석을고집한나머지예수를죽이는일을저지르고야만것이다.

우리는그런고로성경가운데서예수의인격을발견—눈이있어도보지못하였으며귀가있어도듣지못했지마는—하고또예수의인격가운데하나님의 ‘본체Hypostāsis,Substance’ 를발견해야하고그영원한 ‘본질’ 에서생명을받아야한다.

그렇지못할때오늘날영국에있어서의 ‘로마가톨릭교도’ 와 ‘신교도’ 와의피비린내나는싸움과오늘날중동中東에있어서이스라엘측과팔레스타인측크리스천게릴라들과의끊일줄모르는싸움과오늘날같은그리스도교내에있어서의수백교파로분열된수치스러움과거북스러움과옹졸스러움과비참함과오늘날한국교회가운데있는분열상특히 ‘예수회장로회’ 라던가가장잘팔리는내놓으라고뽐내는무리들가운데서벌어지고있는갈라지고또갈라지고갈라진데서또갈라진데서또갈라지는참극과수치스러움과그얼굴이화끈화끈하는것을느끼는오고가는말들과같은 ‘예수님의얼굴에침을뱉는것과같은일’ 은그칠수없을것이다.

예수님의겟세마네동산에서의마지막기도는—땀을핏방울같이흘렸던기도요(눅22:44)심한통곡과눈물로간구와소원을올렸던기도(히5:7)—“우리가하나가된것같이저희도하나가되게하옵소서.” 하는것이주제요 “아버지의뜻대로되어지이다.” 가주제였는데오늘날은예수님의기도의정신과는반대되는일을일삼고있으니여간딱한노릇이아니다.

그리고또이어서말한것은예수는 ‘하나님의영광의광채’ 라고하였는데사실로예수의얼굴에나타난실재의모습은인간이보기에는 “흠모할만한아름다움” 이없는종의모습으로오신예수였고 “사람들이얼굴을가리우고보지않음을받는자” 같다고하였는데그는실로 “모양도없고풍채도없었던” 그런분이었으며 "그는멸시를받아서싫어버린바되었으며간고艱苦를많이겪었으며 질고를아는자" 였던것이다.

거기서우리인간적인눈으로는영광스러운것이라고는아무것도없었고어 떻게보면자기의운동의실패자같기도하였다.그는광야에서굶주렸으며이 리가나저리가나머리둘곳이없었고고난중에서목마르며사람들의멸시를받 고천덕꾸러기처럼되었고종당에무서운사형장에버림을받았다.

그것이무엇이그렇게 '하나님의영광의광채' 일것인가!사람들은그가누 구인줄모르게종의모습으로왔기때문에이해하는사람이없었다.참으로그 는익명匿名으로오신하나님이었는데그렇기때문에더더군다나이해하는사 람이없었다.요한복음에는자주예수께서 '영광받으실때' 에대해서언급하 고있는데이것은보통사람의눈에는잘보이지아니하는 '하나님의영광' 이 었다.

예수께서십자가에못박혀돌아가셨던유월절逾越節명절이가까워졌을때 "인자의영광을얻을때가왔도다내가진실로진실로너희에게이르노니한알 의밀이땅에떨어져죽지아니하면한알그대로있고죽으면많은열매를맺느니 라.자기생명을사랑하는자는잃어버릴것이요이세상에서자기생명을미워 하는자는영생하도록보존하리라." 고말씀하셨는데요한복음이말씀하고있 는 '영광받으실때' 란그분이 '십자가에서들리실때' 를의미하는것이다(요 3:14;8:28;12:32-34).그러므로당신을팔유다가유월절만찬석에서떡한조각을 받고나갔을때말씀하시기를 "지금인자가영광을얻었고하나님도인자를인 하여영광을얻으셨도다." 라고말씀하셨는데이것은제자에게배신당하심이 곧영광을얻은것이었다.

그리고겟세마네동산의기도중에도앞에있는십자가의무서운중형重型앞 에서기도하시기를 "때가이르렀사오니이들을영화롭게하사아들로아버지 를영화롭게하옵소서." 하시면서기도하셨다. "저희는사람의영광을하나님의영광보다더사랑하였더라."(요12:43)고하신말씀대로예수의얼굴에비쳤던 '하나님의영광의광채' 는보통눈으로잘안보이는것으로서우리는믿음의눈으로볼때성경말씀을통해서그 '영광의광채' 와접하게되는것이다. 말하자면예수의인격에비친그영광의광채를우리가성경말씀을통해서발견하고우리도그영광을추구하도록되는것이다.

4) 영이신하나님과의실존적만남(2)

삶의현장現場에서만나는하나님은 '영이신하나님과의실존적만남' 으로이것은2,000년전에우리가살고있는이역사가운데오셨던분이우리가살고있는가까운자리에변모하여나타나는것인데어떻게하나님은그렇게변모할수가있는가말할것이나원래우리들의눈으로보이지아니하는하나님은이역사가운데여러가지형태로나타나시는것인데우리의고집스러운마음과우리의한쪽밖에보지못하는—어떻게인간의눈이전체를한꺼번에볼수있단말인가—눈은그분이우리들의살림살이하는가장가까운데계시는분으로변모하시고오신것을알도리가없이그저무시해버리고있는것이니여간딱한일이아니다.

그도그럴것이우리가보는것은우리의욕심의눈으로우리의필요한것만추구하고있으니우리의욕심이상의세계에속하는것은우리의눈에보이질않는다.

"저희총명聰明이어두워지고저희가운데있는무지함과저희마음이굳어짐으로말미암아하나님의생명에서떠나있도다."(엡4:18)함과같이인간의무지함과마음의완고함때문에이해력理解力이어두워지는데여기서이해력이란특히영적靈的인것을이해하는기능이깜깜하게되었다는것으로서육안肉眼으로보고있으면서그영적진상靈的眞想을깨닫지못하는그런것인데가령우리가 현대회화現代繪畵를보고있으면서그작품이무엇을표현하고있는가를이해못하는것은우리의일상적관찰의습관때문에그작품자체가우리에게말하려는것을보지못하는것과마찬가지로오늘날우리는하나님이우리의생활현장에서나타나셔서우리에게요구하시는바를이해하지못하는그런상태에있는것이다.

이것은소위말하는어떤신비적인하나님의자기현현自己顯現을말하는것도아니요또우리쪽에서도어떤환상幻想이나환청幻聽을본다는의미에서가아니라이것은실존적인격관계實存的人格關係에서나타나시는하나님을말하는것인데사람들은이관계를쉽사리도외시해버리기가일쑤다. 영적인하나님께서는일찍이말한바와같이이역사가운데종의모습으로오셨던것과같이오늘날도 '지극히작은자' 로서우리에게오시는것이다.

그래서자주자주말씀하시기를"내가진실로너희에게이르노니너희가여기내형제중에지극히작은자하나에게한것이곧내게한것이니라." (마25:40)고하셨는데이것은곧 "내가주릴때에너희가먹을것을주었고목마를때에마시게하였고나그네되었을때에영접하였고벗었을때옷을입혔고병들었을때에돌아보았고감옥에갇혔을때에와서보았느니라." (마25:35-36)고한말씀대로오른편있는의인義人들에게 '지극히작은자' 에게행한것이심판주審判主로오시는그분에게행한것과동일하다는것이다.

그러므로요한일서에는"누구든지하나님을사랑하노라하고그형제를미워하면이는거짓말하는자니보는바그형제를사랑치아니하는자가보지못하는바하나님을사랑할수가없느니라." (요일4:20)고하였는데이것은사람과사람의관계에서하나님의인격과의만남을의식하는것을말하는것으로참다운 '영적하나님' 은무슨환상幻像이나무슨환청현상을통해서나타나는것보다이런인격과인격과의관계에서찾아볼수있으니이것은역사적으로오셨던예수그리스도를통해서계시啓示된것이다.

하나님을구체적인인격관계에서그참모습을우리가발견할수있는것이지하나님은추상적抽象的인이념理念과같은어떤사상적대상이아니고또어떠한신비적체험神秘的體驗의대상이아니라인격적주체人格的主體로계시는하나님이요또하나님은모든관계에서하나님의 '근원적관계根源的關係' 로서현존現存하시는데모든관계에서—특히인격과의관계에서—이 '근원적관계' 가없을때모든관계는끊어져버리고마는것이다.

이 '근원적관계' 는마치물건과물건과를접착시키는접착제接着劑와같아서모든분리된것을연결連結시키는힘이있는데근본적인의미에서이근원적관계되시는하나님없이는모든것이산산이조각나버리는것이고특히인격과인격과의관계는서로증오와불신과배타심으로인해서분리의참극을면키어렵게되는것이다.

모든결합의근거가되는 '사랑' 가운데서하나님을찾아볼수있는데성서에서 "하나님은사랑이시라." (요4:8)고말씀한것은어떤사랑이라고하는두루뭉술한관념적사상觀念的思想이아니라사랑은구체적인인격과인격과의만남가운데서일어나는사건으로서예수께서이역사가운데서보여주신사건을통해서뚜렷해졌으며그사랑의근원적인사건을통해서우리자신에게하나의동인動因이되어우리도이웃과의관계가맺어지도록되는것이다.

사실은그런사랑의관계가발생하는거기에서하나님과만나는찬스가있는것인데이것이바로 '지극히작은자' 에게베푼사랑을통해서하나님을만나는경험을말하는것이다.

'지극히작은자' 란단순히가장어려운지경에처해있는자를의미할뿐만아니라우리가그에게도움을주더라도우리에게또다시보답할것이없는그런자(눅14:12-14)에게까지사랑을베푸는거기에있는것인데거기서우리는영이신하나님을만나게된다.

"네가점심이나저녁이나베풀거든벗이나형제나친척이나부한이웃을청

하지말라두렵건대그사람들이너를도로청하여네게갚음이될까하라잔치를
배설하거든차라리가난한자들과병신들과저는자들과소경들을청하라그리
하면저희가갚을것이없는고로네게복이되리니이는의인들의부활시에네가
갚음을받겠음이니라." (눅14:12-14)고예수께서말씀하셨는데우리는보통남
을대접할때세상에서훌륭한자나세상에서이름있는자를대접하나예수께서
는그와반대로 "가난한자들과병든자들과저는자들과소경들" 을청하여대접
하라고하셨는데그것은 "저희가갚을것이없는고로복이된다." 는것때문이
라는것이다.

　이것은세상사람들이생각하는사고방식과는정반대되는것으로서참으로
거기에는하나님앞에서살아계시는영원자永遠子를모시고사는사람의모습
을볼수있는데이것이야말로실존적으로영이신하나님을만나면서사는모습
인것이다.

　여기는깊고깊은두메산골(충남논산국벌곡면만복리독뱅이골)인데여기있는
임씨할아버지의얘기를듣는다.그는한오십년전부터재래종在來種꿀벌을치
는데어젯밤에도도산에가서꿀벌통을옮겨왔는데―산속깊은곳에꿀벌을
만들어놓으면거기에꿀벌이서식해들어오는데그것을밤중에가서집으로옮
겨와야한다―가을에가서꿀을따려면(採取)그벌꿀들을모두죽여야하기때
문에이렇게영특한―꿀벌의생태生態를지켜보고있노라면그렇게질서가정
연整然하고그서식棲息하는장소를잡는데도그방향과산세山勢를살펴서잡는
다는것이다―곤충을살생殺生하는것이너무마음아픈일이기때문에그일을
그만두고다른일을몇년했다는것이다.

　아닌게아니라사람이꿀을따기위해서그들이봄여름내에애써채집採集한
것을빼앗아버리고그들을모조리죽인다니사람처럼지독한것이없다고느껴
지기도한다.

　요즘세상에사람의목숨도파리목숨보다더쉽게죽이는것을볼때그것쯤은

무엇이그렇게문제될것이있겠는가하고말할것이나이것이우리들의의식구조의그릇된방향에로퇴화退化를말하는것이요또잇속(利害打算)에는무척밝아가는세상에서어쩌면생명경외生命敬畏라든지영적세계에대한민감도敏感度는둔화鈍化되어가는것인지알수없는노릇으로서그런둔감한마음으로영원하신하나님을만나뵌다는것은얼토당토않은일인것이다.

그러나하나님은그럼에도불구하고자신이종의모습으로이못된인간의세상에오셨고사람들은그를통해서하나님의인격과만날수있도록하셨는데그래도무지한인간들은그를십자가에못박아돌아가시도록하였고오늘날도 '지극히작은자'의모습으로우리의삶의현장에서접근하건만우리는그를알아차리지못하고있는것이아닌가.

하나님은자신을여러모로변모하시는하나님이신데때로는천사의모습으로(창18:1-5;32:24-32)나타나기도하시고또종의모습으로나타나기도하시고 '지극히작은자'의모습으로나타나서서우리들의가장가까운생활의현장에서우리들과만나신다.

이것은콘James H. Cone의말대로 '눌린자의하나님God of the Oppressed' 으로오늘날은도시의빈민굴에오셨고농촌과공장의노동을착취당하는자들의모습으로오신것인데오늘날의교회는그런사람들의가난과억압에서해방시키려는노력으로하나님을대접하는것이아니라오히려억압자들과합세해서더어렵게만들고있다면또오늘날의크리스천기업인들이자기공장에또자가사업장事業場에찾아온 '지극히작은자' 를잘대접하지못한다면그것은입으로는하나님을시인하면서행위로는부인하는것(딛1:16)이될것이니이것은이만저만한화禍가아닌것이다.

하나님은항상눌린자와가난한자어려움을당하는자편에서시는하나님이시고또그들가운데계시고또그들의모습으로오시는하나님이신데애굽의눌린자편에서셨던하나님이셨고바벨론과아수르의눌린자편에계셨던하나님이셨고독일의히틀러Hitler정권하의눌린자편에서셨던하나님이셨고또일본군국주의日本軍國主義의억압에눌렸던자편에계셨던하나님이셨고오늘날도여러가지잘못된정치체제政治體制와기업체제企業體制와사회체제社會體制와기타온갖부당한차별대우差別待遇와착취와사람의인권을억압당하는자들편에서계시며그런사람들의모습으로오신하나님이신것이다.

이천년전에종의모습으로오셨던하나님은오늘날우리눈앞에서이렇게눌리고가난하고찢기고멍들고슬픈자고독한자삶의시련중에서어쩔줄모르게허덕이고있는자의모습으로성육신成肉身하여오신것인데오늘날의크리스천들은그하나님을볼줄아는눈을가져야할것이고또그분을대접할줄아는믿음이있어야할것이고오늘날의교회는민중들에게그런곳에눈을뜰수있도록해야하고또그들편에서서일하는교회가되어야지억압자의편에서는교회가되어서는안될것이다.

교회는진실로그들의억압을풀어주는 '해방의말씀'을전달하는말씀이라야하는데예수께서는이천년전에 "흑암에앉은백성이큰빛을보았고사망의땅과그늘에앉은자들에게빛을비취었도다." (마4:16)한말씀대로빛이되신분이시고 '우리연약한것을친히담당하시고병을짊어지신' (마8:17)분이시고소경을보게하시며앉은뱅이가걸으며문둥이가깨끗함을받으며귀머거리가들으며죽은자가살아나며가난한자에게기쁜소식을전하신분이시니(마11:15) "포로된자에게자유自由를눈먼자에게다시보게함을전파하며눌린자를자유케" (눅4:18)하신분인데이제는당신이친히포로된자로눌린자로가난한자로지극히어려운처지에놓인자로성육신하고오신것이다.

오늘날의믿음은이런하나님과동시성同時性,contemporaneity을가져야하며이런하나님을발견하고실존적으로만나야하는것이다.

여기서실존적으로만나는것은그 '지극히작은자'의주체앞에나의인격의신앙적인결단이이루어지는마당에서비로소이루어지는것인데더구체적으로는 "누가 세상 재물財物을 가지고 형제의 궁핍窮乏함을 보고도 도와줄 마음을 막으면 하나님의 사랑이 어찌 그 속에 거할까 보냐 자녀들아 우리가 말과 혀로만 사랑하지 말고 오직 행함과 진실함으로 하자." (요일3:17-18) 함과 같이 그런 사랑의 결단이 수행되는 곳에 하나님과 만남이 이루어지는 것이다.

어느 때나 "하나님을 본 사람이 없으되 만일 우리가 서로 사랑하면 하나님이 우리 안에 거하시고 그의 사랑이 우리 안에 온전히 이루느니라." (요일4:12) 고한 말씀과 같이 그런 사랑이 결단의 수행修行되는 곳에 보이지 않던 하나님은 보이는 것보다 더 확실하게 우리 안에 내재內在하시게 되는 실존적 조우實存的遭遇,existential encounter의 관계 속에 있게 된다.

5) 하나님을 본다는 것

(1) 마음이 청결한 자는 복이 있나니 저희가 하나님을 볼 것임이요

'야곱' 이 얍복강 나루터에 하나님의 사람과 씨름한 경험을 그는 말하기를 "내가 하나님과 대면하여 보았으나 내 생명이 보전되었다." 고 하면서 그곳 이름을 '브니엘' (하나님의 얼굴)이라고 하였다. 그는 자기가 가지고 있던 '엠비숀' (야망) 때문에 자기 형제와 부모와 같이 살지 못하고 먼 타향에서 유리할 수밖에 없었고 외방에서 성공하여 금의환향錦衣還鄕하는 마당에서 그를 죽이려고까지 미워했던 형이 많은 사람들과 다가온다는 소식을 듣고 자기의 각고刻苦끝에 성공한 것이 하루아침에 무너지는 듯하여 고민하던 중 '얍복' 나루터에다 다다라 홀로 남아 경야更夜하면서 기도하였던 경험을 '하나님의 얼굴을 뵙는' 경험으로 말하고 있다.

사실로 우리가 기도를 이렇게 저렇게 정의(定議)하지마는 가장 기도를 정의하는 좋은 표현은 "기도는 하나님의 얼굴을 뵙는 일" 이라고 하는 것이 가장 잘 말하는 것이라고 할 수 있는데 그것은 기도야말로 하나님을 인격적으로 만나는 순

간이요, 기도야말로하나님의뜻과의 '겨룸'(對決)이라고말할수있는데이겨룸
은 '야곱' 이이긴것같지마는사실은 '환도뼈' 가어그러진 '싸움' 이요 '야곱'
의뜻하는바가그기도를통해서이루어진것같지마는사실은하나님의뜻이
'야곱' 의생애를통해서이루어졌던것이다.

　기도는우리의의도意圖하는바가이루어지도록하는것이아니요기도를통
해서하나님의의도하시는바를깨닫도록되고그리하여 "내뜻대로마옵시고아
버지뜻대로이루어지이다." 라는기원을드리도록되는것이다. 사실은우리의
소원이있다면그것은하나님의뜻이우리들의삶을통해서구현具現되는그일
인데그보다더영광스러운일이없고그보다더보람찬일이없을것이다.

　'야곱' 은 '브니엘' 의경험을통해서그가 '새이름' 을받은것처럼삶의일대
전환一大轉換을가져왔고 '이스라엘' 의앞으로의운명이결정된것인데그일대
전환이야말로 '야곱' 이그전까지는자기야망의실현을위해서살아왔지마는
'브니엘' 에서의경험을통해서는이제는그한몸을통해서 '이스라엘' '열두지
파' 의장래방향이설정되는다시말하면 '하나님의뜻' 이실현되는첫출발이
된것이다. 그래서35장에 "그들이자기손에있던모든이방신상과자기귀에있
는고리를…세겜근처상술나무아래묻고" (4절)새출발을하였던것이다.

　그후에 '열두지파' 의운명에대해서는49장에야곱의예언을통해서그대로
하나님의뜻이실현되어나갔던것을볼수있다. 그러므로기도는 '하나님의얼
굴을뵙는일' 이다. '욥' 은많은고난과역경을겪은다음에하나님께기도하기
를 "주께서무소불능하시오며무슨경영이든지못이루실것이없는줄아오니
무지한말로이치를가리우는자가누구이니까. 내가스스로깨달을수없는일
을말하였고스스로알수없고헤아리기어려운일을말하였나이다. 내가말하
겠사오니주여들으시고내가주께묻겠사오니주여내게알게하옵소서내가주
께대하여귀로듣기만하였삽더니이제는눈으로주를뵈옵나이다. 그러므로
내가스스로한하고티끌과재가운데서회개하나이다." (욥42:1-6)하였다.

여기서우리가주의해야할말은 "내가주께대하여귀로듣기만하였삽더니 이제는눈으로주를뵈옵나이다." 하는말이다.그는그동안의많은고통의나 날을통해서하나님의말씀을듣기도하였지마는 "이제는눈으로주를뵈옵나 이다." 한것은 '욥' 의믿음에역시일대전환점이도래한것을의미하는것인데 그것은자기가지금까지 "스스로깨달을수없는말을하였고스스로알수없고 헤아리기어려운일을말하였으나" (3절)이제부터는하나님께말씀드리고하 나님뜻을물어서그뜻을알고그뜻대로살겠다고하는(4절)욥의생활태도의전 환인것이다.

그래서그는6절에 "내가스스로한하고티끌과재가운데서회개하나이다." 라고하였다.이와같이 '하나님을뵙는일' 은신앙생활에있어서의최고의경 지境地인것이고또앞서말한대로그생애에있어서일대전환이일어나는중차 대한일인데이것은하나님의현실現實,reality을파악하는일이요또이것은하나 님과의인격적인만남의경험이기때문에거기에는반드시인간편에있어서의 변화를수반하는것인데이것은여간큰일이아닌것이다.

그런데산상보훈山上寶訓에는예수께서말씀하시기를 "마음이청결한자는 복이있나니하나님을볼것이요." 라고하셨는데사람치고누가감히 "나는마 음이청결한자다." 고말할사람이있으며누가감히 "나는하나님을뵈올수있 는준비가되어있다." 고말할사람이있겠는가마는그래도사람치고는큰소망 이있다면 '하나님을뵙는일' 이요그하나님을뵙고도드릴말씀이있을것인데 그연습鍊習을하는것이우리의기도祈禱요또기도는하나님을뵙는듯이말씀드 리는것이라고할수있으나사실로는그이상의일인것이다.

그이상의것이라는말은적어도우리가하나님앞에기도를드린다는것은 "믿음안에서하나님을뵙는일" 인데 "하나님을뵙는듯이" 라는말씀가운데는 거기에믿음의결여缺如가있는것이요 '뵙는연습' 이라는말도결코기도라는 것이어떤본격적인일의연습과정鍊習過程이되어서는안되고기도야말로하나님과의본격적대화對話이기때문이요또 '믿음의행위' 가운데는무슨일이나연습이란있을수없고 '…하는듯이' 란있을수없기때문이다.그런데 "마음이청결한자는복이있나니하나님을볼것이요" 한말씀은무엇을의미하는말씀인가.

이말씀을우리가얼핏생각하기를무슨신비적경험을통해서견신見神의경험을갖는것처럼생각하지마는적어도신약성서에는그런것을시사한적이없고신약성서에서신비적인경험이있는듯보이나그것은신비적경험거기에중점이있기보다 '인격적인만남' 이란데중점이있는것이다.다시말하면인격적인하나님앞에서나의신앙적결단이일어나느냐일어나지않느냐하는것이중요하다하는말이다.

말하자면아무리신비적체험가운데서하나님을만났다손치더라도그것이어떤환상이든환청이든간에우리의인격人格안에서어떤주체적교감communion이성립되지않는한그것은아무소용도없는것이다.그러므로이러한인격적교류가없는단순한신비적경험은어떤종교적宗敎的광신狂信에빠지거나주술적呪術的미신에빠지기쉬운것이다. 말하자면그런사람은신비적종교가神秘的宗敎家는될지언정신앙인信仰人은되지못하는것이다.그런의미에서하나님을만나뵈오려면먼저선행되어야할일은우리의인격적주체안에 '청결함'이요청된다.

(2) "나를본자는아버지를보았거늘어찌하여아버지를보여달라하느냐"

요한문서에는종종 "하나님을본사람이없다." 하는말씀이나오는데(요1:18,요일4:12)그렇다면인류가운데하나님을본경험을가진사람은한사람도없는것이고또앞서말한 '야곱' 이나 '욥' 의경우에도 "하나님을뵈었다." 라는말들은다른뜻을의미하는말로서사실말이지하나님을우리의육안肉眼의시각적視覺的대상으로본다면그것은무한한無限한영원자永遠子로서보는것이

아니라어떤유한_{有限}한대상Object으로서그런하나님은좁으락한우리인간이
만들어놓은우상적존재_{偶像的存在}에불과한것이다.

그러므로하나님은우리의인식의한계내에서이러쿵저러쿵말할수있는분
이라거나우리의감각적대상으로이해될수있는그런분이아니시다. 그것은
'아우구스티누스' 가바닷가에서자기가파놓은웅덩이에바닷물전부를길어
담으려하던어린애의무모한시도를하고있는것이바로자기인것을깨달은것
처럼우리도하나님을우리의감각적대상으로삼으려는어리석음을범하기쉽
다. 그러므로성경에서 "하나님을뵙는다." 라는말의뜻은그런의미로해석해
서는안될것이고여기에는특별한의미를갖는것인데그렇기때문에성경에는
"하나님을본자는죽는다." 고말씀하고있는것이다(삿13:22,사6:5)

요한복음1장18절에는 "본래하나님을본사람이없으되아버지품속에있는
독생하신하나님이나타내셨느니라." (Textus Receptus)라고하였는데말하자
면 '독생자—예수—하나님' 오시기전까지아무도하나님을본사람이없었는
데그분이비로소하나님을나타냈다는것이다.

그러므로여기서말하는하나님은하나님의독생자를통해서계시_{啓示}하신
하나님인데참다운의미의하나님을뵙는경험은 '독생자—예수—하나님' 을
통한경험이라는것이다. 그러므로그리스도교의 '하나님의경험' 은어떤신
비주의자_{神秘主義者}들의경험처럼환상적인경험이나주술적인경험magical
experience도아니요사람에게본래적으로구비된어떤종교적선험성apriori에
의한것도아니요또요즘한창유행하는어떤종교철학자_{宗教哲學者}들의사유산
물관념적신개념_{神概念}의이론적이해를의미하는것도아닌이역사_{歷史}가운데
주체적인인격으로오셨던 '예수—독생자—하나님' 의신앙이다. 다른말로말
한다면요한복음에서 "어느때고하나님을본사람이없었다." 고한것은그이
전것은누구도하나님경험을한것이신약성서적의미의하나님경험이아니라
부분적경험이며하나님의현실reality을완전히파악한것이못되고아직도 "똑

똑히보았다.”라고말할수있는경험이아니라는것이고참으로는 ‘예수–독생
자–하나님’ 이인간의모습으로이땅(이역사가운데)에오심으로하나님을볼수
있게된다는것이다. 그런데이 “하나님이인간의모습으로오셨다.” 는데는그
것도 “섬기는종의모습으로오셨다.” 는데는상당한비극이있기마련인데그
것은첫째로인간의오성五性으로는쉽사리이해안되는하나의역설逆說,para-
doxical nature이기때문에사람들이걸려넘어지는 ‘거침돌’ 이된것이고 ‘미련
한짓’ 이됐는데 “유대인은표적을구하고헬라인은지혜를찾으나우리는십자
가에못박힌그리스도를전하니유대인에게는거리끼는것이요이방인에게는
미련한것이로되오직부르심을입은자들에게는유대인이나헬라인이나그리
스도는하나님의능력이요하나님의지혜니라.” (고전1:22-24)그렇기때문에또
십자가의고난도있었던것이다.

　그러므로그렇게 “초라한종의모습” (사53:2-3)가운데하나님의모습을발견
한다는것은그리쉬운일이아니었고오히려사람들은그의모습을보면서분노
와갈등을마음에가졌으며종당에는당대의종교가들가운데서 “하나님을모
독하는자” (요10:33)라는누명을씌워서십자가의극형에처형하고마는것이
다. 그런데그리스도가말하는하나님은다른데서발견하는것이아니라예수
께서 ‘빌립’ 에게 “나를본자는아버지를보았거늘어찌하여아버지를보이라
하느냐.” (요14:9)한말씀대로역사적인 ‘예수’ 에게서하나님의얼굴人格,person
을발견하는것인데죄인들의더러운마음그대로는알아차릴수없는그런이었
으니여간안타까운일이아니며여간딱한일이아닌것이다.

　이것은촌부村婦에게현대화現代畵나현대음악現代音樂을들이대는격이되는
것과는비교도안될엄청난 ‘커뮤니케이션–갭’ 이었던것이다. 아니그것은단
순한의사소통의단절이라는말보다도 ‘사랑의하나님에대한죄악스러운반
항’ 이요 ‘하나님의구원의손길에대한죄악의의도적반발’ 이었던것이다. 그
당대유대인들의종교가들에게는 ‘나사렛예수’ 는너무나평범한지방출신地

方出身의한사寒士였고헬라사람들의자리에서보면 '예수' 는미련스럽게도당신손해가는말만하였고당신손해가는일만하다가무참히도처형당한노동자의최후였던것이기때문에그분의삶을통해서하나님을경험한다는것은이만저만한모순이아니었다.

그러나 '그리스도교의하나님' 은그분의얼굴에비친영광의광채속에나타난하나님이었고 "우리가그영광을보니아버지의독생자의영광이요은혜와진리가충만하더라." (요1:14)그분을보는것은곧하나님을보는것이었다. "나를본자는아버지를보았거늘어찌하여아버지를보이라하느냐." 그러므로예수께서 "마음이청결한자는복이있나니하나님을볼것이요" 한말씀의뜻은비로소여기서밝혀지는것인데그것은 "마음이청결한자가하나님을본다." 는것은다른말이아니고역사적으로오셨던예수에게서하나님을발견하는것을의미하는것이다.

그리스도교하나님은막연한하나님이아니라역사적 '예수' 에의해서구체적으로제시된인격적인하나님으로서요한일서의표현대로말한다면 "우리가들은바요눈으로본바요주목하고우리손으로만진바라이생명이나타내신바된지라,이영원한생명을우리가보았고증거하여너희에게전하노니이는아버지와함께계시다가우리에게나타내신바된자니라." (요일1:1-2)고한말씀그대로인것이다.

이런의미에서이역사적예수의내림來臨이전에는하나님을본사람은아무도없었던것이고비로소그의내림으로말미암아우리에게하나님의참모습이보여지게된것이다.그런데여기서문제되는것은 "마음이청결한자가하나님을본다." 는말인데그도그럴것이이역사적역설歷史的逆說을깨달을수있는것은우리의오성悟性으로서는안되는것이고오히려오성은그앞에서걸려넘어지기때문에 '예수의역사적사실' 을하나님의계시로볼수있는눈을구비해야하는데그것은단순한이해의문제를초월한실존적문제에부딪치게된다.

이것은말하자면단순한지적인문제라기보다는전인격적全人格的인문제로서 '사람됨됨' 이달라지지아니하면안되는그런문제에속하는것으로서키에르케고르Kierkegaard의말대로말한다면이역사적인역설을영원한것으로믿을수있는조건을부여받지않고는안되는것인데이것은하나님으로부터받은것이고믿음에의해서순간적으로생성生成,becoming되는것이다.

쉬운말로말한다면여기서인간은 '새로운존재' 로그사람됨됨이달라져야하는것인데하나님곧모든만물의창조자로서우리를새롭게창조할때그눈으로이 '역사적역설' 을하나님의구원의현실Reality로믿어지며그가운데서하나님의인격을발견하게되는것이다. 참으로예수의얼굴에서하나님의얼굴을발견하지아니하면안되고예수의고난가운데서하나님의사랑과공의公義를발견하지않으면안되고그얼굴에비친광채가운데서하나님의영광을볼줄알아야한다.

그러므로그리스도교의하나님은어디까지나 '나사렛예수' 의인격에구체화된그하나님에틀림이없고이하나님은마음이청결한자곧 "물과성령으로거듭난자" 가볼수있는그런분이시다.

(3) "어느때나하나님을본사람이없으되만일우리가서로사랑하면하나님이우리에게거하시고그의사랑이우리안에온전히이루느니라.그의성령을우리에게주심으로우리가그안에거하고그가우리안에거하시는줄아느니라." (요일4:12).

어떤것이고그것이우리의시각대상으로만남아있는한그것은우리와아직도어떤거리距離에분리되어있는것이다. 어떤물건이었는데그것이다만우리에게보인다는것만으로는그것이여전히나와어떤거리를두고떨어져있는것이지아직도나의생활에유용한것으로활용되고있는것은아니다. 나는보이는물건에게접근해서그것을내손에집어넣어하나의도구로사용할때그것과

나와는밀접한관계속에있게된다.

　사람의경우도거리에무수히걸어다니는많은사람을보았다고해서또몇사람또는한사람을보았다는것만으로그사람과나와의관계가맺어진것이아니고그들은다만나의시각의대상이되었을뿐이지아직나와친숙한사이가된것은아니다.그들과내가친숙한사이가될라치면그저보는것만으로안되는것이고나와그와의사귐이있을때비로소이루어지는것이다.그와마찬가지로우리가다만하나님을보았거나'예수를보았다'는것만으로는아직도어떤거리속에머물러있는것이고더군다나그것이예수와의동시대적同時代的시각의대상으로만머물러있는한그와나와는아무런인격적연관성人格的聯關性이없는것이다.

　우리의시각에비친역사적예수는이사야서의표현대로는"그는마른땅에서나온줄기같아서고운모양이없고풍채도없으며우리의보기에흠모할만한아름다운것이없는"(사53:2)이였다.그렇기때문에역사적인그가하나님이었다는것을믿을수있다는것은엄청난비약飛躍이거기따르는것인데우리의오성悟性은깨달을수만없고다만그렇기때문에분노를느끼고반대하든지그렇지않으면신앙信仰의비약이있을따름이다.

　그리스도교의하나님은어떤환시체幻視體에서나타난그런하나님도아니요—이것은고대교회가현설Docetism을이단으로단죄한지오래다—또한어떤종교사상이만들어놓은신개념적神槪念的추상적존재抽象的存在가아니라역사가운데오셨던예수라는인격을통해서계시된하나님인데그렇기때문에이세상에영을다믿을것이아니라'예수그리스도'께서육체로오신것을시인하는영마다하나님께로서오신것이요,예수를시인하지아니하는영마다적그리스도의영인것이다.—이하나님은우리의신비안神秘眼의대상도아니요또철학적사유의대상도아닌인격적절대주체자人格的絕對主體者로서이는단순한시각의대상an object으로서가아니라우리의시각의대상이었으면서동시에

그시각의대상을초월超越한주체자The Absolute Subject로서나와의인격적관계personal relationship를통해서연결되는하나님인것이다.

이인격적인교류communion이니인격적관계니하는것의단적인표현을우리는 '사랑' 이니 '믿음' 이니하는말로표현하는데우리가감히 '하나님을뵙는다' 할때는 '믿음의눈' 을가지고이절대적주체자를뵙는것이요또 '사랑의눈' 을가지고뵙는다고말할수있는것으로서설사우리가우리의시각의대상을보는것처럼하나님을뵙는다할지라도 '믿음' 의관계가거기성립안되고또 '사랑' 의관계가거기성립안될때그것은여전히나와관계없는하나님이요 '예수님' 인것이니여전히거기에는하나의거리로떨어져있는대상적존재일따름이다. 그래서요한일서4장12절에는 "어느때하나님을본사람이없으되만일우리가서로사랑하면하나님이우리안에거하시고그의사랑이우리안에온전히이루느니라." 고말씀하신것이다.

이 '하나님과예수사랑' 은구체적으로는우리의이웃과의사랑에서나타나는것인데우리가설사하나님을뵈었다할지라도우리에게이런 '사랑의관계' 가없을때그것은여전히거리가운데머물러있기때문에하나님과는아무상관이없는것이고—예수께서는주의이름으로귀신을쫓고많은권능을행했다는자들에게 "나를떠나마귀와그사자들을위하여예비된영원한불에들어가라. 내가주릴때에너희가먹을것을주지아니하였고목마를때에마시게하지아니하였고나그네되었을때영접하지아니하였고벗었을때옷을입히지아니하였고병들었을때와옥에갇혔을때에돌아보지아니하였느니라." (마25:41-43)고하셨다. 거기에는극복할수없는단절斷切이엄존하는것이다.

그래서 '바울' 은말하기를 "비록우리가그리스도를육체대로알았으나이제부터는이같이알지아니하노라," (고전5:16)고말했는데이것은그의역사성歷史性을부인하는말이아니라예수의역사성을인정하면서다만거기에머물러있는것이아니라예수의인격적주체와의관계에육박하는말로서이것을요

한일서의저자의표현대로말한다면"그의성령을우리에게주시므로우리가
그안에거하고그가우리안에서거하시는줄을아느니라." 라는말로말할수있
는것인데이것은우리가무인격적無人格的어떤영체靈體나어떤주술적呪術的인
힘Magical power에의한것이아니고이것은하나님의인격적주체이신성령을
우리가모시게됨으로하나님과하나되는인격적교류Personal communion가성
립되는것이다.

그것이곧"우리가그안에거하고그가우리안에거하는" 관계인것이다. 이
관계의구체적인실현은"우리가서로사랑함으로" 이루어지는것인데요한일
서의저자는"보는바그형제를사랑치아니하는자가보지못하는바하나님을
사랑할수가없느니라." (요일4:20)고말하고있는데 '사람이하나님을보았다'
고하는이엄청난경험을하고도형제사랑이없다면그것은사실에있어서아무
소용이없는것이요사실에있어서는눈으로보았는지는몰라도하나님과의인
격적교류는없는것이다.

그러므로하나님은우리의시각의대상이어떤신비적체험에서나타나는환
상적대상도아니고또어떤종교사상에서말하는이념적존재곧철학적사유의
대상도아니라하나님은오직믿음사랑의인격적관계에서교류되는인격적주
체자시다.

3.신뢰의그루터기

요즘사람들에게 '돈' 이있고 '지식' 이있고 '과학' 이있고 '자동차' 가있고
'비행기' 가있고천체를왕래하는 '우주선' 이있고 '원자무기' 가있고 '미사
일' 이있고해도결정적으로결핍된것은 '성실성誠實性' 이란것이없어져가고
있는것인데그것은 '돈' 을갖고도 '과학' 을갖고도 '비행기' 를갖고도 '우주

선’을갖고도 ‘원자무기’ 를갖고도 ‘미사일’ 이나 ‘최신무기’ 를갖고도구제할수없는그런것으로서그런온갖것을갖추고도오히려허물어져가는 ‘사람과사람사이의관계’ 와 ‘사람과자연과의관계’ 가어떻게하면정상적인것으로회복받을수있는가하는참으로크나큰문제로서또가장긴급을요하는문제로서누가그렇게요즘사람들이느낀것인가마는좌우간이런발설發說을함으로또다시웃음거리를만드는것만으로도족한줄로생각한다.

그렇게거창한기구機構를갖고도사람들의이런정신적인것의결정타때문에그런기구가허물어져버릴위험이많은데그런것이허물어지는날이면그허물어지는소리도크거니와사람들은이만저만한치명상을입을것이아니고누구도말릴수없는일이벌어질것인데그래도한갓소망이있다면배우지못했거나사회의밑창에서생계를위해서정직한땀을흘리면서일하는 ‘일꾼’ 들에게서찾아볼수있는자기나름의성실성인데어쩌면이런것이하나의 ‘그루터기’ 가되어이역사를다른방향으로이끌어갈는지모를일이다.

충청도산골에(忠北槐山郡沼壽面壽里)죽실령竹實領이란고개가있는데어떤사람이그부근에살던중국인中國人에게돈을빌려장사(商業)를하였는데그중국인은자기본국으로볼일이있어들어간후에그의소식이끊겼고돈빌린사람은그돈으로장사에게재미를보아많은돈을벌게되어감사하게생각하며그돈을갚아야겠는데그중국인의소식이묘연하여갚을길이없음으로그는생각하기를자기진빚을갚을길이없으니남의좋은일이나그돈으로해야겠다고생각하고그죽실령험한고개길을사람들이평안히통행할수있도록넓은길을만들고그고개마루턱에그중국인을기리는돌비(石碑)를세웠는데오늘날도그이끼긴돌비가서있으니이것은오늘날처럼허물어져가는불신의시대에참으로아름다운것을일깨워주는일로서오늘날사람들에게이런의식意識을불러일으킬어떤새바람이불지않고는우리는지금숨막혀살도리가없을것같은데참으로딱한노릇이다.

오늘날우리에게필요한것은우리가갖고있는발달된기구나여러가지도구를성실하게다룰 '사람' 이필요한데그것은모두남의눈치나보고한번도자기나름의결단을내리지못하고살아가는더부살이아니면고용인雇傭人노릇만일삼고있으니말이아닌데 '참으로믿고일을맡길사람' 이이세상에몇사람이나된단말인가!참으로 '돈궤' 를마음놓고 '맡길사람' 이몇사람이나되는지남의장단에놀아나는허물어져가는인격人格만득실거리고똑바른제정신을차리고자기가할일을하나의사명使命으로알고혼신의정력을쏟아서성실하게사는사람이얼마만큼이나있는것인지알수없는마당에대개는그저되는대로살아가고그렇지않으면마지못해서살아가고그렇지않으면 '돈' 에얽매여서살아가고그렇지않으면죽지못해서살아가고그렇지않으면환경에휩쓸려서그런저런의식없이살아가고그렇지않으면어쩔수없는사정에빼도박도못할사정에얽매여서억압하는자의눈치나보고살아가는사람들이많을것이니여간딱한노릇이아닌것이다.

요즘와서보면지혜있는사람들보다도좀미련스런사람들가운데성실한사람들이많고오히려거기서현대문명現代文明의오염을면하여더욱성실한모습들을발견하는데요즘와서는사람들의속에서성실성의 '그루터기' 가없어져버렸기때문에그 '그루터기' 는보다근원적인데서찾아야할것인데오늘날우리가만들어놓은문화의어느구석에서그것을찾을수있단말인가.사람의흐트러진정신을매둘고삐가없고그고삐를매둘 '그루터기' 가없다는말도되고사람의쉴사이없이유리遊離하고방황彷徨하는영혼의안식安息할고향을찾지못하고있는것이고사람의인격을보장할근거ground가없다는말이되겠는데그것은오늘있다가내일없어지는유동성流動性많은객체성客體性속에는찾아볼수가없는것이고그것은역시흔들리면서도흔들림없고떠나갔다가또다시돌아가는고향故鄕처럼인간을낳아주고길러주고인간을포용해주고감싸주고안아주고업어주고또매를때릴때는매를때려줄수있는그런인격적인주체성主體性속에있는것이다.

그는강제로끌지도않고억압하지도않고오히려우리의안에서작은목소리로부드럽게부르며 "꺼져가는불도끄지않으며상한갈대도아주꺾어버리는것이아닌" 아주부드러우면서그칠줄모르는끈질김이있고강인함이있고하는돌풍처럼강하게불다가도봄바람처럼부드럼을겸비한그런주체적존재인것이다.

이것을 '히브리서' 저자는그래서 "믿음의주도자요완성자이신예수를바라보자" 고하였는데그는참으로우리가신뢰信賴할수있는영도자(ARCHEGOS)이시고또신뢰의 '그루터기' 를마련한완성자(TELEOTES)이신데그분의 '말씀' 과 '행위' 는완전한일치를보았고그분의 '행위' 전체는 '사랑' 에서나오지아니한것이하나도없었고그분의 '사랑' 은그렇게순수한것이었기에누구도그사랑의따뜻한품에안길수가있었고누구나그분앞에가면신뢰감을갖고자기속을딜어놓시않을수없었고그분을의지하지않을수없었다.

오늘날의허물어진 '사람과사람과의관계' 와 '사람과자연과의관계' 의정상적인회복回復의기대는다른데서얻어질아무곳도없는것이고다만신뢰할수있는한인격에게서그 '그루터기' 를발견하고그런영에감동感動되는일인데오늘날소위성령을받았다는사람들에게서그런 '신뢰의그루터기' 를찾아볼수없다면그것은그분의영이라기보다오히려다른영이나다름없는것이고 '불신의영' 에틀림없는것이다. 참으로 '예수그리스도' 그분의인격은우리가갖고있는모든것을거부해도또그것들이우리를배반해도우리를끝까지놓지않고사랑하시는신뢰할수있는 '그루터기' 시다.

4. 삶과 죽음

무엇이사는것이고무엇이죽는것이냐하는문제는참으로어려운질문가운데에하나인데특히인간人間이산다는것은무엇을의미하며죽는다는것은무엇을의미하는가하는것을답하기란심히어려운문제로서모든철학과종교가이문제에답하기위해서노력하고있는것이아닌가하는것을생각할때이것은보통으로다룰문제가아니라고생각한다.

그런데예수께서 "사람이사는것은떡으로만살것이아니요하나님의입에서나오는모든말씀으로산다." 고하셨고 "죽고자하는자는살것이요살고자하는자는죽을것이라." 고하셨고 "좁은문門으로들어가라생명生命으로인도하는문은길이좁고협착하여찾는이가적다." 고하셨고바울은말하기를 "육신의생각은죽는것이요영의생각은사는것과평안함이니라." 하였고요한은 "형제를사랑함으로사망에서옮겨생명으로들어간줄을알거니와사랑치아니하는자는사망死亡에거하느니라." 고하였다.

분명히이분들이말씀하고있는것을들으면보통우리가생각하는 '삶' 과 '죽음' 과는다른의미로말씀하고있는것인데이들은다생生을달관達觀한분들이요또사람들이이구동성異口同聲으로 "이분들이야말로영원한삶을영위한분들이라." 고말하는데그렇다면우리가보통말하는 '삶' 과 '죽음' 은잘못생각하는것이요착각을일으키고있는것이니이런중대한문제를착각하고있다면문제가운데서도여간큰문제가아닐수없는데이것은길을가는사람이길을잘못잡아들었기때문에잘못된길을걸어가면걸어갈수록더문제가커지는것과는비교가안될만큼큰문제요기껏살아봤자허탕을치는삶을사는것이될것이니여간정신을차려야할문제가아니다.

사실은사람은생리적生理的으로종족적種族的으로혈통적血統的으로죽지않고영속적으로목숨을이어가기마련인데그것은하나의개인이죽는다고할지라도그를통해서유전遺傳된종족에의해서그의생리적인목숨은여전히살아가는것인데그것은그체내에있었던그의생리적인자因子가여전히전해져내려가고있는것이니여간편리하며또신비롭게되어있는것이아닌것으로서오늘날유전학자들간에유전의원리를이렇게저렇게말하고있으나그신비가다벗겨진것은아니고여전히신비인데—유전자돌연변이突然變異등—좌우간인간은생리학적으로종족적으로혈통적으로죽는것이아니고여전히그BIOS(생물학적삶)는살아가는것이니그런면으로생각하면염려할것이없이우리가세상을떠날때눈을감을수가있다.그렇다면어떤사람들은말하기를그러면자손子孫이없는사람들은어떻게할것이냐고할것이냐그것도염려할필요가없는것은자기와같은종족은여전히형제나친족을통해서이어가는것이고같은BIOS적삶의유전적세포細胞가유전된자는동족을통해서이어가는것이니별로문제될것이못된다.

그래서종교가운데도혈통을중요시하는종교가많은데그중에서대표적인것이 '유대교' 와유교儒敎라고할것이다.이것은민족의식이강해서사람가운데있는종족번식본능宗族繁殖本能에붙어있으면서 "팔이안으로굽지밖으로굽는법이없다." 는식으로어떻게하든지동족同族의이익이되는일이라면정사正邪를가릴것이없이비호庇護하는것이되어그런종교가성盛하는곳에는그주변민족들간의싸움이끊일날이없게되는것인데사실말이지본능적인욕구를추구하는일에는자기자손잘되는일을위해서노력하는것이최고의목적일것이니이것은인간에게있어서이만저만강한본능이아닌것이다.

그러나예수께서는이런유대교의혈통주의를초월해서 "그이름을믿는자에게는하나님의자녀가되는권세를주셨으니이는혈통으로나육정으로나사람의뜻으로나지아니하고오직하나님께로써난자들이니라." 는사상으로이런것을물리치셨고그의육친이찾아왔을때에도 "누가나의모친이요형제이냐하늘에계신아버지의뜻대로행하는자라야나의모친이요형제" 라고하시

면서육친의정으로대하신것이아니라하늘의마음으로대하시는초연한모습
을찾아볼수있다.

사람이생리적으로만사는것은다만생식하고번식하는것으로이어가는
삶,곧하나의생리적법칙에따라마치기계가돌아가는것처럼돌고또돌아가
는하나의생리적인기계일따름인데말하자면부모에게생식되어이세상의이
런저런것을먹고자라서짝을발견하고또생식하고늙어서그다음세대에게목
숨을물려주고떠나고또그세대가자라서또짝을찾고생식하고또늙어서물러
가고하는식으로생각하면서사람도별수없이생리적법칙을따라돌고도는것
이되고마는것인데이런면으로생각하면동물도마찬가지요식물도마찬가지
로이런것은나름의생리학적원리를따라돌고도는것에불과하다. 말하자면
돌고도는삶의수레바퀴일따름이다.

그러나인간이인간됨은그런것과는다른면이있는데인간은인격적인존재
라는것인데이것은그렇게생리적인법칙으로말할수없는것이어서이것은유
전적으로부모에게서물려받는것이아니요그근원이이세상에있는것이아니
라이것은순전히정신적인영역이요자유의영역으로서말하자면영원한곳에
서날아들어옴이요그인간이갖는독특성이요유일회적唯一回的인것이다. 유
일회적이란말은생리적인법칙에따라서돌고돌아서공장에서제품을만들어
내듯이같은류類의것을생산해낼수있는것처럼—사실이런것들은약간그형
태가다르거나빛깔이다르거나금이달리그어졌거나하는것은문제되지않는
다—그런것이아니고질적의미로특이한것이기때문에이세상에한번나타
났다가또다시반복될수없는유일회성唯一回性을갖고있어서그런의미에서영
원한것이기도한데그것은시간의연속적인관계에서영원한것이아니라그런
연속성과는대립되는순간성때문에질적으로는영원한그런것이다. 그러므
로인간은생물학적으로혈통적으로종족적으로죽는것이아니라다만그런
BIOS적삶의꺼풀들이떨어져나가는것인데이것은마치옥수수줄기가자라

남에따라그매듭과매듭에붙어있던잎사귀가시들어가고떨어져나가는것과 같고또열매가땅속에들어가서그껍질은썩어버리고그속에있는생명의싹이 싹터올라오는것과같이연속된다.다만거기의미가있다면번식하는바퀴를 돌고있다는그것일것이고연속의고리를이어가고있다는그것일뿐이지다른 것은아니다.그런데이런삶의구조는인간에게독특한것이아니고인간에게 독특한것이있다면그것은인간이인격적인존재라는거기에있는것이다.

그래서인간이죽는다는것은독특한의미를갖는것인데그것은인격적으로 죽는다는것을의미하는것으로또산다는의미도인격적인뜻에서산다고말하 는것인데이것은인격을가진인간만이갖는특이한현상인것이다.또다시말 을되풀이하면"사람은생리적으로죽고사는것이아니라인격적으로죽고산 다."고말해야하는데이것은마치어떤정치하는사람들에게정치적생명운운 하는것과마찬가지여서그가정치적으로오명을남겼다거나그의치적治積이 징치가로서하시못할일을하고국민들을괴롭히고못살게만들었고억압을해 서정치도의상역사적과오를범했다면그는정치적으로죽었다고말하는데이 런것과는비교도안되게심각한인격적으로죽는다는것은사실은이런말로도 우리들의머리에쑥들어오도록그의미가통하는것은아니다.

인간의인격은생리적인삶에관계하지마는또생리적인것을가로지르는말 하자면생리적인것을초월하는그런것으로서생리적삶의요구를인간이인간 으로살기위해서거부할때도있고또생리적인요구를거슬러올라가서삶의방 향을다른곳으로틀어놓을때도있는데이것은마치돛단배가바람이부는방향 으로가기도하지마는또어떤때는바람을거슬러서가야하는경우가있는것처 럼인간의인격은자기의주체성이주체로서의제놀음을하기위해서는생리적 인측면에서볼때손해가가는일을해야할때가있는가하면또우리들직접적인 욕구를강력히억제하고인격이'제놀음'을해야하는것이다.

인격이그렇게반복불가능의일회적一回的인특이성을갖고있기때문에인

격곧인간이 '죽는다' 는것은그렇게비극일수없고그렇게가공스러운일이아
닐수가없는데그것은인간이생리적으로또다시돌고돌아서영속적으로생존
하는것이요한번죽으면영원히죽는것이요한번살면영속히사는일이기때문
에여간심각한문제가아닐수없다. 우리가일상생활에서하나의 '물건' 이없
어지면돈몇푼주고똑같은 '물건' 을가게에서가서사오면그만이기때문에그
것하나잃었다고야단법석을피울것이못되는것이나어떤귀한역사적유물이
없어지거나손실을당했을때는정말야단법석이나는것과도비교해서말할수
있는지모르지마는좌우간 '인격이죽는다' 고할때는그것이그렇게반복불가
능의일회적인특이성을갖는것이기때문에여간슬픈게아니고여간두려운것
이아니고여간치명적인것이아닐수없는데이대체불가능성代替不可能性
(Dorothee Solle의말을빌린다면)의이유때문에영원히잃는것이요얻으면영원
히사는것이니여기에그신비로움이개재介在한다고나할까그미묘한의미가
있는것인데그것은생리적삶의영속성과는다른의미의영원성이있는것이다.

그러므로영원은우리가보통말하는인간의한限없는연속성과는다른의미
로생각해야하는데그것은앞에서말한대로 '돌고돌아가는생식적이어감' 이
아니요오히려반복불가능의일회성이라는것때문에심각한것이요또다른것
과도바꿀수없는대체불가능때문에한없이귀한것이라는의미로생각할때오
히려영원은시간의연속성을끊은순간에나타나는KAIROS적(Paul Tillich의
말대로)인것이요종말론적성격을갖은것이라고말함직한데그러면영원은
의미의질적표현이요가치의양적헤아림이아니라질적헤아림이라고말할수
있는데말하자면무한소無限小가운데농축이되어있는무한한가능성의요소
라고할수있으며오히려우리들이알기쉽게 '영원의씨알' 이라고할수있는그
런것이다.

그래서 '사람이죽는다' 는것은돋아나고또자라는생리적인것의죽음이아
니라—어차피이런생리적인것은죽지아니하는것이고—그러한인격의무

한한가능성의요소의멸절滅絶이요알기쉽게는역사적시간적으로는그영원한씨(種子)가한번도싹터보지못하고무서운혹한때문에고사枯死하는것이요생존경쟁의싸움터에한번도써보지못한무한한위력을가진불발탄인것인데사실은누구나다이런인격의영원성을갖고있는데도생존경쟁의하찮은이런일저런일때문에한번도써보지못하고아깝게사장死藏되어버리는것이요또이어가는이역사의휘몰아치는추위때문에한번도인격의아름다운싹을틔워보지못한채시들어버리고마는것이다.

　사람은누구나자기의생존,자기후손의생존,자기가족의번성,자기종족,자기민족의영속적인번영을위해서사는강한본능적인욕구가있어서그족적足跡을살펴서역사라고부르고그런역사를더듬어서위대한역사를가졌느니못가졌느니하는데대체적으로그런역사의족적을살펴볼때한개인으로는자기의생존을위해서는성공했어도가족적으로는실패인사람도있고또한가문으로서는성공했어도한민족적인관점으로는실패인경우가있고또한민족적인관점으로는성공적인삶인경우도세계사적인관점으로는실패인경우가있는데그것은자기가자기만을위해서본능적으로살았다면가족적으로실패요—오늘도사남매를둔어머니가가출함으로어린것들이연탄가스에중독사했다는소식이있는데—한가족이자기한가족의번식과영달을위해서민족을등지고가버린다면말하자면민족이갖는고유한언어도문화적전통도역사적맥락脈絡도끊어버리고거기에배반하고가버린다면그한가족은번영을누리더라도역시민족적인견지에서는실패요또자기민족번영만을생각한나머지남의나라를침범하고남의민족의생존과전통과문화와언어와역사를짓밟아없애버렸다면—바로우리의이웃나라가운데그런나라가있는데—그민족은민족적으로성공은했어도세계적으로는가장수치스러운민족으로실패인것인데이것은적게는생리적인삶(BIOS적)의본능에매여서그생리적인생존만을위해서사는거기에있는데사실은생리적삶은어차피죽지않는(영속적으로그저끌려간다는의미에서)것이기때문에걱정할필요가없는것이고인격적으로는인간이죽는것은이기적인삶거기에있는것이요인격적인실패도역시이기적인삶거기에있는데또인격적으로가장추醜한일은이기적인삶의태도그것이야말로슬픈일이요가공스러운일이요보기에흉한일이다. 오늘도미국의대통령레이건이총격을입은일에대해서어떤정치적지도자들가운데는손뼉을치는사람이있는가하면적대국가인데도하루속히치유되기를바란다는정말큰사람도있다. 이런소리저런소리다할것없이이이기적인삶은사실에있어서인격적으로는죽음이라고말할수있는데그죽음은영속성이라는의미로는항상부끄럽고흉하고슬픈모습이영속적으로생존해나가는것이요그런흉측스러운광경이없어져버리면좋겠는데그래도또살아나고또살아나서영속해가는그런것이기도한것이다.

그와는반대로인격적으로산다는것은이런자기의관능적官能的인삶의부정否定이라고단정한다는것은너무경솔한말이될것이고관능적삶을어떻게하든지인간답게살아가는데최대한으로활용하는말하자면창조적인삶의태도일것인데—마치이것이돛단배가바람을부정하는것이아니라바람을활용해서바람의방향으로거슬러올라가든지가로질러올라가든지바람의방향을따라가든지자기의목적지를향해서가는것처럼—그것을한마디로말한다면사랑하면서사는삶일것인데요한일서저자는"우리가형제를사랑함으로사망에서옮겨생명으로들어간줄을알거니와사랑치아니하는자는사망에거하느니라. 그형제를미워하는자마다살인하는자니살인하는자마다영생이그속에거하지아니하는것을너희가아는바라. 그가우리를위하여목숨을버리셨으니우리가이로써사랑을알고우리도형제들을위하여목숨을버리는것이마땅하니라." 고말하고있다.

제3장

하나님의 영靈과 적그리스도의 영

1. 영靈을 다 믿지 마라

　이것은 요한의 사랑에서부터 나온 권고勸告이지 어떤 권위 의식이나 어떤 자기주장의 관철을 위한 계략을 위해서 한 권면이 아닌 것은 그가 이 글을 쓸 때에 따뜻한 어조로 '사랑하는 자들아!' 라고 부르면서 시작하고 있는 것으로 봐서 알 수 있는데 그렇기 때문에 이 말씀은 오늘날에도 우리에게 여간 반가운 목소리로 우리들의 심금心琴을 울려주는 말씀이 아니고 또 오늘날 우리가 직면하고 있는 영들($\pi\alpha\nu\tau\iota$ $\pi\nu\epsilon\acute{\upsilon}\mu\alpha\tau\iota$)의 혼란 속에서 우리를 일깨워 주는 적절한 말씀이고 성경에서 '영을 분변하는 일' 을 위해서 우리가 알아야 할 유일한 말씀이며—이것은 참으로 여간 반가운 소리가 아닌 것은 오늘날 많은 사람들이 어떤 것이 '하나님의 영' 인지 그렇지 않으면 '적그리스도의 영' 인지를 잘 구분 못 하고 있는 마당에서 이런 좋은 말씀이 어디 있단 말인가—이것은 정말 이만저만 기독교적이 아닐

수 없고 이만저만 사랑의 말씀이 아닐 수 없다. 사실 말이지 이 세상에는 참으로 많은 영들이 나와서 돌아다니는데 그것이 다 하나님에게서 유래한 것이 아니고 그 출처가 아리송한 것이 많으며 또 기독교적이 아닌 영들이 얼마나 많은데 가끔 자기도 다 기독교적이라고들 말하고 있으니 일단은 그렇게 믿어 두는 것이 마음 편한 것이 되겠지만—사실 예수께서도 "나를 반대하지 아니하는 자는 나를 위하는 자"라고 말씀하셨지만—그래도 그것이 현저하게 반그리스도적 경향으로 기울어지는 마당에서, 그리고 또 그것이 땅에 붙어 있는 소리만을 지르고 다니는 마당에서 그런 것을 보고 가만히 있을 수 없을 뿐만 아니라 여간 꼴불견이 아닌 일들을 하고 있는 것을 볼 때—그것이 꼴불견으로 안 보이는 사람들에게는 별 문제가 없을 것이지만 영을 분변하는 '카리스마적'인 것을 받은 사람에게는 분명히 보일 것이 사실이지만—그저 잠잠하고 있을 수만 없는 노릇이다. 그래서 요한도 "영을 다 믿지 말라."고 사랑의 권고를 하고 있는 것이다. 오늘날처럼 물질문명 또는 과학적 세계관 또는 기술 사회technological society화되어 있어서 무엇이고 빤질빤질한 인간미 없는 것만 즐비하게 많은 시대에는 무엇이나 영적인 것이라면 거기 무엇이 있는가 하고 사람들이 관심을 집중시키기에 온갖 영들이 총동원을 해서 출동을 하고 있는 마당에 참으로 믿을 만한 영이란 이만저만 가려내기 어려운 것이 아닌데, 요한은 몇 마디 말씀으로 하나님께로부터 온 '영'과 '적그리스도의 영'을 정말 놀랍게도 간단히 구분하고 있다. 우리는 모든 영을 다 믿지 말아야 한다. 모든 영이 다 하나님에게서 온 영이 아니다. 모든 영이 다 기독교적이 아니다. 모든 영이 다 우리의 믿음에 유익한 것이 아니다. 모든 영이 다 진리의 영이 아니다. 모든 영이 다 하나님의 영의 열매를 맺는 것이 아니다. 모든 영이 다 하나님의 말씀에 부합되는 것이 아니다. 모든 영이 다 예수의 영이 아니다. 모든 영이 다 '파라클레토스'가 아니다. 모든 영이 다 거룩한 영이 아니다. 모든 영이 다 믿음직한 것이 못 된다.

2. 영靈들이 하나님께 속하였나 시험하라

여기서 '하나님께 속했다'는 말씀은 '하나님에게서 나왔다'는 말(ἐκ τοῦ θεοῦ ἐστιν)로서 그 근원이 하나님에게서 유래한 것인가 그렇지 아니하고 어디 딴 데서 유래한 것인가 한 영의 출처와 근원을 말하는 것인데 사실 말이지 이 세상의 많은 영들은 하나님에게 근거를 둔 것이 아니고 어디 다른 데 곧 땅에 그 근원을 둔 것, 정욕에 그 근거를 둔 것, 세상에 그 근거를 둔 것, 인간의 무의식에 근거를 둔 것 무당 귀신에게 그 근원을 둔 것, 에고이즘(利己主義)에 그 근원을 둔 것, 교권주의에 근거를 둔 것, 교파주의에 근거를 둔 것, 거짓말 잘하는 귀신에게 그 근원을 둔 것, 물질 만능주의에 근원을 둔 것, 자기 명예만 생각하는 귀신에게 그 근원을 둔 것, 권력에 아첨 잘하는 귀신에게 그 근원이 있는 것, 이 세상 쾌락만을 추구하는 귀신에게 그 근원을 둔 것, 돈만 사랑하는 귀신에게 근원을 둔 것, 세상에서 우쭐해 하면서 잘난 체하는 귀신에게 근원을 둔 것 등 마귀적devilishness으로 그 영들의 근원이 얼마나 많은지 모르는데 하나님의 영은 판넨베르그W. Pannenberg의 말을 빌린다면 항상 '생명적인 자기 초월'(the self-transcendence of life, the self-transcending activity of life, the ongoing process of self-transcendence)을 하시는 것인데 여기서 '초월적'이란 말은 인간과 세계와 역사에서 떨어져서 저 공중에만 호령하는 의미에서 초월超越이 아니라 세상世上 안에 계시면서(內在) 세상을 변화시키시고 인간 안에 계시면서 인간을 변화시키시는 그런 활동activity이나 진행ongoing process을 촉진하는 작용을 부단히 하시는 것이다. 성령은 부단히 객체화客體化의 역행逆行을 감행하는데, 굳어져 가는 것 속에 생기生氣를 불어넣고 생기 있는 것 속에 영기靈氣를 불어넣어서 신적인 인격으로 만드는 작용을 한다. 그와 반대로 '세상' 은 인격적인 것을 객체화objectify하면서 굳어지게만 만들고 있으니 여간 보기에 딱한 것이 아니다. 그 중에서 '적그리스도의 영' 은 자기중심적egocentricity으로 빠져들어 가면서 사랑 대신에 미움을, 빛 대신에 어두움을, 하나님 대신에 마귀적인 것을 따라가는 것으로"우리는 영을 다 믿지 말고 그 영들이 하나님에게 속했는지 시험하라." 는 말씀대로 영의 분변을 잘 해야 한다. 그런데 마귀적인 것은 '바벨론' 적이다. '바벨론' 적이란 말은 이사야가 '바벨론' 의 멸망에 대해서 예언한 말씀 가운데 "너 아침의 아들 계명성이여 어찌 그리 하늘에서 떨어졌으며 너 열국을 엎은 자여 어찌 그리 땅에 찍혔는고 네가 네 마음에 이르기를 내가 하늘에 올라 하나님의 뭇별 위에 나의 보좌를 높이리라 내가 북극 집회의 산 위에 좌정하리라. 가장 높은 구름에 올라 지극히 높은 자와 비기리라 하도다."(사 14:12-14) 함과 같이 '자기 초극self-transcendence' 이 아니라 '자기 고양self-exaltation' 의 극치인 것이요 요한의 예언대로는 "그 여자는 자주 빛과 붉은 빛 옷을 입고 금과 보석과 진주로 꾸미고 손에 금잔을 가졌는데 가증한 물건과 그의 음행의 더러운 것들이 가득하더라. 그 이마에 이름이 기록되었으니 비밀이라 큰 바벨론이라 땅의 음녀들과 가증한 것들의 어미라 하였더라. … 큰 성 바벨론이여 귀신의 처소와 각종 더러운 영의 모이는 곳과 각종 더럽고 가증한 새의 모이는 곳이 되었도다. 그 음행의 진노의 포도주를 인하여 만국이 무너졌으며 또 땅의 왕들이 그로 더불어 음행하였으며 땅의 상고들도 그 사치의 세력을 인하여 치부하였도다." (계 17:4-5, 18:2-3) 함과 같이 극도의 '자기 사랑self-love' 이요 '쾌락주의' 요 '맘모니즘' 이요 '지상주의' 요 '쇼맨십' 이요 '무슨무슨주의' 인데 이것은 여간 우스꽝스러운 것이 아니고 여간 미혹적迷惑的인

것이 아니고 여간 보기에 탐스러운 것이 아니다. 이것은 자기가 자기 속에 갇혀 있기 때문에 또는 자기 자신에 도취되어 있기 때문에 '자기 초극'을 할 수 없게 되고, 하여 결국에 가서는 망하게 되는 것이나 '하나님의 영'이 있는 곳에는 항상 '자기 초극'이 일어나기 때문에 자기를 반성하게 되고 자기의 부족을 깨닫게 되고 자기 이상의 힘을 의지하게 되고 굳어 빠진 현재의 상태에 '새 바람'이 소통되어 날이 갈수록 새롭고(고후 4:16) 날이 갈수록 발전하고 날이 갈수록 무르익어 가고 날이 갈수록 기뻐지고 날이 갈수록 자유로워지는데 그것은 "주의 영이 계신 곳에는 자유함이 있다."(고후 3:17)는 말씀대로이다.

3. 많은 거짓 선지자가 세상에 나왔음이라

'이믈라'의 아들 '미가야'는 정말 독보적인 예언자였는데 모든 다른 예언자들이 이스라엘 왕 아합에게 그렇게 아첨하고—그 중에 '시드기야'는 아첨꾼 중에 아첨꾼이었다. 아합 왕의 영토 확장주의領土擴張主義에 옳소 옳소 하고 찬사를 보냈는데 '시드기야'는 한술 더 떠서 상징적인 쇠뿔(鐵角)을 만들어 가지고 왕 앞에 나아가서 말하기를 "여호와의 말씀이 왕이 이것들로 알바 사람을 찔러 진멸하리라 하셨다."고 하였는데 사실인즉은 예언자 '미가야'가 환시幻視 본 것을 들어 보면 이렇다. "내가 보니 여호와께서 그 보좌에 앉으셨고 하늘의 만군이 그 좌우편에 모시고 서 있는데 여호와께서 말씀하시기를 누가 **아합**을 꾀어 저로 **길르앗 라못**에 올라가서 죽게 할고 하시니 하나는 이렇게 하겠다 하고 하나는 저렇게 하겠다 하였는데 한 영이 나아와 여호와 앞에 서서 말하되 내가 저를 꾀이겠나이다. 여호와께서 저에게 이르시되 어떻게 하겠느냐 가로되 내가 나가서 거짓말하는 영이 되어 그 모든 선지자의 입에 있겠나이다. 여호와께서 가라사대 너는 꾀이겠고 또 이루리라 나가서 그리하라 하셨은 즉 이제 여호와께서 거짓말하는 영을 왕의 모든 선지자의 입에 넣으셨고 또 여호와께서 왕에게 대하여 화(禍)를 말씀하셨나이다.”(열상 22:19-23)라고 하였는데 예언자 **미가야** 이외의 다른 예언자들의 예언은 ‘거짓말하는 영’ 의 말이었고 **아합** 왕은 거짓 선지자들의 말을 듣고 나가서 싸우다가 비참히도 전사하였고 예언자 **엘리야**의 예언대로 개들이 나봇의 피를 핥은 곳에서 아합 왕의 피를 핥았다(열상 21:17-19, 22:37-38). 거짓 예언자들의 수는 항상 많았고 진리를 말하는데 예언자는 항상 외롭고 쓸쓸한 것이었다. 거짓 예언은 항상 대중의 박수와 갈채를 받는 것이나 참 예언은 학대와 고난의 쓴잔을 마신다. 거짓 예언은 세상의 힘이 뒷받침하지만 참 예언은 전능하신 하나님이 뒷받침하신다. 거짓 예언은 영의 지시를 받는 것 같지만 사실은 ‘거짓말하는 영’ 의 말이기 때문에 그럴 듯이 들릴 뿐 결국 역사성이 없고 참 예언은 역사의식이 투철하여 그대로 역사 가운데 실현된다. 거짓 예언자는 그렇기 때문에 ‘바벨론주의’ 요 참 예언자는 ‘반反바벨론주의’ 요 ‘반反거짓말주의’ 요 당장 눈앞에 있는 것에 의해서 현혹되지 아니하고 먼 미래의 영원과 맞닿는 역사의 지평선을 바라본다. 거짓 예언은 당장 흥하는 것 같고 당장 적중되는 것 같지만 결국은 아닌 것이요 틀린 것이요 잘못인데 참 예언은 우선은 어렵고 틀리고 아닌 것 같지만 결국은 맞는 일이요 좋은 일이요 옳음이다. 거짓 예언은 처음에는 좋은 것 같으나 마지막에 가서는 멸망이요 결론에 가서 지옥이지만 참 예언은 처음에는 보잘 것없지만 마지막 결론에 가서 생명이요 부활이다. 그런데 ‘거짓 선지자들’ 이 세상에 많이 나와서 돌아다니고 있다고 하였고 교묘하게 하나님의 아들딸들을 유혹하고 있다는 것인데 이것은 항시 ‘거짓말하는 영’ 의 짓이요 ‘적그리스도의 영’ 의 짓으로서 그 수법이 ‘하나님의 천사’ 같고 ‘그리스도' 같으니 여간 어려운 것이 아니고 여간 분별하기 힘든 것이 아니어서 바울은 이것을 분별하는 데는 '카리스마적'이라는 것이다(고전 12:10).

4. 하나님의 영靈은 이것으로 알지니라

우리가 무엇을 안다는 것은 우리가 알 수 있는 능력만큼 아는 것이지 그 이상도 그 이하도 아닌 것이기 때문에 우리가 알고 있는 것이 완전하다고 말할 수 없고 또 우리가 알고 있는 것에는 아직도 가리워져 있는 면이 상당히 많은 것인데 하물며 우리가 하나님에 대한 것을 안다는 것은 너무나도 주제 넘는 소리가 될 것이고 또 안다손 치더라도 무한한 것 가운데서 극히 적은 부분을 아는 것이 된 깃이다. 그것도 영에 관한 문제에 있어서는 상당히 어려운 것으로서 우리가 알 수 있다면 전능자全能者가 우리의 눈을 열어 주실 뿐만 아니라 우리가 그런 영적인 것을 깨달을 수 있는 능력을 부여받을 때만이 가능한 것이기에 "신령한 일은 신령한 것으로 분변하느니라. 육肉에 속한 사람은 하나님의 일을 받지 아니하나니 저에게는 미련하게 보임이요 또 깨닫지도 못하나니 이런 일은 영적靈的으로라야 분변함이니라."(고전 2:13-14)라고 바울은 말한 것이다. '하나님의 영'을 우리가 아는 데는 우리의 자연적인 눈 가지고는 안 되고 '제3의 눈'이 있어야 하는 것인데 우리가 현대화現代畵를 감상하는 데—그것은 일반인들에게는 보면서도 보지 못하는 면이 있는 것처럼—현대 미술을 보는 눈이 갖추어져야 하는 것과는 비교할 수 없는 보다 더 심각한 영의 국면을 볼 수 있는 '눈'이 갖추어져야 하는 것이기에 영을 분변하는 것은 '카리스마적'인 것이라고 말한 것이고 여기서는 주로 '그리스도론적'으로 영의 분변을 말하고 있는 것이다. 예수 그리스도야말로 "여러 부분과 여러 모양으로 우리 조상들에게 말씀하신 하나님이 모든 날 마지막에 아들로 우리에게 말씀하셨다."(히 1:1-2)는 말씀처럼 결정적인 하나님의 계시라고 한다면 우리가 하나님을 논하는 마당에서 '그리스도론적'이 아닐 수 없는 것이고—"본래 하나님을 본 사람이 없으되 아버지 품속에 있는 독생하신 하나님이 나타내셨느니라."(요 1:18)—또 성령을 논하는 마당에서도 '그리스도론적'이 아닐 수 없는 것이기에 영의 분변을 하는 마당에서 예수그리스도를 빼놓을 수가 도저히 없는 것이다. 그런 의미에서 예수 그리스도야말로 하나님의 계시의 본질이요 또 성령은 '예수의 영'이시오 그가 우리에게 보내신 보혜사保惠師시다. 그런 의미에서 "하나님의 영은 이것으로 '예수의 이해로' 알지니라" 한 말씀의 타당성이 밝혀진다.

5. 예수 그리스도께서 육체肉體로 오신 것을 시인是認하는 영靈마다 하나님께 속한 것이요

사람이 영적인 것을 추구하고 좋아하는 나머지 단순한 어떤 영적 세계에 접했으면서 인격적으로 구현具顯된 중심을 찾지 못할 때 소위 말하는 심령론心靈論, spiritualism이나 강신술降神術, occultism이나 영지주의靈智主義, gnosticism에 빠져 버린다. 이런 것들은 우리가 이용하기 좋고 사람들에게 호기심이나 끌도록 하는 마법魔法, magic이 되기 쉬워서 이것은 원래가 그리스도교적인 것이 아니고 이것은 무인격적無人格的, impersonal인 마력魔力, magical power 아니면 마귀魔鬼에게 그 근원을 둔 그런 것이 되는데 사실 원시인들의 종교에는 그런 것들이 일상생활과 밀착되어 있어서 그들의 세계관인 마법적 세계magical world를 이루고 있다. 그런데 오늘날의 과학이

오늘날의 마법magic인 것처럼 사람들은 그 힘에 사로잡혀서 옴짝달싹 못하고 있어서 이런 무인격적인 힘이나 악마적devilish인 것은 사람들을 그 나름대로 자기의 종(奴隸)으로 삼고 사람들로 하여금 인격적인 각성覺醒을 둔화鈍化시키는 결과를 가져오고—오늘날의 과학주의가 인간으로 하여금 비인간화非人間化시키는 데 크게 구실하는 것처럼—하여 보이지 않는 공중에 권세 잡은 자(ὁ ἄρχοντος τῆς ἐξουσίας τοῦ ἀέρος)의 종이 되어 버린다. 하나님의 창조의 새 아침에 "하나님의 영이 수면에 운행하시더라."는 말씀대로 그리스도교의 영은 창조적creative인 영인데 없는 것(無)을 있게 하시며 생명 없는 것(無生物)을 목숨 있는 것(βιος, φυχή)으로 만드시며 목숨 있는 것들 속에서 영적 생명靈的生命(ζωή πνευ ματι κός)을 창조하시는데 이것이 하나님의 영의 부단한 '생명적인 자기초극적 과정the ongoing process of its self-transcendence' 인 것이다. 농사짓는 농부가 목표하는 바는 가을에 가서 열매를 거두는 것인데 하나님의 포도원葡萄園 동산에 아름다운 포도송이를 구하셨던 것처럼—그러나 품질 좋은 포도 맺기를 바라셨는데 머루만 달렸다고 하였지만—하나님의 창조의 동산에서 성령의 하시는 일은 이 영적 생명을 가진 인격체의 탄생을 위한 것이다. 예수 그리스도는 그의 신적 본성神的本性은 피조적被造的인 것이 아니지만 그의 육체로 지음을 받은 것 가운데 첫 열매(ἀπαρκη, 고전 15:23, 성령의 첫 열매, 롬 8:23)가 되셨고 만물의 장자(長子, πρωτόκος, 골 1:15, 18; 롬 8:29)가 되셨는데 하나님의 영의 창조의 전방향全方向이 이 첫 열매를 거두기 위함이요—농부가 가을에 가서 가장 탐스럽고 아름다운 첫 열매를 따서 하나님에게 바치기를 바라듯이—또 이 한 첫 열매(ἀπαρκη)를 본받아서 다른 생명 있는 것들이 그런 생명의(ζωη αἰώνιος) 충일充溢함을 받기 위함인데 바울은 이 사실을 표현하기를 "생각컨대 현재의 고난은 장차 우리에게 나타날 영광과 족히 비교할 수 없도다. 피조물의 고대하는 바는 하나님의 아들들의 나타나는 것이니 피조물이 허무한 데 굴복하는 것은 자기의 뜻이 아니요 오직 굴복케 하시는 이로 말미암음이라. 그 바라는 것은 피조물도 썩어짐의 종 노릇한 데서 해방되어 하나님의 자녀들의 영광의 자유에 이르는 것이라. 피조물이 다 이제까지 함께 탄식하며 함께 고통받는 것을 우리가 아나니 이뿐 아니라 또한 우리 곧 성령의 처음 익은 열매를 받은 우리까지도 속으로 탄식하여 양자될 것, 곧 우리 몸의 구속救贖을 기다리느니라. 우리가 소망으로 구원을 얻었으매 보이는 소망이 소망이 아니니 보는 것을 누가 바라리요. 만일 우리가 보지 못하는 것을 바라면 참음으로 기다릴지니라."(롬 8:18-25)라고 하였는데 우리가 다 아는 바와 같이 로마서 8장은 바울이 영의 찬가讚歌를 부른 것인데 거기서 바울은 이렇게 말하고 있다. 예수는 성령으로 말미암아 동정녀 마리아에게서 탄생하시고 요한에게 물세례(洗禮)를 받으실 때 성령이 비둘기 모양으로 임臨함을 보았고 성령으로 마귀의 시험을 이기시고 성령의 능력으로 말씀(福音)을 전하시고—"내가 너희에게 이른 말이 영이요 생명이라."(요 6:63)—성령의 능력으로 기사와 이적을 행하시고—"주의 성령이 내게 임하셨으니 이는 가난한 자에게 복음을 전하게 하시려고 내게 기름을 부으시고 나를 보내사 포로된 자에게 자유를 눈 먼 자에게 다시 보게 함을 전파하며 눌린 자를 자유케 하고 주의 은혜의 해를 전파하려 하심이라."(눅 4:18-19, 4:14) 성령으로 기뻐하시고(눅 10:21) 우리 죄를 위하사 십자가+字架의 극형極刑을 받으시고 사흘 만에 성령의 능력으로 죽은 자 가운데서 살아나시고—"성결의 영으로는 죽은 가운데서 부활하여 능력으로 하나님의 아들로 인정되셨으니 곧 우리 주 예수 그리스도시라."(롬 1:4) "예수를 죽은 자 가운데서 살리신 이의 영"(롬 8:11)—승천하시고 40일 동안 그를 따르는 무리들에게 부활하신 영적인 몸($\sigma\tilde{\omega}\mu\alpha\ \pi\nu\epsilon\nu\mu\alpha\tau\iota\kappa\acute{o}s$, 고전 15:44-45)을 보이시고 승천하셨고 오순절 날 약속하신 성령을 그를 따르는 무리들에게 보내사 당신의 몸인 영적 공동체The spiritual Community인 교회를 세우심으로 그가 만민 앞에 그리스도 이심이 확증되었다. "주 여호와의 신이 내게 임하셨으니 이는 여호와께 서 내게 기름을 부으사 가난한 자에게 아름다운 소식을 전하게 하려 하심 이라."(사 61:1)고 한 이사야의 예언의 성령을 통해서 예수라고 하는 역사 적인 인격 속에서 구체화됨으로 성령의 창조적인 역사役事는 그 첫 열매 (ἀπαρχη)를 거두고 그 첫 열매를 가지고 하나님의 농사를 하심으로 또 다 른 영적 과실靈的果實을 거두는 것인데 하나님의 영의 역사는 이런 구체적 인 인격적인 열매를 구하는 것이고 '성령의 첫 열매' 이신 예수 그리스도 를 도외시하는 영이라는 것은 하나님의 인격적인 성령의 의도하시는 바 와는 다른 것이기 때문에 하나님에게 근원을 둔 것이 아니고 무인격적無 人格的인 힘a psycho-logical power 아니면 적그리스도의 영인 것이다. 다른 말로 말하면 '하나님의 영'은 성령을 통해서 예수의 인격 속에서 구체적 으로 역사 가운데서 실현된 '기름 부음을 받은 자' 곧 그리스도의 영과 하나인 것이고 또 그 성령은 예수 그리스도께서 육체를 입고 역사 가운데 서 실현하신 그 구원의 역사의 목표하시는 바와 일치하여야 하는 것이고 또 그 역사 가운데서 구현된 구속사적求贖史的 사실을 깨닫게 하시는 성령 이어야 하는 것인데 그렇지 못한 것이라면 '하나님의 영'과는 이질적인 것이다. 그러므로 성령은 예수의 역사적 사건이 과연 온 인류의 역사와 우주의 아직 완성되지 못한 제문제諸問題의 결정적이며 전체적인 우주적 구원 사건the cosmic event of salvation이라는 것을 무엇보다도 잘 깨닫게 하 시는 것인데, "진리의 성령이 오시면 그가 너희를 모든 진리 가운데로 인 도하시리라."(요 16:13)고 말씀하신 대로 성령은 진리이신 예수에게로 인 도하시는 영이시오." "그(성령)가 자의自意로 말하지 않고 오직 듣는 것을 말하시며 장래 길을 너희에게 알리시리라 그가 내(예수) 영광을 나타내리 니 내(예수) 것을 가지고 너희에게 알리겠음이니라."(요 16:13-14)라고 한

대로 예수의 영광을 나타내는 것이며 "내가 아버지께로 너희에게 보낼 보
혜사 곧 아버지께로서 나오시는 진리의 성령이 오실 때에 그가 나를 증거
하실 것이라."(요 15:26)고 말씀한 대로 역사적 예수의 그리스도(선지자들이
오랜전부터 기다리던 그분이 바로 나사렛에서 목수의 아들로 태어난 그분이라는)이
심을 증거하는 것이다. 성령의 창조적 역사creative act로 구현된 구속救贖의
역사役事는 고난의 메시아였는데 성령을 통한 그리스도의 이해理解는 그의
고난의 이해이고 그의 고난의 이해는 곧 그의 십자가의 고난을 내가 처해
있는 자리에서 지고 따르는 것을 의미하는 것인데 성령께서는 우리가 할
수 없는 것을 할 수 있도록 하시며 마음 문을 열어서 깨닫도록 하시는데
이것이 "예수 그리스도께서 육체로 오신 것을 시인是認하는" 행위의 구체
적인 일인데 그것이 부정되고(행위로) 그것이 예수의 십자가의 고난의 정신
과 역행될 때 참으로는 하나님에게 근원을 둔 영이 하시는 일이 아니라 '적
그리스도의 영'이 이끄는 방향대로 나가는 결과를 낳는다. 하나님께로부
터 오는 영은 창조적으로 역사하시는데 생명 없는 것(無機物)에 삶(βίος,
biologcal life)을, 삶 속에 목숨(ψυκη, psychic natual life)을, 목숨 속에 생명
을(ζωη ἀίωνιος, ζωη πνευματικός, eternal life, spiritual) 부여하는 것인데 이
마지막 창조의 단계인 영적 생명은 어떤 추상화된 허공에 매달린 이념적
이 아니고 구체적 인격화인 것으로서 이것은 예수께서 부활하신 후 그의
제자들에게 나타나셨을 때 유령인가 하고 의심하였을 때 손과 발을 보여
주시면서 "영은 살과 뼈가 없으되 너희 보는 바와 같이 나는 있느니라."
(눅 24:39) 하신 것과 같이 '그리스도의 영'은 실체성 곧 인격성이 결여된
'허공의 영'이 아니라 구체적인 인격체로서 역사 가운데 실현되는 생명
창조의 영(ὁπνεῦμα ζωοποιός)이다. 사실은 바울이 말한 대로, 첫째 아담은
자연적 목숨(σῶμα ψυκικός)을 가진 실체實體일 뿐이었지만 예수 그리스도
에 이르러서 비로소 영적 생명을 가진 실체(σῶμα πνευματικός)가 되었다

고 하였는데(고전 15:44) 전자는 자연적인 목숨($\eta\psi\upsilon\chi\eta\ \zeta\omega o\upsilon\sigma\alpha$)밖에 안 되지만 후자는 생명 창조의 영적 존재 $\dot{o}\pi\nu\epsilon\dot{\upsilon}\mu\alpha\ \zeta\omega o\pi o\iota\acute{o}s$인 것으로서 '하나님의 영'은 생명 창조의 영이요 또 그런 영을 모시는 자는 생명 창조적 활동이 따라야 하는 것이다. 이것이 '예수 그리스도께서 육체로 오신 것을 시인하는 영'의 정체인 것이다.

6. 예수를 시인하지 아니하는 영

이 말씀은 요한일서 2장 22절에 더 구체적으로 말씀하고 있는데 거기에는 예수께서 그리스도이심을 부인否認하는 자라 하셨고 "아버지와 아들을 부인하는 그가 적그리스도라."고 하였다. 여기서 '시인'是認이라는 말은 '같은 말을 하는 것' ($\dot{o}\mu o\lambda o\gamma\acute{\epsilon}\omega$, to say same thing, to agree with)을 말하는데 이것이 교회의 공중公衆 앞에 말할 때 신앙 고백이 되는 것이다. 그런데 요즘 와서는 예수야 으레 그리스도이지 하고 하나의 상식화되어 있지만 예수 당시엔 예수라고 하는 구체적인 인물이 그렇게 오랫동안 위대한 예언자豫言者들이 예언하고 대망待望하여 기다렸던 '메시아'였다는 것을 공중 앞에서 공언公言한다는 것은 상당히 어려운 일이었다. 그렇게 공언하고 그렇게 선포하는 예수의 제자에게는 상당한 어려움이 따라서 당대의 종교계의 권위자들에게는 여간 귀에 거슬리는 소리가 아니었다. 그리하여 그 제자들을 투옥시키고 핍박하였던 것인데(행 5:40-42) 오늘날은 상황이 바뀌어서 예수가 그리스도라는 것을 상식적으로 그렇게 모두들 말하니 그렇게 말하는 것은 문제될 것이 없고 요즘 문제가 있다면 예수가 그리스도라고 말하면서 '예수의 마음'(빌 2:5)이 없고—"너희 안에 이 마음을 품으라 곧 그리스도의 예수의 마음이니 그는 근본根本 하나님의 본체本體시나 하나님과 동등됨을 취할 것으로 여기지 아니하시고 오히려 자기를 비어 종의 형체를 가져서 사람들과 같이 되었고 사람의 모양으로 나타나셨으매 자기를 낮추시고 죽기까지 복종하셨으니 곧 십자가에 죽으심이라."— 오히려 "육신의 정욕과 안목의 정욕과 이생(βίος)의 자랑"(요일 2:16)거리에 몰두하는 것이라든지 또 '십자가의 원수' 들의 행위인데 그것은 "저희의 신은 배요 그 영광은 저희와 부끄러움에 있고 땅의 일을 생각하는 자라."(빌 3:18-19)는 것이요 "마음이 부패하여지고 진리를 잃어버려 경건敬虔(宗敎生活)을 이익利益의 재료로 생각하는 것"(딤전 6:5)이라든지 "하나님을 시인하나 행위로는 부인하는"(딛 1:16) 것 등은 예수를 그리스도라고 시인하는 오늘날의 기독교 문화가 범하는 문젯거리인데 이것은 입으로는 예수를 그리스도라고 시인하면서도 행위로는 부인하는 일인데 이것은 '예수를 시인하면서 행위(ἔργον, 사업, 일, 업적)로는 부인하는 영'의 문제인 것이다.

7. '적 그리스도의 영'

예수 당시의 종교계의 거물巨物들은 다 예수가 그리스도라는 것을 시인하지 아니하였기 때문에 예수를 신성 모독자로 간주하고 십자가의 중형重刑을 과했던 것인데(요 10:33-39) 오늘날의 상황은 그와는 대단히 달라져서 요즘 교계의 지도급 치고 정통을 부르짖지 아니하는 사람은 별로 없을 것이고 그 업적(ἔργον)으로 치자면 대단한 것이 많다. 그러나 그것이 하나님의 성령의 뜻에 합치하지 못할 때는 예수께서 말씀하신 "그날에 많은 사람이 나더러 이르되 주여 주여 우리가 주의 이름으로 선지자 노릇하며 주의 이름으로 귀신을 쫓아내며 주의 이름으로 많은 권능을 행하지 아니 하였나이까 하리니 그때에 내가 밝히 말하되 내가 너희를 도무지 알지 못하니 불법을 행하는 자들아 내게서 떠나가라 하리라."(마 7:22-23) 하신 대로 여기서 우리는 그 업적만으로도 정사正邪를 가려내기 어려운 것으로서 예수께서 거기다가 첨가해서 말씀하시기를 "그러므로 누구든지 내 말을 듣고 행하는 자는 그 집을 반석 위에 지은 지혜로운 사람 같으니 비가 내리고 창수가 나고 비바람이 불어 그 집에 부딪히되 무너지지 아니하나니 이는 주초를 반석 위에 놓은 연고요 나의 이 말을 듣고 행치 아니하는 자는 그 집을 모래 위에 지은 어리석은 사람 같으니 비가 내리고 창수가 나고 바람이 불어 그 집에 부딪히매 무너져 그 무너짐이 심하리라."(마 7:24-27)고 하셨다. 그런데 이것은 '내 말을 듣고 행하는 자 내 말을 듣고 행하지 아니하는 자' 등 그 행위 자체에 중점이 있다기보다 '내 말' 곧 '예수의 말씀'에 있는 것인데 그것은 그들이 말한 대로 겉으로는 많은 업적(ἔργον, Business, employment)을 쌓았는데 즉 "주의 이름으로 선지자 노릇"을 했고 "주의 이름으로 귀신을 쫓아내는 일"을 하였고 "주의 이름으로 많은 권능"을 행했다고 하였지마는 "불법을 행하는 자들아 내게서 떠나가라."고 말씀하신 그것으로 보아서 알 수 있는 것은 이 말씀들에 앞서 전제前提하신 말씀대로 "나더러 주여 주여 하는 자마다 천국에 다 들어갈 것이 아니요 다만 하늘에 계신 내 아버지의 뜻대로 행하는 자라야 들어가리라."(마 7:21) 여기서 예수께서 강조하시는 말씀은 '아버지의 뜻대로' 행하는 것이 강조된 것이고 "내 말을 듣고 행하는 자" 곧 예수의 말씀의 참 뜻을 이해하고 행하는 일이 강조된 것인데 '아버지의 뜻'과는 대립되는 것이었기에 거절당하는 비운을 겪어야 했으니 여기서 중요한 일은 '아버지의 뜻'이 어디에 있는가 하는 것을 아는 일이요 알면 그 일을 행하는 일일 것이다. 그것은 집을 모래 위에 짓지 아니하고 반석盤石 위에 짓는 일인데 모래 위에 지은 집은 어려운 고난 곧 바람이 불고 창수가 나고 하면 무너지고 만다. 예수께서는 "나의 양식糧食은 나를 보내신 이의 뜻을 행하며 그 일을 온전히 이루는 것이리라."(요 4:34)고 하셨고 "내가 하늘로서 내려온 것은 내 뜻을 행하려 함이요 나를 보내신 이의 뜻을 행하려 함이니라. 나를 보내신 이의 뜻은 내게 주신 자 중에 내가 하나도 잃어버리지 아니하고 마지막 날에 다시 살리는 것이니라. 내 아버지의 뜻은 아들을 보고 믿는 자마다 영생을 얻는 이것이니 마지막 날에 내가 이를 다시 살리리라."(요 6:38-40)고 하셨는데 여기서 '아버지의 뜻'이 명백해진다. 그것은 이들을 통해서 이루시는 영원한 생명($\zeta\omega\grave{\eta}$ $\alpha\grave{\iota}\acute{\omega}\nu\iota os$)의 구원인 것이다. 그런데 당대의 유대교 지도자들은 예수를 통해서 이루시려는 하나님의 뜻을 이해하지 못하고 율법의 조문에 매여 있었고 유대교의 오랜 전통으로 쌓아 올린 의식에 매여 있어서 그 절차를 밟는 일에만 바빴지 하나님의 참 뜻이 역사 위에 어떻게 진행되는 것인지 이해하지 못하고 인간적인 기반 위에서 종교 사업에 몰두하였다. 그들의 메시아관은 큰 권력을 갖고 와서 로마의 세력을 물리치고 다시 이스라엘의 독립이 이루어지며 모든 주변 국가들이 조공朝貢을 바치게 되고 흩어졌던 이스라엘 백성들이 다시 모여 들고, 하여 이스라엘 나라의 중흥中興이 이루어질 것을 기대하였던 그런 메시아관이었는데 예수께서 보셨던 것은 먼저 인간이 실존적實存的으로 달라져야 한다는 것이고 종말론적終末論的으로 벌써 임한 '하나님의 나라'를 맞으라는 것이었다. 그래서 "때가 찼고 하나님 나라가 가까웠으니 회개하고 복음을 믿으라."(막 1:15)고 하셨고 "하나님의 나라는 여기 있다 저기 있다고도 못하리니 하나님의 나라는 너희 안에 있느니라."(눅 17:21)고 하였고 "하나님의 손을 힘입어 귀신을 쫓아내는 것이면 하나님 나라가 이미 너희에게 임하였느니라."(눅 11:20)고 말씀하시면서 이미 임한 하나님의 나라에 들어가느냐 들어가지 못하느냐 하는 것은 너희들이 신앙적인 결단 여하에 달려 있다는 것이고 유대교의 전통적인 것이나 제도적인 것

과는 별 문제라는 것이었다. 그때의 유대교 종교 지도자들은 예수의 혁명
적革命的인 말씀에 어리둥절하였고 그들의 입장에서 이런 발언에 혐오감
을 가졌고 종당에는 그를 십자가의 극형에 처단하였던 것이다. 그들은 일
은 많이 하였고 노력은 많았으나 예수를 통해서 역사를 운영하시는 '하나
님의 뜻' 은 도시 이해하지 못한 것인데 그래서 그들이 하는 일들은 '하나
님의 뜻' 과는 딴 짓이요 딴 말이요 딴전만 피우는 것이어서 예수의 하시
는 일과는 사사건건 반대였고, 뜻이 맞지 아니하였고, 충돌하였다. 결국
'하나님의 뜻', 곧 성령의 창조적인 역사의 목적은 이 역사 가운데 육신을
입고 구체적으로 오셨던 예수라는 인격을 통해서 이 병든 시간과 역사를
치유하시고 영원한 생명 있는 것으로 전화시키는 일 곧 '마지막 날에(終
末論的) 다시 살리는 것' 이다. 그럼으로 예수가 그리스도이심을 부인하는
영靈은 적그리스도의 영인 것이다. 성령은 마지막 때에 예수를 통해서 역
사 가운데 실현하신 하나님이 생명 창조($\zeta\omega o\pi o\nu \acute{o}s$)의 역사를 증거하는 영
이요

　　또 예수 그리스도를 통해서 이루신 그 일회적一回的인 사건이 종말론으
로 전우주적全宇宙的 사건the cosmic event으로 확대되는 일에 원동력의 역할
을 하시는 것이다. 그래서 최초로 성령 교리聖靈敎理로 확정하였던 니케
아·콘스탄티노블 신조Nicaeno-Constantinopolitan Creed Chalcedon(A.D. 451)에
서는 "우리는 성령을 믿사오니 이는 주님이시며 생명 창조자시며 아버지에
게서 나오신 분이시며 아버지와 아들과 더불어 예배를 받으실 분이시며 같
이 영광받으시며 선지자들을 통해서 말씀하신 분이심을 믿는다."
($\kappa \alpha \grave{\iota} \pi \iota \sigma \tau \varepsilon \acute{\upsilon} o \mu \varepsilon \nu$ $\delta \grave{\varepsilon} \varepsilon \grave{\iota} s$ $\tau \acute{o}$ $\pi \nu \varepsilon \hat{\upsilon} \mu \alpha,$ $\tau \acute{o}$ $\mathring{\alpha} \gamma \iota o \nu,$ $\tau \acute{o}$ $\kappa \hat{\upsilon} \rho \iota o \nu,$ $\tau \acute{o}$ $\zeta \omega o \pi o \iota \acute{o} \nu,$ $\tau \acute{o}$ $\grave{\varepsilon} \kappa \tau o \hat{\upsilon}$ $\pi \alpha \tau \rho \acute{o} s$
$\grave{\varepsilon} \kappa \pi o \rho \varepsilon \upsilon \acute{o} \mu \varepsilon \nu o \nu,$ $\tau \acute{o}$ $\sigma \grave{\upsilon} \nu$ $\pi \alpha$ $\tau \rho \grave{\iota}$ $\kappa \alpha \grave{\iota}$ $\nu \iota \acute{\omega}$ $\sigma \upsilon \nu \pi \rho o \sigma \kappa \upsilon \nu o \acute{\upsilon} \mu \varepsilon \nu o \nu$ $\kappa \alpha \grave{\iota}$ $\sigma \upsilon \nu \delta o \xi \alpha \zeta \acute{o} \mu \varepsilon \nu o \nu,$
$\tau \acute{o}$ $\lambda o \lambda \mathring{\eta} \sigma \alpha \nu$ $\delta \iota \hat{\alpha}$ $\tau \hat{\omega} \nu$ $\pi \rho o \varphi \eta \tau \hat{\omega} \nu$)라고 고백했던 것이다.

제4장

이단이란 무엇인가

바울 당시에 유대교 지도자들은 집권자에게 바울을 "우리가 보니 이 사람은 염병이라 천하에 퍼진 유대인을 다 소요케 하는 자요 나사렛 이단의 괴수라."(행 24:5)고 하면서 고소하였다. 분명히 당대의 유대교 편에서 보면 나사렛 예수를 따르는 자들은 이단자요, 급속도로 전염병처럼 퍼져 가는 위험 분자들이었다. 말하자면 당대 종교의 주도적인 세력에서 떠난 비주류 측은 항상 이단자로 따돌림을 받는 것이 역사의 흐름이라고 할 것이다.

그러나 역사의 흐름이 흐르고 흘러서 오늘에 이르러 바울을 이단자라고 말할 사람은 아무도 없다. 바울은 그리스도의 진리를 누구보다도 잘 해석한 사람이요 그 진수를 잘 파악하여 열심 있게 전한 사람이다. 바울의 "믿음으로 의롭게 된다."는 신앙이나, 그의 그리스도 사신使信의 중요한 내용의 서술에서 나타나 '예수 그리스도의 중심의 신앙'은 참으로 그리스도교 교회의 정통적인 확립자라고 말할 수 있다. 그러므로 어떤 종교적인 신앙 사상의 경향을 그 당대의 주류에서 일탈逸脫하였다고 하여 무조건 이단시하는 것은 잘못된 생각이다. 당대의 주류적인 신앙의 경향이 잘못되었음으로 그것을 올바른 방향으로 돌이키도록 하기 위해서 그것을 간취看取한 사람들이 반항할 수도 있을 것이다. 그리스도교의 2천년 간의 기나긴 역사 가운데는 이러한 당대 종교의 주류파에 대한 강한 반항으로서 운동이 무수히 일어나서 오늘날의 그리스도교의 모습을 만들어 놓은 것이다. 그러므로 우리가 '이단이란 무엇인가'라는 물음에 대해서 어떤 시대적인 종교 추세의 주류적 세력의 자리에서 이단 여부를 규정할 것이 못 된다.

1. 교리적 언표와 실제 생활에 주의하라

예수님께서는 생존 시에 "바리새인과 사두개인들의 누룩을 주의하라."(마 16:11)고 하셨고, "바리새인과 사두개인들의 교훈을 삼가라."(마 16:12)고 하셨다. 예수님께서 말씀하신 요지를 살펴보면 결코 이 말씀은 바리새인들과 사두개인의 '가르침' 자체를 말씀하신 것이 아니고, 보다 더 실존적인 의미가 그 가운데는 포함되어 있음을 예수님의 다른 말씀을 보아서 쉽사리 알 수 있다. 그것은 "너희 의가 서기관과 바리새인보다 더 낫지 못하면 결단코 천국에 들어가지 못하리라." 하신 말씀이나, "서기관들과 바리새인들이 모세의 자리에 앉았으니 그러므로 무엇이든지 저희의 말하는 바는 행하고 지키되 저희의 하는 행위는 본받지 말라. 저희는 말만 하고 행치 아니한다."(마 23:2-3)는 말씀은 바리새인들과 서기관들의 교훈의 가르침 자체에 문제가 있는 것이 아니라 그들이 성서의 가르침을 잘 가르치기는 하지만 실제로 생활에 옮겨서는 그렇지 못한, 교훈과 실천에서 차이의 문제요 그 거리의 문제라는 것이다. 말하자면 예수님께서 하신 "바리새인들과 사두개인들의 누룩을 주의하라"는 말씀은 바리새인들과 사두개인들의 교리적인 가르침 자체가 틀렸다거나 또는 그들의 언명言明하는 바가 잘못됐다는 말이 아니라 주의할 점은 그들이 그렇게 모세의 율법이나 선지자들의 말을 잘 가르치면서도 자기들은 "한 손가락도 움직이려 하지 아니하는"(마 23:4) 그런 실존적인 문제에 대해서 주의하라는 말씀이다. 말하자면 후한서後漢書 '현양두매마포縣羊頭賣馬脯'(양의 머리를 걸어놓고 말고기 포를 팔고 있다)란 말이 있거니와 여기서 주의하라는 말씀은 그 교리적 언표言表와 그들의 실제 신앙생활과의 차이점에 주의하라는 말씀이다. 요즘같이 밝은 세상에 누구나 자기가 가르치고 있는 바가 성서적이요 정통적이요 복음적이 아니라고 가르칠 사람은 없다. 다 자기 나름의 이유와 변호로써 자기가 가르치고 있는 바가 가장 성서적이요 정통 교리요 복음의 진수라고 말한다.

2. 실생활에 인격적인 구현 여부(실존성의 문제)

그러나 예수님께서 이단과 정통 문제의 핵심을 보신 것은, 그들이 언표로써 또는 교리로써 주장하는 바와 그들의 실생활에 인격적인 구현이 되어 있느냐 없느냐 하는 실존성의 문제였던 것이다. 요한계시록에 "내가 천사의 손에서 작은 책을 갖다 먹어 버리니 내 입에는 꿀같이 다나 먹은 후에 내 배에서는 쓰게 되더라."라고 한 말씀대로 하나님의 말씀은 듣기는 쉬워도 우리가 그대로 생활화하려고 할 때는 쓴 잔을 마시는 것처럼 어렵다.

예수님의 가르침이 다른 가르침이나 다른 종교와 판이하게 다른 면은,

그의 가르침 가운데 당신이 말씀하신 것치고 생전에 그대로 다 실현되었다고 말할 수 있는 것이 없다는 점이다. 그러나 예수님의 전생애를 보면 당신의 언명하신 것과 가르치신 것이 하나도 이루어지지 않은 것이 없었고 또 지금도 이루어져 가고 있는 것이다.

우리가 믿는다면 무엇을 믿는가? 이 말씀하신 자 곧 "그 말씀대로 이루신 분"을 믿는 것이요, "교훈하신 자, 그 교훈하신 대로 생활하신 그분"을 믿는 것이다. 말하자면 참으로 '믿을 만한 그분의 인격의 됨됨'을 믿는 것이다. 이것이 그리스도교 신앙의 특색이다. 그래서 '그분을 믿을만한 인격의 됨됨'을 통해 우리 각자도 그분처럼 '그런 믿을 만한 인격의 됨됨'이 되어 가는 것이다. 이것은 그분을 믿음으로 되어지는 것이지 다른 도리로는 될 수 없는 일이다. 이것이 '믿음으로 의롭게 된다'는 의미요, 그러므로 그리스도교 신앙의 이단 문제는 교리나 신앙의 교리적인 언표에 역점이 있는 것이 아니라 어디까지나 인격적인 데 있는 것이요, 실존적인 실현성의 문제인 것이다.

3. 눌린 자의 해방자로서의 예수 그리스도

흑인 신학자 제임스 콘James H. Cone은 그의 저서 『눌린 자의 하나님』(*God of the Oppressed*, 1975) 가운데 그리스도교 신앙의 이단 문제에 대하여 다음과 같이 말한다. "이단은 진리 되는 분에 따라 진리를 말하고 진리대로 살기를 거부하는 것을 의미한다."

초대 교회는 때때로 그 자체가 이단적이 되기도 했지만 이단의 문제를 중요한 신학적 문제로 본 것은 옳았다. 그러나 모든 공동체가 예수 그리스도의 복음을 진지하게 다루려고 할 때는 다음과 같이 물어야 한다. 교회는 어디서 예수 그리스도의 교회로부터 일탈하게 됐는가? 교회가 말로 고백하는 신앙을 행동으로 부정하는 때는 언제인가? 하나님의 백성으로서의 그들의 삶과 그들의 주主로서의 예수님의 존재와의 관계에 대해서 비교적 분명한 생각을 유지하려면 이러한 물음들에 제각기 주어진 상황에 따라서 대답해야 한다. 교회라고 자칭하는 교회가 다 교회는 아니다. 교회가 되려면 교회의 실체가 되는 그분에 대한 구체적인 결단이 있어야 하기 때문이다. 그리스도교 신학이라고 자칭하는 신학이 다 그리스도교적인 것은 아니다. 그리스도교 신학을 한다는 것은 '그리스도교'라고 하는 말이 가리키는 실재의 내용이 되는 그분에 대한 특유한 결단을 필요로 하기 때문이다.

이단의 문제는 누구를 잡기 위해서가 아니라 교회 생활 자체를 위해서 우리 시대에 다시 논의되어야 한다. 우리의 설교가 가르치는 주체에 대해서 그리고 이 주체에 대한 우리의 말과 이 세상에서의 우리의 행동의 관계에 대해서 우리의 생각을 분명하게 해야 한다. 여기서 강조해야 할 것은 우리의 관심사는 예수 그리스도에 대한 단순한 개념화가 아니라는 사실이다. 물론 개념화가 포함되기도 한다. 신학적 개념들은 그것이 신학적 실천으로 즉 교회가 선포하는 것을 이 세상에서 교회의 선교를 위해서 우리는 계속 물어야 한다. 어떤 행동이 예수 그리스도 중심으로서 거부하는 것인가? 어디에 경계선을 그어야 하는가? 예수 그리스도의 교회가 인종차별주의적임과 동시에 기독교적이 될 수 있는가? 예수 그리스도의 교회가 정치적으로 사회적으로 또 경제적으로 억압의 체제와 하나가 되어 있으면서도 그리스도의 종이 될 수 있는가? 예수 그리스도의 교회가 가난한 자의 해방을 그 중심 메시지와 사업으로 삼지 않으면서 그 주님께 충실하다고 할 수 있는가? 이런 물음들에 대해서 이론적으로는 쉽게 대답할 수 있다. 그러나 교회의 일상생활과 관련시키면 대답하기 아주 곤란해진다.

우리의 과거와 현재의 상황과 관련해서 이단 문제에 대한 대답은 눌린 자의 해방자로서의 예수 그리스도를 중심으로 결정된다. 어떠한 역사적 시기에서거나 또 어떠한 복음 해석이거나 간에 예수를 눌린 자의 해방자로 보지 않는 것은 다 이단이다. 눌린 자의 공동체가 규정한 과업과 의식을 자기의 것으로 삼지 않는 교회는 교회가 아니라는 사실을 일깨워 주지 않는 복음 이해는 그리스도교적이 아니며 따라서 이단적이다. 이단의 문제는 이러한 테두리 안에서 논의되어야 한다. 여기서 제임스 콘은 이단 문제에 대해서 세 가지 점을 역설하고 있다. 첫째, 이단은 진리 되신 분에 따라 진리를 말하고 진리대로 살기를 거부하는 것을 의미하는 것이다. 둘째, 예수의 진리는 해방자로서의 복음인데 예수를 가난하고 눌린 자의 해방자로 보지 않는 해석이다. 셋째, 이런 그리스도교 진리 이해가 어디까지나 구체적인 역사적 상황 속에서 추상적 개념화가 아닌 현재적인 결단의 문제라는 것이다.

4. 한국 역사 현장에서 예수 그리스도는 화해의 주체자

여기서 제임스 콘이 말하는 이단 문제에 대한 세 가지 논점을 보면서 나는 이단에 대해서 추상적인 개념화나 교리화를 피하면서 우리 한국 사람들이 서 있는 역사적 현상에서 어떻게 논의할 수 있는가 하는 것을 생각하게 된다. 흑인으로서 제임스 콘이 서 있는 역사적 현장에서는 두드러지게 '가난하고 눌린 자의 해방자로서 예수와 그의 복음'을 고조하였거니와 나는 우리의 역사적 현장에서 우리 신앙의 결단 문제에 부딪힌다. 그것은 제임스 콘의 경우에는 '눌린 자의 편에 서 계시는 하나님'을 보고 있거니와 우리도 그런 쓰라린 경험 속에서 살아왔으니 그 절박한 문제는

이 민족의 분열 문제이다. 삼국시대 이래로 이 민족의 분열상은 심화되어 고려의 통일이 있었으나 내적으로 더욱 악화되어 조선조의 당파 싸움이란 양상으로 나타났고, 드디어 남북한의 분단이라는 풀기 어려운 상태에 이르고 말았다. 어쩌면 하나님께서 이 민족의 역사를 통해서 분열이라는 것이 얼마나 비참한 것인가 하는 것을 세계에 구경거리로 보여 주시는지 모르겠다. 더욱이 오늘날의 한국 교회의 분열상은 지나칠 정도로 양상이 어지럽다. 또 남북의 정치적 해결은 이루 말할 수 없는 문제들을 자아내고 있다. 초현실주의 화가 살바도르 달리Salvador Dali의 작품 가운데 '반란의 전조' 라는 작품이 있는데 하나의 인간이 상체와 하체로 분단되어 있어 상체는 하체를 억압하고 있고, 하체는 상체를 괴롭히고 있는 상태를 묘사하였다. 나는 그 그림을 보면서 어쩌면 우리나라의 분단상을 상징적으로 잘 묘사한 작품이 아닌가 하고 생각한다. 사실 한국의 분열상은 세계의 분열 문제의 집약이요, 또 그 문제의 심각성의 상징적 표상화라고 할 수 있을 것이다. 하나님께서 이스라엘 민족을 선택하신 것은 그들로 하여금 애굽의 노예생활을 톡톡히 경험토록 한 뒤에 구원의 역사를 알리기 위한 하나님의 섭리였던 것이다. 제임스 콘의 말대로 하나님은 눌린 자와 가난한 자의 편에 계시는 하나님이시다. 그것은 억압과 가난의 쓰라린 고통을 겪는 자만이 예수님의 해방자로서의 복음을 이해할 수 있기 때문이다. 그런 의미에서 흑인들은 하나님의 선택된 백성이라고도 할 수 있겠다. 왜냐하면 하나님은 그들을 통해서 눌린 자의 해방자 되시는 예수 그리스도를 세상에 바로 전할 수 있기 때문이다.

그렇다면 제임스 콘은 '눌린 자와 그 해방자로서 예수 그리스도' 를 보았거니와, 우리는 예수님을 우리가 처해 있는 역사적 맥락 속에서 분열과 분쟁과 분단이 있는 곳의 화해자로서 예수 그리스도를 볼 수는 없을 것인가? 하나님께서 이 민족에게 특별한 섭리를 갖고 계시는데 그것은 이 민족으로 하여금 혹독한 분열과 분쟁의 경험을 통해서 화해와 화목이 얼마나 귀중하며 평화가 얼마나 아름다운 것인가 하는 것을 남달리 가르쳐 주시려는 뜻이 계시는 것이 아닌가?

예수 그리스도는 추상적인 개념화 작업의 한 명제도 아니요 어떤 교리Dogma의 이념도 아니다. 우리의 역사적 현장의 맥락에서 본다면 그는 화해의 주체자시요, 또 화해의 사건이다. 우리가 그를 믿는다는 것은 결정적인 화해의 사건을 일으키셨던 그분과 만난다는 것을 의미하는 것이요, 또 그분과 만남으로 그분의 화해의 사건의 힘이 우리에게도 옮아와서 우리가 살고 있는 곳에 화해의 사건이 일어나는 것을 의미한다. 다름 아닌, 예수님은 하나님과 인간 사이에 죄로 원수 되었던 담을 헐고 화목 제물이 되신 분이다. 이것을 우리가 단순한 교리적 개념으로 이해하느냐 그렇지 않느냐가 문제가 아니라, 예수님이 화해자이심을 믿느냐 안 믿느냐 하는 문제는, 이를 믿고 그대로 사느냐 살지 않느냐의 문제이다.

오늘날의 교회는 단순히 교리의 언명言明만을 일삼는 도장이어서는 안 되고 화해자 되시는 예수 그리스도께서 그분의 십자가의 사건을 통해서 화해의 사건을 창조하셨듯이 우리가 살고 있는 역사의 현장에서 화해를 사건화할 수 있는 공동체가 되어야 한다. 말하자면 예수 그리스도의 복음은 우리가 살고 있는 분열의 역사적 현장에서 화해의 공동체인 교회를 통해서 성육신해야 한다는 말이다.

하나님의 결정적인 마지막 계시는 예언자들의 언명으로서의 계시가 아니라 당신의 아들을 통한 역사적으로 성육신한 계시인 것이다(히 1:1-2). 말하자면 하나님의 아들 예수 그리스도를 통해서 역사 가운데서 하나님의 화해의 뜻을 구체화한 계시인 것이다. 이는 하나님 자신이 인간의 모습을 입고 이 땅에 임하셔서 인간들과 화해하고 싶어서 오신 화해자로서의 하나님의 모습인 것이다. 우리가 예수님을 믿는 것은 이 화해자를 믿는 신앙이다. 다시 말하면 이 화해자를 통해서 인간의 죄악으로 하나님과 원수 되었던 것이 해소되고 이제는 하나님에게 접근할 수 있는 길이 트이게 된 것이고, 하나 될 수 있는 가능성의 문이 활짝 열리게 된 것을 믿는 것이다. 그것은 인간편에서 접근이 아니라 하나님께서 먼저 인간에게 접근해 오신 하나님의 선수적先手的인 행위인 것이다. 이것은 인간의 자기 이해에서 산출해 낸 것이나 상상력에 의해서 마련된 것이 아니고 하나님의 선수적인 화해의 행위이기 때문에 신뢰할 만한 것이다.

5. 인간 관계에 화해 없으면 하나님과의 화해는 무의미

그런데 이것이 우리들에게 실효를 거두려면 하나님의 선수적 화해의 사실을 우리가 우리의 생활에서 적응할 때 비로소 발효된다. 말하자면 우리가 지상에서 형제와의 인간 관계에서 화해를 시도하지 아니하면 하나님과 화해는 아무런 의미가 없어진다는 말이다. 그래서 예수님께서 "무엇이든지 너희가 땅 위에서 매면 하늘에서도 매일 것이요, 무엇이든지 땅 위에서 풀면 하늘에서도 풀리리라."(마 16:19, 18:18)고 하셨고, "예물을 제단에 드리다가 거기서 네 형제에게 원망 들을 만한 일이 있는 줄 생각나거든 예물을 제단 앞에 두고 먼저 가서 형제와 화목하고 그 후에 와서 예물을 드리라, 너희 송사하는 자와 함께 길에 있을 때에 급히 사화私和하라."(마 5:23-25)고 하신 것이다. 그뿐만 아니라 하나님의 사죄의 사실도 하나님의 사죄를 믿는 자가 형제의 허물을 용서할 때 그 실제적인 효험이 발생하는 것이다(마 18:21 이하). 그래서 예수님은 "너희가 사람의 과실을 용서하면 너희 천부께서도 너희 과실을 용서하시려니와 너희가 사람의 과실을 용서하지 아니하면 너희 아버지께서도 너희 과실을 용서하지 아니하시리라." (마 6:14-15) 하신 것이다.

한국 속담에 '싸움은 말리고 흥정은 붙이라' 는 말이 있다. 사실, 한국의 역사적인 현실에서 살필 때 화해의 복음을 전하는 그리스도교는 두 세 사람만 모여도 분열하고 분쟁하는 우리의 살림 가운데서 싸움을 말리고 끊어진 대화를 다시 잇게 하는 흥정을 붙이는 자의 역할을 해야 한다. 한국의 그리스도교가 이런 역할을 도외시해 버리고 스스로 분열과 분쟁 가운데 있다면 정말로 화해자이신 예수님을 전파하면서 예수님을 배반하고 있는 것이다.

성경에 '이단異端' (αιρεσις, αιρετικος, hairĕsis, hairĕtikŏs)이라는 말은 모두 14회 나오는데 우리말 성경에 '이단' 이라고 번역된 곳은 네 군데뿐이고 그 나머지는 '당파', '파派', '당堂', '편당' 등으로 번역되어 있다. 그러므로 여기서 밝혀지는 것은 성서적으로 이단이라는 것은 다른 것이 아니고 '파당' 을 조성하는 일을 의미하는 것이다. 특히 한국적인 상황에서는 화해자 되시는 예수 그리스도의 화해의 정신과 화해의 사건을 떠나서 성서를 해석하고 분열과 분당을 조성하는 것은 성서적으로 이단이라 할 수 있다.

부 록

제1장

한국 그리스도의 교회 환원운동의 전개

1. 한국 그리스도의 교회의 출발

한국에 들어온 가톨릭 교회의 시작이 외국 선교사들의 선교 활동에 의해서 된 것이 아니라, 한국 학자들이 진리 탐구의 학구열에 의해서 그 관계의 서적을 읽는 중 발견하여 자발적으로 그 교리가 가르치는 대로 실행하다가 그것을 알고 훗날에 선교사들이 입국하여 교세가 확장되어 나갔는데, 이 과정을 한국 교회사를 읽은 사람들은 잘 알고 있다. 말하자면 한국 기독교의 출발은 외국 선교사들의 활동으로 주도된 것이 아니고 한국 선각자先覺者들의 진리 탐구열에 의해 주도되었던 것이다.

한국 그리스도의 교회 '환원운동Restoration Movement' 의 출발도 처음 외국 선교사들의 선교 활동으로 시작된 것이 아니라 한국인들의 자발적인 참여로 촉발되었다는 데 그 특징이 있다. 이 초기 한국 그리스도의 교회

‘환원운동’을 전개한 주도적 인물 세 사람을 들 수 있는데, 동석기董錫祺 목사, 강명석姜明錫 목사, 성낙소成樂紹 목사 등이 바로 그들이다.

동석기 목사(1881–1972)는 함경도 북청北靑 출신으로 1904년에 하와이로 이민길에 올랐는데 그후 미국 일리노이 주의 노스웨스턴 대학Northwestern University에 가서 공부하였고 또 게레트 신학교Garrett Biblical Institute에 가서 수학하고 감리교 목사가 되어 귀국하였다. 이때가 1913년이었는데 그후 14년간 감리교회에서 목회를 하다가 1927년에 다시 도미하여 순회하던 중 미국 그리스도의 교회를 알게 되었고 또 신시내티 성서 신학교Cincinati Bible Seminary에 가서 연구하면서 그리스도의 교회 ‘환원운동’에 대한 교리를 명확히 파악할 수 있었다. 그는 거기서 대오각성하고 귀국하여 자기 고향 북청을 중심으로 ‘그리스도의 교회’를 여럿 개척하였다(초리 함전교회, 덕성 서흥리교회, 수동리교회, 수서리교회, 하거서면 임장동교회, 맹경시교회, 증산리교회 등). 또 그는 광복 후 서울에 환원운동의 기지基地 교회 설립을 절감하고 내수동內需洞에 교회를 개척하였으니 오늘날의 내수동 그리스도의 교회가 바로 그것이다. 그는 그 밖에도 외국의 환원운동자들과 밀접한 관계를 갖고 선교 활동을 전개했으며, 특히 6·25 사변 당시 수난의 교회를 돕는 데 크게 활약하였다. 그러다가 1972년 90세의 고령에 이르러 타계하였다.

강명석 목사(1897–1944)는 경남 밀양密陽 출신으로 기독교 가정에서 성장하였고 후일에 도일渡日하여 관서학원關西學院 신학부에서 수학하였다. 그는 귀국후 향리인 밀양에서 감리교 목사로서 목회하던 중 감리교의 감독을 지낸 양주삼梁柱三 박사의 주선으로 도미하여 테네시 주 내슈빌에 있는 밴더빌트 대학교 신학부Vanderbilt University, Department of Religion에서 공부하기에 이르렀다. 여기서 그는 ‘그리스도의 교회’와 접촉하게 되었고, 우리의 신앙은 다양한 교파의 교회나 신조에 따르기보다는 성서로 돌아가서 초대 교회의 순수성과 단일성을 회복해야 한다는 것을 깨닫기에 이르렀다. 거기서 그는 일 년을 더 머무르면서 프리드 하드만 대학Freed-Hardman College에서 '환원운동'에 대해서 예의 연구하였다.

그는 1936년 귀국하여 울산 등지에서 그리스도 교회를 개척하였고 경주, 진양 등지에까지 나가서 곳곳에 교회를 설립하였다. 그 후 그는 인천에 이르러 송림松林교회를 설립하였다. 그러나 그는 광복 일 년을 앞두고 아직 한참 일할 나이에 세상을 떠나니 그때가 그의 나이 47세였다.

성낙소 목사는 젊은 시절에 동학당東學黨에 가담하여 활동하던 중 일본의 침략으로 조국의 주권이 일본 군국주의에 의해 무참히 짓밟히는 쓰라림을 경험했다. 그는 심중에 생각하기를 조국의 주권을 회복하려면 군 관계의 훈련이 거국적으로 필요하다는 것을 절감하던 차, 미국인들이 주동이 된 구세군救世軍의 활동을 보고 어떤 군사 수련의 기회로 생각하고 구세군에 입대하여 사관학교에서 수업하였다. 거기서 그는 기독교 신앙을 깨닫게 되었고 사관학교를 졸업한 다음 전도에 종사하였다. 그러던 중 백인 사관들의 인종 차별 대우에 항거하다가 드디어 구세군 활동에 의아심을 갖게 되어 구세군을 탈퇴하고 향리인 부여에 돌아와 교회를 개척하였으니, 그때 생각에 여러 가지 교파로 나뉘어 분열된 교회보다는 단순히 교회명을 '기독교회基督敎會'라고 하는 것이 좋다고 여겨졌으며, 또 신앙도 성서적인 교훈을 고수하는 순수한 것이 좋다고 생각되어 그런 방면으로 목회를 열었다. 그러던 중 자기와 같은 신앙 경향의 선교 활동이 일본에 있다는 것을 전해 듣고 도일을 결심하였다. 이것이 1930년 5월의 일이었다. 그는 동경에 건너가서 당시 미국 그리스도의 교회가 파송한 컨닝햄Cunningham 선교회와 접촉하였다. 거기서 그는 그리스도의 교회의 환원운동 교리를 습득하는 한편 한국인 거류민들에게 전도를 하였다. 그는 일본에서 교리를 공부하고 난 후 하루속히 조국에 돌아가서 성서에서 발견되는 초대 교회의 원형을 따라 신약교회를 세워야 하겠다는 것을 절감하고 1931년 귀국하여 서울의 계정桂町, 공덕정孔德町, 청파정靑坡町, 내수정內需町 등지에서 전도 활동을 전개하였다. 1937년에 이르러 성낙소 목사는 그의 주선으로 일본 컨닝햄 선교회에서 일하고 있던 존 체이스John Chase 선교사를 입국케 하여 '그리스도의 교회 교리 강습회'(그리스도의 교회 신학교 전신)를 개최케 함으로써 교역자 양성에 힘을 기울였다. 그후 성낙소 목사는 '그리스도의 교회 신학교'에서 교수하였으며, 필운동弼雲洞교회에 계속 머무르면서 목회를 하였다. 광복 후에는 타 교단을 향하여「基督의 敎會 合同宣言文」이라는 것을 작성하여 교회의 일치와 신약성서적 근거에 의한 초대 교회로의 환원을 주장하였다. 이렇게 하다가 그는 1964년 타계하였다. 여기서 언급해야 할 교역자는 최상현崔相鉉 목사다. 그는 존 체이스 선교사의 내한으로 그의 통역과 신학교의 교수로서 활약한 분인데, 그는 일찍이 연전延專을 졸업하고 3·1 독립운동이 벌어지자 중국으로 건너가 일시 머물다가 귀국 후 감리교신학교에서 수학하고 감리교회에서 일하던 중 그리스도의 교회 환원운동에 접하고 6·25 전란 시 납북될 때까지 돈암동敦岩洞교회에서 목회하였다.

앞서 존 체이스 선교사의 내한을 말하였거니와 1939년에 내한한 존 힐John J. Hill 선교사의 활약을 빼놓을 수 없다. 그는 성품이 온후하고 동정심이 많아서 자못 한국인과 잘 동화하였다. 그리고 한국어를 잘 습득하여 곧잘 한국어로 복음을 전하는 일에 선임자를 도와 활약하였다. 그러나 일본 군국주의자들의 기독교 탄압이 가중되어 1940년에 이르러 두 선교사는 한국을 떠날 수밖에 없었다.

한국 교회에 대한 일제의 핍박은 날로 심해 가는 가운데 교회들은 일대 수난기를 당했다. 특히 일제의 신도神道를 한국민에게 강요하는 바람에 한국 교회는 여기에 항거하여 순교를 당하느냐 그렇지 않으면 묵종하여 신앙의 지조를 신도의 천조대신天照大神 앞에 버리느냐 하는 위기에 처해 있었다. 한국에 있는 기독교의 지도자들이 투옥되고 순교의 피를 흘리는 가 하면 한편으로는 대교단의 지도자들 중에 일제의 탄압에 못 이겨 일제의 정책에 동조하고 협력하는 자들도 생겼다. 그러나 한국의 그리스도의 교회는 개체 교회의 독립이라는 것 때문에 집단적으로 일제의 강요에 끌려가는 일은 면할 수가 있었다. 몇몇 교회가 문을 닫는 비운도 있었지만 잔존하는 교회들은 명맥을 유지해 나갔다. 일제 말기의 조선총독부 기록을 보면, 경기도에 2개처, 경북에 1개처, 경남에 3개처, 함남에 7개처 교회들이 있는 것으로 나타나 있고, 전도자의 수는 5명으로 되어 있었으며, 신도의 수는 1937년에는 236명으로 된 것이 1941년에는 겨우 140명으로 줄어 든 것으로 나타나 있다. 이러한 기록을 볼 때 그 당시 기독교에 대한 일제의 탄압이 얼마나 심했던가 하는 일단을 엿볼 수 있다. 그러나 하나님은 남은 그루터기를 통해서 다음 세대에 역사하게 하신디.

2. 광복 후의 한국 그리스도의 교회 활동

1945년 8월 15일 일제의 패전으로 한국민은 일제의 쇠사슬에서 풀려나 '해방' 을 맞이했다. 전 민족이 해방의 기쁨을 나눈 것은 사실이지만, 그 중에서도 탄압받고 피흘린 한국 교회에게는 이루 말할 수 없이 감격스러운 날이었다. 한국 교회는 이것을 연합군이 가져다준 선물이 아니라 하나님이 연합군을 통해서 베풀어 주신 특별한 섭리라고 믿고 기뻐하였다. 각 처에서 억압받던 성도들이 옥문을 깨치고 또는 동굴과 은신처를 박차고 나오면서 교회는 크게 신장하기 시작하였다. 그리스도의 교회는 전술한 바와 같이 일제의 선교 탄압 정책에도 불구하고 개체 교회의 독립 체제

The Local Autonomy 때문에 집단적인 신도神道의 강요를 면할 수 있었고 그래서 교회의 기본적인 순결을 유지할 수 있었다.

광복 후 일년이 지난 1946년 8월에 한국 그리스도의 교회의 지도자들은 이 시기야말로 교회의 순결과 일치를 주장할 절호의 기회로 알고 「基督의 敎會 合同宣言文」을 발표하고 환원운동을 전개하였다. "우리 기독의 교회는 신약 시대에 그리스도께서 창립하신 교회로 돌아와서 각각 분열된 기독교에게 신약 시대의 기독의 교회로 같이 돌아오도록 주 예수 그리스도의 성지聖旨를 순응하여 합동 통일 운동을 선언하노라. 신자는 말씀에 비추어 각각 교파에 속한 자가 아니요 오직 그리스도에게 속한 자들인데 각각 속한 단체의 헌법 규칙을 존중시하고 분열됨으로 다투고 있으니 성 바울이 기록한 성경 말씀에 위반되는 것은 구구한 설명을 요하지 않는다. … 다시 조선 교회의 실정을 살펴보면 우리 조선 각 교파가 악마 왜정 시대에 '일본 기독교 조선교단日本 基督教 祖先教團'이라는 명칭으로 합동 통일한 사실이 있었다. 그러면 악마에게 굴복하여 신사 참배의 합동 통일은 하면서도 주님 말씀인 성경의 교훈대로 각 교파 신도의 통일을 부인할 수 있을까? 만일 부인한다면 성경 말씀인 주님의 성지를 반역하는 일이다. 삼가 조심하라. 그런즉 합동 통일함에는 어떠한 방법으로 할 것이 아니라 신약 시대의 교회로 돌아가자, 신약 시대의 교회를 찾으면 신약성경에서 찾자"고 선언하면서 전 한국 교회에 교회의 일치와 신약성서가 제시한 교회의 원형을 회복할 것을 호소하였다. 그들은 교회의 창시자와 머리는 오직 그리스도라고 강조하고(마 16:18; 엡 5:23) 모든 종파적인 기원과 인간적인 교권적 권위를 버리고 예수 그리스도에게 귀의해야 한다고 주장했다. 교파 분열의 통일을 기期하는 데 지름길은 교단의 인위적인 명칭을 지양하는 것인데, 그것도 신약적 근거에서 '그리스도의 교회'(롬 16:16)라는 초대 교회의 명칭으로 전 교회를 부르자는 것이다. 그리고 성례전聖禮典의 성서적인 원형을 회복하기를 호소하면서 세례는 초대 교회가 실행하던 대로 침수 세례浸水洗禮($\beta\alpha\pi\tau\iota\acute{o}\mu\alpha$)를 주장하였고(마 3:16; 롬 6:3-11; 행 8:36-39), 성만찬은 초대 교회가 실행하던 대로 거행할 것을 호소하였다(행 20:7).

해방 직후의 한국 교회는 일시적으로 일제의 억압에서 풀려난 데 대한 감격도 가시기 전에 일제의 신도神道의 강요를 물리치고 박해를 감수했던 기독교인들과 박해에 못 이겨 신도神道에 굴종했던 지도자 신자들 둘로 나뉘기 시작하여 각 교단마다 상당한 물의를 빚었고 그것으로 인하여 교단의 분열을 가져오기도 하였다. 그런 혼란의 와중에 앞서 언급한 것과 같은 그리스도의 교회의 환원운동 호소는 뜻 있는 교회의 지도자들과 신자들에게 영향을 끼쳤다. 특히 일제의 탄압에도 굴하지 않고 신도의 신사 참배 강요를 거부한 사람들이 여기에 관심을 가지면서 모여들었다. 그리고 무엇인가 순수하고 진실한 태도로 신앙하려는 사람들이 여기에 호응하였다.

1947년에 일제에 의해서 축출되었던 선교사 존 체이스가 재입국하였고, 1949년 3월 5일에는 존 힐 선교사가 재입국하면서 '그리스도의 교회의 신학교'는 다시 문을 열게 되었는데, 처음 1947년에는 필운동에서 시작되었고 그 다음에는 송월동松月洞에서 계속되었다. 그동안 앞서 말한 한국 그리스도의 교회 환원운동에 호응한 사람들이 이 신학교에 들어와 공부하였다. 당대의 교수로는 존 체이스, 존 힐 선교사, 성낙소成樂紹, 최상현崔相鉉, 신현창申鉉昌, 서병렬徐丙烈 목사들이었으며, 학생들 가운데 후일에 지도자가 된 사람들은 김은석金銀石, 구광서具光書, 이홍식李興植, 정희건鄭熙建, 함창현咸唱法, 김광수金光洙, 한현태, 이종만李鐘萬, 김동환, 김재건, 김봉섭, 조국형趙國衡, 최병권崔炳權, 성수경成守慶, 강병천姜病天 등이었다. 해방후 짧은 기간이었으나 이들 신학생들은 서울을 중심으로 하여 각지에 나가서 전도하여 여러 곳에 교회를 개척하였다. 그때에 서울에서만도 10여 곳의 새로운 집회처가 생기고 지방에서도 충남북에 번지기 시작하였다. 그러나 이런 선교 활동은 잠시였고 1950년 6월 25일 북한의 공산군이 남침으로써 중단되고 남한 일대는 전쟁의 참화에 휩싸이게 되었다.

3. 6·25 사변 후 환원운동의 전개

공산군의 남침으로 남한 일대는 전쟁의 참화에 휩싸였으나 유엔군의 협공 작전으로 공산군은 물러가고 그후에 휴전 협정이 체결되고 일단 평온을 회복하였다. 전쟁 중에 수많은 전쟁고아와 과부와 이재민이 생겨났고 민가와 공공시설이 파괴되는 등 그 참상은 형언하기 어려웠다. 특히 전란 중 많은 기독교 지도자들과 신도들이 순교를 당하였고 많은 교회당이 파괴되었다. 이런 전쟁의 참화 속에서 교회는 시기를 만난 듯 고아와 과부 이재민의 구호에 힘썼고 상처 입고 멍든 영혼들을 위로하며 신앙의 힘으로 용기를 북돋워 주는 일을 게을리하지 않았다. 그래서 전화戰禍의 잿더미 속에서도 찬송가 소리는 우렁차게 울려 퍼지고 복음 전도의 외침 소리는 방방곡곡에 전파되었다. 그러므로 전쟁 이전보다 더 많은 교회들이 건립되었고 더 절실한 심령의 요구로 신앙의 열기는 뜨거워져서 한국 교회의 신자 수는 급증하였다.

이런 가운데 '한국 그리스도의 교회' 의 환원운동은 서울에서보다 지방에서 더 활발하게 전개되었다. 서울에서는 전란을 피했던 존 힐 선교사가 1954년 평온해짐에 따라 교회 지도자들의 양성기관인 신학교를 또다시 열고 계속하였다. 이 무렵 경기도 부평에 보육원이 생겼고 인천에는 이종만李鍾萬 목사가 경영하는 인천 보육원이 생겼으며 대전과 대구에 각각 보육원이 생겨서 전쟁고아들을 수용하기에 이르렀다.

중앙의 선교 활동이 주로 구호 사업과 신학 교육에 주력하고 있을 때, 지방에서는 복음 전파와 교회 개척에 주력하는 운동이 '그리스도의 교회' 안에 있었는데 이것은 한국 그리스도의 교회 발전에 주목할 만한 일이었다. 이 지방 운동의 중심적인 인물이 김은석金銀石 목사였다. 그는 일찍이 기독교 신앙에 입교하면서 중국 등지에서 전도하였고 또 태평양 말기에는 도일渡日하여 탄광 등지에서 노동하면서 전도하였다. 그는 기도의 사람이요 영감적인 사람이었다. 그는 성경을 학문적으로 탐구했다기보다는 기도하는 가운데 다독多讀하면서 영감에 통하여 체득하였고 성령의 인도하심에 따라서 활동하려는 사람이었다. 그렇기 때문에 연경원研經院이라는 그리스도의 교회 신학교에서 수학하였지만 거기서 가르치는 환원운동의 교리적인 가르침이 그의 영적인 요구에 만족을 주지는 못하였다. 그는 학업을 도중에 그만두고 지방에서 전도하는 일에 주력하였다. 그러던 중 앞서 언급한 신학교 교수인 신현창申鉉昌 목사와 의견의 일치점을 발견하고 그와 더불어 협력하여 충북 부강芙江을 중심으로 활동하였다.

그들은 부강장로교회에서 부흥집회를 인도하던 중 그 교회의 대다수의 인원이 신약교회로 환원할 것을 원하므로 그들에게 침수 세례를 베풀고 '그리스도의 교회'를 세웠다. 그리고 여기서 '성경연구회聖經研究會'를 열어 뜻 있는 사람들에게 성경을 가르쳤다. 이것이 그 원근의 교회에 전문되어 많은 사람들이 참여하였는데 때로는 그 수가 수백 명에 이르렀다. 그들의 성경 가르침은 성경의 영감에 육박하려는 것이어서 배우는 이들로 하여금 뜨거운 감동을 주었다. 거기서는 단순히 성서의 지식보다도 참여하는 자들로 하여금 인격의 변화를 가져오게 하며 전도의 사명 의식을 불어넣는 것이다. 그러므로 이런 뜨거움을 체험한 무리들이 충청남북도와 전라도 지방에 나가서 전도함으로써 많은 지방 개척지가 생겼고, 다른 교단에서 교회 전체가 환원운동에 참여하는 일도 많이 나타나게 되었다. 현존하는 교회 중에서 서울을 제외한 지방 그리스도의 교회 대부분이 이 운동으로 개척된 교회들이다.

이 운동은 그후에 광주光州를 중심으로 전개되었는데, 광주에서도 동일한 방법으로 '성경연구회'를 열었고 거기서 '한국 그리스도의 교회 교역자회'를 조직하였으며 그리스도의 교회에서는 최초로 목사 안수식按手式을 거행하였다. 이때 안수받은 사람들은 김재순金在順, 함창현咸唱泫, 장주열張周悅, 최요한崔要漢, 이신李信 등의 목사들이다. 이것이 1951년 봄의 일이었다. 그후 충남 부여군 규암면竅岩面 합송리合松里로 옮겨가서 동일한 '성경연구회'를 열었고 1954년에는 목포木浦에서 '성경연구회'를 열어서 전남 지방의 환원운동 전개에 결정적인 역할을 하였다.

그후 이 지방의 '성경연구회'는 1955년에 존 힐 선교사가 재입국함으로써 1·4후퇴 시 일본으로 철수하여 중단했던 '그리스도의 교회 신학교'를 다시 개강하자 이에 합류하여 '서울성서신학교'라는 이름으로 개칭하고 활동을 계속하였다. 이때 신학교의 교장은 존 힐 선교사였고, 교수로는 조국형趙國衡, 이신李信, 김동렬金東烈, 김동수金東洙, 김태수金台洙, 김은석金銀石 목사 등이 있었다.

이 무렵 한국의 환원운동의 발전을 돕기 위해서 내한한 선교사들로는 폴 잉그람Paul Engram, 미스 탐슨Miss Thomson, 제인 킨네트Jane Kinnet, 미스 반힐Miss Ban-hill 등이었다. 제인 킨네트 씨는 후일에 존 힐 선교사의 후처가 되었다. 그후 1955년에 이르러 존 힐 선교사는 귀국하였고 그 후임으로 헤럴드 테일러Harald Taylor 선교사가 일본 선교에서 손을 떼고 내한하여 힐 선교사의 일을 계승하였다. 그는 오자마자 선교 본부와 신학교사를 서대문구 송월동에서 신사동으로 옮겼으며 또 「한길One Way」이라는 월간지를 발간하였다.

　한편 무악기無樂器 그리스도의 교회에서는 최초로 1954년 5월에 데일 리차드슨Dale Richardson이 내한하였는데, 이 사람이 무악기 그리스도의 교회로서는 처음으로 내한한 선교사였다. 그 다음으로 10월에는 헤스케일 체시얼L. Haskiel Cheshir 선교사가 내한하였는데, 이들은 모두 동석기董錫琪 목사의 주선에 의한 것이었다. 리차드슨 씨는 이화여자대학교에서 프랑스어를 강의하면서 타 교파와 유대를 통하여 전도하였고, 체시얼 씨는 서울 용산구 효창동 6번지에 선교 본부를 정하고 교역자를 양성할 목적으로 ‘한국기독학원韓國基督學院’을 설립하여 교육 사업에 역점을 두었는데, 그의 포부는 장래 아시아 환원운동의 역군들을 기르자는 데 있었다. 이 교육 기관은 그 후 ‘한국 그리스도의 교회 신학교’가 되었고 오늘날의 ‘그리스도신학대학’의 전신이 된 것이다. 그리고 체시얼 선교사의 업적 가운데 하나는 6·25 사변 직후의 한국의 사정의 어려움을 직시하고 그 근본적인 해결책은 생산적 식량 대책이라고 생각하고 낙농 사업을 펼 생각으로 젖소 1백여 마리를 도입하였던 것이다. 그는 이것으로 파주破州에 신학대학 목장을 만들고(Cow for Korea Program, Paju Country) 일반 농가에 보급함으로써 영양가 높은 식량원의 확보에 노력하였다. 그는 강조하기를 일정량의 식량을 곤란할 때 원조한다 해도 그것을 소비한 다음에는 또다시 곤란한 것은 마찬가지이므로 생산성 있는 젖소와 같은 식량원과 생산 기술을 도입함으로써 항구적인 식량 대책이 마련된다는 것이다. 그래서 그는 낙농 선교를 위해서 아랜 선교사를 초치招致했다. 그후 그리스도 신학대학의 학장이 된 하딩 박사Dr. Harding가 내한하여 체시얼 선교사와 더불어 신학대학의 설립에 공헌하였다. 빌 램지 선교사는 내한하여 ‘통신교육원’을 설립하고 통신으로 환원운동을 전하는 데 종사하였다.

　한편 테일러 선교사는 자기의 동역자로 미국으로부터 패튼 선교사를 초치하고 문서 출판 사업을 일임케 하였다. 테일러 선교사는 1972년에 한국을 떠나면서 자기의 후계자로 패튼 씨를 지정했다. 부산 지방에서는 1957년에 알렉스 빌Alex Bill 선교사가 내한하여 '기독교방송선교회'를 설립하고 2년 후에는 버트 엘리스Bert Ellis, 조 세걸키Joe Segarki 선교사 등이 내한하여 방송 선교의 일을 도왔다. 또 그리스도교 선교 연구원과 구호소의 일을 하던 말콤 파스리와 「참빛」이라는 월간지를 낸 이철선 선교사 등이 있었다.

1958년에 존 힐 선교사는 또다시 내한하여 대전에 머물면서 '한국성서신학교'를 설립하고 교역자를 양성했으며, 이 학교 출신자들은 대전을 중심으로 한 지방 개척에 주력하였다. 이 사업은 힐 선교사가 1971년 귀국하면서 그 후계자인, 미국 존슨 성서대학에서 수학한 김찬영金燦永 목사에 의해서 계속 운영되고 있으며, 신학교와 더불어 '한성고등기술학교韓聖高等技術學校'가 운영되고 있다. 그리고 부산에서는 장성만長聖萬 목사가 미국 신시내티 성서신학교에서 수학하고 1964년 귀국하여 교회를 개척하고 '동서실업학교東西實業學校'를 경영하여 전도자 양성과 기술 교육을 시행하더니 지금은 발전하여 '경남공업전문대학慶南工業專門大學'으로 운영하게 되었다.

한편 서울에서는 1961년 미국 산호세 성서대학San Jose Bible College과 링컨 기독교 신학교Lincoln Christian Seminary를 마치고 귀국한 최윤권崔潤權 목사가 한동안 '서울성서신학교'에서 테일러 선교사와 같이 일하더니 서울의 도원동 교회를 담임하면서 한국의 교역자들과 같이 처음 서울 원효로에 집을 얻어(구 五山學校 자리) '대한기독교신학교大韓基督教神學校'를 1965년에 설립하여 오늘에 이르렀고, 또 「환원還元」이라는 신앙지를 발간하였다. 미국 링컨 기독교신학교와 밴더빌트 대학교 신학대학원Vanderbilt University, Divinity School에서 수학한 최순국崔淳國 목사는 1966년에 일시 귀국하여 필운동교회에서 시무하면서 대한기독교신학교의 교장직을 맡고 있다가 다시 도미하였다. 1970년에 미국 링컨 기독교신학교를 마치고 귀국한 안재관安在寬 목사는 대한기독교신학교에서 교수하다가 다시 1973년 도미하였다. 이 무렵의 교회 수는 100여 개에 불과했다.

4. 그리스도의 교회 환원운동의 한국적 자각

앞서 말한 바와 같이 한국 그리스도의 교회의 환원운동은 외국인의 선교에 의해서 주도된 것이 아니라, 예수 그리스도가 가르치신 진리의 진상을 파악하려는 열의와 순수한 신앙을 추구하려는 진실성이 그 선각자들로 하여금 성서적인 초대 교회의 신앙으로 돌아가자는 환원운동을 접하게 했으며, 이들이 이러한 신앙을 이 땅에 심는 데 주도적 역할을 담당했던 것이다. 그러나 일단 외국의 선교사와 외국 교회 지도자들의 가르침을 접한 다음부터는 성서 해석과 기독교 이해를 무비판적으로 묵수하는 경향이 있었다. 그들은 미국의 환원운동자들의 주장을 아무런 반성 없이 그대로 한국인들에게 도입하기에 힘썼다. 초기 한국 지도자들 가운데는 어느 선교사가 가르친 교리를 그대로 답습하는 것이 바른 성서적 그리스도의 교회 신앙인 것처럼 생각하고 그 교리를 그대로 실천하고 가르쳤다. 그러나 사실에서 오늘날 외국의 학자들 가운데는 초기의 미국 환원운동 지도자들의 주장에 대한 비판의 소리를 들을 수 있는 것이다. 예를 들어서 초기 환원운동자들 가운데는 영국의 계몽주의啓蒙主義 철학자의 한 사람인 존 로크John Locke의 영향하에서 "말씀과 논의 이외에 신자들 속에 실제적으로 성령의 내적 임재臨在를 불신하거나"(to disbelieve the Holy Spirit in Believers) 하나님의 "특별한 섭리라든지 인도하심이나 기도의 효능 등을 부정하는"(to deny special providence and guidings and the efficacy of prayer) 경향이 있었다는 것이다. 사실 미국의 환원운동 지도자들이 기독교 신앙의 성서적 근거에서 그 순수성과 단일성을 회복시키려고 노력하고 교회의 초대 교회 원형으로의 환원을 부르짖은 데는 공헌했으나, 역시 기독교 신앙의 영감적인 면이나 성령으로 인한 현재적인 역사 등에는 너무나 합리적으로 성서를 해석하려고 했던 것이다. 그러나 선교사들의 미국적 교리를 그대로 답습하고 그런 기독교 이해를 그대로 한국에 이식하려는 초기의 한국 지도자들의 가르침에 동조하지 않고 기도 생활에 주력하면서 성령의 영감적인 면을 추구하는 전도자들이 지방 교회에서 없었던 것은 아니었다. 이들은 김은석, 신현창 목사를 중심으로 하는 지방의 '성서연구회'에 모여든 사람들이었다.

그러나 한국 그리스도의 교회 환원운동의 한국적 자각을 불러일으킨 것은 1974년 3월 25일에 '한국 그리스도의 교회 연합회'가 「한국 그리스도의 교회 선언」을 선포할 때부터일 것이다. 이것은 미국의 네브라스카 기독교대학Nebraska Christian College과 드레이크 대학교Drake University 그리고 밴더빌트 대학교 신학대학원Vanderbilt University, Divinity School에서 수학하고 1971년에 귀국한 이신李信 박사가 1973년의 '한국 그리스도의 교회 연합회' 회장이 되면서 뜻 있는 한국 교회의 지도자들을 규합해서(김태수, 김정만, 김철수, 김용웅, 김길홍 등) 자각을 불러일으키고 의견을 모아 선언하게 된 것이다. 그 선언문에는 "한국에 그리스도의 복음이 전파된 이래 짧은 한국 교회의 역사를 통해서 한국 교회가 갖는 어떤 특이성의 양상이 나타나기는 하였지만 정말 이것이 한국적이다라고 말할 수 있는 뚜렷한 모습이 신학적으로나 교회적으로 나타난 것은 아니다. 아직도 한국적 자각 밑에서 복음이 수용되었다기보다는 외국 교회가 자기네들의 성서 해석과 신앙 양식을 한국 교회에 이식시켜 놓은 것에 불과하다. 아직도 한국 교회는 우리 나름의 자각으로 복음의 씨를 우리의 풍토에 심고 특이한 신앙

형태로 발전한 것 같지 않다. 다만 외국 교회의 흉내 아니면 무자각한 외국 교회의 전통과 성서 해석의 묵수의 테두리에서 벗어나지 못하고 있는 것 같다. 과거 한민족의 역사가 정치적으로 외세에 의해서 억압과 침략을 당하는 동안 이 민족의 정신적 자세가 무자각한 사대주의에 기울어져 그 시정책이 국민적으로 논의되고 있는 마당에 이렇게 신앙마저 남의 나라의 식민지가 되어서는 안 될 것으로 안다. 그렇다고 극단의 반발로 무조건 외국의 것은 나쁘다고 하는 배타주의에 빠져서는 안 될 것이지만 우리는 과거에 한국 교회가 걸어온 무자각한 외국 것의 모방이나 묵수 등은 삼가야 할 것이다. 이런 것들은 초기 한국 교회의 발전 과정에 필요한 것들이었으나 상당히 역사가 경과한 오늘날에 와서도 한국 교회가 지속해야 할 태도로 우리는 보지 않는다.”라고 전제하고 다음과 같이 역설하였다. 미국 그리스도의 교회가 개체 교회의 독립성local church autonomy을 지나치게 고조한 나머지 전체적 조직체의 존재를 부정한 것은 티 교회 또는 전체 한국 그리스도 교회 간의 유기적인 관계나 질서 있는 발전을 도모하는 일에 지장이 있다고 보았으며, 또 이것은 초대 교회가 “교리와 신앙상 문제가 생겼을 때 전체 교회의 신앙적 통일을 기하기 위해서 예루살렘에 공의회를 열고 이를 논의했던” 것이나 재정적으로 “어려운 일이 있을 때 각 지방 교회가 서로 헌금을 거두어 어려움을 돕기도 한” 신약성서적인 정신에 어긋난다고 보고 “성서적 교회가 그 권위와 질서를 유지하기 위하여 전체 교회의 유기적 통일성을 기하는 성서적 조직체가 있어야 할 것” 을 강조했다. 또한 미국 환원운동자들이 성서의 자구적字句的 해석을 고집한 나머지 메마른 형식주의와 율법주의적 신앙에 기울어져 있는데, 그 한 예로 기사이적奇事異蹟이나 성령 세례聖靈洗禮는 사도 시대에 국한되는 것이지 오늘날은 종식된 것으로 믿는다든지, 또 세례나 성만찬 예식을 행함으로써 그 예전禮典 자체에 구원의 효력이 있는 것인 양 해석하는 경향이 있는데, 이 선언문에서는 "초대 교회에로의 환원은 세례와 성만찬과 교회 이름 등의 외면적인 환원에만 주력해야 할 것이 아니라, 초대 교회 특히 사도행전에 나타난 성령의 내적인 역사役事가 따라야 한다."고 강조하였다. 그러면서 이 선언문은 덧붙이기를 "그렇다고 우리는 어느 주관주의자들이 주장하는 것처럼 신앙의 형식적인 면을 포기하고 그 내면적인 면만을 주장하자는 것도 아니고 오늘날 교파주의가 주장하는 것처럼 인위적인 명칭이나 성례전의 간편주의簡便主義를 채택하자는 것이 아니라 내용과 형식의 일치를 보는 겸전兼全한 신앙을 주장하기 때문에 그 어느 편에 치우치지 않으려는 것이다. 그런 의미에서 '한국 그리스도의 교회'는 성서의 독자적인 해석 아래 한국 교회가 나아가야 할 길을 모색하게 된 것이다. 한편으로는 질서 있는 교회로서 '한국 그리스도의 교회' 전체가 유기적으로 하나가 될 수 있는 연합적인 조직체의 형성과 성례전의 재인식 그리고 신앙 내용의 올바른 깨달음이 있어야 할 것을 절감하는 바이다. 그래서 명실 공히 예수 그리스도께서 원하시는 교회가 그리고 성서적 신앙이 이 땅에 확립되기를 바란다."고 역설하였다.

이렇게 '한국 그리스도의 교회'는 처음에 선교사들과 외국의 교리적인 영향 때문에 그 주체적인 자리가 흔들리는 듯하는 시기가 있었으나, 오늘날의 '한국 그리스도의 교회'는 그것을 극복하고 몇몇 교회를 제외하고는 대부분의 교회들이 한국 교회의 독자적인 신앙 노선을 걷고 있는 것이다. 한국인의 지각 있는 성서 이해로서 성서의 영감적인 말씀을 믿으며 오늘날에도 초대 교회와 같이 성령의 뜨거운 역사가 교회 발전에 주동적인 힘이라는 것은 믿는다. 그리고 전체 교회의 유기적인 관계와 신앙의 순결과 질서 있는 운영을 도모하는 전체 교회의 조직을 형성하고 있다. 그것이 '한국 그리스도의 교회 연합회'의 후신인 '한국 그리스도의 교회 협의회'인 것이다. 여기서 성직자의 임직과 선교 방책의 협의 및 재정적인 뒷받침 또는 교육 사업과 구호 사업 등 제반 교회의 필요한 문제들을 협의하며 집행하고 있다. 이런 전체 교회의 유기적인 활동에 의해서 한국 그리스도의 교회는 급속도로 성장하여 오늘날은 전국적으로 교회 수가 200여 개에 이르고 있다. 교육 기관으로는 대학이 둘이요(그리스도신학대학, 경남공업전문대학), 신학교가 셋이 있는데(대한기독교신학교, 서울성서신학교, 한국성서신학교) 이 기관에서 4천여 명의 학생이 장차 한국의 '환원운동'을 이끌 일꾼으로 양성되고 있다.

제2장

한국 그리스도의 교회 선언[*]

-한국 그리스도의 교회 연합회

"너희는 가서 모든 족속으로 제자를 삼아 아버지와 아들과 성령의 이름으로 세례를 주고 내가 너희에게 분부한 모든 것을 가르쳐 지키게 하라."(마28:19-20) 하신 예수 그리스도의 말씀을 좇아 세계 만방에 그의 복음이 전파되었으며 따라서 한민족韓民族에게도 이 구원의 말씀이 전파되었다. 각 민족에게 전파된 복음의 말씀은 그 민족이 갖는 특이한 역사歷史와 전통을 따라서 그 민족이 갖는 신앙적인 결단에 의해서 선택한 교회의 각양 형태各樣 形態를 취하였다. 복음을 식물의 종자種子라고 말한다면 각 민족이 갖는 역사적인 전통과 민족성은 기후와 토질 곧 풍토와 같은 것이라고 말할 수 있을 것이다. 같은 식물의 종자이지만 그 풍토 차이로 인해서 거기서 자라는 나무의 성장하는 모습이 달라지는 것처럼 각민족이 갖는

---

* 이 선언에 참여한 동역자들은 다음과 같다. 서울교회 이신, 동막교회 김철수, 서울교회 김영원, 신촌교회 김태수, 부산교회 이명휴, 소수교회 김길홍, 안동교회 양정식, 진영교회 김육진, 희망촌교회 김정만, 소수교회 김상식, 원주교회 김용웅, 부산교회 장성만.

민족성의 차이로 인해서 같은 예수 그리스도의 복음이지만 그 표현하는 신앙의 양태가 달라지는 것이다. 그것은 그 민족이 갖는 교회의 특색을 따라 각 민족의 신앙의 특이성이 나타난다. 가톨릭 교회는 로마 제국의 정치적인 권력權力과 그 행정적인 조직과 법질서의 확립 등의 반영으로 그렇게 강한 교권과 조직력을 가진 로마 교회를 형성하였고, 동東유럽 제국의 동양적인 성격은 비의적秘儀的이며 묵시문학적默示文學的인 희랍정교회希臘正敎會를 낳았고, 영제국英帝國과 같은 보수적이며 귀족풍의 국민성은 성공회聖公會와 같은 의전적儀典的이고 고답적高踏的인 교회를 형성하였다. 게르만족과 같은 진취적進取的이고 이지적理智的인 백성들은 개혁적이고 전투적인 프로테스탄트 교회를 낳았고 미대륙과 같이 자유를 즐기고 평등을 주장하는 사람들은 오늘날 미국에서 전래되는 군소교파群小敎派와 같은 평민적이며 자치적인 교회를 낳았다.

한국에 그리스도의 복음이 전파된 이래 짧은 한국 교회 역사를 통해서 한국 교회가 갖는 어떤 특이성의 양상이 나타나기는 하였지마는 정말 이것이 한국적이다라고 말할 수 있는 뚜렷한 모습이 신학적으로나 교회적으로 나타난 것은 아니다. 아직도 한국적 자각 밑에 복음이 수용되었다기보다는 외국 교회가 자기네들의 성서 해석聖書解釋과 신앙 양식을 한국 교회에서 이식移植시켜 놓은 것에 불과하다. 아직도 한국 교회는 우리 나름의 자각으로 복음의 씨를 우리의 풍토에 심고 특이한 신앙 형태로 발전한 것 같지 않다. 다만 외국 교회의 흉내 아니면 무자각한 외국 교회의 전통과 성서 해석의 묵수墨守 이런 테두리에서 벗어나지 못하고 있는 것 같다. 과거 한민족韓民族의 역사가 정치적으로 외세에 의해서 억압과 침략을 당하는 동안 이 민족의 정신적인 자세가 무자각한 사대주의事大主義에 기울어져 그 시정책是正策이 국민적으로 논의되고 있는 마당에 이렇게 신앙마저 남의 나라의 종교적 식민지가 되어서는 안 될 것으로 안다. 그렇다고

극단의 반발로 무조건 외국 것이 나쁘다고 하는 배타주의排他主義에 빠져
서는 안 될 것이지만 우리는 과거에 한국 교회가 걸어온 무자각한 외국
것의 모방이나 묵수 등은 삼가야 할 것으로 안다. 이런 것들은 초기 한국
교회의 발전 과정에 필요로 한 것들이었으나 상당히 역사가 경과한 오늘
날에 와서도 한국 교회가 지속해야 할 태도라고 우리는 보지 않는다.

우리는 타 교단他教團의 문제는 고사하고 한국에서 소위 '그리스도의
교회'라고 불리우는 제교회制教會를 개관概觀하여 보면 이상에서 말한 것
과 같은 한국적 자각이 새삼스럽게 요청된다고 보는 것이다. 1937년 이래
미국 선교사들이 전한 소위 말하는 '환원운동' 還元運動은 신약성서에 있는
초대 교회에로 환원한다는 외침은 좋으나 우리가 성서를 읽고 깨닫는 대
로는 성서가 정말 우리들에게 가르치는 신앙과 교회의 원형태를 그들이
바로 인식했다고 볼 수는 없는 것이다. 그것은 우리가 두 가지 점에서 그
들의 오해를 들 수 있는데 하나는 미국의 환원운동이 개체 교회個體教會의
독립성을 극단으로 고조한 나머지 교회와 교회끼리의 유대紐帶와 전체 교
회全體教會가 가져야 할 질서 있는 통일성을 결缺하여 그 질서가 문란紊亂한
그것이다. 성서가 우리에게 가르치는 교회는 어디까지나 질서 있는 유기
체 곧 '그리스도의 몸' (엡 1:23; 골 1:18; 고전 12:31)으로서의 교회인 것이다.
교회는 각자가 맡은 직책을 따라 신앙으로 봉사하며 개체 교회는 타 교회
와 협력해서 전체 교회의 통일성 있는 유대紐帶를 갖고 그 본래의 사명을
성령의 인도하심을 따라 수행해 나가야 할 것이다. 우리가 깨달은 성서적
인 교회는 한 개체 교회만 잘해 나가면 된다는 개인주의적인 것이 아니고
전체 교회가 공동체 의식을 갖고 상부상조하는 질서 있는 교회이다. 그래
서 바울은 "하나님은 어지러움의 하나님이 아니라." (고전 14:23)고 했고
"모든 것을 질서대로 하라." (고전 14:40; 고노세 2:5)고 몇 번이고 그 교회들
에게 권유한 것이다. 초대 교회는 교리와 신앙상 문제가 생겼을 때 전체

교회의 신앙적인 통일을 기하기 위하여 예루살렘의 공의회公儀會를 열고 이를 논의하였으며 그 논의된 것이 확정되는 대로 사람을 택하여 각 교회에다 공한公翰을 발송했으며(행 15:6-29) 또 예루살렘 교회에 어려운 일이 있을 때 각지방 교회가 서로 헌금을 거두어 그 어려움을 돕기도 하였다(롬 15:25-29; 고후 9:1-5) 그러나 오늘날 한국에 있는 소위 말하는 그리스도의 교회들이 이런 초대 교회가 가졌던 공동체 의식을 발휘하고 있느냐 하면 거기에 미치지 못하고 미국 환원운동이 전해 준 개교회주의個敎誨主義의 가르침이 극단의 개인주의식 교회로 만들어 버렸다. 이것은 미국 그리스도의 교회의 환원운동 지도자들이 가졌던 그 당대 미국 사회 풍조인 개인주의적 자유 사상의 영향과 지나친 교권주의敎權主義에 대한 반발 등에서 나온 교회관을 한국 교회가 무비판적으로 받아들인 데 기인한다고 볼 것이다. 교회의 질서를 확립하기 위해서 세운 교권 자체가 결코 나쁜 것은 아니다. 교회가 그리스도께서 명하신 그 본래의 사명과 그 종말론적 과제를 수행해 나가려면 성서가 우리에게 말씀해 주시는 교권과 질서가 확립되어야 한다. 그렇게 못할 때 교회는 혼란과 무질서 속에 빠져 들어가고 교회는 세상 사람들의 지탄받는 대상이 되어 버리고 만다. 한국에서 소위 말하는 '그리스도의 교회'라는 이름을 가진 교회들의 지금까지의 혼란상이 이것을 여실히 증명하고 있다. 이것은 조직과 교권이 확립되지 못한 허술한 틈을 타고 들어온 선교 방책宣敎方策의 무계획성, 성직자들의 무질서한 장립將立과 그 권위 상실, 신앙과 교리의 무정견無定見, 그로 인한 교회의 신앙 방향의 동요와 건실한 발전의 저지沮止 등을 들 수 있다.

또 다른 미국 환원운동자들의 오류는 그들이 세례洗禮와 성만찬聖晩餐 등의 초대 교회의 의전적儀典的인 방식을 강조한 나머지 신앙의 내면성의 충실을 결하였다는 점이다. 우리는 결코 신앙의 외면적外面的인 형식을 경홀輕忽히 여기는 바는 아니지마는 신앙의 내용과 그 영감적인 면을 소홀

히할 수는 도저히 없다는 것이다. 미국 그리스도의 교회의 대체적인 경향은 세례의 의식 자체에 구원이 있는 것처럼 해석한다든지 성만찬 의식을 행하는 데 생명의 양식을 공급하는 양 말하고 '그리스도의 교회'란 이름을 씀으로 그것이 유일한 신약성서적 교회를 뜻하는 것처럼 생각하는 나머지 그 내면성의 의의라든지 그 내용의 인격적인 실현 등이 도외시되는 점이다.

초대 교회에로의 환원은 세례와 성만찬과 교회의 이름 등의 외면적인 환원에만 주력해야 할 것이 아니라 초대 교회 특히 사도행전에 나타난 성령의 내면적인 역사役事가 따라야 하는 것이다. 그런데도 미국 환원운동자들의 가르침 가운데는 기사이적奇事異蹟이나 성령 세례聖靈洗禮 등은 사도시대使徒時代 당시에 국한되었든 현상이지 오늘날은 정지된 것처럼 해석하는 것이다. 이것은 '하나의 세례'란 말을 자구적字句的으로 해석하여 세례는 침수 세례沈水洗禮 하나만이라는 주장에서 기인한 것일 것이다. 이런 극히 피상적인 자구적字句的 성서해석聖書解釋이 그렇게 메마른 형식주의形式主義와 또 다른 율법주의적律法主義的 신앙 형태를 만들어 놓은 것이다.

그렇다고 우리는 어느 주관주의자主觀主義者들이 주장하는 것처럼 신앙의 형식적인 면을 포기하고 그 내면적인 면만을 주장하자는 것도 아니고 오늘날 교파 교회敎派敎會에서 주장하는 것처럼 인위적인 명칭이나 성례전聖禮典의 간편주의簡便主義를 채택하자는 것이 아니다. 우리는 신앙의 내용과 형식의 일치를 보는 겸전한 신앙을 주장하기 때문에 그 어느 한편에 치우치지 않으려는 것이다. 그런 의미에서 '한국 그리스도의 교회'는 성서의 독자적인 해석 아래 한국 교회가 나가야 할 길을 모색하게 된 것이다. 한편으로는 질서 있는 교회로서 '한국 그리스도의 교회' 전체가 유기적으로 하나가 될 수 있는 연합적聯合的 조직체의 형성과 성례전의 재인식再認識 그리고 신앙 내용의 올바른 깨달음이 있어야 할 것을 절감하는 바이다. 그래서 명실 공히 예수 그리스도께서 원하시는 교회가 그리고 성서적 신앙이 이 땅에 확립되기를 바라면서 아래와 같은 우리의 결의를 표명하는 바이다.

一. 우리는 '한국 그리스도의 교회' 가 한국인에게 들려 주신 예수 그리스도의 복음에 대한 한국인의 자각 있는 신앙과 이해에 의해서 세워져야 할 것을 믿는다.

一. 우리는 '한국 그리스도의 교회' 가 하나님의 영감에 의해서 기록된 신구약 성서의 말씀에 기준해서 신앙하며 또 그 말씀에 기준해서 교회가 세워져야 할 것을 믿는다.

一. 우리는 '한국 그리스도의 교회' 가 성서에 계시된 신앙의 내용의 충실을 기할 뿐 아니라 그 내용을 담은 그릇인 양식과 표현도 성서적이어야 한다고 믿는다.

一. 우리는 한국인의 자각으로 이해하는 기독교 신앙과 교회의 형태에 대해서 어떤 외국인의 독자적 신앙이나 교회 형태가 한국인의 신앙적 결단을 무시하고 간섭할 수 없음을 믿는다. 그러나 외국인의 독자적 신앙과 교회에 대해서 성서에 위배되지 않는 한 이를 존중하며 또 우호적이여야 한다고 믿는다.

一. 우리는 한국인의 자각으로 이해한 성서적 교회가 그 권위와 질서를 유지하기 위하여 전체 교회의 유기적 통일성을 기하는 성서적 조직체가 있어야 할 것을 믿는다.

一. 우리는 한국인의 신앙적인 자각에서 세워진 '한국 그리스도의 교회' 가 '그리스도의 몸' 으로서 유기적인 조직을 갖고 이의 원활한 운영을 도모하기 위하여 각 교회의 구체적 헌신과 협력이 요청되는데 이는 각 교회의 전체 헌금 중 십일조를 교회의 연합체에 드림으로 이에 충당할 것을 결심한다.

一. 우리는 '한국 그리스도의 교회'의 건실한 발전을 위해서 같이 기도하
며 우리의 총력을 기울여 이를 받들며 사랑으로 굳게 단결할 것을 다
짐한다.

주註

제1부
서론

1 Ernst Käsemann, *The Beginning of Christian Theology* 기독교 신학의 발단, *New Testament Question of Today* (Philadelphia : Fortress Press, 1969), p. 102.

2 Gerhard Ebeling, *The Ground of Christian Theology* 기독교 신학의 기초, *Journal for Theology and the Church* (New York : Herder and Herder, 1969), VI, 52.

3 R. H. Charles, *The Apocrypha and Pseudepigrapha of the Old Testament* (Oxford: The Clarendon Press, 1968), I , ix. 제I권의 서론 제4란에서 그는 "외경에 대한 기독교회의 태도"를 폭넓게 기술하고 있다. 제II권의 서론에서 그는 묵시문학적 문서들에 대한 유대교의 태도를 논의하고 있다.

4 G. Ebeling, *The Ground of Christian Theology*, p. 52.

5 *Ibid.*, pp. 52-53.

6 에녹서 83:4-11. 이후의 장들 속에서 우리가 접할 수 있는 묵시문학적 문서들의 가장 총괄적인 텍스트로는 R. H. Charles의 *The Apocrypha and Pseudepigrapha of the Old Testament*, I권과 II권(Oxford : The Clarendon Press, 1969)이 사용될 것이다.

7 제2에녹서 65:7-10.

8 Stanley Brice Frost, *Old Testament Apocalyptic* (London : The Epworth Press, 1952), p. 4.

9 D. S. Russell, *The Method and Message of Jewish Apocalyptic* (Philadelphia : Westminster Press, 1964), pp. 31-34.

10 A. R. C. Leaney, *The Rule of Qumran and Its Meaning* (Philadelphia : Westminster Press, 1966), pp. 31-34.

11 Hans Dieter Betz, '묵시론의 종교사적 이해의 문제에 관하여,' *Journal for Theology and the Church* (New York : Herder and Herder, 1969), VI, 134.

12 Gerhard von Rad, *Old Testament Theology* (New York : Harper and Row, 1965), II , 304.

제1장

1 D. S. Russell, *The Method and Message of Jewish Apocalyptic*, p. 37.

2 *Ibid.*, pp. 37-38. 이 목록은 D. S. Russell의 묵시문학적 저서와 그 생성 연대의 목록에 따른 것이다.

3 A. R. C. Leaney, *The Rule of Qumran and Its Meaning*, p. 58. 그는 말하기를, "묵시문학은 주전 165년경에 쓰인 한 책 속에서 예언의 재구현뿐만 아니라 재해석의 흔적을 드러내며, 특히 기존하는 사본을 다룸에 있어서 쿰란 문학과의 유사성을 보여 준다."고 한다. 또한 H. H. Rowley의 *Jewish Apocalyptic and the Dead Sea Scrolls* (London : The Athlon Press, 1957)를 참조하라. 그는 묵시문학적 문서와 쿰란 문서 간의 비교 연구에 관해 저술했다.

4 Helmer Ringgren, '쿰란과 영지주의,' *The Origin of Gnosticism* (Leiden : E. J. Brill, 1967), p. 383. 그는 말하기를, "관념의 세계에서 절대적인 경계들을 그린다는 것은 어려운 일이다. 어떤 관념이나 관념들의 경향은 그 자체를 상이한 환경들 속에서 다양한 방식들로 드러내며,

역사적으로도 여전히 그러하다. 쿰란 종파는 그 모든 세부 사항들이 영지주의의 형태와 정확히 맞아 떨어지지는 않지만 그 자체를 영지주의로 드러낸 일반적인 경향 초기 유대교적 변형을 대표할 수 있었다."고 한다.

5 Hans Jonas, *The Gnostic Religion* (Boston : Beacon Press, 1967), pp. 3-27.

6 *Ibid.*, p. 26.

7 Gerhard von Rad, *Old Testament Theology*, II, pp. 301-303.

8 S. B. Frost, *Old Testament Apocalyptic*, pp. 3-16.

9 D. S. Russell, *The Method and Message of Jewish Apocalyptic*, pp. 73-100.

10 *Ibid.*, pp. 104-139.

11 H. Jonas, *The Gnostic Religion*, p. 21.

12 W. O. E. Osterley, *The Book of Apocrypha* (New York : Fleming H. Revell Co., 1914), p. 4.

13 *Ibid.*, p. 66.

14 *Ibid.*, p. 91.

15 H. H. Rowley, *The Relevance of Apocalyptic* (New York : Association Press, 1963), p. 43.

16 Otto Plöger, *Theocracy and Eschatology* (Richmond : John Knox Press, 1968), p. 26. 그는 "외래적인 영향들의 유입, 특히 이란의 이원론적 우주론의 도입이 묵시문학적 종말론의 탄생에 책임을 지고 있다는 견해는 관례적인 것이다."라고 말한다.

17 P. H. Hadfield, '유대교 및 기독교 묵시문학에 미친 이란의 영향들,' *London Quarterly and Holborn Review*, 183호(1958년 6월), p. 216.

18 William R. Murdock, '유대 묵시론의 역사와 계시,' *Interpretation*, XXI (1967년 4월), p. 169.

19 D. S. Russell, *The Method and Message of Jewish Apocalyptic*, p. 9.

20 *Ibid.*, p. 141.

21 *Ibid.*, p. 143.

22 *Ibid.*, p. 145.

23 제I에녹서 22:11. "이와 같은 것은 죄인들이 죽어서 땅에 묻힐 때 이들을 위해 마련되어 있었으며, 이들이 살아 있는 동안에는 심판이 이루어지지 않았느니라. 여기서 이들의 영들은 큰 비통 속에서 심판과 징벌의 날까지 따로 떼어져 있을 것이며… 저주를 말하는 자에게는 그들의 영들을 위해 영원한 징계가 있을 것이니라."

24 제II에녹서 30:8, "첫째는 땅에서 온 그의 살, 둘째는 이슬에서 온 그의 피, 셋째는 해에서 온 그의 눈, 넷째는 돌에서 온 그의 뼈, 다섯째는 천사들의 날쌤과 구름에서 온 그의 지능, 여섯째는 땅의 풀에서 온 그의 혈관과 머리카락, 일곱째는 나의 숨과 바람에서 온 그의 혼이리라."

25 제II에녹서 22:3, "이렇게 텅 빈 처소들은 바로 이러한 목적으로 만들어진 것이니, 죽은 혼의 영들이 그 안에서 모였으며, 사람의 자녀들의 모든 혼들이 여기에 모였느니라."

26 D. S. Russell, *The Method and Message of Jewish Apocalyptic*, p. 149.

27 *Ibid.*, p. 152.

28 *Ibid.*, p. 153.

29 Gerhard von Rad, *Old Testament Theology*, II, p. 302.

30 H. D. Betz, '묵시론의 종교사적 이해의 문제에 관하여,' p. 136.

31 *Ibid.*, p. 134.

32 D. S. Russell, *The Method and Message of Jewish Apocalyptic*, p. 119.

33 H. Jonas, *The Gnostic Religion*, p. 33.

34 Gerhard von Rad, *Old Testament Theology*, II, p. 61.

35 H. Jonas, *The Gnostic Religion*, p. 333.

36 *Ibid.*, p. 332.

37 *Ibid.*, p. 333.

38 *Ibid.*, p. 334.

39 *Ibid.*, p. 333.

40 Karl Jaspers, *Philosophy* (Chicago : University of Chicago Press, 1970), II. pp. 223-228. 야스퍼스의 '절대적 의식' 이라는 개념은 흥미롭다: "…그것은 실존에 있어서 존재의 확신이다. … 첫째, 절대적 의식은 심리학의 대상으로서의 경험이 아니다. 그것은, 심리학을 위해 경험적인 실제가 될 수 있는 바의 경계선이다. 왜냐하면 그것은 한 관찰자를 위해서가 아니라 그 관찰자 안에 있기 때문이다. 그것은 그의 직접적 요소이자 그 자체의 출처이며, 어떤 다른 방법에 의해서 이해되는 것이 아니다."

41 G. Van der Leeuw, *Religion in Essence and Manifestation* (London : George Allen & Unwin Ltd., 1938), pp. 686-687.

제2장

1 레위의 언약서 2:11. "또 너희로 인해 주께서 사람들 가운데 나타나셔서 모든 족속들을 구하시리라."

2 시락(Sirach)서 32:1-13: 빈부(貧富)의 염려에 대한 기술. 프라익 아보스(Prike Aboth) 4:21-29: 향연(饗宴) 행위에 대한 기술.

3 제II에녹서 21:1-22:1: 그들의 상상력은 열 번째 하늘에 도달한다.

4 Paul Tillich, *Systematic Theology* (New York : Harper and Row, 1967), III, 327.

5 Thomas Carlyle, *On Hero, Hero-worshiper and the Heroic in History* (London : Champman and Hall, 1901), p. 1. 그는 이렇게 말한다. "그들은 사람들의 지도자들이자 위대한 인물들이며, 일반 대중이 성취하거나 획득하고자 했던 모든 것들의 설계자이자 모형들이며 넓은 의미로는 창조자들이었다. 우리가 늘 보듯이 세계에 성취된 모든 것들은 당연히 외부의 물질적 결과요 실제적인 현실과 구현이다."

6 Friedrich Nietzsche, '인간적인 너무나 인간적인,' *The Philosophy of Nietzsche*, ed. by *Geoffrey Clife* (New York : The New American Library, 1965), p. 315. 그는 헨델(Handel)과 그의 음악에 대해서 이렇게 말한다. "… 음악을 만들고 있을 때의 그는 단호하고 독창적이고 정직하고 강인했으며, 한 국가가 감당할 수 있을 만한 모든 영웅적 본질에 가까웠다."

7 Arnold J. Toynbee, *A Study of History, Somervell's Abridgement* (Oxford : Oxford University Press, 1947), p. 375ff. "프롤레타리아트의 진정한 증거는 가난도 아니고 미천한 태생도 아니라, 다만 사회에서 그 선조의 위치로부터 아무것도 물려받지 못한 것에 대한 의식이며 그 의식이 불어넣는 원망이다."

8 Paul Tillich, *Systematic Theology*, III, p. 326.

9 Joshua Block, *On the Apocalyptic in Judaism* (Philadelphia : The Dropsie Collage, 1952), p.

128.

10 *Ibid.*, p. 128.

11 Gerhard von Rad, *Old Testament Theology*, II, p. 304.

12 에녹서 83:7.

13 Gerhard von Rad, *Old Testament Theology*, II, p. 305.

14 Ibid., pp. 304-305 참조.

15 W. O. E. Osterley, *The Book of Apocrypha*, pp. 43-46.

16 Søren Skovgaad Jensen, *Dualism and Demonology* (Copenhagen : Munksgaard, 1966), p. 19.

17 Aristotle, '형이상학' (Metaphysics), *The Works of Aristotle* (Chicago : Encyclopedia Britannica, Inc., 1952), I, p. 503.

18 Plato, '티마에우스' (Timaeus), *The Dialogue of Plato* (Chicago : Encyclopedia Britannica, Inc., 1952), p. 447.

19 TH. P. van Baaren, '영지주의의 정의에 대하여,' *The Origin of Gnosticism* (Leiden : E. G. Brill, 1967), p. 117.

20 제I에녹서 21:1-5, 7-8, 22:8-9.

21 솔로몬의 지혜서 2:24, 이사야의 순교사 2:4.

22 H. Jonas, *The Gnostic Religion*, p. 340.

23 John Allegro, *The Dead Sea Scrolls* (Baltimore : Penguin Books, 1966), p. 106.

24 The Manual of Discipline 4:2; 5:24; 9:9; 11:2, 11, in Géza Vermés, *Discovery in the Judean Desert* (New York : Declee Co., 1956), pp. 133-156, 이후의 장에서는 이 텍스트가 사용될 것이다.

25 *Ibid.*, 5:7-9.

26 Géza Vermés, *Discovery in the Judaen Desert*, p. 38.

27 Helmer Ringgren, *The Faith of Qumran, Theology of the Dead Sea Scrolls* (Philadelphia : Fortress Press, 1963), p. 135. 링그렌은 "쿰란 집단의 윤리는 바리새파의 랍비 유대교의 그것과 완전하게는 일치하지 않는다."라고 강조한다. 또한 William Hugh Brownlee의 *The Meaning of the Qumran Scroll for the Bible* (New York : Oxford University Press, 1964), pp. 66-69를 참조하라. 그의 주장에 따르면, 이 종파의 경전 해석 방법은 이른바 '페셰르' (Pesher, 즉 해석) 혹은 '미드라쉬 페셰르' (midrash pesher, 즉 주석의 해석)라고 하는 '예언자의 해석'의 전통을 따른다고 한다. 또한 그는 '랍비 유대교'를 다음과 같이 설명한다. "랍비 유대교는 두 가지 유형의 미드라쉬(midrash, 즉 주석)를 알고 있는데, 하나가 미드라쉬 학가다(midrash haggadah)요, 다른 하나가 미드라쉬 할라카(midrash halakhah)이다. 전자에서는 신학적인 것과 영감적인 것이 일차적이다." pp. 62-63.

28 The Manual of Discipline 11:9-15.

29 F. Josephus, '유대 고대사' (Antiquities of Jews), p. 437.

30 Géza Vermés, *Discovery in the Judean Desert*, p. 75.

31 Géza Vermés, *Discovery in the Judean Desert*, p. 192에 있는 감사의 노래 4:12-13. 이후의 장에서는 이 텍스트가 사용될 것이다.

32 G. R. Driver, *The Judean Scrolls*, p. 222.

33 Theodor H. Gaster, *The Dead Sea Scriptures* (New York : Doubleday & Company, Inc., 1964), p. 300.

34 *Ibid.*

35 *Ibid.*, p. 318.

36 Helmer Ringgren, *The Faith of Qumran*, pp. 18-19. 그는 세 가지의 다른 견해를 지적한다. ① 실제의 전쟁, ② 상징적 전쟁, ③ 영적 전쟁의 암시.

37 A. Hippolytus, *Philosophumene* (New York : The MacMillan Co., 1921), II, 9:4, p. 140.

38 H. D. Betz, '묵시론의 종교사적 이해의 문제에 관하여,' p. 138. 그는 "추잡한 차용어인 'syncretism'"이라고 말한 바 있다.

39 Leander E. Keck, '묵시문학과 신약성서', *Disciples' Theological Discussion*(1968, 11월), p. 5.

40 H. D. Betz, '묵시론의 종교사적 이해의 문제에 관하여,' p. 136.

41 P. Tillich, *Systematic Theology*, III, p. 314.

42 W. O. E. Osterley, *The Books of Apocrypha*, p. 135.

43 A. Hippolytus, *Philosophumena*, II, p. 144

44 P. Tillich, *Systematic Theology*, III, p. 313.

45 Ibid., pp. 313-314.

46 Mircea Eliade, *The Quest, History and Meaning in Religion* (Chicago : University of Chicago Press, 1969), p. 41.

47 Leopold von Ranke, *Universal History* (New York : Harper & Row, 1885), p. 1.

48 Theodore H, Von Laue, *Leopold Ranke, the Formative Years* (Princeton : Princeton University Press, 1950), p. 122.

49 *Ibid.*, pp. 125-126

50 *Ibid.*, p. 122.

51 A. Toynbee, *A Study of History*, pp. 530-532.

52 *Ibid.*, p. 25.

53 *Ibid.*, pp. 25, 177-179.

54 M. Eliade, *The Quest*, p. 41.

55 A. Toynbee, *A Study of History*, pp. 69-79.

56 Van der Leeuw, *Religion*, pp. 676-677.

제3장

1 Edmund Husserl, *Idea* (London : George Allen and Unwin Ltd., 1931), p. 14. 또한 Karl Jaspers, *General Psychopathology* (Chicago : University of Chicago Press, 1964), pp. 55-56을 참조하라. 현상학적 정신병리학의 연구에서 그는 환자 자신의 자기 기술의 중요성을 지적한다.

2 Leeuw, *Religion*, p. 674.

3 Elizabeth Förster Nietzsche, '序論,' *The Philosophy of Nietzsche* (New York : Modern Library, 1954), p. xix.

4 D. S. Russell, *The Method and Message of Jewish Apocalyptic*, p. 137.

5 Ludwig Kögler, *Hebrew Man* (London : SCM Press, 1956), pp. 139-140.

6 제VI 마카비서 7:18.

7 마태복음 11:14(개역판).

8 F. Crawford Burkitt, *Jewish and Christian Apocalypses* (London : Oxford University Press, 1914), p. 19.

9 *Ibid.*, p. 19.

10 무녀의 신탁서 3:809-812.

11 *Ibid.*, 3:295-302.

12 *Ibid.*, 3:2-7.

13 R. H. Charles, *The Apocrypha and Pseudepigrapha*, II, p. 369.

14 무녀의 신탁서 1:1-9.

15 솔로몬의 시편 1:1-3.

16 *Ibid.*, 12:1.

17 *Ibid.*, 8:1-4.

18 *Ibid.*, 17:23-25.

19 사독(Zadokite) 단편들 2:1-2.

20 *Ibid.*, 3:1.

21 사독(a Zadokite)의 단편들 7:12-13.

22 *Ibid.*, 6:11.

23 T. H. Gaster, *The Dead Sea Scriptures*, p. 5.

24 한 사독의 단편들, 2:10.

25 *Ibid.*, 8:12-20.

26 *Ibid.*, 9:19-20.

27 에녹서 1:1-2.

28 *Ibid.*, 12:1-6.

29 *Ibid.*, 18:1-2.

30 *Ibid.*, 104:10-11.

31 *Ibid.*, 90:37-38; 48:10; 52:4; 56:2, 3; 60:1.

32 르우벤 언약서 1:1, 3; 2:1.

33 *Ibid.*, 3:1-6.

34 시므온 언약서 2:1-2, 7.

35 레위의 언약서 1:1-2, 7, 8.

36 *Ibid.*, 9:2-5.

37 베냐민의 언약서 9:2-5.

38 제II바룩서 1:1-4.

39 *Ibid.*, 6:1-4.

40 *Ibid.*, 30:1.

41 *Ibid.*, 71:2.

42 R. H. Charles, *The Apocrypha and Pseudepigrapha*, II, p. 549.

43 *Ibid.*, p. 549.

44 제IV에스라서 3:1-3.

45 *Ibid.*, 5:14-15.

46 *Ibid.*, 5:20-21.

47 *Ibid.*, 6:35-36; 7:1-2.

48 *Ibid.*, 4:23.

49 *Ibid.*, 4:23.

50 *Ibid.*, 3:22.

51 *Ibid.*, 4:41; 5:13.

52 *Ibid.*, 7:50.

53 아담과 이브의 책 1:1.

54 *Ibid.*, 25:1-3.

55 *Ibid.*, 39:1.

56 *Ibid.*, 50:2.

57 *Ibid.*, 10:1-19.

58 모세의 승천서 1:1.

59 *Ibid.*, 1:15-17.

60 *Ibid.*, 10:11-14 ; 11:1-2.

61 희년서 1:2-5.

62 *Ibid.*, 32:1-15.

63 F. Josephus, '유대 고대사' (Antiquities of Jews), p. 439.

64 희년서 1:23-24.

65 *Ibid.*, 6:35.

66 R. H. Charles, *The Apocrypha and Pseudpigrapha*, II, p. 8, 희년서 32:1.

67 Yigael Yadin, *The Scroll of the War of the Sons of Light against Sons of Darkness* (London : Oxford University Press, 1962), p. 292.

68 R. H. Charles, *The Apocrypha and Pseudepigrapha*, II, p. 8.

69 Jasper, *Philosophy*, II, p. 177-222, 야스퍼스는 이 책에서 '한계 상황' 의 주제에 대해 폭넓게 논의한다. 한 구절에서 그는 이렇게 말한다. "그것은 감각과 관련한 실재이며, 심리적인 것도 물리적인 것도 아니라 하나 안에 둘 모두이다. 그것은 나의 실존에 대해서 이로운 것이거나 해로운 것, 기회이거나 장애를 의미하는 구체적인 것이다." p. 177.

70 Husserl, *Idea*, pp. 119-121을 참조하라. 그는 "지향적 체험" "코기토(Cogito) 내에서의 순수 자아의 방향성" "파악하는 인지 작용" 등의 제목 아래 이 주제에 광범위하게 서술한다. 그는 다음과 같이 표현한다. "이러한 본질적 속성들을 공통적으로 지니고 있는 모든 경험들은 또한 '지향적 체험들' 이라고 일컬어지며, 이 체험들이 어떤 것에 대한 의식인 한, 그 체험들은 이 어떤 것에 '지향적인 관계' 를 맺고 있는 것이라고 진술된다." p. 119.

71 제II바룩서 18:2f; 23:4f; 54:15f; 제IV에스라서 3:20.

72 제IV에스라서 3:22.

73 희년서 33:17.

74 Karl Jaspers, *General Psychopathology*, p. 9.

75 Edmund Husserl, *The Phenomenology of Internal Time-consciousness* (Bloomington :

University of Indiana Press, 1964), p. 134.

76 *Ibid.*, p. 36, 이 용어는 원래 vergegenwärtigenden이라는 말에서 나온 것이다.

77 Karl Jaspers, *General Psychopathology*, pp. 761-762, '자기 자신과의 갈등 속에 있는 인간' 이라는 단락에서 그는 주관과 객체 사이의 이원적 갈등 속에 있는 본유적인 인간의 모습을 잘 묘사하고 있다. "인간이 그 예정된 행로를 동요하지 않고 성취하는 잘 정의된 피조물이 아니라고 하는 것은 그가 그 자신과의 싸움에 묶여 있다는 방식으로 나타난다. 그는 살아 있는 모든 것 안에서처럼 단지 상대적 요소들의 필연적인 화해도 아니요, 필연적인 그리고 본질적으로 이해 가능한 정신의 파생물도 아니며, 다만 그의 근원들로부터 파생된 철저한 투쟁일 뿐이다. 이 투쟁의 상이한 형식들은 모든 살아 있는 것들이 공통적으로 가지고 있는 것에서부터 인간에게 특별히 있는 것까지 일련의 단계로 보일 수 있다. (aa) '기초' (Anlage)와 환경 사이의 긴장 속에 있는… 생물 … (bb) 개인의 의지와 집단의 의지 사이… 하나의 사회적 존재… (cc) 주관과 객체 사이… 하나의 사고하는 존재…"

78 Karl Jaspers, *Philosophical Faith and Revelation* (New York : Harper and Row, 1967), p. 123.

79 *Ibid.*, p. 95.

제4장

1 M. Eliade, *The Quest*, p. 41.

2 Husserl, *Idea*, p. 420. 종종 그는 이 단어를 '상호주관성' (inter-subjectivity)이라는 단어와 교환해서 사용한다. 그는 이렇게 말한다. "그 구성은 '상호 이해' 의 관계에 서 있는 불특정 다수의 주관들과 관련되어 있다. 상호 주관적 세계는 말하자면 감정 이입을 통해 매개된 상호 주관적 체험의 상관물이다."

3 Leeuw, *Religion*, pp. 674-675.

4 Rudolf Otto, *The Idea of the Holy*(London : Oxford University Press, 1952), pp. 60-71.

5 *Ibid.*, pp. 177-178.

6 Renato Poggioli(1907-1963)는 이탈리아 플로렌스 출신의 문학 비평가, 예술 철학자, 슬라브어 학자이다. 그가 1963년에 죽을 당시에는 하버드 대학교의 Curt Reisinger 교수였다. 그는 *The Spirit of the Letter; Essay in European Literature; The Poets of Russia; The Phoenix and the Spider; The Theory of the Avant-Garde* 등의 저서를 남겼다.

7 Renato Poggioli, *The Theory of Avant-garde* (Cambridge : Belknap Press, 1968), p. 89.

8 다니엘서 1:13ff.

9 에녹서 37:2-4.

10 제IV에스라서 14:50.

11 Gerhard von Rad, *Old Testament Theology*, II, p. 306-307.

12 Baruch Spinoza, *The Chief Work of Spinoza* (London : George Bell and Sons, 1905), p. 25.

13 *Ibid.*, p. 29.

14 R. Poggioli, *The Theory of Avant-garde*, pp. 66-68.

15 에녹서 83:7.

16 무녀의 신탁서 3:10-20, 57-62.

17 Søren Kierkegaard, *Either Or* (Princeton : Princeton University Press, 1944), p. 15.

18 R. Poggioli, *The Theory of Avant-garde*, p. 108.

19 *Ibid.*, p. 110.

20 F. Josephus, '유대 고대사,' p. 439.

21 *Ibid.*, p. 555.

22 Søren Kierkegaard, '기독교 국가에 대한 공격,' *A Kierkegaard Anthology*, edited by Robert Bretall (Newyork : The Modern Library, 1946), p. 444

23 Søren Kierkegaard, '현대,' *A Kierkegaard, Anthology*, pp. 260-261.

24 제IV에스라서 3:22.

25 Friedrich Nietzsche, '이 사람을 보라' (Ecsc Homo) *The Philosophy of Nietzsche*(New York : The Modern Library, 1954), p. 852.

26 제II바룩서 3:1.

27 Herbert Read, *A Concise History of Modern Painting* (New York : Frederick A. Praeger Publishers, 1965), p. 110.

28 이상(李箱, 1911-1939)은 경성고등공업학교에서 교육을 받았다. 그의 본명은 김해경(金海卿)으로서, 후에 이상, 즉 '異常한 사람' 이란 이름으로 바뀌었다. 그는 초현실주의적인 양식으로 도발적인 시들을 지었다. 그는 한국에서 일제의 폭정에 대한 저항 운동에 참여했으며, 일본 동경에서 체포되어 1939년에 옥사하였다.

29 최제우(崔濟愚, 1824-1866)는 신비적 체험에 민감했다. "하루는 내가 병으로 누워 있을 때, 한 혼령이 나에게 말하기를, '무서워하지 말라, 나는 사람들이 상제(하느님)라 부르는 그니라, 너는 나를 아느냐? 라고 하였노라, 나는 '당신은 뭘 원하시오? 라고 물었노라, 그는 대답하기를 '현재 나는 사람들 가운데 머물 수 없노라, 나는 너를 세상에 보내어 내 교리를 그 사람들에게 가르치길 원하노라, 너는 의심하느냐? 의심하지 말라' 하였더라"(Charles Allen Clark의 *Religion of Old Korea* (Seoul : The Christian Literature Society, 1961), p. 146을 참조하라). 그의 가르침인 '천도교' 는 한국 사람들 사이에서 대중적이었다. 이왕조의 조정은 그가 유교의 이단자라고 확신하고서 그를 참수형에 처했다.

30 이선근(李瑄根), 『한국사』(서울, 진단학회, 1968), VI, p. 1-98, 후에 최제우의 계승자인 전봉준(全琫準)은 조정과 외국의 세력에 대해 무장봉기하여, 이른바 동학운동을 일으켰는데, 이것은 마치 헬라화한 사람들에 대한 마카비(Maccabee)의 반란과 같은 것이었다. 그 운동은 한국에서 새 시대를 열어 놓았다.

31 R. Poggioli, *The Theory of the Avant-garde*, pp. 99-100.

32 David Noel Freedman, '묵시문학의 개화,' *Journal for Theology and Church*, VI, p. 172, 그리고 D. S. Russell, *Between the Testaments*(London : SCM Press, Ltd., 1960), pp. 54-55.

33 A. Hippolytus, *Philosophumena*, II, p. 143.

34 F. Josephus, '유대 전쟁사,' pp. 615-616.

35 A. Toynbee, *A Study of History*, V, p. 167, 387f.

36 *Ibid.*, p. 25; 또한 pp. 167-388을 참조하라.

37 R. Poggioli, *The Theory of Avant-garde*, p. 68.

38 Søren Kierkegaard, *Philosophical Fragments* (Princeton : Princeton University Press, 1967), pp. 101-106.

39 R. Poggioli, *The Theory of Avant-garde*, pp. 69-70, 72-73.

40 A. Toynbee, *A Study of History*, p. 217.

41 *Ibid.*, p. 223.

42 F. Josephus, '유대 고대사,' p. 439.

43 A. Toynbee, *A Study of History*, V, p. 32.

44 William Hubben, *Four Prophets of Our Destiny* (New York : The MacMillan Co., 1952), pp. 145-163.

45 A. Toynbee, *A Study of History*, p. 61.

46 M. Eliade, *The Quest*, p. 173.

47 Ray L. Hart, *Unfinished Man and the Imagination* (New York : Herder and Herder, 1968), p. 290.

제5장

1 R. Poggioli, *The Theory of the Avant-garde*, p. 14.

2 Ray L. Hart, *Unfinished Man and Imagination* (New York : Herder and Herder, 1968), p. 328. 그는 "어떤 신적인 것을 표현하기 위해서 신적으로 구성된" 환상이라는 Thomisim의 개념에 대해 '신적 구성' (deiformation)이라는 용어를 사용한다.

3 Thomas Aquinas, *The Summa Theologica* (Chicago : William Benton Publishers, 1952), I, p. 61-62.

4 *Ibid.*, II, p. 1028.

5 *Ibid.*, II, p. 1030.

6 *Ibid.*, II, p. 1032.

7 *Ibid.*, I, p. 62.

8 Owen Barfield, '꿈, 신화 그리고 철학적인 이중의 환상,' *Myth, Dream, and Religion*, edited by Cambell (New York : E. P. Dutton & Co., 1970), pp. 222-223.

9 *Ibid.*, pp. 233-234.

10 Karl Jaspers, *General Psychopathology*, p. 551.

11 *Ibid.*, p. 787.

12 *Ibid.*, p. 284.

13 *Ibid.*, p. 143, 786.

14 *Ibid.*, p. 144.

15 *Ibid.*, p. 786-787.

16 *Ibid.*, p. 427.

17 Aquinas, *The Summa Theologica*, I, p. 62.

18 Karl Jaspers, *Philosophical Faith and Revelation* (New York : Harper and Row, 1967), p. 95.

19 Hart, *Unfinished Man and the Imagination*, p. 147. 그의 설명에 따르면, "'지향점' (intentionality)은 한 사물에 대한 외적 도달과 내적 도달 그리고 그 사물이 의식을 위해 주목하거나 상징하거나 암시하는 그 사물 자체 '이상의 어떤 것' 을 포괄하는 것이다. … 그것은 그 자아의 전경(前景)이 놓여 있는 '방향' (direction)을 지시한다."고 한다.

374

20 다니엘서 5:24-28(개역판).

21 Hart, *Unfinished Man and the Imagination*, pp. 239-240.

22 *Ibid.*, p. 265.

23 에녹서 66:1-2.

24 Jean-Paul Sartre, *The Psychology of Imagination* (New York : Philosophical Library, 1948), p. 16.

25 Karl Jaspers, *Truth and Symbol* (New York : Twayne Publishers, 1959), p. 35.

26 Søren Kierkegaard, *Concluding Unscientific Postscript* (Princeton : Princeton University Press, 1968), p. 507.

27 *Ibid.*, pp. 508-509.

28 *Ibid.*, p. 347.

29 제IV에스라서 7:6-8.

30 제II바룩서 30:2-3.

31 솔로몬의 지혜서 19:6-7.

32 Jürgen Moltmann, *Religion, Revolution, and the Future* (New York : Charles Scribner's Sons, 1969), pp. 46-47.

33 *Ibid.*, p. 52.

34 Nicolai Berdyaev, *The Destiny of Man* (New York : Harper and Row, 1960), p. 258.

35 제I에녹서 45:3.

36 제부룬(Zebulun) 언약서 9:8.

37 무녀의 신탁서 5:414-421.

38 제부룬 언약서 9:7-8.

39 유다 언약서 24:1-2.

40 제IV에스라서 12:32ff., 14:3ff.

41 *Ibid.*, 12:32.

42 제부룬 언약서 9:8; 단(Dan) 언약서 5:10.

43 제부룬 언약서 9:8.

44 제II바룩서 71:2; 72:2-74:4.

45 Ranke, *Universal History*, p. 1.

46 에녹서 45:3-5.

47 희년서 1:29.

48 Moltmann, *Religion, Revolution and the Future*, pp. 37-41.

49 Nicolai Berdyaev, *Slavery and Freedom* (New York : Charles Scribner's Sons, 1944), p. 268.

50 Gerhard Ebeling, '기독교 신학의 기초,' p. 52.

51 E. Käsemann, '기독교 신학의 발단,' p. 40.

52 Ulrich Wilkens, '원시 기독교 역사 내에서의 계시에 대한 이해,' *Revelation as History, edited by Wolfhart Pannenberg* (London : The MacMillam Co., 1969), p. 66-82.

53 *Ibid.*, p. 69.

54 마가복음 8:39-9:1(개역판).

55 Wilkens, '원시 기독교 역사 내에서의 계시에 대한 이해,' p. 74.

56 제VI에스라서 13:32, 41; 에녹서 46:3; 48:2; 51:3; 62:1; 69:27.

57 누가복음 12:8(개역판).

58 제 I 에녹서 48:2-7.

59 Von Rad, *Old Testament Theology*, p. 304.

60 *Ibid.*, p. 303.

61 A. Toynbee, *A Study of History*, p. 395.

62 '러시아의 미래에 대한 묵시문학적 견해'(An Apocalyptic View of Russia's Future), *Time*, 1969년 12월 19일자, p. 31.

63 '용기 있는 방어자'(Courageous Defender), *Time*, 1969년 11월 21일자, p. 34.

64 Ernst Käsemann, *New Testament Questions of Today* (Philadelphia : Fortress Press, 1969), pp. 108-137. '원시 기독교 묵시문학의 주제에 관하여'라는 제목의 단락에서, 그는 원시 기독교 선언이 본질적으로 묵시문학적이었고, 특히 바울의 신학에서 그러했다고 주장한다. 그는 이렇게 말한다. "이것은 바울에까지 이르는 원시 기독교 역사를 통해서 나의 성급한 추이를 깨뜨려 버리기에는 적절한 장소이다. 나는 왜 내가 묵시문학을 기독교 신학의 모체로 기술하는가를 분명히 했기를 소망한다."

제2부

제1장

1 Renato Poggioli, *The Theory of the Avant-garde* (Harvard University Press, 1968), p. 14.

2 Ray L. Hart, *Unfinished Man and Imagination* (New York : Herder and Herden, 1968), p. 328. 그는 토마스 아퀴나스의 사상을 인용하면서 'deiformation'이란 말을 썼다.

3 Thomas Aquinas, *The Summa Theologica* (Chicago : William Benton Publishers, 1952), I, p. 61-62.

4 *Ibid.*, II, p. 1031.

5 *Ibid.*, II, p. 1030.

6 *Ibid.*, II, p. 1031, 1032.

7 *Ibid.*, II, p. 1032.

8 Owen Barfield, 'Dream, Myth and Philosophical Double Vision,' in *Myth, Dream and Religion, edited by Joseph Campbell* (New York : E. P. Dutton & Co., 1970), pp. 222-223.

9 *Ibid.*, pp. 233-234.

10 Karl Jaspers, *General Psychopathology* (Chicago : University of Chicago Press, 1964), p. 551.

11 *Ibid.*, p. 787.

12 *Ibid.*, p. 284.

13 *Ibid.*, pp. 143, 786.

14 *Ibid.*, p. 144.

15 *Ibid.*, pp. 786-787.

16 *Ibid.*, p. 427.

17 Aquinas, *The summa Theologica*, I, 62.

18 Karl Jaspers, *Philosophical Faith and Revelation* (New York : Harper and Row, 1967), p. 95.

19 R. Hart, *Unfinished Man and Imagination*, p. 147. 그는 지향점에 대해서 말하기를 "Intentionality : the outreach and inreach of athing, the something morethan itself-that it focuses, symbolizes, or adumbrates for consciousness… it refers to the 'direction' in which the self s ground lies." 라고 했다.

20 다니엘서 5:24-28.

21 R. Hart, *Unfinished Man and Imagination*, pp. 239-240.

22 *Ibid.*, p. 265.

23 에녹서 66:1-2.

24 Jean-Paul Sartre, *The Psychology of Imagination* (New York : Philosophical Library, 1948), p. 16.

25 Karl Jaspers, *Truth and Symbol* (New York : Twayne Publishers, 1959), p. 35.

26 Søren Kierkegaard, *Concluding Unscientific Postscript* (Princeton : Princeton University Press, 1968), p. 507.

27 *Ibid.*, pp. 508-509.

28 *Ibid.*, p. 347.

29 에스라 제4서 7:6-8.

30 바룩 제2서 30:2-3.

31 솔로몬의 지혜서 19:6-7.

32 Jürgen Moltmann, *Religion, Revelation and the Future* (New York : Charles Scribner's Sons, 1969), pp. 46-47.

33 *Ibid.*, p. 52.

34 Nicolai Berdyaev, *The Destiny of Man* (New York : Harper and Row, 1960), p. 258.

35 에녹 제1서 45:3.

36 제부룬 언약서 9:8.

37 시비린 신탁서 5:414-421.

38 제부룬 언약서 9:7-8.

39 유다 언약서 24:1-2.

40 에스라 제4서 12:32 이하, 14:3 이하.

41 *Ibid.*, 12:32.

42 제부룬 언약서 9:8, 단의 언약서 5:10.

43 제부룬 언약서 9:8.
   바룩 제2서 71:2, 72:2-74:4.

45 Leopold von Ranke, *Universal History* (New York : Harper and Brothers, 1885), p. 1.

46 에녹서 45:3-5.

47 주비리서 1:29.

48 Moltmann, *Religion, Revelation and the Future*, pp. 37-41.

49 Nicolai Berdyaev, *Slavery and Freedom* (New York : Charles Scribner's Sons, 1944), p. 268.

제2장

1 John Macquarrie, *Twentieth Century Religious Thought* (New York : Harper and Row,

1963), p. 331.

2 Dietrich Bonhoeffer, *Letters and Papers from Prison* (New York : Macmillan Co., 1967), p. 51, 52.

3 Søren Kierkegaard, *For Self-examination and Judge for Yourselves* (London : Oxford U. Press, 1944), p. 59.

4 Søren Kierkegaard, *Christian Discourses* (London : Oxford U. Press, 1944), p. 338.

5 Dietrich Bonhoeffer, *The Cost of Discipleship* (New York : MacMillian Co., 1966), p. 89.

6 *Ibid.*, p. 53.

7 Dietrich Bonhoeffer, *Gesammelte Schriften* (Munch, 1958-1966), Bd, I , s. 42.

8 Søren Kierkegaard, *A Kierkegaard Anthology*, edited by Robert Brettall (New York : Modern Library).

9 Dietrich Bonhoeffer, *The Cost of Discipleship*, p. 52.

10 Søren Kierkegaard, *For Self-examination and Judge for Yourselves*, p. 216.

11 Edwin H. Robertson, 'Bonhoeffer' s Christology,' in *Christ the Center* (New York : Harper and Row, 1966), p. 17.

12 Dietrich Bonhoeffer, *Christ the Center* (New York : Harper and Row, 1966), p. 30.

13 Dietrich Bonhoeffer, *Act and Being* (New York : Harper and Row, 1956), p. 107.

14 Dietrich Bonhoeffer, *Christ the Center*, p. 30.

15 *Ibid.*, p. 31.

16 John A. Phillips, *Christ for Us in the Theology of Dietrich Bonhoeffer* (New York : Harper and Row, 1967), p. 91.

17 Dietrich Bonhoeffer, *Gesammelte Schriften*, Bd. III, s. 180.

18 Søren Kierkegaard, 'Training in Christianity,' in *A Kierkegaard Anthology*, p. 410.

19 *Ibid.*, p. 375.

20 Søren kierkegaard, 'The Point of View for My Work as an Author,' in *A Kierkegaard Anthology*, p. 325.

21 Søren Kierkegaard, 'Training in Christianity,' in *A Kierkegaard Anthology*, p. 409.

22 Dietrich Bonhoeffer, *Gesammelte Schriften*, Bd. III, s. 180-181.

23 Dietrich Bonhoeffer, *Christ the Center*, p. 47.

24 *Ibid.*, p. 47.

25 *Ibid.*, pp. 48-49.

26 Søren Kierkegaard, 'Training in Christianity,' *in A Kierkegaard Anthology*, p. 409.

27 Dietrich Bonhoeffer, *Christ the Center*, p. 74.

28 *Ibid.*, p. 74.

29 Søren Kierkegaard : 'Training in Christianity,' in *A Kierkegaard Anthology*, pp. 388, 392.

30 John A. Phillips, *op. cit.*, p. 87.

31 Dietrich Bonhoeffer, *Gesammelte Scbriften*, Bd. III, s. 204.

32 *Ibid.*, s. 205.

33 Dietrich Bonhoeffer, *Letters and Paper from Prison*, p. 180.

34 Dietrich Bonhoeffer, *The Way to Freedom*(New York : Harper and Row, 1966), p. 67.

35 *Ibid.*, pp. 124, 125.

36 Dietrich Bonhoeffer, *Creation and Fall* (New York : The Macmillan Co., 1967), p. 12.

37 Dietrich Bonhoeffer, *Christ the Center*, pp. 75-76.

38 Dietrich Bonhoeffer, *The Way to Freedom*, p. 57.

39 Søren Kierkegaard, *Attack upon Christendom* (Boston : Beacon Press, 1966), p. 150.

40 Søren Kierkegaard, *Concluding Unscientific Postscript* (Princeton : Princeton U. Press, 1968), p. 35.

41 *Ibid.*, p. 30.

42 *Ibid.*, p. 27.

43 *Ibid.*, p. 31.

44 *Ibid.*, p. 31.

45 *Ibid.*, p. 35.

46 *Ibid.*, p. 33.

47 Dietrich Bonhoeffer, *Ethics* (New York : The Macmillan Co., 1965), pp. 224-225.

48 Dietrich Bonhoeffer, *Christ the Center*, pp. 47-48.

49 John A. Phillips, *op. cit.*, pp. 38, 47.

50 Dietrich Bonhoeffer, *Letters and Papers from Prison*, pp. 181-184.

51 Søren Kierkegaard, 'Attack upon Christendom,' in *A Kierkegaard Anthology*, p. 445.

52 Søren Kierkegaard, 'The Present Age,' in *A Kierkegaard Anthology*, pp. 264-265.

53 Dietrich Bonhoeffer, *Letters and Papers from Prison*, p. 140.

54 *Ibid.*, p. 141.

55 *Ibid.*, pp. 143, 144.

56 *Ibid.*, pp. 143, 144.

57 Dietrich Bonhoeffer, *Christ the Center*, pp. 59-61.

58 Dietrich Bonhoeffer, *Letters and Papers from Prison*, p. 202.

59 *Ibid.*, p. 202.

60 Paul Tillich, *Systematic Theology* (New York and Evanston : University of Chicago Press, 1967), Vol. I , pp. 3-8.

61 Søren Kierkegaard, *Works of Love*(New York : Harper and Row, 1964), pp. 23-26.

62 Søren Kierkegaard, *A Kierkegaard Anthology*, p. 282.

참고문헌

Books

『基督教 年鑑』, 1964.
京城 社稷 공원 내 그리스도의 교회 간행. 『基督의 教會 宣言文』, 1946.
김세복 저. 『韓國 그리스도의 教會史』, 1967(延大 聯合神學大學院 논문).
문공부. 『宗教便覽』, 1979.
안병호 저. 『韓國 그리스도의 教會 成長史』, 1979(베뢰안 대학원 논문).
제노, 후렉크스. 『神秘學槪說』.
조선총독부. 『朝鮮の宗教及亨祝要覽』, 소화(昭和) 16년.
한국 그리스도의 교회 연합회. 『韓國 그리스도의 教會 宣言』, 1974.

Allegro, John. *The Dead Sea Scrolls.* Baltimore: Pengine Books, 1966.

Aquinas, Thomas. *The Summa Theologica.* Vols. I, II. Chicago: William Benton Publisher, 1952.

Aristotle. "Metaphysics." *The Works of Aristotle.* Vol. I. Chicago: Encyclopedia Britanica, Inc., 1952.

Baaren, TH. P. van. "Toward a Definition of Gnosticism." *The Origin of Gnosticism.* Edited by Ugo Bianchi. Leiden: E. G. Brill, 1967.

Barfield, Owen. "Dream, Myth, and Philosophical Double Vision." *Myth, Dreams, and Religion.* Edited by J. Campbell. New York: E. P. Dutton & Co., 1970.

Berdyaev, Nicolai. *The Destiny of Man.* New York: Harper and Row, 1960.

——. *Slavery and Freedom.* New York: Charles Scribner' s Sons, 1944.

Berkhof, Hendrikus. *The Doctrine of Holy Spirit.* Atlanta: John Knox Press, 1976.

Block, Joshua. *On the Apocalyptic in Judaism.* Philadelphia: Dropsie College, 1952.

Brownlee, William Hugh. *The Meaning of the Qumran Scroll for the Bible.* New York: Oxford University Press, 1964.

Bruner, Fredrick D. *A Theology of Holy Spirit.* The Pentecostal Experience and the New Testament Witness. Willian B. Eerdmans Publishing Co., 1910.

Burkitt, F. Crawford. *Jewish and Christian Apocalypses.* London: Oxford University Press, 1914.

Campbell, Alexander. *Christian Baptism.* Bethany V. A., 1851.

Carlyle, Thomas. *On Hero, Hero-Worshiper and the Heroic in History.* London: Chapman and Hall, 1901.

Charles, R. H. *The Apocrypha and Pseduepigrapha of the Old Testament.* Vols. I, II. Oxford: Clarendon Press, 1969.

Clark, A. D. *A History of the Church of Korea.* Korean Literature Co., Seoul.

Clark, Charles Allen. *Religion of Old Korea.* Seoul: Christian Literature Society, 1961.

Driver, G. R. *The Judaean Scrolls.* Oxford: Basil Blackwell, 1965.

Eliade, Mircea. *The Quest, History and Meaning in Religion.* Chicago: University of Chicago Press, 1969.

England, Stephen J. *Holy Spirit in the Thought and Life of Disciple of Chirst.* an Article in Panel Scholars Vol. II. 1959.

Frost, B. Stanley. *Old Testament Apocalyptic.* London: Epworth Press, 1952.

Gaster, Theodor H. *The Dead Sea Scriptures.* New York: Doubleday & Co., Inc. 1964.

Hart, Ray L. *Unfinished Man and Imagination.* New York: Herder and Herder, 1968.

Hippolitus. *Philosophumena.* Vol. II. New York: The MacMillan Co., 1921.

Hollenweger, Walter J. *The Pentecostals.* London: SCM Press, 1972

Hubben, William. *Four Prophets of Our Destiny.* New York: The MacMillan Co., 1952.

Husserl, Edmund. *Idea.* London: George Allen and Unwin Ltd., 1931.

——. *The Phenomenology of Internal Time-consciousness.* Bloomington: University of Indiana Press, 1964.

Jaspers, Karl. *Philosophy.* Vol. II. Chicago: University of Chicago Press, 1956.

——. *General Psychopathology.* Chicago: University of Chicago Press, 1964.

——. *Philosophical Faith and Revelation.* New York: Harper and Row, 1967.

——. *Truth and Symbol.* New York: Twayne Publishers, 1959.

Jensen, Søren Skovgaard. *Dualism and Demonology: The Function of Demonology in Pythagorean and Platonic Thought.* Copenhagen: Munksgaard, 1966.

Jonas, Hans. *The Gnostic Religion.* Boston: Beacon Press, 1967.

——. "Delimitation of the Gnostic Phenomenon." *The Origin of Gnosticism.* Leiden: E. J. Brill, 1967.

Josephus, Flavious. "Antiquities of the Jews." *The complete Works of Flavious Josephus.* Chicago: Thomson and Thomas, 1899.

——. "The Wars of the Jews." *The Complete Works of Flavious Josephus.* Chicago: Thomson and Thomas, 1899.

Käsemann, Ernst. *New Testament Questions of Today.* Philadelphia: Fortress Press, 1969.

Köhler, Ludwig. *Hebrew Man.* London: SCM Press, Ltd., 1956.

Kierkegaard, Søren. *Either / Or.* Princeton: Princeton University Press, 1944.

——. *Philosophical Fragments.* Princeton: Princeton University Press, 1967.

——. "The Attack upon Christendom." *A Kierkegaard Anthology.* Edited by Robert Bretall. New York: The Modern Library, 1946.

——. "The Present Age." *A Kierkegaard Anthology.* Edited by Robert Bretall. New York: The Modern Library, 1946.

——. *Concluding Unscientific Postscript.* Princeton: Princeton University Press, 1968.

Lampe, G. W. H. *God as Spirit.* Cambridge: Cambridge Univ(The bampton Lectures, 1976).

Laue, Theodore von. *Leopold Ranke, The Formative Years.* Princeton: Princeton University Press, 1950.

Layman, A. *The Church of Christ.* Funk & Wagnalls Co., 1907.

Leaney, A. R. C. *The Rule of Qumran and Its Meaning.* Philadelphia: Westminster Press, 1966.

Lee, Dong-Joo. *An Anthology of Korean Poetry.* Seoul: Hanllim Publishing Co., 1968.

Lee, Sun-Kun. *Korean History.* Vol. VI. Seoul: Jin-Dan Academy Press, 1968.

Leeuw, G. Van Der. *Religion, in Essence and Manifestation.* London: George Allen and Unwin Ltd., 1938.

Moltmann, Jürgen. *Religion, Revelation and the Future.* New York: Charles Scribern's Sons, 1969.

Murch, James DeForst. *Christians Only: A History of the Restoration Movement.* Standard Publishing Co., 1962.

Nietzsche, Elizabeth Förster. "Introduction." *The Philosophy of Nietzsche.* New York: The Modern Library, 1954.

Nietzsche, Friedrich. *The Philosophy of Nietzsche.* Edited by Geoffery Clive. New York: The New American Library, 1965.

Osterley, W. O. E. *The Books of the Apocrypha.* New York: Fleming H. Revell Co., 1914.

Otto, Rudolf. *The Idea of the Holy.* London: Oxford University Press, 1952.

Poggioli, Renato. *The Theory of the Avant-Garde.* Cambridge: Belknap Press, 1968.

Plato. "Timaeus." *The Dialogue of Plato.* Chicago: Encyclopedia Britanica, Inc., 1952.

Plöger, Otto. *Theocracy and Eschatology.* Richmond, Va.: John Knox Press, 1968.

Rad, Gerhard von. *Old Testament Theology.* Vol. II. New York: Harper and Row, 1965.

Ranke, Leopold von. *Universal History.* New York: Harper and Brothers, 1885.

Read, Herbert. *A Concise History of Modern Painting.* New York: Frederick A. Praeger Publishers, 1965.

Ringgren, Helmer. *The Faith of Qumran, Theology of the Dead Sea Scrolls.* Philadelphia: Fortress Press, 1963.

Ritschl, A. *Rechtferitgung und Versohnung.*

Rowley, H. H. *Jewish Apocalyptic and the Dead Sea Scrolls.* London: Athlone Press, 1957.

——. *The Relevance of Apocalyptic.* New York: Association Press, 1963.

Russell, D. S. *Between the Testaments.* London: SCM Press Ltd., 1960.

——. *The Method and Message of Jewish Apocalyptic.* Philadelphia: Westminster Press, 1964.

Sartre, Jean-Paul. *The Psychology of Imagination.* New York: Philosophical Library, 1948.

Spinoza, Baruch. *The Chief Work of Spinoza.* London: George Bell and Sons, 1905.

Schleiermacher, F. *The Christian Faith.*

Tillich, Paul. *Systematic Theology.* New York: Harper and Row, 1967.

Toynbee, Arnold J. *A Study of History.* Vol. V. London: Oxford University Press, 1946.

——. *A Study of History.* Abridgement of Vols. I-VI by D. C. Somervell. London: Oxford University Press, 1948.

Vermès, Géza. *Discovery in the Judean Desert.* New York: Declee Co., 1956.

Wilkens, Urich. "The Understanding of Revelation within the History of Primitive Christianity." *Revelation as History*. Edited by Wolfhart Pannenberg. London: The Macmillan Co., 1969.

Yadin, Yigael. *The Scroll of the War of the Sons of Light Against the Sons of Darkness.* London: Oxford University Press, 1962.

Periodicals

"An Apocalyptic View of Russia' s Future." *Time Magazine.* December 19, 1969, p. 31.

Betz, Hans Dieter. "On the Problem of the Religio-Historical Understanding of Apocalypticism." *Journal for Theology and the Church*, VI, 1969.

"Courageous Defender." *Time Magazine*, November 21, 1969, p. 34.

Ebeling, Gerhard. "The Ground of Christian Theology." *Journal for Theology and the Church*, VI, 1969.

Freedman, David Noel. "The Flowering of Apocalyptic." *Journal for Theology and the Church*, VI, 1969.

Hadfield, P. H. "Iranian Influences on Jewish and Christian Apocalyptic." *London Quarterly and Holbarn Review*, CLXXXIII, July, 1958.

K?semann, Ernst. "The Beginning of Christian Theology." *Journal for Theology and the Church*, VI, 1969.

Murdock, William R. "History and Revelation in Jewish Apocalypticism." *Interpretation*, XXI, April, 1967.

Other

Keck, Leander Earl. "Apocalyptic and the New Testament." A lecture delivered to the Association of Disciples for Theological Discussion, Thomson Retreat House, Webster Groves, Missouri, November 8-10, 1968.